科学出版社“十三五”普通高等教育本科规划教材

供中医、中西医结合、针灸、推拿、骨伤、康复等专业用

温 病 学

吴智兵 主 编

科 学 出 版 社
北 京

内 容 简 介

本书是科学出版社"十三五"普通高等教育本科规划教材之一，由全国10多所院校的温病药教育中医学专学临床专家、一线教师编写而成的，全书根据全国普通高等中医业本科生的培养目标，结合历版教材的优点和经验，注重理论联系实际及学科学术发展趋势，涵盖了执业中医师资格考试的相关知识点，删繁就简，尤其是对同类温病进行证治归类，突出中医"病证结合、以证为主"的特色和临床辨证施治理念，更加实用；内容分上、中、下三篇，共13章；上篇内容包括绪论、温病概念、温病的病因与发病、温病的特色辨证、温病的特色诊法、温病的治疗与温病的预防等基本理论；中篇内容包括温热类温病、湿热类温病、温毒类温病和温疫类温病的理法方药、临床运用、文献辑要以及临床病案等；下篇内容包括叶天士温病学术思想及《温热论》原文类编、薛生白《湿热病篇》原文类编和吴鞠通《温病条辨》原文选录类编等。

本书可供全国高等中医药院校中医、中西医结合、针灸、骨伤、推拿、康复等相关专业本科生使用，也可供其他相关专业学生使用。

图书在版编目（CIP）数据

温病学 / 吴智兵主编. —北京：科学出版社，2017.6

ISBN 978-7-03-053679-2

Ⅰ. ①温…　Ⅱ. ①吴…　Ⅲ. ①温病学说-中医学院-教材　Ⅳ. ①R254.2

中国版本图书馆CIP数据核字（2017）第137742号

责任编辑：郭海燕 / 责任校对：李　影

责任印制：徐晓晨 / 封面设计：陈　敬

科 学 出 版 社 出版

北京东黄城根北街16号

邮政编码：100717

http://www.sciencep.com

北京盛通商印快线网络科技有限公司 印刷

科学出版社发行　各地新华书店经销

*

2017年8月第 一 版　开本：787×1092　1/16

2022年7月第四次印刷　印张：16 1/2

字数：444 000

定价：49.80元

（如有印刷质量问题，我社负责调换）

《温病学》编委会

主　编　吴智兵

副主编　刘　林　李鑫辉　李海波

　　　　　杨爱东　范　恒　鲁玉辉

编　委（按姓氏笔画排序）

刘　林（湖北中医药大学）

刘臻华（甘肃中医药大学）

孙世辉（河北大学医学部）

苏丽清（湖南中医药大学）

杨爱东（上海中医药大学）

李海波（长春中医药大学）

李鑫辉（湖南中医药大学）

肖群益（井冈山大学医学部）

吴智兵（广州中医药大学）

范　恒（华中科技大学同济医学院）

林长峰（广州中医药大学）

赵　妍（辽宁中医药大学）

郑春素（福建中医药大学）

周　波（宁夏医科大学中医学院）

屠燕捷（上海中医药大学）

鲁玉辉（福建中医药大学）

曾　兰（湖北中医药大学）

编写说明

本教材是科学出版社“十三五”普通高等教育本科规划教材之一，为完善和发展中医药教育事业，培养优秀中医人才的需要，科学出版社组织广州中医药大学、上海中医药大学、福建中医药大学、湖南中医药大学、湖北中医药大学、长春中医药大学、华中科技大学同济医学院、甘肃中医药大学、宁夏医科大学中医学院、辽宁中医药大学、河北大学医学院、井冈山大学医学部等全国12所院校的温病学专家、临床一线教师编写而成的，供全国高等中医药人才培养的中医类本科生使用。

根据全国普通高等中医药教育中医学专业本科生的培养目标，结合历版教材的优点和经验，本版《温病学》教材内容注重理论联系实际及学科学术发展趋势，涵盖了执业中医师资格考试的相关知识点，删繁就简，尤其是对同类温病进行证治归类，突出中医“病证结合、以证为主”的特色和临床辨证施治理念，更加实用。作为中医临床基础学科的温病学教材，充分体现了重视理论源流，集中反映各家学术精华，保持温病学理论的系统性和稳定性。对现代的温病学研究成果及其临床实践经验也吸纳在相关章节内容之中，注重启迪学生学习运用温病学理法方药的临床辨证思维和提高实践能力。

教材中的方药剂量和使用宜参考古方原用量及煎服法，详见本教材的附录内容。有受法律保护的稀有动物类药材，除附录方剂中沿用古方药物名称之外，其证治内容中的方剂有关药物名称均由代用药物取代之。

本教材上篇由李海波、赵妍、李鑫辉、苏丽清等编写，内容包括绪论、温病概念、温病的病因与发病、温病的特色辨证、温病的特色诊法、温病的治疗与温病的预防等基本理论；中篇由杨爱东、屠燕捷、刘臻华、鲁玉辉、郑春素、孙世辉、范恒、曾兰等编写，内容包括温热类温病、湿热类温病、温毒类温病和温疫类温病的理法方药、临床运用、文献辑要以及临床病案等；下篇由吴智兵、刘林、周波、肖群益、林长峰等编写，内容包括叶天士温病学术思想及《温热论》原文类编、薛生白《湿热病篇》原文类编和吴鞠通《温病条辨》原文选录类编等。在编写过程中，得到全国12所中医药院校的大力支持，全国著名的温病学资深专家彭胜权教授、林培政教授对本教材编写提出宝贵意见和建议，于此一并表示诚挚的感谢！希望各地兄弟院校广大师生在使用本教材过程中提出宝贵意见，以便我们进一步改进提高，共同做好温病学课程教材的修订建设工作。

《温病学》编委会

2017年3月20日

目　录

上　篇

中　篇

下　　篇

上篇

绪 论

温病学是研究温病发生发展规律及其诊治和预防方法的一门临床学科。从目前临床分科角度看，温病应属中医大内科范围。然而温病学的辨证理论，不仅对温病，而且对其他临床各科发热病证的诊治，都具有重要的指导意义。

温病学研究的对象即是温病。主要是四时温病和具有特异临床表现的温病。温病是临床上一种常见病、多发病，一年四季均可发生，男女老少都可罹患。学习温病学的任务就是明确温病与伤寒、温疫等的关系，阐明温病的病因、发病、病理变化及其转归，以揭示温病的本质，研究温病的诊断方法、治疗和预防措施，不断提高中医医疗水平，为临床内、外、妇、儿各科相关病证的防治奠定基础，有效地保护人民的身体健康。

温病学是中医专业课程体系的主干课程，在中医临床医学中占有重要的地位。其重要地位主要取决于：

（1）温病是临床上的常见病、多发病，一年四季均有发生、男女老幼皆可罹患。

（2）温病起病突然，传变迅速，病情较重甚至有一定的死亡率或留下某些后遗症。

（3）多数温病具有传染性和流行性，在一定的条件下，在人群中传播、蔓延。

（4）长期实践证明，温病学既有全面系统的理论知识，又有很高的临床实用价值。现在用温病学的理论和经验，防治多种急性热病，指导中医急症的救治已取得许多科研成果。

温病学经过漫长的历史过程才逐步发展成一门独立学科。历代医家通过长期的实践观察和研究，发现温病在病因、病机和临床表现等方面具有共同的特点和独特的规律而有别于其他的疾病。在实践经验不断积累和认识不断深化的基础之上，逐步总结出一套完整的理论体系和诊治方法，从而形成了温病学。温病学在发展过程上大体可以分为以下几个阶段。

一、萌芽阶段（战国至晋唐时期）

（一）特点

这段时期温病学无专门的著作，有关温病病名、病因、症状、治疗、预防的记载，散见于中医历代文献之中。对温病虽有一定认识，但理论上尚较简朴，概念上与伤寒未有明确划分，界限混淆不清，隶属于伤寒范围。正如《素问·热论》所说："今夫热病者，皆伤寒之类也。"

（二）内容

1. 有关病名记述　《黄帝内经》、《伤寒杂病论》等著述中，有关温病病名的论述见于多处。如《素问·六元正纪大论》载有"初之气，地气迁，气乃大温，草乃早荣，民乃厉，温病乃作"。另外在《难经》中，也有关于温病病名的记载，如《难经·五十八难》载有："伤寒有五：有中风，有伤寒，有湿温，有热病，有温病"。可谓温病病名的早期记载。

2. 有关病因的论述　《素问·阴阳应象大论》提到"冬伤于寒，春必病温"，此是伏气温病病因学的最早理论依据。认为温病的发生原因是由于冬季感受寒邪，伏藏体内，至来年春天寒邪化热而发为温病。王叔和在此观点的基础上，进一步提出寒毒藏于肌肤，至春变为温病、至夏变为暑病的观点，这个伏寒化温的论述，对后世医家有很大的影响。同时王叔和还提出时行之气的观点，在《伤寒例》中谈到："凡时行者，春时应暖而反大寒，夏时应大热而反大凉，秋时应凉而反大热，冬时应寒而反大温，此非其时而有其气。是以一岁之中，长幼之病多相似者，此则时行之气也。"所谓"时行之气"，即非时之气为病，具有传染性和流行性，但当时不称为伤寒或温病而称之为时行。时行之气概念的提出，对后世创立新感温病说以及对疫病的认识均有一定影响。晋·葛洪《肘后备急方》中有："岁中有疠气，兼挟鬼毒相注，名曰温病"，提出了疠气致病说。这是后世瘟疫疠气病因学说的理论根据。隋·巢元方的《诸病源候论》中对于温病理论的论述大致与王叔和相同，在"温病不相染易候"中明确论述了温病可以传染予人，指出："此病皆由岁时不和温凉失节，人感乖戾之气而生病，"这比王叔和的"时行说"又前进了一步。

3. 有关季节与发病关系的论述 《素问·热论》有："凡病伤寒而成温者，先夏至日者为病温，后夏至日者为病暑。"为后世温病的命名，提供了理论依据。

4. 有关传染性和流行性的论述 《素问·刺法论》中谈到"五疫之至，皆相染易，无问大小，病状相似"，这对后世认识疫疠有一定的影响。

5. 有关脉证方面的论述 《素问·评热病论》有："有病温者，汗出辄复热，而脉躁急，不为汗衰，狂言不能食。"《灵枢·论疾诊尺》有："尺肤热甚，脉盛躁者，病温也"。《伤寒杂病论》有："太阳病，发热而渴，不恶寒者，为温病"，"太阳中热者，暍是也。汗出恶寒，身热而渴，白虎加人参汤主之。"均突出了温病温热特性的脉证表现。

6. 有关治疗方面的论述 《素问·至真要大论》提出："热者寒之"，"温者清之"，"风淫于内，治以辛凉，佐以苦"；"热淫于内，治以咸寒，佐以甘苦"；"湿淫于内，治以苦热，……以苦燥之，以淡泄之"、"燥者濡之"等。《伤寒杂病论》载有清热、攻下、养阴等治法，虽不为温病设，但适用于温病的治疗，对后世温病治疗学的形成有深刻影响。另有《肘后备急方》、《千金要方》、《外台秘要》等文献记载了许多治疗温病的方剂，如《肘后备急方》有黑膏方治疗温毒发斑，《千金要方》列有治温病方十首，其中葳蕤汤由后世温病学家加减化裁，作为滋阴解表剂用以治疗阴虚外感表证，大青汤治疗温病热盛阴伤，犀角地黄汤治疗温病之内蓄血及出血等，这些方剂一直为后世医家治疗温病所沿用。

7. 有关预后方面的论述 《素问·玉版论要》提出了"病温虚甚死。"

8. 关于预防方面的论述 《素问·刺法论》提出了预防温病的关键在于"正气存内"和"避其毒气"。就是说，预防疾病的发生，既要增强人体内的正气以抵御外邪的入侵，也要避免外来的"毒气"侵袭。唐代孙思邈的《备急千金要方》不仅把预防温病方剂列于伤寒章之前，而且记录了许多预防温病的方剂，如太乙流金散（雄黄、雌黄、矾石、鬼箭羽、羚羊角）烧烟熏之以辟温气。

二、成长阶段（宋金元时期）

（一）特点

明确了伤寒与温病的区别，在理法方药、特别是在治疗学上有较大的突破，逐步从伤寒论体系中摆脱出来，为温病学自成体系奠定了基础。

（二）内容

1. 治疗学中的新突破 自东汉张仲景继承《内经》学术思想，编著成《伤寒论》，确立外感热病六经辨证论治体系后，在相当长的历史阶段，治疗外感热病基本上都以《伤寒论》的立法处方为普遍原则。随着社会的发展，医疗实践的深入，认识水平的提高，温病治疗开始突破了"法不离伤寒，方必遵仲景"的框框。医家们终于认识到，仅用《伤寒论》经方治疗外感热病，不能适应临床实践的需要，提出改革和发展的主张。

（1）主张灵活应用经方：宋代朱肱、庞安时提出，不可拘泥使用古方，而要因人、因地、因病、因时而异，灵活加入寒凉清热等药。朱肱在《伤寒类证活人书》中说："桂枝汤自西北二方居人，四时用之无不应验，自江淮间，唯冬月及春初可行，自春末及夏至以前，桂枝证可加黄芩半两，夏至后桂枝证加知母一两，石膏二两或升麻半两，若病人素体虚寒者，正用右方，不在加减也。"从这段叙述中可以看出，朱肱在临床实践中已体会到运用《伤寒论》辛温发散的经方治疗外感疾病时不能一成不变，而必须根据发病季节、发病地区和病人平素的体质差异而灵活变化。庞安时也在《伤寒总病论》中指出："风温、湿温等温病，误作伤寒发汗者，十死无一生。"说明当时在对待外感热病的治疗上，开始出现新的认识。

（2）为热病治疗开创清热解毒先河：金元时期的刘河间在热性病治疗上大胆地创新论、立新法、订新方，认为伤寒六经证候传变皆是热证，提出"六气皆从火化"，热病初起，不可纯投辛温，单用辛温解表，足以误人，提出以寒凉为主的治疗方法，并创制双解散、防风通圣散等方剂，为治疗热病开创了清热解毒先河，被称为"寒凉派"，后世有"伤寒宗仲景，热病崇河间"之说。

（3）提出按邪热在上中下三焦及"气分"、"血分"的不同部位分别制方用药：元代罗天益在《卫生宝鉴》中提出此论，对后世温病卫气营血和三焦辨治体系的形成有一定影响。

（4）强调温病不得混称伤寒，治疗应以清里热为主：元代末年医家王安道，在《医经溯洄集》中说："夫唯世以温病热病混称伤寒，……以用温热之药，若此者，因名乱实，而戕人之生，其名可不正乎？"提出"温病不得混称伤寒"，治疗当以"清里热为主，而解表兼之，亦有治里而表自解者"，从概念、发病机理和治疗原则上将温病和伤寒明确区分开来。清代温病学家吴鞠通称王安道"始能脱却伤寒，辨证温病"。

2. 理论上的新进展 提出温病有新感和伏邪两类，宋代郭雍在《伤寒补亡论》中提出："冬伤于寒，至春发者，谓之温病；冬不伤寒而春自感风寒温气而病者，亦谓之温。"后世认为温病有新感、伏邪两类，即导源于此。

三、形成阶段（明清时期）

（一）特点

对温病的认识更加深化，理论上日臻完善，治疗上不断丰富，创造性地总结出一套比较完整的辨证论治理论和方法，使温病学在理法方药方面自成完整体系，形成一门独立学科。

（二）内容

1. 明确提出"新感温病"之说 明·汪石山认为温病不独有"冬伤于寒，春必病温"的伏气温病，而且提出有"不因冬月伤寒而生温者"的新感温病。《证治要诀》中有"有不因冬月伤寒而病温者，此特春温之气，可名曰春温，如冬之伤寒，秋之伤湿，夏之中暑相同，此新感之温病也。"充实了温病发病学内容。

2. 明末吴又可编著了我国第一部传染病学专著《温疫论》 创造性地提出温疫不同于伤寒的独特见解：①提出温疫病的致病原因是自然界另有一种特殊物质——杂气中的疠气所致：认为不同的病所感受的疠气也不同，不同的疠气对人体脏腑组织的侵犯有一定的选择性，"盖当其时，适有某气专入某脏腑经络专发为某病。"又指出使人得病的疠气亦能使动物得病，而不同种属的动物之间对疠气的感受性不同。②感邪途径：提出疠气"从口鼻而入"，突破了外邪侵袭人体从皮毛而入的传统认识。③流行特点：认为温疫病具有强烈的传染性和流行性，提出"无问老少强弱触之者即病"。

④治疗：提出针对病原治以祛邪为主的观点，立疏利透达法，创达原饮以治疗湿热秽浊之疫。

3.温病学在因证脉治方面形成完整体系 是以清代叶桂（天士）、薛雪（生白）、吴瑭（鞠通）、王士雄（孟英）等医家确立的以卫气营血和三焦为核心的辨证论治理论体系为标志。

叶天士对温病学的发展作出了重大贡献，是创立辨证论治完整体系的杰出代表，被称为“温热大师”。由其口授、门人顾景文整理而成的《温热论》，是温病学中学术价值很高的文献，可称为温病学的奠基之作。其贡献主要在于：①阐明了温病的发生发展规律，指出了温病的病因是“温邪”，感邪途径从“口鼻”上受，初犯人体肺卫，传变形式有“顺传”和“逆传”，并进一步明确了温病和伤寒的区别。②创立了温病卫气营血辨证论治学说的理论体系。③丰富和发展了温病诊断学的内容，如辨舌验齿、辨斑疹白痦等。④制订了温病各阶段的治疗大法：“在卫汗之可也到气才可清气，入营尤可透热转气……入血就恐耗血动血，直须凉血散血。”此外其《临证指南医案》、《三时伏气外感篇》等临床经验的结晶，至今仍具有很高的实用价值。

薛生白著《湿热病篇》，对湿热性质温病的病因病机和辨证论治作了专门的论述，进一步丰富了温病学的内容。

吴鞠通继承叶氏学说，钻研历代医技，“历取诸贤精妙，考之《内经》，参以心得”，采用《伤寒论》条文分证形式，著成《温病条辨》，并于条文之后加自注，把方药附于证后，是一部理法方药俱备的温病学专著，为后世学习温病学的必读著作。其贡献：①创立了三焦辨证，补充了卫气营血辨证的不足，这两种辨证体系相辅相成，使温病辨证理论趋于完善。②提出三焦分证治疗大法“治上焦如羽（非轻不举）”，“治中焦如衡（非平不安）”，“治下焦如权（非重不沉）”，作为三焦温病的治疗原则，为临床处方用药提供了理论依据和规范。③对温病的发生、发展、传变进行归纳，汲取前人经验，归纳出清络、清营、育阴等各种治疗法则，创立了银翘散、桑菊饮、清营汤、大定风珠等方剂，使温病学说在理、法、方、药各方面更加系统和完善。

王孟英“以轩岐仲景之文为经，叶薛诸家之辨为纬”即以《内经》、《伤寒论》、《金匮要略》中有关热病的论述为经，以叶天士、陈平伯、薛生白、余师愚等诸家论温病条文为纬，附以后世诸家的注释，自加按语，编著成《温热经纬》一书，可谓集温病学之大成，溯本求源，纲举目张，是一本优秀的温病文献汇编，也是学习温病学的入门之作。

清代除叶、薛、吴、王温病四大家外，尚有许多医家在温病学方面有不少著作。如杨栗山的《伤寒温疫条辨》、陈平伯的《外感温病篇》、余师愚的《疫疹一得》、柳宝诒的《温热逢源》、雷少逸的《时病论》、俞根初的《通俗伤寒论》、戴天章的《广温热论》等都从不同侧面补充和丰富了温病学内容。温病学经过无数医家的实践、总结、提高，在漫长的历史阶段中，逐渐形成一门独立的学科，广泛而有效地指导临床实践。

四、温病学的发展提高阶段（中华人民共和国成立前后）

从辛亥革命到 1949 年中华人民共和国成立前，温病学科和中医其他学科一样，经历了艰难曲折的道路，未能得到充分交流和提高，但此时仍有很多医家坚持振兴中医，探索中医学发展方向。其中对温病学发展作出较大贡献的有：张锡纯，其临床经验丰富，治疗温病颇有心得，善于组方创新，药味少而力专，力图沟通中西医学，撰写《医学衷中参西录》，书中载有不少治温病方剂和案例，丰富了温病的治疗内容。吴锡璜撰写《中西温热串解》、《八大传染病讲义》，其治温病注意阐明机理，重视诊断，用药注意辨证，对继承和整理温病学说都起到一定作用。还有丁甘仁著有《喉痧证治概要》及《孟河丁氏医案》，对喉科，特别是喉痧的治疗独具心得。何廉臣善治外感热病，著有《全国名医验案类编》，为温病学的发展保存了大量珍贵的临床资料。此时，为了中医事业在逆境中求生存，私人办中医学校和创办中医医学刊物之风兴起，对促进温病学理论发展，亦有着不同程度的贡献。

中医药事业获得新生是在中华人民共和国成立后，温病学的理论和经验得以迅速发展提高。

（一）温病学的理论和经验广泛应用与临床实践

多年来运用温病学的理论和经验防治急性传染性疾病、急性感染性疾病及危害人民健康的常见病、多发病，取得了满意的疗效。

中医药在抗击非典中做出了突出贡献，在某种意义上讲，非典也为中医药发展、创新提供了机遇。非典以高热、咳嗽、气喘为主要临床表现，属于中医“温病”范畴，从它的发病情况来看，非常符合中医“戾气”的致病特点，90%以上的人都是通过接触了患者而被传染，其传播途径主要是通过呼吸道，即口鼻而入。SARS 病程中毒邪贯穿本病始终，热毒、瘀毒、湿毒是其病机关键。病情的不同阶段，表现有异，应该依据其辩证特点给予处方。SARS 发热、咳喘期，是热、湿毒邪侵袭肺卫，继之毒邪壅肺，气虚血瘀，再下传则热久必伤及津液，因此，不同阶段，给以不同的治则和处方。如早期清热解毒，化湿透邪；中期利湿解毒，益气化瘀；后期则益气健脾生津治之。此外，大多数 SARS 病例显示苔腻始终存在，因此，应重视“湿邪”，而温补之品慎用。

（二）理论上进行了新探讨

①对传统理论如温病与温疫、温病与伤寒、新感与伏气的争论，卫气营血辨证与三焦辨证的关系，温病与温毒的区分，温病与西医传染病的联系等理论问题，通过学术上的争鸣，促进了学科学术水平的进一步提高。②利用现代科学对温病学理论进行研究，如舌诊的研究、致病微生物与温邪之间的联系、卫气营血病机的实质研究，均展示了温病学发展的广阔前景。

（三）治疗上有了新发展

对有效方剂，肯定疗效，进一步实验研究阐明药理，改革剂型。

疟疾曾是一种严重危害人类生命健康的世界性流行病。据世界卫生组织报告，全世界数 10 亿人口生活在疟疾流行区，每年约 2 亿人患疟疾，百余万人死于疟疾。直至 20 世纪 60 年代初，全球疟疾疫情仍难以控制。尽管同样来自于天然产物的抗疟药物奎宁曾经发挥了很大的作用，但是由于人体产生了耐药性，使奎宁的抗疟作用大大降低，而在二战期间研究的化学合成药物氯喹也开始产生相当大的耐药性。青蒿始见于《五十二病方》，用于解暑、退蒸、凉血、截疟等临床病症。中国科学家屠呦呦在反复阅读东晋葛洪《肘后备急方》后，发现其中记述用青蒿抗疟是通过“绞汁”，而不是传统中药“水煎”的方法来用药的，屠呦呦认为很可能是因为“高温”的原因破坏了其中的有效成分。据此，屠呦呦改用低沸点的溶剂乙醚来提取青蒿中的有效成分，所得青蒿的乙醚提取浓缩物确实对鼠疟效价有了显著提高。屠呦呦研究组验证间日疟 11 例、恶性疟 9 例、混合感染 1 例，结果显示青蒿提取物能大幅杀灭疟原虫，疗效优于氯喹。1972 年成功分离出一种无色结晶，后将其命名为青蒿素。青蒿素作为一个全新的药物发现，拯救了数以万计的生命，在整个药物发展史上也是屈指可数，2015 年岁末，屠呦呦成为首个获得诺贝尔生理或医学奖的中国人。

（四）文献整理和出版重印

从 20 世纪 50 年代起，全国各地方出版社彩印、重版、译注、校注许多温病著作、医案、医话。

（五）注重人才的培养

设置温病学教研室，编写了多种各层次的《温病学》教材，温病学作为一门主要课程，逐渐形成了教育、医疗和科研骨干队伍，先后招收硕士和博士研究生，使学科教育水平向更高层次发展。

第一章　温病的概念

第一节　温病的特点

温病是由温邪引起的以发热为主症，具有热象偏重、易化燥伤阴等特点的一类急性外感热病。其内涵，一是病因为温邪，二是证候及病机特点为热象偏盛，易化燥伤阴。以上两点决定了这类疾病的属性为温热性质，而有别于伤寒或其他属性的疾病。其外延，从温邪由外侵袭人体确定为外感疾病，而且是外感疾病的一大类，非单一病种，排除了内伤疾病。

一、致病因素的特性

温病是由特异的致病因素"温邪"引起。"温邪"始见于叶天士的《温热论》，温邪包括风热病邪、暑热病邪、暑湿病邪、湿热病邪、燥热病邪、伏寒化温的温热病邪等。温邪的特异性体现在从外侵袭人体，致病迅速，温热性质显著，易消耗人体阴津，不同的温邪大多具有特定的侵犯部位等。

二、病理演变的特性（病程发展具有阶段性）

温病病程的阶段性是由于在温邪的作用下，导致卫气营血及三焦所属脏腑的功能失调及实质损害，具有规律性变化所决定的。主要表现为：①邪在卫分阶段，温邪初袭人体病变多在卫分。②邪在气分阶段，温邪由卫分传入气分，则导致里热炽盛。③邪在营分阶段，温邪由气分传入营分，导致营热阴伤。④邪在血分阶段，温邪由营分传入血分，导致动血耗血。⑤恢复期阶段，患者正气渐复，逐渐康复痊愈。

卫气营血的病机演变规律，涉及上焦心肺，中焦脾胃，下焦肝肾的病机变化（详见温病辨证章）。总的来讲，温病的前期阶段多以机体功能失常为主，后期阶段则以实质损害为明显，主要是阴津的耗损及重要脏器的损害。

湿热性质的温邪在病变发展中，有湿热化燥化火的过程，在卫、气分阶段，往往需经过湿邪燥化，方可逐渐入营入血。

温病病程发展的阶段性，反映了温邪由表及里，由浅入深，病情由轻加重，病变由实转虚，甚至导致患者死亡的发展变化。

三、临床表现的特性

温病共有的临床表现，大致有以下几点：

1. 起病急骤、传变较快　温病一旦发生，即有病邪传变的可能，温邪传变速度一般较快，有相应的复杂多样的证候变化。温病中有极少数疾病起病较缓，传变较慢（如湿温），这只是与温病中的其他疾病相比较而言，不能与内科杂病中的慢性病发病和变化缓慢相等同。

2. 发热为主症　发热是温病必见之症，还有热象偏重的症状伴随存在，如口渴、心烦、溲赤、舌红、脉数等。

3. 易出现险恶证候　病程中容易出现斑疹及动风、动血、闭窍等险恶证候。斑疹常出现于多种温病中，甚至是某些温病的必有表现，这些温病可称为发疹性温病。温邪内陷心营（血），可闭塞机窍，或引动肝风而痉厥兼臻，甚至内闭外脱；热盛迫血，可出现急性的多部位、多窍道出血，如咯血、呕血、便血、尿血、阴道出血等，大量出血可导致气随血脱。

4. 病程中易耗伤阴津 温邪是阳热亢盛之邪，亢阳伤阴是温病的基本表现。病在上焦多伤肺阴，症见口鼻、咽喉干燥，干咳无痰，或有少许黏痰；病在中焦多伤胃阴，症见口渴欲饮，食少，舌绛光亮如镜；病邪深入下焦多伤肝肾之阴，症见低热，神倦，颧赤，手足心热甚于手足背，甚而手足瘛疭，舌干绛而萎等。

湿热性质的温病湿热化燥化火，可导致阴津耗伤。若湿热反从寒化，转变为寒湿病邪，又可伤人身阳气，这是湿热类温病的一种特殊表现。

四、传染性、流行性、季节性、地域性

1. 传染性 温病是感染温邪而引起的，并可通过各种途径传播，因而具有传染性。大多数温病具有这一特性。传染性在古代又称染易，《素问·刺法论》称："五疫之至，皆相染易。"易，即移的意思，染易即指温病之邪可在人群中移易。刘完素《伤寒标本心法类萃》称疫病为"传染"，并列有传染专节。吴又可《温疫论》把通过空气感染的称为"天受"，通过直接接触感染的称为"传染"，说："邪之所着，有天受，有传染。"

2. 流行性 指温邪在人群中连续传播，引起程度不等的蔓延、扩散。温病流行过程必须具备传染源、传播途径及易感人群。流行范围极广，甚至蔓延到世界各地的称为大流行；在短时间内集中多数病例发生，称为暴发；由于自然地理条件的差别，某些温病只在一定地区流行，称为地方性。温病亦可散在发生。古代称流行性为"天行"或"时行"，例如宋代庞安时《伤寒总病论》就说："天行之病，大则流毒天下，次则一方，次则一乡，次则偏着一家。"指明了流行程度的不同。吴又可《温疫论》也有盛行之年、衰少之年、不行之年等有关温病流行程度的论述。盛行之年是在较大范围的流行，衰少之年是在较小范围的流行，不行之年指当年没有温疫流行。

3. 季节性 温病在特定季节气候条件下发生及流行，称为季节性，大多数温病具有这一特性，因此又称温病为"四时温病"。例如春季温暖多风，故多风热病邪为患，容易发生风温。夏季暑热炎蒸，故多暑热、暑湿为患，容易发生暑温、暑湿等。长夏季节，天气炎热，湿气尤重，故多湿热致病，容易发生湿温等。同时，不同的季节，不同的气候条件，影响人体的反应性及抗病能力。例如冬春季节肺卫功能易于失职，为风热病邪的入侵提供了条件，如应寒而反暖，或温风过暖，腠理开疏，风热病邪容易侵入肺卫，发生风温。夏季，或夏秋之交的季节，湿热、暑湿较重，脾胃功能呆滞，运化功能减弱，不能运化水谷之湿，使湿邪停聚化热，此时若摄入秽浊不洁之物，损伤脾胃，内外合邪，易导致湿温、暑湿病的发生。

4. 地域性 温病的发生与流行常表现出一定的地域性。我国疆域辽阔，地形复杂，气候条件不同，对温邪的形成和致病产生影响。同时不同地域的人，体质类型、生活习惯、卫生条件等均有差异，对不同温邪的感受性、传播、流行等产生影响。一些温病在某一地域较易发生，而在其他地域则较少见。

第二节　温病的范围、命名和分类

一、温病的范围和命名

温病的范围：较广泛，外感热病中除外感风寒性质的急性热病外皆属于温病范围。

在历代文献中，对温病范围的论述不一。《内经》把发生在春季的热病划归于温病。明清时期温病学说形成，温病的范围已较为广泛，例如《温病条辨》就有风温、温热、温疫、温毒、暑温、湿温、秋燥、冬温、温疟、痢疾、黄疸等。本教材论述的温病范围包括：风温（包括冬温）、春温、暑温、暑湿、湿温、秋燥、伏暑、大头瘟、烂喉痧等。本属于温病范畴的疫毒痢、急黄、麻疹、白喉等，沿袭传统已归列于内科、儿科、喉科等相关学科中。

温病的命名：一是根据发病季节命名，例如发生在春季的春温、发生在冬季的冬温。二是根据四时主气命名，例如风温、湿温、暑温。三是根据季节与主气结合命名，例如秋燥。四是根据特殊的临床证候命名，例如大头瘟、烂喉痧。五是根据流行情况命名，如将广泛流行的温病叫做温疫，或称天行病、时行病等。

可划归温病范围的西医疾病有：①具有温病特点的急性传染病，如常见的病毒性疾病有流行性感冒、麻疹、风疹、流行性腮腺炎、传染性单核细胞增多症、流行性乙型脑炎、流行性出血热、登革热和登革出血热等；常见细菌性疾病有伤寒、副伤寒、沙门菌属感染、霍乱、猩红热、流行性脑脊髓膜炎等；立克次体病如流行性斑疹伤寒、地方性斑疹伤寒等；螺旋体病中的钩端螺旋体病；原虫病中的疟疾。②具有温病特点的某些急性感染性疾病及常见综合征，如大叶性肺炎、败血症、感染性休克、成人呼吸窘迫综合征等。③具有温病特点的其他发热性疾病，如中暑、亚急性变应性败血症、急性白血病等。

二、温病的分类

1. 根据病证性质分类

（1）温热类：①包括风温、春温、暑温、秋燥、大头瘟、烂喉痧等。②特点：起病较急，热象显著，易伤阴津，传变较快，病程较短。③治法：清热祛邪为主。

（2）湿热类：①包括湿温、暑湿、伏暑等。②特点：起病较缓，兼备湿热两方面的证候，初起时热象不十分显著，如湿邪偏盛或转化为寒湿时，易伤阳气，湿热化燥化火，可耗伤阴津，病程较长，缠绵难愈。③治疗以清热祛湿为主。

2. 根据发病的迟早及表里不同分类

（1）病发于表：又称新感温病。指感受外邪即时而发，初起以表热证为主，无明显的里热证候，如风温、秋燥、大头瘟、烂喉痧等。

（2）病发于里：又称伏邪温病。指感邪后邪气伏藏，过时而发，初起以里热证为主，若无新感激发，一般无表证，如春温、伏暑。暑温虽然起病时即可以里热为主，但其临床表现与当令主气的致病特点一致，故仍属感邪而发的新感温病。

3. 根据发病部位分类

（1）肺系温病：包括风温、秋燥、大头瘟、烂喉痧等。

（2）脾胃（肠）类温病：包括以脾胃为主要病变部位的湿温、暑湿，病变始发于阳明的暑温等。

（3）不能单一归属某脏腑的温病：有春温、伏暑等。

第三节　温病与相关疾病的关系

一、温病与伤寒

由温邪引起的温病与外感寒邪导致的狭义伤寒是性质不同的两类外感热病。其概念、临床表现和治疗方法都不相同。因此必须加以鉴别。

（一）概念上的关系

1. 温病与广义伤寒是从属关系（战国至晋唐） 广义伤寒是指一切外感热病的总称，包括属性为风寒的狭义伤寒和属性为温热性质的温病两类。《内经》是这一论说的先导，提出寒邪是导致各种外感热病的主要原因，故把外感热病统称为伤寒，如《素问·热论》说：“今夫热病者，皆伤寒之类也”。《难经·五十八难》说：“伤寒有五：有中风、有伤寒、有湿温、有热病、有温病。”其中“伤寒有五”的伤寒是广义的，它包括了风寒性质的“伤寒”与“中风”，还包括了属性为温热的“湿温”、“热病”、“温病”。可见温病隶属于广义伤寒之中。晋唐时期多以《伤寒论》的方法治疗温病。宋以后提出寒温分治，明清时期温病学说形成，温病脱却伤寒藩篱。

2. 温病与狭义伤寒是并列关系（明、清）

温病中所指伤寒均为狭义。温病指多种外感热病的总称，义广。伤寒专指感受寒邪所引起的一类外感病，义狭。广义伤寒运用不多。

古代有的医家立足广义伤寒的角度，对温病概念和范围的扩充认识不足，故提出温病不应另立门户，自成体系。温病学说形成后，强调温病不得混称伤寒，认为温病与伤寒是性质不同的两类疾病，二者在因证脉治上均有明显的区别，温病与伤寒是并列的关系。

（二）学术体系关系

我国医学发展史中有影响较大的寒温之争，争论焦点不外是：①伤寒能否概括温病。②六经辨证是否适用于温病。③《伤寒论》之治法方药是否能满足于温病治疗需要。

伤寒学派：独尊伤寒。如《世补斋医书》认为伤寒为一切外感热病的总称，温病自居其中，不应另立门户，否则与伤寒分庭抗礼。认为一切外感热病都要尊六经辨证，废伤寒则六经不传，废六经则百病失传。治疗上《伤寒有五论》中认为六经中的阳明病可概括温病，风寒温热均在论中，其方可治伤寒亦可治温病。白虎、承气是治温方，“有此二法无不治之温病矣。”斥责卫气营血、三焦辨证为“标新立异”、“数典忘祖”。

温病学派：继承并发展了《伤寒论》的学术观点，对温病的病因、病理、治疗等方面有较深刻的认识，逐步形成一个较为完整的学术体系。认为伤寒温病为外感病二大类，概念不可混淆，性质有别，病因病机不同，因证脉治有明显区别。伤寒详于寒而略于温，白虎、承气可用于温病但不能概括所有温病，主张“跳出伤寒圈子”，创立新论，“羽翼伤寒”。

寒温之争，二派各执己见，各有片面性，但推动了医学发展。归结起来，可以说①《伤寒论》对温病学的发展起到了承前启后的作用。即温病学是在《伤寒论》的基础上逐渐发展起来，形成了具有自身特色的学术体系，独立学科。②二者是继承与发展的关系。即学术体系上一脉相承，不可分割。《伤寒论》虽是外感热病的专著，但其内容详于寒而略于温，应用《伤寒论》的方法指导一切外感热病的论治，虽有局限性，但其为温病学形成的重要基础，温病学发展补充了《伤寒论》之不足，六经辨证启发了卫气营血及三焦辨证理论的形成。

（三）辨证施治关系

温病是由温邪引起的一类急性外感热病，与伤寒六经病证相较，各不相同。仅以伤寒、风温为例作一比较（表1）。

表1 伤寒与风温鉴别表

	伤寒	风温
病因	风寒病邪	风热病邪
受邪途径	从皮毛而入，先受于足太阳膀胱经	从口鼻而入，先受于手太阴肺经
病机	寒束肌表，卫阳受郁，化热入里。病程中有六经传变次第，终易伤阳	风热阳邪，易化燥伤阴，传变迅速，有卫气营血演变过程，终易伤阴
初期证候	恶寒发热，头痛身痛无汗，苔薄白，脉浮紧	发热恶寒，口渴，咳嗽，无汗或少汗，头痛，舌苔薄白，舌边尖红赤，脉浮数
中期证候	均邪热炽盛、热伤阴津，一派以热为主的症状	
后期证候	伤阳为主	伤阴为主
初期治法	辛温解表	辛凉解表
中期治法	均可用清里热、通下之法，病变不同，方法各异	
后期治法	扶阳抑阴	滋养阴液

二、温病与温疫

（一）温疫的概念

疫，指疾病的流行而言，而温疫则是指温病中具有强烈传染性，并能引起流行的一类疾病。古代文献中尚有“瘟疫”一名，实际上瘟即疫，瘟疫即疫病的同义词。

（二）古代关于温疫概念的分歧

1. 温疫是温病流行时的一种称谓 古人认为温病在具备一定条件时就能引起流行，温病一旦流行，就称为温疫。清代医家喻嘉言、王孟英持此观点。

2. 温疫与温病为同一类疾病的不同称谓 这些医家认为温疫与温病所指实为同一类疾病，只是名称不同而已，即温疫就是温病，名称可以互称。吴又可、杨栗山、戴北山等均持此观点。持温疫即为温病见解的医家，其著作都以温疫立论，如吴又可的《温疫论》、戴北山的《瘟疫明辨》、杨栗山的《伤寒温疫条辨》、刘松峰的《松峰说疫》、余师愚的《疫疹一得》等，他们的临床实践主要针对急性传染病，故今天多称他们的学说为“温疫学说”。

3. 传染者为温疫，不传染者为温病 持这种见解的医家认为，温疫与温病不相同，其区别在于是否传染，传染的为温疫，不传染的为温病，代表医家为陆九芝。他在《世补斋医书》中说：“温为温病，热为热病，与温疫辨者无他，盖即辨其传染不传染耳”其看法也有一定的片面性。

（三）现代医学观点及意义

从现代医学观点看，温病包括了除外风寒性质的一切外感热病，即包含现代医学的急性传染性疾病、急性感染性及某些发热性疾病，有传染、有不传染者。划分的意义在于①提示及早采取有效预防措施。②对辨证治疗有指导意义。针对其来势猛、病情重等特点，集中峻猛药物施治。

三、温病与温毒

（一）温毒的概念

在温病学中，温毒有两层含义：一是病名概念，指温病中具有独特表现的一类疾病，即温毒疾患；一是病因概念，指温病中的某些致病因素，即温热毒邪。前者是疾病名称，后者则是指病因。本节主要讨论前者，后者在病因章中讨论。

温毒作为疾病名称主要是指因感受温热毒邪引起的一类具有独特表现的急性外感热病，它除了具有一般急性温热疾病的临床表现外，还具有局部红肿热痛甚则溃烂，或肌肤密布斑疹等特征。常见的温毒疾患有大头瘟、烂喉痧等。由此可见，温毒其实是一类温热疾病的总称，而不是指某个单一疾病。

（二）温病与温毒在概念上的关系

温病是一类具有温热性质的外感疾病，温毒作为具有显著温热特点的一类疾病，自然属于温病的范围，它是温病中具有肿毒或发斑表现的一类特殊病种。

第二章　温病的病因与发病

历代医家对温病病因的认识，经历了漫长的历史过程，曾有过多种学说。

病因方面：①六淫化火说，以金元刘完素为代表，强调六淫皆从火化，确立温病以寒凉清热为主的治法。②杂气学说，明末医家吴又可首先提出，戴北山、杨栗山、刘松峰等均继承其学说，并有所发展。杂气是多种致病因素的总称。杂气学说的提出，突破了“百病皆生于六气”的传统观点，较为准确地揭示了急性传染病的病因。

发病方面：①伏邪温病说，伏气致病学说的最早记载见于《内经》。《素问·金匮真言论》中说：“藏于精者，春不病温”，指出了寒邪在冬不藏精的条件下郁而化热，至春可发为温病。晋·王叔和在“平脉篇”中首创“伏气”之名，提出了寒毒藏于肌肤。又有提出邪伏肌骨（巢元方）；膜原（吴又可、蒋宝素等）；少阴肾（柳宝诒）；邪伏部位随体质因素不同各异，如肾虚之体邪气伏藏少阴，劳苦体实之人邪气伏藏肌肤（雷少逸）；邪伏部位的三纲鼎立说，即冬伤于寒，寒邪伏在肌肤；冬不藏精，邪气伏在少阴；冬不藏精复冬伤于寒则病邪伏于肌肤之间及少阴，至春月两邪同发（喻嘉言）。伏藏邪气可因气候变化引发或时令之邪激发或因其他因素如饮食不节，过于劳累，情志不遂，房室不节等，使正气受伤，不能遏制伏邪（气）而外发。伏邪传变：一是由里达表，症状逐渐减轻，预后较好。二是伏邪进一步深入内陷，病情逐渐加重，甚至恶化，预后较差，多为逆证。伏邪发病有两种形式，一是里热外达，充斥肆逆，病发即见一派里热证候，无外感激发，一般无表证；一是由外感引发者，则可同时伴见表证。伏邪为病，一般病情缠绵，病势较重，变证较多，病程较长，难于速愈。在治疗上针对郁热伤阴，采取清、养、透的原则。清，指直清里热；养，指养阴托邪；透，系领邪外达。其中以清泄里热为主。②新感温病说，形成较晚，《素问·六元正纪大论》所称“民疠温病”之温病实为新感温病。宋代郭雍《伤寒补亡论》指出：“冬伤于寒，至春发者谓之温病；冬不伤寒而春自感风寒温气而病者，亦谓之温。”后世有认为温病分为伏邪和新感两类即导源于此。清代，新感温病说为多数学者所赞同。

第一节　病　　因

温病的致病因素是温邪。温邪能导致人体卫气营血和三焦所属脏腑的功能失常及实质性损伤，破坏人体相对平衡状态而发病。六淫中的风热病邪、暑热病邪、湿热病邪、暑湿病邪、燥热病邪、伏寒化温的温热病邪等称为温邪。此外，疠气、温毒等，也具有温热性质特点，仍属温邪范围。温邪的共同特性主要有：①温热性质显著，易消耗人体阴津。②从外侵袭人体，从口鼻或皮毛而入，致病迅速。③致病与时令季节密切相关，故又称为时令温邪，或简称时邪。④在一定条件下可以相互影响及转化。⑤不同的温邪入侵部位有别。明确温病的病因，其意义在于指导临床治疗，即“辨证求因”、“审因论治”。

一、风热病邪

具有风热性质的外感病邪称之为风热病邪。风热病邪是发生于冬春季节的一种致病温邪。春季阳气升发，气候温暖多风，多风热病邪为患。由风热病邪引起的温病是风温。冬令气候异常，如应寒而反暖，亦有风热病邪化生，由冬季风热病邪导致的温病为冬温。风热病邪致病一般具有如下特点：

1. 多从口鼻而入，首先犯肺（先犯肺卫） 风为天之阳气，升散疏泄，而人身肺位最高，由天气所主，故风热病邪入侵，手太阴肺首当其冲，正如叶天士《三时伏气外感篇》说："肺位最高，邪必先伤"邪袭上焦肺卫，出现发热，微恶风寒，头痛，少汗，咳嗽，口微渴，苔薄白，舌边尖红，脉浮数等肺卫表证。

2. 易损伤肺胃阴津（易化燥伤阴） 风属阳邪，温为化热之气，风热相搏，最易耗损阴津。叶天士在《温热论》中说："风夹温热而燥生，清窍必干，谓水主之气不能上荣，两阳相劫也。"风热病邪化燥，损伤肺胃阴津，症见干咳不已，或痰少而黏，口渴，舌红少苔等。

3. 既易消退，又易逆传内陷，变化迅速 风邪善行数变，温邪热变最速，故风热病邪入侵人体，其传变较快。若感邪重，正气抗邪无力，可出现病情迅速加重，如邪气在肺卫不解，可直入心包，闭塞机窍，很快出现神昏谵语的表现，即内传心包。若正气未至大虚，抗邪有力，病邪不能逆传内陷，则较快消退，一般病程不长。

二、暑热病邪

暑热病邪是夏季火热之气化生，发生于夏季的一种致病温邪。暑热病邪的形成主要与夏季炎热高温的气候条件有关，所以暑温致病具有明显的季节性。夏季火热之气有暑、热、暍等不同名称。由暑热病邪引起的温病为暑温。暑热邪气致病一般具有如下特点：

1. 伤人急速，径犯阳明 暑热炎蒸，其性酷烈，伤人急速，病邪侵袭人体，往往不分表里渐次，或停留卫分阶段短暂，或直犯阳明气分，出现暑热内炽的证候，如壮热，大汗出，头晕，面赤，心烦，口渴，脉洪大等，此即叶天士所称："夏暑发自阳明。"

2. 暑性酷烈，易于耗气伤津 暑热病邪属亢盛的阳热之邪，燔炎酷烈，阳亢而伤阴；暑热病邪又属壮盛的火热之气，壮火食气，而易耗损人体的元气。同时，暑邪迫津外泄，气随津耗，也导致耗气伤津既易伤津，症见身热，汗出，口渴，齿燥，神倦，脉虚等。津气耗伤过甚，可致津气两脱。

3. 易入厥阴，闭窍动风 暑热属火，与心气相通，可直中心包，闭塞机窍，引动肝风，症见身热，神迷，抽搐等，故王孟英说："暑是火邪，心为火脏，邪易入之。"若暑热之邪从外直中于心包，称为暑厥；若暑热动风，称为暑痉、暑风、暑痫；暑邪还可动血出现咯血之变，称为暑瘵。

4. 易于兼夹湿邪，郁阻气分

三、暑湿病邪

夏季炎热，天暑下迫，地湿蒸腾，暑热既盛，湿气较重，暑湿相搏，土润溽暑，易于郁阻气分，暑热夹湿称为暑湿病邪，仍以暑热性质显著为特点。由暑湿病邪引起的温病有暑湿和伏暑，感而即病的为暑湿，伏至秋冬发病的名伏暑。暑湿病邪的致病特点：易困阻脾胃，弥漫三焦，伤络动血，耗损元气。此外，因暑贪凉，恣食生冷，露宿受寒，暑湿病邪可兼夹寒邪为患，以暑湿内蕴，寒邪束表为多见。

四、湿热病邪

湿为土之气，弥漫于天地之间，流布于四时之内，故湿热病邪四时均有。长夏炎热，湿易蒸动，雨水较多，湿气较重，故湿热伤人尤胜。由湿热病邪引起的温病是湿温。其他温病兼夹湿邪者则是一种兼证，如风温夹湿、暑温夹湿等。湿热病邪致病一般有如下特点：

1. **黏腻淹滞，传变较慢，难于速祛** 湿属黏腻阴邪，湿热病邪致病徐缓，化热转化较慢，与阳热之邪相搏，胶着难解，病程较长，缠绵难愈，瘥后易于复发。

2. **易伤脾胃，以脾胃为病变为中心** 阳明胃为水谷之海，太阴脾为湿土之脏，脾胃同属中土，而湿为土之气，故湿土之气同类相从，始虽外受而终趋脾胃，使脾失升运，胃失和降，出现脘痞，腹胀，呕恶，便溏，苔腻等症状。湿热病邪在一定情况下还可蒙上流下，弥漫全身。

3. **易于困阻清阳，闭郁气机，留恋气分时间长** 湿为重浊阴邪，具闭阻之性，初袭人体，多郁遏卫气，既有身热不扬，恶寒，头身重痛，神情委顿等卫阳受困的表现，又症见湿郁气机的胸闷，脘痞，腹胀等。此外，湿邪偏盛时，还可衍生为寒湿而损伤阳气，症见畏寒，肢冷，便溏，舌苔白滑等湿胜阳微证。

五、燥热病邪

燥为秋令主气，每逢久晴无雨，气候干燥之时，容易发生燥邪为患。燥邪有寒热两种不同属性，一般晚秋初凉，多为凉燥；早秋承夏，秋阳以曝，则易形成燥热病邪。由燥热病邪引起的温病是秋燥。燥热病邪致病一般具有如下特点：

1. **病位以肺经为主** 燥为秋令主气，肺属燥金，同气相从，燥热病邪易先侵犯肺经，使肺失清肃，症见发热，微恶风寒，口鼻干燥，咳嗽少痰等。

2. **易燥伤津液** 燥胜则干，热盛则伤津，燥热病邪易燥伤肺胃阴津，症见口渴，口鼻、唇咽及皮肤干燥，咳嗽无痰或少痰，大便干结，舌苔少津等。燥热严重者可燥伤肝肾之阴。

3. **易从火化** 燥热病邪亢盛时可从火化，燥热化火，上干清窍，症见耳鸣、目赤、龈肿、咽痛等。

六、温热病邪

温热病邪（伏寒化温）也是在春季致病的一种病邪。对这种病邪所引起的疾病，古人认为是由寒邪内郁，日久化热而发病的，由温热病邪引起的温病是春温。温热病邪致病一般具有如下特点：

1. **邪气内伏，病自里发** 如内蕴里热激发，则急起发病，初病即见里热炽盛证候，或见灼热，烦渴，尿赤，舌红苔黄等气分证；或见斑疹，神昏，舌绛等营（血）分证。适逢阴虚火旺之体，易成燎原之势，病邪迅速充斥气血表里。

2. **里热炽盛，易动风动血** 郁热内炽，易损伤血络，迫血妄行，引动肝风，出现斑疹、痉厥、神昏等。

3. **易耗伤阴液，后期多肝肾阴伤** 阳热燔灼，易劫夺阴津，病程后期，多耗伤肝肾之阴，出现身热，颧赤，口燥咽干，脉虚，神倦，或手足蠕动，舌干绛而萎等。

七、温毒病邪

温毒病邪的涵义是：六淫邪气蕴蓄不解而形成的属性为温热性质的一类致病因素。因其致病与时令季节相关，并能引起流行，故又称为温热时毒。温毒病邪包括风热时毒、暑热时毒、湿热时毒（暑湿时毒）、燥热时毒、温热时毒等。如风热时毒引起的温病是大头瘟，由温热时毒引起的温病是烂喉痧等。致病特点：

1. **攻窜流走** 温毒病邪可内攻脏腑，外窜经络、肌腠，上冲头面，下注宗筋、阴器，其病变部位的差异与温毒病邪的性质及感邪轻重有关。如温毒攻肺，可使肺失清肃，或肺气壅滞，甚则化源速绝。其证候轻则咳喘，重则呼吸急促困难。温毒攻心，闭塞机窍，则神昏谵语，甚则引动肝风，而痉厥兼臻。温毒窜扰肌腠、血络，而致丹痧、斑疹密布等。

2. 蕴结壅滞 温毒病邪客于脉络，可致局部血脉阻滞，毒瘀互结，而形成肿毒特征，局部出现红肿疼痛，甚则破溃糜烂等。

八、疠气

疠气又称疫疠之气，因其致病暴戾，亦称戾气。疠气是六淫邪气中具有强烈传染性，并能引起播散、流行的一类致病因素。分为温热性质和寒凉性质两大类，属温热性质者能引起温疫的发病、传染、流行。如疫疠毒邪所致的疫疹，时行疫疠所致的霍乱等。致病特点：

1. 致病力强 无分老幼，众人触之即病。

2. 多从口、鼻而入，有特异的病变定位 专入某脏腑经络，专发为某病。

3. 传染性强 具有强烈的传染性，易引起流行。

4. 病重多变 为病严重，病情凶险，传变迅速，症状复杂多变。

上述温毒病邪、疠气同样具有六淫邪气的致病特点，温毒病邪系六淫邪气蕴蓄不解而形成，疠气是六淫中具有强烈传染性的一类致病因素，因此它们都未脱离六淫范围。通过“审证求因”能分辨出不同温毒病邪及疠气的六淫属性；可按“审因论治”的方法进行有针对性的治疗，对于温毒病邪导致的肿毒特征，还须注重清热解毒；对于疠气导致温病的传染和流行，应采取有力的防治措施，预防传染，控制蔓延、扩散。

第二节 发 病

一、发病因素

1. 人体的正气 在温病的发病因素中，人体的防御能力即正气的强弱，是一个决定性的因素。根据《素问·刺热论》“正气存内，邪不可干”的理论，如果身体健康，脏腑功能正常，正气内固，抗御温邪能力强，温邪往往不得入侵发病。正气不足，防御力低下，温病则易发生及导致流行。预防措施不力，计划免疫实施情况不佳，均可使人群易染性增加。

2. 自然因素 包括环境及地域因素。特别是气候的变化对温病的发生有着重要的影响。气候变化异常，如非其时而有其气，骤冷暴热，疾风霪雨，人体不能适应寒暖的骤然变化，易感邪发病。此外，空气中存在的放射性物质，污染尘粉，刺激性气体，或其他有毒物质，对人体防御功能可产生明显影响，降低防邪抗病能力，增加温邪的易染机会。

3. 社会因素 包括经济条件，营养调配，体育锻炼，卫生习惯，卫生设施，防疫制度等，都会影响到人们的健康水平和对温病的防御能力，对温病的发生和流行也有重要的影响。如在封建社会，广大人民生活水平低下，体质较差，抗病力弱，卫生防疫设施较少，加上战争频繁，灾荒不断，容易导致温病的发生和流行。新中国成立后，社会安定，经济水平上升，人民安居乐业，体质强健，加上对传染病采取了一系列的防治措施，有效的控制和降低了多种急性传染性温病的发生和流行。这充分体现了社会条件与温病发生的关系。

二、感邪途径

1. 空气相染，从呼吸道入侵 人经呼吸道吸入被污染的空气就可以受邪发病。通过空气相染的温病如风温、烂喉痧等，初起病变多在上焦手太阴肺。

2. 饮食相染，从口入侵 口气通于胃，温邪从口腔而入，可直犯脾胃及肠道而发病。湿温、暑湿等湿热性质温病，感邪途径属于这一类型。

3. 接触相染，从皮毛而入 与某些具有传染性的温病患者直接接触，病邪可从皮毛而入，染易其人。此外由雌性按蚊叮咬人体皮肤时，可将体内的疟邪传入人体而发生疟疾；体虱等小昆虫吸吮某些温病患者血后，受染温邪的体虱等再吸吮健康人血时，可将温邪传入而发病，如疫疹；还有某些病可通过接触疫水而感邪发病，也属于接触相染之例。

三、发病类型

根据温病发病后的临床表现，将温病分为：

1. 新感温病，病发于表 简称“新感”，指感受当令之邪后立即发病的一类温病。特点是：初起病邪在表，一般无里热证，以发热，恶寒，无汗或少汗，头痛，咳嗽，苔薄白，脉浮数等卫表证候为主。传变趋向是或从表解，或自表入里，由浅入深。病情轻，病程短。初起治疗以解表透邪为大法。属新感温病的有风温、秋燥、暑温、大头瘟、烂喉痧等。

2. 伏邪温病，病发于里 又称伏气温病，简称“伏邪”，指感邪后未即发病，邪气伏藏，逾时而发的温病。特点是：病发即显现出一派里热证候，若无外感激发，一般无表证。初起以灼热，烦躁，口渴，尿赤，舌红等里热内郁证候为主要表现。伏邪温病亦有初起兼见表证而呈表里同病的，习称“新感引动伏邪”。伏邪温病传变趋向：伏邪由里达表，则邪势衰退，病情好转；或伏邪进一步内陷深入，病情加重。伏邪的病情较重，病程较长。治疗初起以清泄里热为主。属于伏邪的主要病种有春温、伏暑等（表 2）。

表 2 新感与伏邪比较表

	新感	伏邪
成因	感邪后立即发病	感邪后邪气伏藏，逾时而发
病机	初起病邪多在表，或从表解，或自表入里，由浅至深传变	伏邪自里而发，或由里达表，或进一步内陷深入。若伏邪不能外达，或邪透不尽，则病难速愈
传变证候特点	初起即现表证，而无里热证	初起即现里热证，如无外感引发则无表证
治疗	初起以解表透邪为主	初起以直清里热为主

第三章 温病的特色辨证

温病的辨证目的在于为治疗提供依据。对温病的辨证，主要立足于分析病程的阶段、病变的部位、病证的性质。辨证的过程就是一个分析病机的过程，在这基础上，就可以为确定治法提供依据。在温病的辨证时，除了有中医学的八纲、脏腑、气血津液以及六经等辨证理论作指导外，还有其独特的辨证理论，即卫气营血辨证和三焦辨证，并以此构成了温病辨证理论体系的核心。在温邪侵袭人体后，会导致卫气营血及三焦所属脏腑功能失调及实质损伤，从而产生复杂多样的临床症状。以卫气营血辨证及三焦辨证理论为指导，对这些临床表现进行分析，可以了解温病各种症状产生的原因及相互之间的关系，判断出病变深浅部位及性质，归纳证候类型，了解邪正消长，掌握病变的发生、发展、传变规律等。可见，温病卫气营血和三焦辨证理论是分析温病病机的理论基础、辨别温病证候类型的基本纲领、判断温病病位浅深和病情轻重的标准、确立温病治则治法的主要依据。但在临床具体应用时还须与八纲、脏腑辨证、气血津液辨证相结合，进行全面的病机分析。

第一节 卫气营血辨证

卫气营血辨证理论是清代温病学家叶天士创立的。叶氏根据自己在临床上对温病发生发展规律的观察和总结，把《内经》及历代医家有关营卫气血生理与病理等方面论述加以引申发挥，用于对温病病程发展阶段性、病机演变规律性、病变部位特殊性的分析，从而形成了卫气营血辨证理论。运用卫气营血辨证理论，可以分析温病病变的浅深层次，高度概括温病的病理变化及证候类型，从而有效地指导温病的治疗。

一、卫气营血的证候与病理

（一）卫分证

卫分证是温邪初袭人体，引起以卫外功能失调为主要表现的一类证候，属于外感病表证的范畴。主要临床表现为：发热，微恶风寒，头痛，无汗或少汗，或有咳嗽，口微渴，舌苔薄白，舌边尖红，脉浮数等。

由于卫气主卫外，所以卫气首先与温邪相争，引发了以体表见证为主的证候表现。温邪与卫气相争的病机变化，一方面是温邪对人体的影响，表现在卫受邪郁，肌肤失于温养，而见恶寒。邪留肌表，卫气受阻，郁而不伸，腠理开合失职，则无汗或少汗。同时，温邪袭于头部，经气不通，加之阳热上扰清空而头痛。如邪犯肺经，可引起肺卫失宣，导致肺之清肃功能失司而咳嗽。温邪易伤津，所以可见口渴。另一方面是正气具有御外功能，邪气入侵，即导致邪正相争，卫阳亢奋而发热。虽然在卫分证中，因温邪抑郁卫阳而致恶寒，但因温邪属阳热之邪，故恶寒较轻而短暂。综上所述，卫分证的基本病理特点是邪郁卫表，肺卫失宣。其中以发热微恶寒、口微渴为辨证要点。

卫分证的进一步发展大致有以下两种情况：一是温邪犯于卫分，病情较轻，正气未衰，能够驱邪外出，或加上及时恰当的治疗，温邪从表而解，疾病得愈。二是感邪较重，或治疗不及时或不恰当，正气不能祛邪外出，温邪可从卫入气；如患者正气极虚，温邪可由卫分直接传入营分或心包，甚至传入血分，此时病情较为重险。

（二）气分证

气分证是温邪在里，引起人体脏腑或组织气机活动失常的一类证候，属于外感病里证的范畴，同时还包括了半表半里证在内。气分证的病变较广泛，凡温邪不在卫分，又未传入营（血）分，都可属气分证范围，涉及的病变部位主要有肺、胃、脾、肠、胆、膜原、胸膈等。所以气分证的临床表现较复杂，证候类型也较多。在气分证复杂多样的症状中，有其共同的特点，如热势壮盛，不恶寒，汗多，渴喜饮凉，尿赤，舌质红，苔黄，脉数有力等。

气分证的形成主要有以下几种途径：一是在卫分的温邪进一步深入而传气分；二是温邪直接犯于气分，例如暑热病邪可以直犯阳明，湿热病邪则直犯于脾胃等；三是气分伏热外发，如伏寒化温，即温热病邪伏于气分而内发；四是由营分邪热转出气分等。气分证的病理变化从总的方面来看，不外人体“气”的病变。病邪进入气分时，人体全身正气奋起抗邪，邪正剧争，引起热炽津伤，这是气分证的主要病机变化。而邪正剧烈的抗争也必然会影响有关脏腑器官的正常气机活动，从而发生相应的气分证症状。以病邪侵犯阳明为例，阳明为十二经脉之海，多气多血，抗邪力强，故邪入阳明，正邪抗争，里热蒸迫，而见全身壮热且恶热。温邪在里不在表，故仅有发热而不伴有恶寒。里热亢盛，迫津液外泄而多汗，热炽津伤而口渴喜凉饮。气分热炽，舌苔见黄燥，脉洪大而有力。热盛阳明的病理特点是：正邪剧争，里热蒸迫，热盛津伤。综合温热性温病多种气分证的病机变化，其基本的病理特点是：邪正剧争，热炽阴伤。以但发热，不恶寒，口渴，苔黄为辨证要点。

湿热性质的病邪所引起的气分证，临床症状表现与一般温热性质病邪所引起的气分证有较大的不同。其多表现为：发热，脘腹痞满，苔腻。其发热的类型随湿热偏盛程度而异：湿偏盛者，热为湿遏而多表现为身热不扬；热偏盛者，因湿热交蒸，身热较盛而不为汗衰。脘腹痞满为湿热郁阻气机的表现，苔腻为湿热征象。其中湿热初入气分，湿邪偏盛者多为白腻苔；湿邪化热，湿热俱盛或热重湿轻时则变为黄腻苔或黄浊苔。一般把身热汗出，脘腹痞满，苔腻作为气分湿热证的基本表现。湿热性温病在湿邪化燥伤阴之前，多留连于气分，呈湿热交蒸之势，但由于病程不同，侵犯的部位又有脾、胃、胆、肠、膜原等异，所以病机变化较复杂，证候类型也较多。一般来说，气分有热，则见发热汗出，口渴溺黄，心烦；湿热胶着，所以汗出而热不解；内有湿邪所阻，故渴不欲多饮；湿阻气机，脾胃升降失常，则脘闷呕恶、便溏；湿热交蒸，则苔黄腻、脉濡数。湿热性温病的基本病理特点是：湿热交蒸，郁阻气机。

气分证如进一步发展，大致有以下几种情况：一是邪在气分，邪气既盛，正气抗邪力亦强，正气奋起抗邪，或经及时而正确的治疗，可冀邪退而病在气分阶段得愈。二是正不敌邪，或得不到及时和正确的治疗，邪热更加亢盛，可自气分进一步发展而深入营血分，或气分湿热证进一步化燥化火，亦可深入营血分，病变趋于严重。三是经过邪正抗争，气分的病邪渐衰，但人体正气，特别是阴液大伤，形成正虚邪少局面，如肺胃阴伤等，经过一段时间后，正气得复而病渐向愈。

（三）营分证

营分证是温邪犯于营分，引起以邪热盛于营分、灼伤营阴、扰神窜络为主要病理变化的一类证候，也属于外感病里证范畴。温邪深入营分，人体脏器组织的实质损害较为明显，而有关的功能障碍更为严重，病情较为危重。临床表现为：身热夜甚，口干，反不甚渴饮，心烦不寐，时有谵语，斑疹隐隐，舌质红绛，脉细数等。

营分证的形成，一是在气分的邪热失于清泄，或湿热病邪化燥化火，进而传入营分；二是肺卫之邪乘虚直接内陷营分；三是内伏于营分的伏邪自内而发出；四是温邪不经卫气分而直接深入营分，如暑热病邪可直犯心营而发生神昏，称为暑厥。

营分邪热亢盛，则劫伤营阴，所以表现为身热夜甚，脉细而数。营热蒸腾于上，则口虽干而不甚渴饮，同时舌质红绛。因营气通于心，营阴受热，易侵扰心神，可见神志异常，轻则心烦不寐，甚则时有谵语。营分受热，窜于肌肤血络，则出现斑疹隐隐。综上所述，营分证基本的病理特点是：营热阴伤，扰神窜络。其中以身热夜甚，时谵语，斑疹隐隐，舌质红绛为辨证要点。

如湿热性病邪化燥化火后传入营分，而湿热之邪未尽，在出现身热夜甚，心烦不寐，时有谵语，斑疹隐隐，舌质红绛，脉细数等营热阴伤症状的同时，还有苔腻、脘痞、胸闷等湿阻气分的征象。实际上属气营同病的表现。

营分证的进一步发展，大致有以下几种情况：一是在营分的邪热得以转出气分，这是病情好转的现象。二是在营分的邪热进一步深逼血分，出现了动血症状，这是病情加重的表现。营热可进一步发展而形成热闭心包之证，出现神昏谵语等症状，或因营热亢盛引起肝风内动而出现痉厥。这些病变有可能引起正气外脱的危重后果。

（四）血分证

血分证是邪热深入到血分，引起以血热亢盛、动血耗血、瘀热内阻为主要病理变化的一类证候，也属于外感热病里证范畴。温邪深入血分，病变已属极期，每伴有昏、痉、厥、脱之变，病情较为危重。主要临床表现为：身热灼手，躁扰不安，甚或神昏谵狂，吐血、衄血、便血、尿血，斑疹密布，舌质深绛。

血分证的形成主要有以下几个原因：一是营分邪热未解，营热羁留，病情进一步发展而传入血分；二是卫分或气分的病邪直接传入血分；三是血分的伏邪自里而发，直接出现血分证。

血热是血分证病机的基础，由此而引起其他一系列的病理变化：一是由于血分热毒过盛，经血沸腾，血络损伤，造成血液离经妄行。或出现多窍道（腔道）、多部位的急性出血，如呕血、咯血、鼻衄、便血、尿血、阴道出血等；或因血溢于肌肤而出现斑疹大量透发等。二是由于血热炽盛，煎熬和浓缩血液，加上邪热耗伤血液，导致血行不畅，同时又有离经之血，都会造成瘀血，并与邪热互结而形成热瘀，有的则在脉络内形成广泛的瘀血阻滞，如何廉臣说：“因伏火郁蒸血液，血被煎熬而成瘀。”表现为斑疹色紫、舌色深绛，或唇甲青紫等。而瘀热形成后，又可加重出血，出血与瘀血形成恶性循环。三是由于“心主血”同时心又主神明，所以血分瘀热易扰于心，并可逼乱心神而见严重的神志异常症状，如躁扰不安，神昏谵语等。“肝藏血”，血热也易波及肝经而引起肝风内动，出现痉厥。综上所述，血分证基本的病理特点是：动血耗血，瘀热内阻。其中以斑疹密布、出血及舌质深绛为辨证要点。

血分证病情虽然危重凶险，但经积极而恰当的救治，血分邪热渐衰，正气逐渐恢复，病情可望获得缓解，病渐向愈。血分热毒极盛，而正气不足，正不敌邪，可因血脉瘀阻、脏气衰竭或急性失血、气随血脱而死亡（表3）。

表3　卫气营血辨证表

证型	病理	证候	辨证要点	备注
卫	邪郁卫表，肺气失宣	发热，微恶风寒，头痛，无汗或少汗，或咳嗽，口微渴，舌苔薄白，舌边尖红，脉浮数	发热，微恶寒，口微渴	因外邪种类有多种，此主要以风热在表为代表

续表

证型	病理	证候	辨证要点	备注
气	里热蒸迫，热炽津伤	壮热，不恶寒，反恶热，汗多，渴喜饮凉，尿赤，舌质红，苔黄，脉数有力	壮热，不恶寒，口渴，苔黄	气分证的病变范围较大，此以热盛阳明为代表
营	营热营阴，扰神窜络	身热夜甚，口干，反不甚渴饮，心烦不寐，或时有谵语，或斑疹隐隐，舌质红绛，脉细数	身热夜甚，时谵语，或斑疹隐隐，舌红绛	
血	动血耗血，瘀热内阻	身热，躁扰不安，神昏谵狂，吐血、衄血、便血、尿血，斑疹密布，舌质深绛	斑疹，急性多部位、多窍道（腔道）出血，舌质深绛	

二、卫气营血证候的相互传变

温病发生后，病情处于不断变化的状态中，这种动态的变化就是传变。这一变化主要是温邪与人体正气相互斗争的结果，也反映了温邪在患者体内的发展变化。所以，对温病的辨证仅仅辨其属何种证候类型是不够的，还应注意其病情演变的动态变化，卫气营血辨证理论可以用来分析这一变化的主要规律。前已述及，温病总的传变趋势一般不外由表入里、由浅入深，即多数温病由卫分证开始，再向气分、营分、血分传变。但在临床上，传变的情况是较为复杂的，受到人体正气状态、病邪性质、治疗护理等许多因素的影响，所以没有固定不变的模式。由于影响传变的因素较复杂，所以温病的发展传变是千变万化的。温病的传变主要有以下几种类型：

（1）自表入里：即温邪循卫气营血层次逐渐深入地传变，也就是表现为叶天士所说“大凡看法，卫之后方言气，营之后方言血”的演变程序。这种传变方式多见于新感温病。但如在表之邪直接内陷心包，或由卫而直接传入营血分，则属病情危重。

（2）由里达外：即温邪自血而营，由营转气的演变过程。这类温病的病机发展特点是原有伏热自里向外透达，病情逐渐减轻，虽然在发病时病情较重，但因邪有外达之机，所以预后较好。伏邪温病多具这种传变形式。但是温邪在自里达外的过程中，也有可能再逆向内陷，如邪热已从营分透出气分，又能自气分内陷营分或深入血分，这是由邪正消长起伏所决定的。

（3）传变不分表里渐次：即温邪不循卫气营血表里层次的传变。这类疾病不仅在发病时可以卫气、卫营同病，而且在传变时可以同时出现气分、营分或血分的症状，临床上表现为卫气同病，气营（血）两燔，卫营（血）同病，甚至卫气营血俱病的复杂病证。这类疾病发病较急、病情较重、传变较快，如病邪很快内陷营血，则预后较差。

因此，温病的传变规律虽有卫气营血的传变顺序，但这一顺序并不是一个固定不变的程式，也不是所有的温病均有卫气营血四个层次的传变过程。同时，在温病后期往往都有一个阴液耗伤的阶段。另外，在温病的病变过程中，由于邪热亢盛、阴液耗伤等因素的作用，会产生痰浊瘀血，影响有关脏腑、器官、组织的功能。

第二节 三焦辨证

三焦辨证理论是吴鞠通在《内经》三焦学说的基础上，参考了历代医家运用三焦理论进行热性病辨证的论述，并结合其诊治热性病的经验而总结出来的一种辨证理论，主要用以阐述温病发展过程中三焦所属不同脏腑的病变及其传变规律，并在此基础上提出温病各个不同阶段的治则。其既与卫气营血辨证理论有密切的联系，又补充了卫气营血辨证理论的不足，从而使温病的辨证理论趋于系统、完善。

三焦辨证中的上、中、下三焦分别代表了人体胸腹部内各种脏腑的部位范围，即上焦主要包括在胸部的手太阴肺与手厥阴心包；中焦主要包括腹部的阳明胃、肠及太阴脾；下焦主要包括下腹部的足少阴肾及足厥阴肝。以下主要介绍三焦的主要证候及其病机。

一、三焦的证候与病理

（一）邪在上焦

上焦病证包括了肺及心（心包）的病变，其中肺，特别是肺卫的病变多见于新感温病的初期。上焦证的常见证候类型有以下几种：

1. 邪袭肺卫 叶天士提出：“温邪上受，首先犯肺”，即指出许多温病在初起时，病邪先犯于肺。肺合皮毛而统卫，所以温邪犯肺之初主要表现为卫受邪郁及肺气失宣。主要症状有发热，微恶风寒，咳嗽，头痛，口微渴，舌边尖红赤，舌苔薄白欠润，脉浮数等。该证候又称为邪袭肺卫证。由于温邪初侵于肺卫，正气抗邪，卫阳亢奋，故发热；温邪犯肺，导致清肃失司，故咳嗽；肺气不宣，卫气不能正常敷布，肌肤失于温煦，故微恶风寒；温邪属阳邪，性热，易伤津液，故口渴。该证候类型实际属于卫气营血辨证中的卫分证，在这些症状中以发热、微恶风寒、咳嗽为辨证要点。

2. 肺热壅盛 如犯于肺卫的温邪进一步由表入里，肺热亢盛，可造成邪热壅肺，肺气闭阻。主要症状有身热，汗出，咳喘气促，口渴，苔黄，脉数等。该证候类型又称为邪热壅肺证。由于肺经的邪热壅盛，耗伤津液，则可导致身热、汗出、口渴。邪热壅肺、肺气郁闭，可引起咳喘气促。苔黄脉数是里热偏盛征象。以上这些症状中以身热、咳喘、苔黄为辨证要点。

3. 湿热阻肺 湿热性质的病邪（如湿热病邪、暑湿病邪等）亦可犯于肺，使卫受邪郁，肺失肃降，即吴鞠通说：“肺病湿则气不得化。”主要症状有恶寒发热，身热不扬，胸闷，咳嗽，咽痛，苔白腻，脉濡缓等。由于湿邪郁于卫表，困遏卫阳，则表现为恶寒；湿热互结，热为湿遏则身热不扬；湿热郁肺，导致肃降功能失司，则见胸闷、咳嗽、咽痛等。该病证的初期，多为湿邪偏盛，故见舌苔白腻，脉濡缓等。湿热阻肺证以恶寒、身热不扬、胸闷、咳嗽、苔白腻为辨证要点。

4. 热陷心包 心主神明，而心包代心行令，所以在温病过程中出现神明失常多责之于心包。心包位处上焦，所以心包的病变也属上焦病变。邪陷心包是指邪热内陷，引起心包络机窍阻闭，心不能主神明的病理变化，又称为邪闭心包或热闭心包证。症见身灼热，神昏，肢厥，舌謇，舌绛等。邪热内陷心包的途径有多种：其中有肺卫之邪热逆传至心包者，称为逆传心包；有气分邪热渐传心营者；有营血分邪热犯于心包者；有外邪直中，径入心包者等。热陷包络，逼乱神明，则见神志异常，如神昏谵语，甚或昏愦不语；心窍为邪热所闭，气血周行郁阻，不能布达四肢，故四末失去温煦而厥冷不温，一般冷不过肘膝；心主血属营，邪热犯于心包，易致营血受病，故舌质红绛。邪陷心包以神昏、肢厥、舌绛为辨证要点。

5. 湿蒙心包证 湿蒙心包指气分湿热酿蒸痰浊，蒙蔽心包络的病理变化。症见身热，神识昏蒙，似清似昧或时清时昧，间有谵语，舌苔垢腻，舌色不绛，脉濡滑数等，又称为湿热酿痰蒙蔽心包证。因有痰湿蒙蔽心窍，心神困扰，故神志昏蒙，间有谵语。邪留气分，未入营血，故舌质不绛。湿热上泛，故舌苔垢腻。湿蒙心包证以神志时清时昧、舌苔垢腻为辨证要点。

上焦温病一般多见于发病初期。当温邪初犯肺卫时，如感邪轻者，正气抗邪有力，邪气受挫而不向里传，邪可从表而解。如感邪重而邪热转甚者，温邪由表入里，可引起肺热亢盛。如肺气大伤，严重者导致化源欲绝而危及患者生命。若患者心阴心气素虚，肺卫之温邪可内陷心包，甚至导致内闭外脱而死亡。但心包证候亦可见于温病发展的极期，如邪入营血后，每可发生邪热内陷心包。上焦病证有轻有重，其中肺之化源欲绝和内闭外脱者属重危之证，如《温病条辨》中说温病的死证，"在上焦有二：一曰肺之化源绝者死；二曰心神内闭，内闭外脱者死。"

（二）邪在中焦

中焦所包括的脏腑主要是胃、脾、肠等，温邪传入中焦一般属温病的中期或极期。中焦证常见的病证主要有：

1. 阳明热炽 指热入阳明，里热蒸迫而盛于内外的证候，又称胃热亢盛证。症见壮热、大汗出、心烦、面赤、口渴引饮、脉洪大而数等。足阳明胃为多气多血之经，被称为十二经之海，故其抗邪时阳热极盛，又称为阳明经证。邪热入胃，正气奋起抗邪，邪正剧争，里热蒸迫，外而肌肉，里而脏腑，无不受其熏灼。里热亢盛，蒸津外出，故见壮热、大汗出；邪热扰心则心烦，邪热上蒸，则见面红赤；邪热耗伤阴液则口渴而多饮，特别是喜饮凉水；脉洪大而数亦是邪热盛于内外的表现。因蒸腾之热弥漫内外而未里结成实，故称其病理变化为"散漫浮热"或"无形热盛"。阳明热炽证以壮热、汗多、渴饮、苔黄燥、脉洪大为辨证要点。

2. 阳明热结 指肠道中邪热与糟粕相结，耗伤阴津，肠道传导失司的证候，又称热结肠腑证或阳明腑实证。症见日晡潮热，或有谵语，大便秘结，或热结旁流，腹部硬满疼痛，舌苔黄黑而燥，脉沉实有力等。由于里热结聚于肠道，而下午阳热较盛，故发热日晡益甚；胃肠邪热可扰乱心神，故会出现谵语；肠道热结津伤，传导失职，故大便秘结不通，或热迫津液从燥结旁流而表现为下利稀水，其气臭秽；肠道中燥屎热结阻塞，气机不通，故腹部硬满疼痛；腑实津伤则舌苔老黄而干燥，甚则可见黑燥之苔。脉沉实有力是肠腑热结之征。热结肠腑日久不愈，消烁津液、耗伤正气，可导致津液大伤或正气欲竭，形成正虚邪实之证，则预后极差。阳明热结证以潮热、便秘、苔黄黑而燥、脉沉实有力为辨证要点。

3. 湿热中阻 指湿热性质的病邪，如湿热病邪、暑湿病邪等困阻于中焦脾胃的证候。湿热中阻证因湿热之偏盛不同而有不同的表现：湿重热轻者，脾气受困，气机郁阻，症见身热不扬，胸脘痞满，泛恶欲呕，舌苔白腻，或白厚，或白苔满布，或白多黄少等。由于热处湿中，热势为湿邪所遏，故身热不扬；湿困太阴，气机不畅，故胸脘痞满；脾失健运，胃失和降，浊气上逆，故泛恶欲呕；舌苔白腻、白苔满布、或白多黄少等，均系湿邪偏盛的征象。如湿渐化热，形成湿热并重或热重湿轻者，症见高热持续，汗出而热势不为汗衰，烦躁不安，脘腹痛满，恶心欲呕，舌苔黄腻或黄浊。里热偏盛，故见高热持续；湿热相蒸，故虽汗出而热势不衰；中焦湿热互结，升清降浊受阻，气机失于宣展，则脘腹痛满；湿热中阻，胃气上逆，则恶心呕吐。舌苔黄腻或黄浊，亦为湿热互结的征象。湿热中阻证以身热、脘痞、呕恶、苔腻为辨证要点。

4. 湿热积滞搏结肠腑 指肠腑湿热与糟粕积滞相搏，肠道传导失职的证候，症见身热，烦躁，胸脘痞满，腹痛，大便溏垢如败酱，便下不爽，舌赤，苔黄腻或黄浊，脉滑数等。肠腑有湿热熏蒸则身热，烦躁；湿邪郁阻气机则胸脘痞满；湿热积滞内阻肠道，气机不通，故见腹痛，便溏不爽；舌赤，苔黄腻或黄浊，脉滑数为湿热内盛之象。湿热积滞搏结肠腑证以身热、腹痛、大便溏垢、苔黄腻或黄浊为辨证要点。

5. 湿阻大肠 指在湿热性温病过程中，湿浊闭阻于肠道，湿浊之气不得下降而蒙上的证候。症见大便不通，神识如蒙，少腹硬满，苔垢腻，脉濡等。本证多因湿热之邪流连气分，阻滞肠道，传导失司所致。肠道湿滞气结，气机痹阻则大便不通；由于大便不通，邪无出路，浊湿弥漫，上蒙清窍则神识如蒙，下闭浊道则少腹硬满；湿浊偏盛则苔垢腻、脉濡。其病机为湿阻肠道，传导失职。

本证以大便不通、少腹满、苔垢腻为辨证要点。

温病中焦病证一般发生于疾病的中期和极期，病机总的特点是：病邪虽盛，正气亦未大伤，故邪正斗争剧烈，只要治疗得当，尚可祛邪外出而解。但若邪热过盛或腑实严重，每可导致津液或正气大伤，甚则引起真阴耗竭殆尽，或湿热秽浊阻塞机窍，均属危重病证，可以危及生命。另外，湿热久在中焦，若素体阳气不足则往往可以从湿而化，进一步损伤阳气而形成湿胜阳微或寒湿之证。中焦病证如邪气太盛而正气大虚，亦属重危，如《温病条辨》中说，中焦温病死证有二："一曰阳明太实，土克水者死；二曰脾郁发黄，黄极则诸窍为闭，秽浊塞窍者死。"

（三）邪在下焦

下焦主要指肝、肾，温邪深入下焦，是指肝肾的病变，属温病的后期阶段。下焦证常见的病证有：

1. 肾精耗损　肾精耗损证指邪热深入下焦，耗伤肾精，形体及脏腑失于滋养的证候，又称真阴耗伤证。症见低热，神惫委顿，消瘦无力，口燥咽干，耳聋，手足心热甚于手足背，舌绛不鲜干枯而萎，脉虚。由于肾精耗损，形体失养，故神惫委顿，消瘦无力，脉虚；肾精不足，不能上养清窍，则症见耳聋，即所谓"脱精耳聋"；阴液不能上滋，故口燥咽干；肾精枯涸，阴虚内热，症见低热持续，手足心热甚于手足背等；舌绛不鲜干枯而萎为肾阴不足之象。肾精耗损，多由中焦病变发展而来，特别是阳明邪热不去，阴液耗伤过甚，更易引起本证，属于温病后期。正如吴鞠通说："温邪久羁中焦，阳明阳土未有不克少阴癸水者，或已下而阴伤，或未下而阴竭"。如肾阴耗伤过甚，导致阴竭阳脱，可危及生命。肾精耗损证以手足心热甚于手足背、口干咽燥、舌绛不鲜干枯而萎、脉虚为辨证要点。

2. 虚风内动　虚风内动是肾精虚损，肝木失养，风从内生的病理变化，即所谓"水不涵木"，又称为阴虚风动证。症见神倦肢厥，耳聋，五心烦热，心中憺憺大动，手指蠕动，甚或瘛疭，脉虚弱等。虚风内动是在肾精虚损的病理基础上发展而形成，故有肾精虚损的基本表现；同时，肝为风木之脏，依肾水而滋养，如肾水受劫，肝失涵养，筋失濡润，则风从内生，症见手指蠕动，甚或瘛疭。此外，肾水枯竭，不能上济心火，心神不能内舍，则见心中极度空虚而悸动不安，即所谓憺憺大动。虚风内动证以手指蠕动、或瘛疭、舌干绛而痿、脉虚为辨证要点。

温病下焦证一般发生于疾病的后期，属邪少虚多。病情虽已缓解，但因阴精已大衰，所以病情仍然较重。若正气渐复，驱除余邪外出则可逐渐向愈。但若阴精耗尽，阳气失于依附，则可因阴竭阳脱而死亡（表4）。

表4　三焦辨证表

证型		病理	证候	辨证要点	备注
上焦	温邪犯肺	卫气受郁，肺气失宣	发热，微恶风寒，咳嗽，头痛，口微渴，舌边尖红赤，舌苔薄白欠润，脉浮数	发热，微恶风寒，咳嗽	
		邪热壅肺，肺气闭郁	身热，汗出，咳喘气促，口渴，苔黄，脉数	身热，咳喘，苔黄	
		湿热阻肺，肺失清肃	恶寒发热，身热不扬，胸闷，咳嗽，咽痛，苔白腻，脉濡缓	身热不扬，胸闷，咳嗽，苔白腻	
	邪犯心包	邪热内陷，机窍阻闭	身热，神昏，肢厥，舌謇，舌绛	神昏，肢厥，舌绛	
		湿热酿痰，蒙蔽心包	身热，神识似清似昧或时清时昧，或有谵语，苔腻	神识昏蒙，苔腻	

续表

证型		病理	证候	辨证要点	备注
中焦	阳明热炽	胃经热炽，津伤	壮热，大汗，心烦，面赤，口渴引饮，苔黄燥，脉洪大而数	壮热，汗多，渴饮，苔黄燥，脉洪大	
	阳明邪结	肠道热结，传导失司	日晡潮热，神昏谵语，大便秘结或热结旁流，腹部硬满疼痛，舌苔黄而燥	潮热，便秘，苔黄黑燥，脉沉实有力	
		湿热积滞，搏结肠腑	身热，烦躁，胸闷痞满，腹痛，大便溏垢如败酱，便下不爽，舌赤，苔黄腻或黄浊，脉滑数	身热，腹痛，大便溏垢，苔黄腻、黄浊	
		湿阻大肠	大便不通，神识如蒙，少腹硬满，苔垢腻，脉濡	大便不通，少腹满，苔垢腻	
	湿热中阻	湿热困阻脾胃，升降失司	身热不扬，胸脘痞满，泛恶欲呕，舌苔白腻等；或高热持续，不为汗衰，烦躁，脘腹痛满，恶心欲吐，舌绛，苔黄腻、黄浊	身热，脘痞，呕恶，苔腻	有湿与热偏轻偏重的区别
下焦	肾精耗损	邪热久羁耗损肾阴	神惫委顿，消瘦无力，口燥咽干，耳聋，手足心热甚于手足背，舌绛不鲜，干枯而萎，脉虚	手足心热甚于手足背，舌绛不鲜，干枯而萎，脉虚	
	虚风内动	肾精虚损，肝失涵养，虚风内动	神倦肢厥，耳聋，五心烦热，心中憺憺大动，手指蠕动或瘛疭，脉虚弱	手指蠕动或瘛疭，舌干绛而萎，脉虚	

二、三焦证候的关系及其传变

上、中、下三焦证候不仅表示三焦所属脏腑的病理变化和证候表现，它同时也标志着温病发展过程中的不同阶段，体现了温病发展的规律。吴鞠通在《温病条辨》中说："凡病温者，始于上焦，在手太阴。"从三焦病机演变过程来看，反映了某些病发于表的新感温病（如风温等）的病程发展阶段。如上焦手太阴肺的病变为温病的初期，中焦阳明胃的病变多为病程中期或极期，下焦足少阴肾及足厥阴肝的病变多为病程后期。但由于感邪性质不同，体质类型有异，所以温病三焦病机的发生及演变，不一定都是按照上述程序。例如暑热病邪致病不仅可先发自阳明，而且可直犯心包、肝经，发为暑厥、暑风，未必始于上焦手太阴；湿热病邪直犯中道，困阻脾胃；肾精素虚者，邪气伏藏下焦，病可起于足少阴；还有其他一些伏气温病也可起病于营血分。正如王孟英所说："夫温热究三焦者，非谓病必上焦始，而渐及中下也。伏气自内而发，则病起于下者有之；胃为藏垢纳污之所，湿温疫毒，病起中者有之；暑邪夹湿者，亦犯中焦，又暑属火，而心为火藏，同气相求，邪极易犯，虽始上焦，亦不能必其在手太阴一经也。"同时，人体是一个有机的整体，邪之所感，随处可传，在温病过程中，常有上焦证未解而又见中焦证者，或中焦证未解而又有下焦证者。故上焦、中焦、下焦的病变不是截然划分的，有时相互交错，相互重叠。

在温病的传变中，还有顺传与逆传之分：如温病初起，病邪始犯于上焦手太阴肺卫，再传至中焦阳明胃，一般称为顺传；若在肺卫之邪不下传于胃，而内陷心包，则称为逆传心包。逆传心包的临床表现主要为：初病有恶寒发热等肺卫见证，甚或寒战高热，旋即发生神昏肢厥，病情危笃。顺传的特点是：病邪从肺卫传阳明，即以脏传腑，正气较盛，病情较稳定，预后较好。逆传的特点是：发病急骤，病邪从肺卫传心，即以脏传脏，来势凶猛而正虚邪实，病情重笃凶险，预后差。

第三节　卫气营血辨证与三焦辨证的关系

卫气营血辨证理论与三焦辨证理论，既是独立的，又是相辅相成的，二者既有联系，又有区别，它们共同构成了温病辨证理论体系的核心。卫气营血辨证和三焦辨证在温病的辨证意义上是一致的，二者均用以分析温病病理变化，辨别病变部位，掌握病势轻重，认识病情传变，归纳证候类型，从而为确定治疗原则提供依据。卫气营血辨证主要是分析温病发展过程中不同阶段的表现，三焦辨证则主要阐述温病病变不同阶段所属脏腑的病变部位，二者形成了较完整的温病辨证论治体系。因此，只有把二者有机地结合起来，才能够比较准确地、全面地认识温病由表入里、由浅入深、由实转虚的整个发展过程。

上焦肺卫病证，相当于卫分证。但上焦病变中邪热壅肺而无表证者，则属于气分证范围；上焦肺热盛极而入血伤及肺络，引起咯血者，则又属血分证范围。上焦病变中邪陷心包的病变，可归属于营分证范围。中焦足阳明胃、手阳明大肠以及足太阴脾的病证均属气分证范畴，气分病变不仅限于中焦阳明胃肠及足太阴脾，也包括上焦手太阴肺经气分的病变，其范围较广，只要温邪不在卫表，又未深入营血，皆可属于气分证范围。中焦阳明胃热过盛而追血妄行，引起斑疹者，属血分病变；而中焦湿热化燥化火入血伤及肠络而便血者，亦属血分证范围。足少阴肾、足厥阴肝等下焦病变，则与动血耗血，瘀热互结的血分病变有明显的区别：前者是热伤肝肾真阴、精血，其证属虚，后者病变以热盛迫血为主，病变不限于下焦，其证属实，或属虚实相杂之候。

卫气营血辨证和三焦辨证理论虽有很多共同点，但也有不同点，二者不能相互替代，而应结合起来，灵活运用。温病的病变部位，一般不超越卫气营血辨证所涵盖的病变层次和范围。所以一般先以卫气营血辨证确定病变浅深层次及其发展趋势，同时，再用三焦辨证确定病变的具体脏腑部位。在临床上，卫气营血辨证与三焦辨证相辅而行，经纬交错，才能将病变层次及部位，病证类型及性质，病势轻重及转归等辨析清楚而准确，从而归纳出准确的病机，为确定治法和选择方药提供可靠的依据。

第四章　温病的特色诊法

诊法的运用是辨证论治的重要环节。温病的诊法不外望、闻、问、切四诊范围。但温病有别于伤寒及内伤杂病，其临床表现具有特殊性，因而在临床实践中也逐渐形成了温病的特色诊法。准确而熟练地运用各种温病诊法，能够为温病的辨证提供全面且真实的四诊资料，具有非常重要的临床意义。

第一节　辨常见症状

在温病过程中可以出现多种症状，而症状是病因病机的外在表现。因此，认真询问、观察，仔细比较，辨明温病常见症状，结合其他四诊资料综合分析，是进行准确辨证的重要前提。

一、发热

温病的发热是由于感受温邪，导致机体正气抗邪，邪正相争的一种全身性反应，是温病必见的主症。温病发热有一定的规律性，一般为：初起邪在肺卫，邪气未盛，正气未衰，多属实证发热；温病中期，邪在气营血分，邪正交争，虚实错杂，邪实为多；温病后期，邪热久羁，阴液耗损，正虚邪少，多属虚证发热。且温病发热在卫气营血阶段各有不同表现，温热类和湿热类温病的发热也各具特点。温病发热的类型主要有以下几种：

1. 发热恶寒　指发热的同时伴有恶寒，一般发热重而恶寒轻。多见于温病初期，邪袭肺卫，邪郁卫表之证，常伴见口微渴、舌边尖红、脉浮数等症。此外，温病气分里热炽盛，汗出气泄而腠理疏松，也可出现发热兼背微恶寒；温病气血两燔，热毒郁结，亦可出现憎寒壮热。

2. 寒热往来　指恶寒和发热交替出现，往来起伏如疟状。提示邪在半表半里。多见于湿热类温病中，湿热痰浊郁阻少阳，枢机不利；或湿热郁阻三焦，气化失司；或湿热秽浊郁闭膜原等证。

3. 壮热　指通体皆热，热势炽盛，但恶热而不恶寒。多为温病邪入气分，邪正剧争，里热蒸腾所致。如热入阳明时，可见壮热并伴大汗、口渴、脉洪大等症。

4. 日晡潮热　指发热于申时为甚。日晡，即申时，相当于下午 3~5 时。多见于热结肠腑、阳明腑实证，伴有腹满便秘或热结旁流、舌苔焦黄等症。湿温病亦可出现午后身热升高的征象，为午后湿热交蒸较甚所致，伴见脘腹痞满、苔腻等症。

5. 身热不扬　指身热稽留而热象不显，初扪皮肤不觉热，久扪始感灼手。为湿温初起，湿热郁阻卫气，湿重于热，热为湿遏，不能外达所致。可伴面色淡黄、胸脘痞闷、足胫冷等症。

6. 身热夜甚　指发热入夜尤甚，灼热无汗。多见于温病热入营分，劫灼营阴；甚至深入血分，瘀热交结之证。可伴见口干不甚渴饮、舌绛、时有谵语、斑疹等症。

7. 夜热早凉　指夜间发热，天明热退身凉而无汗。为温病后期，余邪留伏阴分之象。

8. 低热　指热势低微，持续不退，为温病后期阴虚内热之象。若伴见口渴欲饮，不欲食，舌绛光亮者，为胃阴大伤；若伴见手足心热甚于手足背，舌绛枯萎者，则为肝肾阴虚。

二、汗出异常

《素问·阴阳别论》说："阳加于阴谓之汗"。汗液为水谷精微所化生，具有润泽肌肤、调和营卫、驱散邪气、调节体温的作用。在温病过程中，由于温邪导致气机郁闭，腠理开合失司或阳热亢盛，耗损津液，均可出现汗出异常。因此，对汗出的有无、多少、汗出时间、汗出部位及汗出伴随症状等进行诊察，有助于辨析气机宣畅与否、邪热盛衰和津液损伤等情况。

1. 无汗 即皮肤未见明显汗液。可因温病初起，邪郁卫表，腠理闭塞所致；并见发热恶寒、头身疼痛等症。也可因温病邪入营血，热灼营阴，汗源匮乏所致；并见灼热烦躁、舌绛、脉细数等症。

2. 时有汗出 指汗出随热势起伏而时有，且为局部汗出。多在热高时而出汗，汗出则热减，继而复热。为感受湿热或暑湿之邪，热蒸湿动，湿遏热伏，气机不畅所致。

3. 大汗 指全身大量汗出。可为气分热炽、迫津外泄之象，伴见壮热、烦渴、脉洪大、苔黄燥等症；或津气外泄而亡阴之象，可见骤然大汗、淋漓不止、汗出黏稠、唇干齿槁、舌红无津、神识恍惚、脉散大等症；或气脱亡阳之象，也称"脱汗"，可见冷汗淋漓、肢体厥冷、面色青惨、神情委顿、舌淡无华、脉伏或微细欲绝等症。

4. 战汗 指在温病发展过程中突见肢冷爪青，脉沉伏，继而全身战栗，大汗淋漓的表现。多为邪热留连气分日久，邪正相持，正气奋起鼓邪外出的表现。战汗之后，若脉静身凉，为邪随汗出，病情向愈；战汗之后，若身热不退，烦躁不安，脉象急疾或神情委靡，甚至昏迷，为邪盛正衰，病情危重；战汗之后，身热渐退，数日后复而发热，再次战汗者，为邪盛正虚，不能一战而使邪尽退。此外，还有全身战栗而无汗出者，多因正气亏虚，不能托邪外达所致，预后较差。

三、口渴

口渴是温病常见症状之一，原因不外津液不足和津液不布。通过对口渴程度、喜饮或不喜饮、渴喜冷饮还是喜热饮及伴见症状的辨别，有助于审查邪热盛衰、津伤程度和津液不布的原因。

1. 口渴欲饮 为温病热盛津伤的表现。若邪在卫分，津伤不甚，表现为口微渴、饮水量少、伴见发热微恶风寒、舌边尖红、苔薄白欠润、脉浮数；若热入气分，胃津大伤，则口大渴喜冷饮，伴见壮热、大汗、舌红、苔黄燥、脉洪大；若肠热下利，津液受伤，则伴见发热、大便频急等。若温病恢复期，肺胃阴液受伤则口干而渴，伴见低热、咽干、舌红少苔、脉细数。

2. 口渴不欲饮 多见于湿热病证的气分阶段和温热病证的营血分阶段。如湿温初起，湿邪偏盛时，湿郁气阻，脾气不升，津液不布，可伴见身热不扬、胸脘痞闷、舌苔白腻等；温病兼夹痰饮，表现为口渴而饮水不多，或饮而不舒，伴见胸闷、呕恶、苔腻等；温病热入营分，营阴蒸腾，上潮于口，则表现为口干反不欲饮或不甚渴饮，伴见身热夜甚、心烦、时有谵语、舌红绛、脉细数等；若瘀热搏结，阻滞气机，津不能上承，且瘀热消烁津液，则见口渴漱水不欲咽、胸胁或少腹硬满刺痛、舌紫黯或有瘀斑、脉沉涩等。

3. 口苦而渴 多为温病邪热化火，犯及少阳，胆火内炽，津液受伤所致，常伴见寒热如疟、心烦、苔黄腻、脉弦数等。

四、呕恶

呕恶指呕吐和泛恶，是胃失和降的表现。在温病过程中主要由邪热、痰饮或食滞等犯胃致胃气上逆引起。

1. 恶心呕吐 呕吐时伴恶心，轻则心中泛恶欲吐，重则恶心呕吐。若为温邪犯表，胃失和降，多呕恶程度较轻；若为湿热干犯中焦，胃气上逆，则泛恶明显，有的会有明显呕吐。

2. 呕吐酸腐 呕吐物有明显酸腐馊味，多为伤食停滞之象。可见于温病兼食滞者，伴见腹胀疼痛、嗳气厌食。

3. 呕吐如喷 呕吐频繁而呈喷射状，发生急骤，且恶心不明显。多为肝经火盛犯胃所致，伴见高热、头痛、烦渴、项强、抽搐等。春温热毒炽盛者可见此状，病情危急。

4. 干呕气逆 干呕不吐，气逆作哕。发于夏秋者，伴见猝然腹中绞痛、欲吐不得吐、欲泻不得泻、烦躁闷乱、甚则面色青惨、四肢厥冷、头汗淋漓、脉沉伏等，为干霍乱之危证；湿热类温病中见到干呕频频、气逆作哕，为胃阴受损，胆火上逆，伴见口大渴、胸闷欲绝、舌光如镜、脉细数等；见于温病后期伴口干、舌光红者，为胃阴大伤、胃气上逆之象。

5. 呕吐清水、痰涎 呕吐物为酸苦清水或清稀痰涎，多为湿热内阻，胆胃失和，饮停气逆之象。在湿热类温病中可见。

五、胸腹不适

胸腹：指胸、膈、胁、脘、腹等部位。胸腹与脏腑、经络有着生理上的内在联系，故凡脏腑功能失调及实质损害，多在胸腹上反映出某些异常征象，故许多古代医家都重视检查胸腹。温病过程中出现的胸腹不适多与湿浊、痰饮、食滞、燥屎、瘀热等邪内阻，气机失调有关。诊察时应明确不适的部位及局部的凉热、软硬、胀满、压痛、肿块等情况。

1. 胸部疼痛 多因邪热郁于肺、胸膈，脉络失和，气机不利所致，可伴发热、咳嗽、咳而痛甚等症。若呼吸时胸痛加剧，咯痰不爽，多见于风温邪热壅肺证；若胸部闷痛或如针刺，伴见身灼热、舌质紫暗而润、多为温邪兼瘀伤宿血在胸膈。

2. 胸闷脘痞 指胸脘痞闷不畅。以脘部痞满为主症者，称为痞证，多为湿热阻遏中焦，或兼痰浊或食滞内阻，气机不畅所致；若兼胸闷，多为兼有肺气不宣之机。

3. 胁肋疼痛 指两胁部疼痛。多与肝胆有关。可由邪热、气滞、湿热、痰饮、瘀血等阻滞肝胆引起，伴见发热或寒热往来、口苦、脉弦等症。

4. 脘腹胀痛 指胃脘连及大腹部胀满疼痛。如见脘腹胀满不甚，伴见身热不扬、呕恶、舌苔厚腻等，多为湿热中阻；若见脘腹胀满兼潮热便秘或便溏色黄如酱，则为湿热夹滞内结肠腑；若见满腹硬满胀痛，按之痛甚，兼潮热便秘、或有谵语、舌苔焦黄或黑、脉沉实等，则为阳明腑实。

5. 腹痛阵作 指腹部疼痛呈阵发性发作，多由肠腑气机阻滞引起。可见于湿热与宿滞相搏，肠道传导失司，症如腹痛阵作、便溏不爽、大便如败酱、或大便胶闭不通、舌苔黄腻等；也可见于热邪与食积搏结肠腑，症如腹痛欲便、便出不爽，色黄如糜状，便后稍觉舒缓，并有恶闻食气，嗳腐吞酸等症；若见腹痛阵作而便下黄稀水、肛门灼热、腹部不硬、压痛不著者，则为邪热下迫大肠的热利证。

6. 少腹满痛 指少腹部位自觉胀痛，触之硬满，按之痛剧。多为下焦蓄血之证，常并见神志如狂，大便色黑，舌质紫绛等症。若妇女月经期出现小腹硬满疼痛，则为热入血室，常并见往来寒热，神志异常。若小腹膨满紧迫，自觉胀满难以忍受者，触之有膨胀感，兼小便不利，为膀胱蓄水证。此外，温病夹气郁者，常兼有胸胁脘腹满痛。

六、二便异常

温病过程中，经常出现大小便的性状、颜色、频次、便量等异常，常见有以下类型：

1. 小便异常

（1）小便短少：温病热盛津伤，无源作尿，常见小便黄赤短少，伴高热、汗多、烦渴等症；湿热蕴下，阻滞膀胱，气化不利，可见小便涩少，伴见尿频、尿急、尿痛。

（2）小便不通：多由小便短少进一步发展而来。如热结火腑，津液枯涸，可出现尿量极少，甚至尿闭，伴见心烦、舌干红、少汗等症；若若为湿浊阻于下焦，膀胱不利而小便不通者，则伴见热蒸头胀、呕逆神迷、舌苔白腻等症。

2. 大便异常

（1）大便秘结：温病热结肠腑，阳明腑实，可见大便秘结伴潮热、谵语、腹满硬痛等症；肠燥津枯而“无水舟停”，可见大便秘结、舌红口干、发热不著、腹部无硬痛；湿阻肠道，气机痹阻，传导失司，可见大便不通、少腹胀痛、神识如蒙、苔垢腻等。

（2）大便泄泻：指大便稀溏，次数增多。温病肺热下移大肠，可见泻下稀便臭秽、肛门灼热；热结肠腑之热结旁流，可见腹泻稀水无粪，其气臭秽异常，伴腹满硬痛、苔焦燥起刺；湿热积滞搏结肠腑，可见大便溏薄、泻下不爽、色如败酱、状如藕泥。

七、神志异常

心藏神主血，营气通于心，故邪热扰心或深入营血，多出现神志异常。神志的异常表现，其程度有轻重之别，其病位有浅深之分，当根据热型、舌象和其他症状加以鉴别。温病中常见的神志异常有：

1. 烦躁不安 指心中烦热，坐卧不安，但神志尚清。病机为热扰心神。可见于热在气分证，也可见于热在营血分证，但以营血分证为多。温病后期，肾阴已亏，心火炽盛亦可见。

2. 神昏谵语 神昏指神志昏迷，不能识人，呼之不应；谵语指语无伦次。神昏与谵语往往并见，故昏谵并称。温病中的昏谵，多为闭证、实证。温病营血分阶段，若营热扰心，则昏谵较轻，神志不完全昏迷，或心中烦躁，伴见灼热、斑疹隐隐、舌红绛；若邪热夹痰内闭心包，则昏谵伴见身热肢厥、舌謇不语、舌鲜绛；若血热扰心，则昏谵狂乱，伴见身灼热、斑疹密布、全身多部位出血、舌深绛。温病气分阶段，热结肠腑，胃中浊热上熏神明，则时有神昏谵语，伴见潮热、便秘、舌红苔燥、脉沉实等。若小儿感受风热病邪，肺经郁热，热迫心包，亦可出现时有神昏或谵语，一般伴见发热、咳喘、舌红苔白或黄等症。

3. 昏聩不语 指意识完全丧失，昏迷不语，属于神志异常中最严重者。多为痰热阻闭心包所致。若热闭心包而兼阳气外脱者，多伴见四肢厥冷、面色灰惨、舌质淡白、脉微细欲绝等症。

4. 神志如狂 指昏谵躁扰，狂乱不安。为下焦蓄血，瘀热扰心。多伴见身热、少腹硬满疼痛、大便色黑、舌紫暗等症。

5. 神志昏蒙 指神志不清，时清时昧，似清似昧，呼之能应，或时有谵语。多为湿热类病证湿热郁蒸于气分，病位重在中焦脾胃，湿热酿痰，蒙蔽清窍所致。伴见身热、胸脘痞满、舌黄腻、脉濡滑而数。

6. 神情呆钝 指神情淡漠，反应迟钝。若为湿热之邪，上蒙清窍，则伴见身热不扬、脘痞胸闷、呕恶不饥、舌苔腻、脉濡缓。若为余热与痰瘀互结，阻遏心窍，则伴见言语不利或默默不语、甚至痴呆或手足拘挛、肢体强直等症。

八、痉

痉又称“动风”、“抽筋”，指肢体拘挛强直或手足抽搐之证。温病中出现痉，多为肝风内动所致，是病情危重的标志。由于动风发痉时每伴有神志不清，故合称痉厥。温病痉证大体分为实痉和虚痉两种。

1. 实痉 表现为来势急剧，手足抽搐频繁有力，甚则颈项强直、牙关紧闭、角弓反张、两目上视等。同时易见肢冷、神昏、脉弦数等。多为邪热炽盛，热极生风，筋脉受灼而致肝风内动，可见于温病气分、营血分阶段。若并见壮热、口渴、大汗、苔黄或便秘腹满，为阳明热盛或热结腑实，引动肝风；若并见壮热、咳喘、汗出、苔黄者，为肺（金）受灼，肝（木）失制而风从内生，又称为“金囚木旺”；若并见灼热、昏谵、舌绛等，为心营热盛，或血分热盛而引动肝风。

2. 虚痉 表现为抽搐无力、手指蠕动、或口角震颤、心中憺憺大动等。常伴有低热、或五心烦热、口舌干燥、舌绛枯萎、脉细弦数等。为邪热深入肝肾，耗损阴精，水不涵木，筋脉失养，虚风内动。

九、出血

出血是温病病情危重期的常见症状之一。多数为邪热深入营血，损伤血络或迫血妄行所致。临床可表现为局部出血，但更多则是多部位的广泛性出血。应对出血的部位、量的多少、出血颜色及并见症状予以综合辨析。

1. 广泛性出血 即多部位同时出血，包括咯血、衄血、便血、尿血、肌衄、阴道出血等。如见血色鲜红，并见身热昏谵、舌质舌绛，为血分热盛；如血块较多，颜色瘀暗，并见舌青紫或有瘀斑、脉涩，则为瘀血阻络；如血溢不止，四肢厥冷，昏沉不语舌淡无华，则为气随血脱。

2. 咯血 指血随咳唾而出。为邪热损伤肺络之象。若出血量不多，伴有胸痛、气促，咳甚者，为邪热壅肺，损伤肺络；若暑温病见咯血不止，甚至口鼻涌血，伴高热、咳嗽、气急者，为暑热灼伤肺络；若咳唾粉红色血水，并见躁扰不宁、面色反黑、脉搏疾急等，为肺之化源欲绝证，预后极差。

3. 便血 指血从大便而出。如便下鲜血，多为邪热损伤肠道，在湿温病湿热化燥化火，深入血分而损伤肠络时多见。如大便下血发黑，多为瘀热蓄结胃肠的下焦蓄血证，伴见少腹硬满疼痛、神昏如狂、舌质瘀紫等症。

十、厥脱

厥脱是温病过程中的危重症之一，包括厥和脱两种证候。厥一般指昏厥和肢厥。突然昏倒，不省人事为昏厥；四肢逆冷或不温为肢厥，重者逆冷到膝、肘，轻者到踝、腕。脱证为阴阳耗损至极，行将离决，元气不能内守的表现。脱证常伴有神志异常和四肢厥冷，故合称“厥脱”。在神志异常中对昏厥已作讨论，这里重点讨论肢厥和脱证。

1. 热厥 指胸腹灼热而四肢逆冷或不温，常并见神志异常，或伴大汗、渴饮、尿短赤、便秘，或斑疹、出血等症，舌红或绛，苔黄燥或少苔，脉沉实或沉伏而数。为热毒炽盛，气机郁闭，阴阳气不相顺接，阳气不能外达四肢所致。往往具有热深厥深的特点。

2. 寒厥 指身无发热，通体清冷，并见面色苍白、大汗淋漓、气短息微、神情委靡、甚不识人、舌淡、脉沉细欲绝等。温病中一般少见，但若温病后期阳气大伤，无以温煦全身，虚寒内生则可出现。

3. 亡阴 又称阴竭。常见烦躁不安、面色潮红、口咽干燥、尿量短少、舌光红或枯萎无苔、脉细数无力等症。多为热毒炽盛，或因汗、吐、泻、亡血太过，阴津耗竭，不能内守，正气耗散太过，不能固摄于外所致。

4. 亡阳 又称阳脱。常见四肢逆冷、面色苍白、冷汗淋漓、气促息微，脉微细欲绝等症。多为热毒炽盛，阴精耗竭，阴竭则阳无所附，阳气暴脱所致。本证可由寒厥发展而来。

对温病重证患者进行严密的血压监测，有助于脱证的早期发现。如收缩压与舒张压均低于正常最低值 90/60mmHg，或血压下降值达原有基础血压的 25% 以上，或脉压小于 20mmHg，提示可能有周围循环衰竭、急性心功能不全等情况，此时即使还没有出现明显的面色苍白、汗出淋漓、四肢清冷等症状，也应警惕脱证的发生。

第二节　辨　　舌

辨舌又称舌诊，是中医的重要诊法之一，温病学家对中医舌诊做出了重大贡献。舌与心、肝、脾、肾、膀胱、三焦等多脏腑有经络沟通，犹如内脏的一面镜子。温病过程中的感邪轻重、邪气性质、病变浅深、津液盈亏、病情顺逆、卫气营血和三焦所属脏腑的功能失常及实质性损害等，均可从舌象的变化中表现出来。

辨舌一般分为辨舌苔和舌质两部分内容。舌苔主要反映卫气分的病变，舌质主要反映营血分的病变，临床上应注意将二者相互结合，同时也要注意温病中的舌态变化。

一、舌苔

临床上通过观察舌苔的色泽、厚薄、润燥等变化，有助于辨别病邪性质、津液盈亏、病情轻重、病势进退等情况。

（一）白苔

白苔有厚薄、燥腻之分，主要反映卫气分病变。一般而言，薄者主表，病多属卫分，多见于温病初期，病变较为轻浅；厚者主里，病多属气分，病变较重，但也见于湿温初起湿重于热证。润者主津伤不甚，燥者为津液已伤。若见腻者提示痰湿秽浊为患。

（1）舌苔薄白欠润，舌边尖略红：为温病初起，邪袭肺卫之象，多见于风温初起之风热表证。风寒表证也可见薄白苔，但质地润泽、舌色淡红。

（2）舌苔薄白而干，舌边尖红：较之薄白欠润更为干燥少津，舌边尖之色更红。为温病表邪未解，肺津已伤之征象。也可见素体阴亏而外感风热病邪；或秋燥初起，燥热病邪侵袭肺卫者。

（3）舌苔薄白而腻：多为湿温初起，湿热病邪初犯人体，邪遏卫气分的征象。也可见于风热病邪夹湿侵犯肺卫；或湿温后期，余湿未尽。

（4）舌苔白厚而腻：为湿阻气分，浊邪上泛的征象。多见于湿温病，邪在气分，湿浊偏重者。

（5）舌苔白厚而干燥：为脾湿未化，胃津已伤，津液不能上承所致；或胃燥肺气受伤，气不化液，津液不布所致。

（6）舌苔白腻而质红绛：为湿遏热伏之象，多属气分病变。邪热入营兼气分湿邪未化者也可见，兼有身热夜甚、心烦谵语、斑疹隐隐等营分证表现。临床当结合发热、神志异常等伴见症状予以鉴别。

（7）舌质紫绛苔白厚如积粉：多见于湿热疫初起，为湿热秽浊郁闭膜原的特有舌象，也是由湿遏热伏所致，其病变虽属气分，但证情多凶险。

（8）舌苔白厚如碱状（白碱苔）：指舌上苔垢白厚粗浊而板滞，状如石碱。为温病兼胃中宿滞，夹秽浊郁伏之象，多见于湿热类温病。

（9）舌苔白厚质地干硬如砂皮（白砂苔）：又名水晶苔，其舌苔白且干硬如砂皮，扪之糙涩。为邪热迅速化燥入胃，苔未及转黄而津液已被劫伤所致。

（10）满舌生有松浮的白衣，或如霉状，或生糜点（白霉苔）：为秽气上泛，胃气衰败的征象。多见于温病后期，预后差。临床当与鹅口疮鉴别。

（二）黄苔

黄苔多由白苔转化而来，为邪热深入气分的标志之一。黄苔也有厚薄、燥腻之分。一般苔黄而薄者为温邪初入气分，病变较为轻浅；苔黄而厚者病变较为深重，多见于温病中期、极期气分热炽证；苔薄黄而润者主津伤不甚，燥者主气分热盛津伤；苔黄而腻者主气分有湿热之邪。

（1）舌苔黄白相兼：为邪热初传气分，卫分证未罢；邪热入少阳也可见。

（2）舌苔薄黄不燥：为邪热初入气分，热邪未盛，津伤不甚。

（3）舌苔薄黄干燥：为邪入气分，热盛津伤之象。

（4）舌苔老黄，焦躁起刺，或中有裂纹：为热结肠腑，阳明腑实证的征象。

（5）舌苔黄腻或黄浊：为湿热类温病湿渐化热，蕴蒸气分之象。多见于湿温病湿热流连气分，且邪热偏盛或湿热俱盛。

（三）灰、黑苔

灰、黑苔润燥不同，所主病证各异。灰燥苔多从黄燥苔发展而来，主热盛阴伤；灰润苔多从白腻或黄腻苔转化而来，主痰湿或阳虚证。黑苔则多从黄苔、灰苔发展而来。温病中的灰、黑苔一般主热证、实证。

（1）舌苔灰、黑厚而焦躁甚至质地苍老：为阳明应下而失下，邪热内结，阴液耗伤，病在气分的征象。

（2）舌苔薄黑焦躁，舌质绛而不鲜，舌体枯萎：为温邪深入下焦，耗伤真阴的征象。

（3）舌苔干黑，舌质淡白无华：气血虚亏，气随血脱之象。多见于湿温病湿热化燥传入营血，灼伤肠络，大量便血证。

（4）舌苔灰、黑而黏腻：为温病兼痰湿内阻之象。多伴发热、胸闷、渴喜热饮等症。

（5）舌苔灰、黑滑润：湿温病湿邪从阴化寒变为寒湿证，肾阳衰微时可见。多伴舌淡肢冷、脉细无力等。

二、舌质

临床上对舌质色泽、荣枯等变化进行观察，有助于辨别温病热入营血的各种证候，以及病势的浅深轻重、邪正的消长。

（一）红舌

红舌指正常人舌色稍红的舌质，多为邪热炽盛渐人营分的标志。温邪在卫气分，舌红局限在边、尖部位，罩有薄白苔；邪在气分，舌红，多罩黄苔。皆与邪入营分全舌质纯红无苔不同。另有舌色较正常人舌色淡的舌质变化，也归在此类，多见于温病后期气血不足之证。

（1）舌红赤而苔黄燥：为气分邪热炽盛，津液受伤之象。

（2）舌光红柔嫩，望之似觉潮润，扪之却干燥无津：为邪热乍退而肺胃津液未复，或热久津伤，津液无源上布之征象。

（3）舌尖红赤起刺：为心营之热初起或心火上炎之象，多见于红绛舌的早期。

（4）舌红中有裂纹如人字形，或舌红中生有红点：为心营热毒炽盛的征象。

（5）舌淡红无津，色不荣润：为心脾气血不足，气阴两虚之象。可见于温病后期，邪气已退，津血耗伤未复之证。

（二）绛舌

绛为深红色，多由红舌发展而来，是邪热深入营血分的标志。其反映的病变多与红舌基本相同，但程度更为深重。

（1）舌纯绛鲜泽：为热入心包的典型舌象。

（2）舌绛而干燥：为邪热入营，营阴受伤之象。

（3）舌绛而兼黄白苔：为邪热初传营分，气分之邪未尽之象。

（4）舌绛上罩黏腻苔垢：为热在营血而兼有痰湿秽浊之气。

（5）舌绛光亮如镜（镜面舌）：为温病后期，邪热渐退而胃阴衰亡之象。

（6）舌绛不鲜，干枯而萎：为邪热久稽，肾阴欲竭之象。

（三）紫舌

紫舌比绛舌更深且暗，多由绛舌进一步发展而来。热极、阴竭、温邪夹瘀等可致紫舌。

（1）舌紫起刺，状如杨梅（杨梅舌）：为血分热毒极盛之象，常为动血或动风的先兆。

（2）舌紫晦而干，色如猪肝（猪肝舌）：为肝肾阴竭之象。

（3）舌紫而瘀暗，扪之潮湿：为温病兼夹瘀血的征象。

（4）舌淡紫青滑：为阴寒内盛，血络瘀滞之象。多伴有恶寒、肢冷、脉微细等症。可见于温病后期，阴损及阳，阳气外脱之证。

三、舌态

在温病的一些危重证中常见舌形态的异常变化。观察舌的形态变化对温病辨证有重要的参考价值。

（1）舌体肿胀：指舌体明显增大。色赤为热毒侵犯心脾，导致脉络气血壅滞之象；若兼舌苔黄腻垢，则为湿热蕴毒上泛于舌；若舌色紫晦，则为酒毒冲心的表现。

（2）舌体强硬：指舌体强硬，转动不利，言语不清。为气液不足，络脉失养所致，每为动风痉厥之兆。若并见舌苔垢腻，多为湿热痰浊郁于心脾，蒙蔽清窍；若伴见神昏，为热入心包。

（3）舌卷囊缩：指舌体卷曲兼阴囊陷缩。为热入厥阴之危象，可伴见抽搐、昏谵等症。

（4）舌体短缩：指舌体短缩，不能伸出口外。多为热盛动风，内夹痰浊，或阴液大伤失养之危象。

（5）舌斜舌颤：指舌体歪斜或发生颤抖。为热入厥阴肝经，动风发痉之征象。

（6）舌体痿软：指舌体痿弱无力，不能伸缩或伸不过齿。为温病后期肝肾阴竭，不能濡养筋脉所致。

四、温病舌诊注意点

（一）舌苔舌质互参

温邪侵犯人体，反映在舌苔和舌质上的邪正状况应该是一致的，但有所侧重。通过舌质的征象，一般可表明邪热的盛衰，预测热邪对气血、脏腑的影响和病位的浅深，判断营血、津液的盛衰；而通过舌苔的征象，一般可表明病邪的性质，判断津液的盈亏以及病变的阶段。如舌红而苔黄燥者反映了热邪炽盛于气分，津液已伤，病位尚不深入。但也有二者变化不一致的情况，如舌质红绛可与白苔并见，其中有舌红绛而苔白滑腻者，为湿浊未化而邪热已入营分，气分之邪未尽之征象。因此，在舌诊时必须把舌苔与舌质的变化结合起来进行综合分析，才能得出正确的判断。

（二）注重舌象的动态变化

在温病的发展过程中，不但要对舌苔、舌质、舌态的征象进行综合判断，而且还要观察其动态的变化，这对于及时把握邪正的进退和气血、津液的盛衰具有重要意义。舌苔与舌质往往有较快变化。如舌苔从薄白苔变黄再转为灰黑，表示病邪从表入里，邪势渐甚；如舌苔、舌质由润转燥，提示津液已伤，或湿邪逐渐化燥；如舌苔从厚浊变薄，或由胶滞板结而转浮罩松散状，多为病邪消退之象；如原有舌苔突然退净而光洁如镜，则预示胃阴已经衰亡；如伏气温病初起舌红无苔而渐显舌苔，多为内伏邪热由营血分外转气分之象；如舌质由红绛而突然转为淡红，多为阳气暴脱所致。

另外在舌诊时引入西医学观察舌象的经验，可提示某些病变的出现。如有人通过对流行性出血热舌象观察得出以下结果：若出现舌有瘀斑，常有颅内出血或腔道大出血的危险，应该及时进行凝血功能检查和针对性治疗；若出现绛舌或光剥舌则预示病情危重；若舌通体紫暗，舌下血脉粗大而紫黑者，多发生顽固性休克。结合现代检测手段对临床病例进行观察，发现舌苔的变化与周围血象中白细胞的变化有密切关系。舌苔由薄转厚，苔色由白变黄再变灰黑，舌质色泽由淡转深，其血中白细胞总数及中性粒细胞相对值随之而增高，与感染程度密切相关。而现代开展的许多实验研究也大大丰富了温病舌诊的科学内涵。

第三节　辨斑疹、白㾦

斑疹、白㾦是温病过程中的常见症状。对其形态、色泽、疏密、分布等进行辨察，有助于判断病邪的性质和轻重、病位的浅深、气血津液的盛衰及证候顺逆，具有重要的临床意义。

一、辨斑疹

（一）斑与疹的鉴别

1. 形态　斑疹均为发于肌表的红色皮疹，但形态不同。斑为点大成片，有触目之形，无碍手之质，压之不退色；疹为小而琐碎，形如粟米，突出于皮面，抚之碍手，疹退后常有皮屑脱落。

在温病过程中斑和疹可以并见，故历代医家常举斑赅疹，斑疹并称。

2. 病机　温病过程中出现斑疹，均提示热邪深入营血。陆子贤说：“斑为阳明热毒，疹为太阴风热”，章虚谷说：“斑从肌肉而出属胃，疹从血络而出属肺”。可见斑和疹涉及的部位浅深有别。斑多为热毒炽盛，郁于阳明，胃热炽盛，内迫血分，灼伤血络，血从肌肉外溢而致；疹为风热伏郁于肺，内窜营分，达于肌肤血络而成。

3. 治法　斑宜清胃泄热，凉血化斑；疹宜宣肺达邪，清营透疹。若斑疹并见，治以化斑为主，兼以透疹。斑疹的治疗一忌妄用辛温发表升提药，恐助热动血；二忌壅补，以免恋邪；三忌在斑疹初透之机，过用寒凉，以使邪热遏伏，发生变症。

（二）斑疹的临床意义

斑疹的出现提示温病热入营血，但又有外达之机，正如叶天士所说：“斑疹皆是邪气外露之象”。观察斑疹多着眼于形态、色泽、分布和兼症几方面。

1. 形态 斑疹外发，其形态松浮洋溢，如洒于皮表，多为邪热外达之象；若紧束有根，如履透针，如矢贯的，为热毒锢结之象，预后多不良。正如余师愚所说："苟能细心审量神明于松浮、紧束之间，决生死于临证之顷。"

2. 色泽 斑疹红活荣润为顺，是气血流畅、邪热外达的征象。若红如胭脂为血热炽盛；若色紫赤如鸡冠花为热毒深重；若晦暗枯槁则为邪气深入，气血郁滞，正气衰退的危象；若色黑为火毒极盛，病势严重，但黑而光亮，说明气血尚充，治疗有望；若黑而隐隐，四旁赤色，此为火郁于内，气血尚活，亦可救治；若黑而晦暗，则不仅热毒锢结，而且正气衰败，预后不良。总之，斑疹的颜色加重，说明病情加重，正如雷少逸说："红轻、紫重、黑危"。另外，若见斑疹色淡红，则多为气血不足，无力透发之象，病情多危重。

3. 分布 指疏密和部位。斑疹量少，分布稀疏均匀，为热毒轻浅，预后较好；若数量多，甚至稠密融合成片，则表明邪热炽盛，病情深重，预后不良。叶天士指出：斑疹"宜见不宜见多"。疹的外发部位，一般从胸腹部沿躯干到达四肢，再到手足掌心或骶尾部，并依次消退为顺证，反之则为逆证。

4. 兼证 斑疹透出后，若身热渐退，脉静身凉，神志转清，呼吸平稳，为外解里和的顺证。若斑疹已出，身热不退，烦躁不安，或斑疹甫出即隐，神昏谵语，是正气内溃的逆证。若斑疹已出，二便不通或腹泻不止，或呼吸急促，鼻煽痰鸣，或痉厥，或体温骤降，大汗淋漓，四肢厥冷等，均为逆证或险重证。

此外，临床上还有一种"阴斑"。其斑色淡红，隐而不显，分布稀疏，一般仅胸背仅见数点，并伴见四肢厥冷、口不甚渴、面赤足冷、下利清谷、脉不洪数等症，温病中少见。但若温病过用寒凉，或误用吐下之法，致中气亏乏，阴寒下伏，引无根失守之火载血上行溢于肌肤，则可见之。应与温病常见之斑疹区别。

二、辨白瘖

白瘖是湿热类温病过程中，皮肤上出现的细小白色疱疹。

1. 形态 包括晶瘖和枯瘖两种。前者形如粟米，内含浆液，白色晶莹，表面隆起；后者内无浆液，平塌凹陷，形如糠皮。白瘖一般不融合成片，周围无红晕，摸之碍手，消退时皮屑脱落，无色素沉着和斑痕形成。

2. 分布 白瘖多分布于颈、胸、腹部，四肢少见，头面部更少见。

3. 病机 晶瘖主要由于湿热病邪郁阻气分，郁蒸肌肤，失于开泄而成。每随发热汗出而透发，但湿性黏腻，热蒸湿动，非一次所能透尽。枯瘖为正不胜邪，津气俱竭而成。

4. 临床意义 白瘖是湿热病证的重要体征。观察白瘖有助于辨别病证性质及津气盛衰情况。凡出现晶瘖，分布均匀，颗粒清晰，透出后热势渐减，神清气爽者，为津气俱足，正能胜邪的佳象；若白瘖色如枯骨，空壳无浆，或透发后身热不退，甚则神昏谵语者，为津气俱竭的危象。

5. 治法 晶瘖当清热祛湿，宣畅气机；枯瘖当养阴益气为主，佐以清泄湿热。忌用辛温疏散，或纯用苦寒清里，诚如吴鞠通说："纯辛走表，纯苦清热，皆在所忌。"

第四节　验　齿

验齿是温病的特色诊法之一。叶天士说："再温热之病，看舌之后，亦须验齿。齿为肾之余，龈为胃之络，热邪不燥胃津，必耗肾液。"因此诊察齿龈有助于判断温病过程中邪热的轻重、津液的存亡等。

一、齿燥

1. 牙齿光燥如石　指齿燥不枯，仍有光泽。为胃热津伤，肾阴未竭之象，常伴见壮热、烦渴、舌红苔黄燥等。也可因温病初起，肺卫郁遏，表气不通，津不上布所致，伴见恶寒、无汗、舌苔薄白欠润、脉浮等。

2. 牙齿燥如枯骨　指齿面枯燥而无光泽。为肾阴枯竭之象，多见于温病后期，预后不良。

3. 齿燥色黑　指齿面干燥无津，其色焦黑。为邪热深入下焦，肝肾阴伤，虚风欲动之象。

二、齿缝流血

多属胃和肾的病变。因于胃者属实，因于肾者属虚。

（1）齿缝流血，齿龈红赤肿痛：为胃火冲激，出血鲜红且量多。

（2）齿缝渗血，牙龈暗红无肿痛：为肾阴耗伤而虚火上炎动血，出血暗赤且量少。

三、齿垢

（1）齿焦有垢：多为热盛伤津，但气液未至衰亡。

（2）齿焦无垢：为肾水枯，胃液竭，病多危重。

（3）垢如灰糕：为胃肾两虚，津气耗竭，独湿浊用事。

第五节　察　咽　喉

咽喉为肺胃之门户，通过经络循行与肺、胃、肝、胆、肾等多个脏腑联系。故咽喉的异常可在一定程度上反映脏腑的病变。察咽喉也是温病的特色诊法之一。温病咽喉异常多为红肿与疼痛，性质有虚实之分，病因有温热和湿热之别，当结合脉症仔细辨察。

1. 咽喉红肿疼痛　风温初起，风热袭肺可见，常伴发热、咳嗽等症；秋燥燥热上干清窍证也可见，常伴干咳、痰少质黏等症。若伴见发热、胸痞腹胀、舌苔黄腻等，则多为湿热蕴毒，上壅咽喉所致。

2. 咽喉肿痛溃烂　是烂喉痧的必见之症，为肺胃热毒上冲所致。疫毒上攻咽喉常见此症。若咽喉肿痛溃烂且颜色紫黑，说明热毒极盛，证情危重。

3. 咽喉色淡红，不肿微痛　多因气阴两虚，虚热上扰所致，常伴喉痒干咳等。咽喉红色娇嫩，为肾阴亏损，虚火上炎；色鲜红，咽后壁有颗粒状突起滤泡，为邪热内伏，阴液耗损；色暗红为邪热瘀滞。

4. 咽喉上覆白膜　若擦之难去，重剥出血，剥后即生，伴咳嗽声嘶者，为白喉，为肺胃热毒伤阴所致。若伪膜经久不消或自行剥脱，伴喘息痰鸣，声如犬吠，或直视抽搐，脉绝，则为白喉危证，属疫毒攻心，痰浊郁闭咽喉。

第五章　温病的治疗

温病的治疗，是在温病辨证论治理论的指导下，在明确病因、病位、病机和邪正消长等情况的基础上，根据辨证的结果，确立相应的治疗原则和方法，选用适当的方药，以达到祛除病邪，扶助正气，调整脏腑功能，促进患者恢复健康的目的。

第一节　温病治疗原则

一、祛除温邪

外感温邪是温病发生的首要因素。邪正交争贯穿温病病程的始末，因此，祛除温邪是治疗温病的关键。吴又可说："大凡客邪贵乎早逐，乘人气血未乱，肌肉未消，津液未耗，病人不至危殆，投剂不至掣肘，愈后亦易平复，欲为万全之策者，不过知邪之所在，早拔去病根为要耳。"可见，治疗温病"祛邪为第一要务"。温病祛邪要务早、务快、务尽。不同的季节发生不同的温病，其病邪性质有风热、暑热、湿热、燥热等区别。这些病邪侵袭人体，具有各自的致病特点，表现出病性、病机、证候等的不同，因而治疗方法各异。故要审证求因，审因论治，即根据不同的病邪，确定针对病因的特异性治疗方法。如风热在表治当疏风泄热；若暑湿在表或燥热在表，则分别采用清暑化湿透表或疏表润燥等法。温病的很多之法，如解表、清气、化湿、攻下、凉血等，都是为祛邪而设。

二、扶助正气

正气是疾病发生发展不可忽略的重要方面。温病的病变过程始终是邪正双方互相抗争的过程。正胜则邪却，正虚则邪陷。所以在治疗中要时刻权衡感邪的轻重与多少，正气的盛衰与强弱，合理使用祛邪与扶正的方法。如叶天士指出，对于肾水素虚的温病患者，即使病邪尚未传入下焦肾，必要时也可酌用补肾养阴药，以"先安未受邪之地"。由于温病的病因是温邪，易耗伤阴津，所以温病的正虚多以阴津不足为主。温病患者的阴津盈亏存亡情况是决定病情和预后的重要因素，因而顾护阴液是贯穿温病治疗过程中的一个重要指导思想。正如古人云："留得一分津液，便有一分生机。"在温病初期和极期，邪势较盛，正气亦不虚，当祛邪为主，兼顾扶正，使邪去而正安。一般来说，温病在卫气分阶段，以祛邪除热为主，扶正养阴为辅；若虚实夹杂则应扶正祛邪并举。温病后期，邪势已衰，正气也虚，多以扶正为主，兼以祛邪。如邪入营血分时，伤阴逐渐加重，治疗应由祛邪为主根据具体病情逐渐转移到养阴扶正、逐邪外出上来。温病后期真阴耗竭，则以复阴为主。在温病的具体治法中，如滋阴生津法，就是专为扶正而设。

临床不少温病患者除本证外，还有兼夹证出现。如夹痰、夹瘀、夹饮食积滞以及气郁等。故在对温病进行辨证论治的基础上，还要对兼夹证予以合理的治疗，如兼以化痰、祛瘀、消积、理气等，有利于温邪的祛除和正气的恢复。确立温病的治法，还要注意患者的体质因素，因人施治。同一证候，相同治法，应用于不同的体质类型患者，治疗效果各有差异，需因人而异。如使用清解气热法时，若患者为阳虚体质，只能清凉到十之六七，过用寒凉，则易损伤阳气。若患者为阴虚火旺体质，服药后即使热退身凉，也要防止炉烟虽息，灰中有火。若确有余热，应继用清凉，祛邪务尽。

温病的治疗，还要注意辨证与辨病的结合，参考现代临床研究新进展，吸取辨病治疗的新方法，以提高疗效。此外，应当注意温病瘥后的调理，以免疾病复发。

第二节　温病特色治则

在温病的发生发展过程中，温邪主要导致卫气营血和三焦所属脏腑的功能失调和实质损害，体现在病变的浅深层次、病理阶段、病位病性等病理变化不同，所用治法亦不相同。因此，温病的辨证论治理论体系中包含了针对温病特有病机变化而确立的治疗原则，即卫气营血治则和三焦治则。

一、卫气营血病证的治疗法则

在各种温病辨证中，辨明不同温病的病程阶段，卫气营血的病理变化尤为重要，叶天士根据卫气营血病机演变，提出不同阶段的治疗法则："在卫汗之可也，到气才可清气，入营犹可透热转气，……入血就恐耗血动血，直须凉血散血。" 在临床实践中可根据具体病情而灵活应用。如邪在卫分"汗之可也"，"汗"法即解表透邪之法，就温病而言，一般为辛凉解表，而非辛温发汗。但对有湿邪在表者，又当用辛温芳香化湿之剂，如藿朴夏苓汤；对表气闭郁较甚而恶寒明显者、无汗的表热证，亦可在辛凉之剂少佐辛温平和之品，如淡豆豉、荆芥、葱白等，以增透邪疏表之力。总之要根据表邪的性质，制定出针对风热病邪、暑热病邪、湿热病邪、燥热病邪等的具体治法，使药后微汗，祛邪解表。又如"到气才可清气"，强调清气法是针对邪入气分证所用，具体有辛寒清气、清热泻火等治法，此外还要认识到气分阶段的其他重要治疗方法，诸如通下法、化湿法、和解法等。而对于营分证用"透热转气"法，是指在清营养阴之剂中配伍轻清宣透之品，如银花、连翘、竹叶等，以使营分之邪热透转气分而解。对血分证的治疗，强调"凉血"的同时还要"散血"，这是针对血分证中多有瘀血形成的病机特点，同时也是为了避免凉血太过妨碍血行之弊端。

二、三焦病证的治疗法则

吴鞠通根据三焦所属脏腑病理变化的证候特点，确立了上焦、中焦、下焦证候的治疗法则，指出："治上焦如羽（非轻不举）；治中焦如衡（非平不安）；治下焦如权（非重不沉）。" 指明温病初起，邪在肺卫，宜用质轻辛凉之品，轻宣上焦邪热。温邪传人中焦，用药既不可轻清越上，又不可重坠趋下，宜平衡气机升降为准。温邪传人下焦，耗伤真阴，以质重咸寒之品填补肝肾之阴为主要方法。

综上所述，卫气营血和三焦治则都是针对温病过程中卫气营血和三焦各阶段病证的不同病理特点而确立的，对温病的治疗具有重要的指导意义。随着中医临床的不断实践，卫气营血和三焦治则理论不但在温病的诊治中普遍应用，更是对一些内伤杂病的诊治带来了诸多启发。

第三节　温病的主要治法

温病的主要治法分为三类：一是祛邪为主的治法，这是温病治法的主要内容，包括泄卫透表法、清解气热法、和解表里法、祛湿清热法、清营凉血法、通下逐邪法等；二是以扶正为主的治法，这是温病后期的主要治法，即滋阴生津法；三是用于急救的治法，包括开窍息风法、固脱法等。以上属于内治法，此外还可配合外治法。

一、泄卫透表法

泄卫透表法是驱除在表温邪，解除卫分表证的治法。具有疏泄腠理，逐邪外出，泄热解表的作用。适用于温病初起，邪在卫表证。根据温病在表之邪有风热、暑湿、湿热、燥热等不同，本法主要可分为以下几种：

1. 疏风散热　用辛凉轻透之品，疏散肺卫风热病邪的治法。适用于风温初起，邪在肺卫证。症见发热，微恶寒，无汗或少汗，口微渴，或伴有咳嗽，舌边尖红，苔薄白欠润，脉浮数等。代表方如银翘散、桑菊饮。

2. 解表清暑　用辛温芳化清凉之品，外解肌表之寒束，清化在里之暑湿的治法。适用于夏日暑湿蕴阻于内，寒邪复侵于表。症见发热恶寒，头痛无汗，身形拘急或酸楚，心烦，口渴，脘痞，舌红苔腻等。代表方如新加香薷饮。

3. 宣表化湿　用芳香透泄、宣肺祛湿之品，疏化肌表湿邪的治法。适用于湿温初起，邪郁肌表，气机失畅。症见恶寒微热，头重如裹，身体困重，四肢酸楚，少汗，胸痞，苔白腻，脉濡缓等。代表方如藿朴夏苓汤。

4. 疏卫润燥　用辛宣凉润之品，解除卫表燥热之邪的治法。适用于秋燥初起，燥热侵袭肺卫。症见发热，微恶风寒，头痛，口鼻咽喉干燥，咳嗽少痰，舌边尖红，苔薄白而干。代表方如桑杏汤。

泄卫透表法中疏风散热法和疏卫润燥法均用于温热病证初起，肺卫失宣。前者辛凉轻清宣透表热，后者尚兼甘凉濡润之功。解表清暑法用于表里卫气同病，辛温之品外散表寒，清暑化湿之品解除在里暑湿。宣表化湿法侧重宣肺、芳化，以解除湿热侵袭卫气之证。因此治疗温病表证，应根据在表病邪的不同性质而采用不同的具体治法。

运用泄卫透表法时应当注意，温病一般忌用辛温发汗，否则可助热化火，出现发斑、出血、谵妄等，此即吴鞠通所说："温病忌汗，汗之不唯不解，反生他患。"即使"客寒包火"证不排除辛温之品的应用，但也只需微辛轻解，迨至表邪一解，即当清里为主。温病表证的治疗，虽宜辛凉开达，但也不可过分清凉，以防其凉遏不解。使用本法应中病即止，不可发散太过，特别要避免过汗伤津。同时，根据病情需要，泄卫透表法常与滋阴、益气、化痰、消导、清气、透疹、解毒、凉血等治法配合使用，均须以有助于驱邪外出、解除表证为原则，若配合他法反而妨碍解表，则是本末倒置。

现代研究提示，本法具有促进汗腺分泌功能及血管舒张反应，加快人体散热，促使体温下降，增强人体免疫功能，改善全身和病变局部的循环功能，促进局部炎症消散等功能。

二、清解气热法

清解气热法是清泄气分热邪，解除气分热毒的一种治法，又称"清气法"。本法具有清热除烦、生津止渴的作用，属于八法中的清法。适用于温热病卫分之邪已解，气分里热亢盛，但尚未入于营血分，且未形成里热实结者。温病气分证范围广，因此清气泄热法的应用较广，主要分为以下几种：

1. 轻清宣气　用轻清之品透泄邪热，宣畅气机的治法。适用于温邪初入气分，热郁胸膈而热势不甚或里热渐退而余热扰于胸膈之证。症见身热微渴，心中懊侬不舒，起卧不安，舌苔薄黄，脉数。代表方如栀子豉汤加竹叶、连翘等。

2. 辛寒清气　用辛寒之品透解邪热，大清气分的治法。适用于阳明气分邪热炽盛，表里俱热的证候。症见壮热烦渴，汗出，面赤，心烦，舌红苔黄燥，脉洪数。代表方如白虎汤。

3. 清热泻火　用苦寒之品直清里热，泻火解毒的治法。适用于邪热内蕴，郁而化火的证候。症见身热口渴，烦躁不安，口苦咽干，小便黄赤，舌红苔黄，脉数。代表方如黄芩汤或黄连解毒汤。

上述三法的作用和主治病证各有不同。其中轻清宣气法重在清宣气热，作用偏于上焦胸膈；通过清凉轻灵的药物，既清热又宣透肺胸气机，使邪热外解，清热作用较轻。辛寒清气法重在清透气热，作用偏于中上焦（肺胃）；通过辛凉重品和大寒药物，既直折阳明无形大热，又宣透里热于外，使肺胃表里之热皆解，适用于热邪浮盛于内外者。清热泻火法重在清泻火毒，作用在于三焦；通过苦寒药物，直折火热，清降邪热于下，适用于热邪内郁化火。

气分证的临床表现复杂，所以清气法在具体运用时，还应注意与其他治法配合。若热邪初入气分，倘表邪未尽，则须在轻清宣气中加入透表之品。若气分热邪炽盛，津液耗伤，则须在辛寒清气中加入生津养液之品。若火郁成毒，毒聚成肿成结者，则须在清热泻火中加入解毒消肿散结之品。若热在气分，邪热壅肺，当配合宣肺降气之品。若热郁肝胆当配疏利肝胆之品。运用清解气热法时还应注意：本法主治气分无形邪热，若邪热已与有形实邪相结，如湿邪、燥屎、食滞、痰浊、瘀血，必须祛除实邪才能解除邪热。热邪未入气分者不宜早用，以免寒凉冰伏邪气。素体阳气不足，不可过用之，应中病即止，防止寒凉过度而伐伤阳气。苦寒药有化燥伤津之弊，热盛阴伤或素体阴虚者慎用。

现代研究提示，本法对细菌、病毒等病原微生物具有一定的抑制、杀灭作用；对细菌内毒素有中和与解毒作用；可降低毛细血管的通透性，具有一定的抗炎、抗渗透作用；可增强白细胞的吞噬功能及人体淋巴细胞母细胞的转化能力，促进抗体生成等调整免疫功能的作用；还具有解热、镇静、升压、强心、止血和修复机体组织器官等作用。

三、和解表里法

和解表里法是以和解、疏泄、宣通气机达到外解里和的治法。本法属于八法中的和法。在温病运用中，本法具有清泄少阳、分消走泄、开达膜原的作用。适用于温病邪已离表又尚未入里成结，而是郁滞于少阳或膜原、留连三焦的半表半里证。主要分为以下几种：

1. 清泄少阳　用辛苦芳化之品清泄少阳热邪，兼以化痰和胃的治法。适用于热郁少阳，兼有痰湿犯胃者。本证多见于湿热类温病。症见寒热往来、口苦喜呕、胁痛脘闷、烦渴溲赤、舌红苔黄腻、脉弦数等。代表方如蒿芩清胆汤。

2. 分消走泄　用辛开苦泄之品宣展气机，清化三焦气分痰热或湿热的治法。适用于邪留三焦，气化失司，所致痰热、湿浊阻遏者。本证多见于湿热类温病湿重于热阶段。症见寒热起伏，汗出不解，胸痞腹胀，尿短，苔腻等。代表方如温胆汤加减，或以叶天士所说的杏、朴、苓之类为基本药。

3. 开达膜原　用辛通苦燥之品疏利透达湿浊之邪的治法。适用于湿热秽浊之邪郁闭膜原者。本证多见于湿温或湿热性温疫的早期。症见寒甚热微，脘痞腹胀，身痛肢重，舌红绛或紫绛，苔白厚浊腻如积粉等。代表方如雷氏宣透膜原法或达原饮。

和解表里法在临床上有广泛的应用，以上三种治法，虽然同治半表半里证，但由于邪气所在部位、性质和感邪轻重各不相同，选择的治法也不尽相同。清泄少阳法虽有透邪泄热作用，但其清热力量较弱，故只适用于邪热夹痰湿郁阻于少阳，对气分里热炽盛者不宜用。分消走泄、开达膜原法以疏化湿浊为主，热象较著及热盛津伤者不宜单用，可配合清热法、养阴法等。湿浊偏盛，也可加用祛湿的治法。

使用和解表里法时还应注意，其具有表里、上下、脏腑、气血同治以及湿与热并除的特点，而有别于解表、清气、攻下等单纯从某一途径驱邪的治法。

现代研究提示，本法具有一定的解热、抗菌、消炎、利胆、调节肠胃功能和免疫功能等作用。

四、祛湿清热法

祛湿清热法是驱除三焦湿热的治法。本法具有宣畅气机、运脾和胃、通利水道等化湿泄热的作用。适用于湿热性质的温病。临床根据湿热所在的部位和湿与热的轻重，分为以下几种：

1. 宣气化湿 用芳化宣通之品疏通表里气机、透化湿邪的治法。适用于湿温病初起，湿中蕴热，湿遏表里气机的证候。症见身热不扬，午后热甚，汗出不解，或微恶寒，面色淡黄，胸闷脘痞，小便短少，舌苔白腻，脉濡缓。代表方如三仁汤。

2. 燥湿泄热 用辛开苦降之品疏通中焦气机，祛除湿热邪气的治法。适用于中焦湿热遏伏，湿渐化热，遏伏中焦的证候。症见身热而汗出不解，口渴不欲多饮，脘痞腹胀，泛恶欲吐，小便短赤，舌苔黄腻，脉濡数等。代表方如王氏连朴饮、杏仁滑石汤。

3. 分利湿热 用淡渗之品清热渗湿，使湿从小便而出的治法。适用于湿热阻于下焦，膀胱气化失司的证候。症见小便短少，甚则不通，大便或溏，热蒸头胀，渴不多饮，舌苔白腻等。代表方如茯苓皮汤。

上述三法，其作用和适用证各有偏重，宣气化湿法偏于“宣上”适用于湿热之邪偏上焦而湿重于热者；燥湿泄热法偏于“畅中”，适用于湿热之邪在中焦而湿热俱盛者；分利湿热法偏于“渗下”，适用于湿热之邪偏于下焦者。但由于三焦为一个统一的整体，并且气机之宣畅，水道之通利，相互影响和促进，所以用药需配合使用，以利于湿邪的上下分消。例如分利湿热法虽用于湿热在下焦，但上焦、中焦有湿时，也可配合其他化湿法使用。此外，祛湿法还可根据病情需要，热邪较盛，配合清热法；湿热郁蒸三焦，面目一身俱黄，可配合退黄法；湿热与积滞相结，还配合消导化滞法；湿热中阻胃气上逆，则配合和胃降逆法等。

使用本法还应注意对湿热病证的治疗，应权衡湿与热之侧重，对祛湿、清热之品的选用有所侧重。要分清邪在部位（上、中、下焦）而选用相应祛湿之法和方药。对于湿邪已经化燥者，不可再用。湿盛热微者，苦寒药当慎用或不用，应以辛温开郁，苦温燥湿为主。虽有湿邪而阴液亏损者慎用。

现代研究提示，本法具有一定抗感染、调节胃肠功能、利尿等作用。

五、通下逐邪法

通下逐邪法是攻导里实，涤除热结的治法。本法具有通腑泄热、荡涤积滞、通瘀破结、排除邪毒，给邪以出路的作用。属于八法中的下法。主要适用于热邪与有形实邪如燥屎、湿滞、瘀血等互结于肠腑的证候。由于内结实邪的性质、部位的不同，分为以下几种：

1. 通腑泄热 用苦寒攻下之品攻逐肠腑里热实结的治法。适用于热入阳明，内结肠腑之证。症见日晡潮热，便秘或热结旁流，时有谵语，腹部胀满硬痛拒按，舌苔黄燥或焦黑起刺，脉沉实有力。代表方如调胃承气汤、大承气汤。

2. 导滞通便 用苦辛合苦寒之品通导肠腑湿热积滞的治法。适用于湿热积滞胶结肠道的证候。症见身热，脘腹痞满，恶心呕逆，便溏不爽，色黄如酱，舌苔黄垢浊腻。代表方如枳实导滞汤。

3. 增液通便 用甘寒滋润合苦寒通下之品滋养阴液兼以通下的治法。适用于阳明热结而阴液亏虚之证，即所谓“热结液亏”。症见身热不退，大便秘结，口干唇裂，舌苔焦燥，脉沉细等。代表方如增液承气汤。

4. 通瘀破结 用攻下合活血化瘀之品通泄下焦瘀热互结之邪的治法。适用于温病瘀热互结，蓄于下焦的证候，即温病下焦蓄血证。症见发热，少腹硬满急痛，小便自利，或大便秘结，或神志如狂，舌紫绛或有瘀斑，脉沉实。代表方如桃仁承气汤。

通下逐邪法在温病治疗中较为常见，尤其通腑泄热法，如能恰当运用，则奏效甚捷。正如清代柳宝诒所说：“胃为五脏六腑之海，位居中土，最善容纳。……温热病热结胃腑，得攻下而解者，十居六七。”可见通下逐邪法在温病治疗中占有很重要的位置。通腑泄热法，攻下热结，逐邪泄热，效力峻猛，主治邪热与燥屎内结证；导滞通便法，清化湿热，导滞化积通下，逐湿热积滞，攻下之力较轻，主治湿热夹滞阻于肠腑证，因湿邪黏腻，往往不能一下而尽解，需反复多次用下，故此法为“轻法频下”；增液通便法，攻下与滋阴增液并用，攻补兼施，主治热结而津液已伤；通瘀破结法，攻下活血并用，给瘀热蓄结以出路，主治瘀热互结于下焦。以上四种通下逐邪法在运用时，应根据具体情况灵活选用。临床还可随症加减化裁，例如腑实而正虚者，攻下当配合扶正；腑实而兼肺气不降者，攻下当配合宣肺；腑实而兼热蕴小肠者，攻下当配合清泄小肠之火热；腑实而兼邪闭心包者，攻下当配合开窍；腑实而阳明邪热亢盛者攻下当配合清解气热。

本法驱邪力猛，若使用不当，容易伤正，故要注意里热未成实结或无郁热积滞者不可妄用；平素体虚者，或在温病过程中阴液、正气耗伤较甚，虽有热结，也不宜一味单用攻下之法，应配合扶正药同用；阴亏肠燥便秘者，属无水舟停，当主以润肠通便，忌单用苦寒通腑泄热。下后邪气复聚，若必须再度用下法，应防止过下伤正。

现代研究提示，本法具有一定的抗菌、消炎、排除肠道及全身毒素的作用，可促进新陈代谢，增强胃肠蠕动，改善肠管的血液循环，降低毛细血管通透性，增强机体的免疫力；还具有利胆、利尿等作用。

六、清营凉血法

清营凉血法是清解营血之热，消散营血分瘀滞的治法。本法具有清营养阴、凉血解毒、滋养阴液、散血活络的作用，也属于八法中清法的范围。适用于温病热入营血分，营热或血热亢盛的证候。温病的营分证和血分证，病位虽有浅深之别，证情也有轻重之异，但病变机理并没有本质的区别，治法也多有联系，所以将清营法与凉血法合并论述。可分为以下几种：

1. **清营泄热** 用甘苦寒合轻清透泄之品，清营养阴，清透热邪外达，以祛除营分邪热的治法。适用于温病的热入营分，营热阴伤之证。症见身热夜甚，口干不甚渴饮，心烦时有谵语，斑疹隐隐，舌质红绛等。代表方如清营汤。

2. **凉血散血** 用甘苦寒合活血散瘀之品，清解血热、散瘀宁络，以清散血分瘀热之邪的治法。适用于温病热入血分，血热炽盛，迫血妄行，热瘀交结之证。症见灼热躁扰，甚则昏狂谵妄，斑疹密布，各种出血，舌质紫绛或有瘀斑等。代表方如犀角地黄汤。

3. **气营（血）两清** 本法包含了清营两清和气血两清，是用清营法或凉血法与清解气热法互相配用，双解气营或气血之邪热的治法。适用于温病气分与营（血）分的同病证候，即气营（血）两燔证。若偏于气营同病，则症见壮热口渴，烦扰不寐，斑疹隐隐，舌绛苔黄，出血倾向不重，代表方如加减玉女煎；若为气血两燔，热毒深重之证，则见壮热躁扰，甚或神昏谵妄，两目昏瞀，口秽喷人，周身骨节痛如被杖，斑疹密布，出血，舌质紫绛，苔黄燥或焦黑，代表方如化斑汤、清瘟败毒饮。

以上三种治法，均有各自作用特点。清营泄热法在清解营分同时，强调了透达营分郁热从气分外出而解，所以在清营的同时配合轻清透泄之品。凉血散血法在凉血解毒宁络的同时，重在活血养阴以达到瘀散血止的目的，所以配合了活血散血之品。而气营（血）两清法则是针对温病过程中两个阶段相间证的代表治法。热入营血，易致伤阴、闭窍、动风之变，须分别配合养阴、开窍、息风等法。运用本法应注意热在气分而未入营、血分者，不可早用。营分、血分病变兼有湿邪者，应慎用本法，以防本法所用药物寒凉滋腻之弊，必要时应酌情配伍祛湿之品。热入营血而气分邪热仍盛者，必须兼清气分之热，即用气营（血）两清法，不可单治一边。

现代研究提示，本法具有抗感染、消炎、中和内毒素、改善微循环、减轻血管内弥散性微血栓形成、镇静、强心等作用。

七、开窍息风法

开窍息风法包括了开窍与息风两种治法。开窍法是开通窍闭、苏醒神志的治法。具有清泄心包邪热，芳香透络，涤痰化浊，醒神利窍的作用。适用于温病邪入心包或痰浊上蒙心窍所引起的神志异常证候。具体应用分为清心开窍法和豁痰开窍法。息风法是平肝息风，制止挛急的治法。具有凉泄肝经邪热，或滋养肝肾阴液，以控制抽搐的作用。适用于温病热盛动风或阴虚生风的证候。具体应用分为凉肝息风法和滋阴息风法。由于在温病过程中神昏、痉厥经常并见，常为热犯手足厥阴所致，因此将开窍法、息风法合并讨论。

1. 清心开窍 用辛香透络、清心化痰之品清泄心包痰热，促使神志苏醒的治法。适用于温病痰热内闭心包的证候。症见神昏谵语或昏聩不语，身体灼热，舌謇肢厥，舌质红绛或纯绛鲜泽，脉细数等。代表方如安宫牛黄丸、紫雪丹、至宝丹。现代临床常用醒脑静注射液、清开灵注射液等。

2. 豁痰开窍 用芳香辟秽、化痰清热之品宣通窍闭，促进神志清醒的治法。适用于湿热郁蒸，酿生痰浊，蒙蔽清窍的证候。症见发热，神识昏蒙，时清时昧，时有谵语，舌苔黄腻或白腻，舌质红，脉濡滑而数。代表方如菖蒲郁金汤或苏合香丸。现代临床也有用石菖蒲注射液等。

3. 凉肝息风 用甘苦合酸寒之品凉肝解痉、透热养阴的治法。适用于温病邪热内炽，风火相煽，肝风内动的证候。症见灼热躁扰，四肢搐搦，甚则角弓反张，口噤神昏，舌红苔黄，脉弦数等。代表方如羚角钩藤汤。

4. 滋阴息风 用咸寒合酸甘之品滋养肝肾，育阴潜阳，滋水涵木，以平息肝风的治法。适用于温病后期热入下焦，日久真阴亏损，肝木失涵，虚风内动的证候。症见低热，手足蠕动，甚则瘛疭，肢厥神疲，舌干绛而萎，脉虚细等。代表方如三甲复脉汤、大定风珠。

神昏、痉厥是温病过程中的危重证，需要立即采取有效措施予以迅速制止。温病中出现神昏，病变有在气、在营之别，使用开窍法必须首先辨别窍闭的性质和病变浅深层次。清心开窍法属凉开，适用于热入营血，热闭心包而出现神昏者；若热虽入营分但未至神昏、痉厥者一般不宜早用本法。而豁痰开窍属芳香开窍，适用于湿热酿痰，蒙蔽心包而出现神昏者，病在气分，临床常与清热化湿法同用。使用开窍法后神苏即止，不可过用，因辛药易耗气。元气外脱，心神外越的脱证禁用开窍法。临床上还应注意祛除引起神昏的原因，不能“见昏治昏”。

引起发痉的原因亦有虚实之别，实风之治重在凉肝，虚风之治重在滋潜，虚实二证的治法不可混淆。壮火尚盛，不得用滋阴息风法。用驱风药止痉，尤其是虫类药须防其劫液，用滋阴药须防其敛邪。

应用开窍息风法时须根据证情与他法配合运用，如常与清营、凉血、息风、化瘀、益气固脱等治法同用。若为气分热盛引起的神昏、动风则要配合清气或攻下之法；小儿患者病在卫气分阶段，热扰心神或热邪淫及肝经，出现神志异常或抽搐，要结合其他脉症，多以清热透泄为主，热势一退，抽搐自止，或根据病情需要酌用息风之品。

现代研究提示，开窍息风法具有解热、降低颅内压、减轻脑水肿、纠正体内电解质平衡紊乱、镇静、强心等作用。

八、滋阴生津法

滋阴生津法是滋阴养液，补充阴津损耗的一种治法。本法具有润燥生津、滋养真阴、壮水制火的作用，属于八法中的补法。适用于温病后期邪热渐退，脏腑阴液耗伤之证。在温病发生发展过程中温邪自始至终损伤人体的阴液，病到后期尤其突出，阴液的耗损程度与疾病的发展及其预后密切相关，正如吴鞠通所说：“盖热病未有不耗阴者，耗之未尽则生，耗之尽责阳无以恋，必气绝而死矣。”因此，在温病的治疗过程中就应该时刻顾护阴液。在温病初期，便应预护其虚；阴液耗伤明显则配合养阴之法；温病后期阴液耗伤明显，便要以救阴为主。根据阴液耗伤的程度和脏腑病位的差异，具体分为以下几种：

1. 滋养肺胃 用甘寒凉润之品滋养肺胃阴液的治法，又称甘寒生津法。适用于温病气分邪热渐退，而肺胃阴液未复，或肺胃阴伤之证。症见口干咽燥，干咳少痰或无痰，或干呕不欲食，舌光红少苔或舌苔干。代表方如沙参麦冬汤、益胃汤。

2. 增液润肠 用甘寒、咸寒等生津养液之品润肠通便的治法，又称“增水行舟”法。适用于温病气分热邪渐解，津枯肠燥而便秘的证候。症见大便数日不下，口干咽燥，舌红而干等。代表方如增液汤。

3. 滋补真阴 用甘酸咸寒之品填补真阴，壮水制火的治法，又称“滋补肝肾”法。适用于温病后期，邪热久羁，真阴耗损，邪少虚多的证候。症见低热不退，手足心热甚于手足背，颧红，口干咽燥，神疲欲寐，或心中憺憺大动，舌绛少苔或干绛枯萎，齿燥，脉虚细或结代等。代表方如加减复脉汤。

以上三种治法，滋养肺胃法和增液润肠法是针对温病后期气分邪热渐解，出现肺胃津伤或肠液耗伤；滋补真阴法是针对温病后期营血分热邪炽盛，劫灼肝肾之阴而设。前两种治法阴液耗损较轻，病位较浅；后者真阴损伤较重，病位较深。温热类温病自始至终伤津耗液，湿热类温病湿邪化燥后也具有伤阴的特点，故滋养阴津的治法使用的机会较多。应根据阴液损伤的不同情况而分别选用。

滋阴生津法使用时应注意阴伤而热邪仍在者，当与他法同用，常配合滋阴解表法、滋阴攻下法、滋阴清热法、滋阴息风法、益气敛阴法等。温病伤阴兼有湿邪未化者，不可纯用本法，要滋阴而不碍湿，化湿而不伤阴。气热壮甚而阴伤不明显者，不可用本法。凡体质偏于阳虚或脾虚便溏者慎用本法，以免更损阳气或有碍脾运。

现代研究提示，本法可在一定程度上补充多种营养素和电解质，调节机体免疫功能，促进损伤修复，兴奋垂体-肾上腺皮质功能，改善微循环和凝血功能，防治弥散性血管内凝血，抑制病原微生物，中和内毒素，促进胃肠蠕动，调节神经系统功能等。

九、固脱救逆法

固脱救逆法是通过护阴敛液、大补元气以救治气阴外脱或亡阳厥脱证的治法。本法具有益气敛阴、回阳救逆的作用，属于八法中“补法”的范围。适用于温病中患者正气素虚而邪气太盛，或汗下太过，阴液骤损，阴伤及阳，导致气阴外脱或亡阳厥脱之危急证候。分为以下两种：

1. 益气敛阴 用甘温、甘酸补气敛阴之品益气生津，敛阴固脱的治法。适用于温病气阴两伤，正气欲脱的证候。症见身热骤降，汗多气短，体倦神疲，舌光少苔，脉散大无力等。代表方如生脉散。

2. 回阳固脱 用甘温、辛热益气温阳之品峻补阳气，固脱救逆的治法。适用于温病过程中阳气暴脱证。症见四肢逆冷，大汗淋漓，神疲倦卧，面色苍白，舌淡而润，脉微细欲绝等。代表方如参附汤或参附龙牡汤。

上述两法各有适应证，益气敛阴法适用于津伤气脱证；回阳固脱法适用于阳气暴脱证。但临床往往出现阴津与阳气俱脱，此时应将两法配合运用。还可视病情的需要与其他法配合使用，若气阴或阳气欲脱，而神志昏沉，手厥阴心包症状仍显著者，此为内闭外脱之候，则固脱法须与开窍法并用。

固脱救逆法为急救之法，应用时应注意给药必须快速、及时、准确。同时应根据病情轻重适当掌握给药次数、间隔时间、用药剂量，并随病情变化作相应调整。用本法后如虚脱得到纠正，则要注意有无火热复炽、阴液欲竭等现象，并根据具体情况辨证施治。现代临床已研制了一批固脱中药静脉注射剂作为急救之用，以便快速及时给药，如参附注射液、生脉注射液等。

现代研究提示，本法具有一定的强心、抗休克等作用。

十、外治法

外治法是在中医整体观和辨证论治原则的指导下，通过皮肤、诸窍、腧穴等给药方式来治疗温病某些证候的一种方法。具有清热解毒、消肿止痛、开窍醒神等作用。与内治法相比，外治法具有起效快捷，使用方便、安全的特点，尤其对于难以内服药物的昏迷患者或小儿发热患者更为适用。可见，外治法与内治法的作用相辅相成。温病外治法的内容很丰富，常用的有以下几种：

1. 洗浴法 用中药煎剂进行全身沐浴或局部浸洗，以发挥散热、透疹、托毒外出等作用。适用于温病高热、无汗或疹出不畅等证。如小儿麻疹隐而不透时，可用鲜芫荽煎汤外洗。此外，对高热无恶寒者，可用25~35℃酒精擦浴，或用32~34℃温水擦浴，有明显散热降温效果。

2. 灌肠法 把根据辨证论治所确定的方剂煎汤，作保留灌肠或直肠点滴以发挥疗效的治法。该法对于较难口服的患者、肠道疾患和肾衰竭患者等尤为适用。如痢疾用白头翁汤煎汤灌肠，流行性出血热急性肾衰竭用泻下通瘀合剂作高位保留灌肠等。灌肠用的中药煎剂应过滤去渣，保持在38℃左右，患者取左侧卧位，肛管插入20~30cm为宜，灌肠次数则依病情而定。

3. 敷药法 用药物制成膏药、搽剂、熨剂等在病变局部或穴位作外敷的治法。具有退热、消肿止痛等作用，适用于温病发热和局部热毒壅滞症状者。如用大黄、山栀、生石膏、葱白等研细，用米醋或蛋清调糊，外敷涌泉穴或手足心处，包扎固定，4~6小时后取下，有迅速降温的效果，适用于壮热、烦渴，甚至神识昏迷者。又如用水仙膏外敷痄腮、颜面丹毒等温毒疾患的局部肿痛部位（敷后若皮肤出现小黄疮，可改用三黄二香散），可消肿止痛。再如温病热盛衄血，可用吴茱萸、大蒜捣烂敷于涌泉穴，可引热下行而止衄；用二甘散（甘遂、甘草各等份）外敷神阙穴可治疗疟疾。

4. 搐鼻法 将辛窜芳香的药物研细，抹入鼻孔少许，通过鼻黏膜吸收，或使患者打喷嚏，可达到开窍醒神的目的。如用通关散搐鼻，可治严重鼻塞、高热头痛、神昏等。又如用蟾酥、冰片、雄黄各2g，牛黄1g研细，少许搐鼻取嚏，可治疗中暑昏迷、卒倒、牙关紧闭等症。

5. 吹喉法 把具有清热解毒、去腐生新作用的药物研细，吹于喉部少许，可治疗烂喉痧咽喉糜烂者。代表方如锡类散。

温病的外治法还有很多，如雾化吸入、熏蒸、吹耳、灸疗、冰敷、拭齿等，这些外治法多数与内服药合用，可起到相得益彰的作用。使用外治法也要注意辨证论治，不可机械搬用。一些外治药物对皮肤、黏膜有一定的刺激性，因此必须掌握一定的药量、治疗时间和使用方法，了解禁忌证。如吹鼻和吹喉的药量不宜过多，以免进入气管；高血压、脑血管意外、癫痫病人不宜使用取嚏法。

第四节 温病瘥后调理

温病瘥后调理是指温病进入恢复阶段，邪气已退，但机体尚未回到正常状态，或余热未清，津伤未复，此时当采取有效措施进行调理，促使病体早日康复。瘥后调理涉及的内容很多，如在精神、饮食、起居等方面的调摄等。药物调理是其中的一个重要环节。以下按温病瘥后的常见证候，分别介绍相应的药物调理之法。

一、正虚未复

在温病过程中，由于邪热炽盛而耗伤津气，加上患病后人体脏腑功能失调，尤其是脾胃运化失常，导致气血津液等生成减少，易出现体虚未复的表现。由于正气所伤各有不同，相应治法也当各异。

1. 补益气液 针对温病后期气液两伤者，症见精神委顿、口渴咽干、不饥不食，睡眠不酣、舌干少津等。主用补气生津养阴之品，代表方如三才汤。

2. 滋养胃肠 针对胃肠阴液亏虚者，症见口干咽燥或唇裂、大便秘结、舌光红少苔等。主以养阴增液之品，代表方如益胃汤、增液汤。

3. 补养气血 针对温病后期气血亏虚者，症见面色少华、气弱倦怠、语音低微、舌质淡红、脉弱无力等。主以益气养血之品，代表方如八珍汤。

二、余邪未尽

温病邪热消退后，正气虚衰的同时，可能伴有未尽之余邪。因此应在调补正气的同时予以祛除余邪。

1. 清解余热，益气养阴 针对温病后期余热未清，气阴两伤证，症见低热不退、虚羸少气、口干唇燥、呕恶纳呆、舌光红少苔、脉细数等。主以辛凉、甘寒之品，代表方如竹叶石膏汤。

2. 芳化湿邪，醒胃和中 针对温病后期湿热余邪未净而胃气未复之证，症见身热已退、脘闷不舒、知饥不食、苔薄白微腻。主以芳香清凉之品，代表方如薛氏五叶芦根汤。

3. 理气化湿，健脾和中 针对温病后期余湿阻气，脾气虚弱之证，症见脘中微痞、纳食不香、肢体困倦、大便溏薄、苔薄白而腻，脉虚弱，甚可见肢体浮肿。主以理气化湿健脾之品，代表方如参苓白术散加藿香、佩兰、荷叶、砂仁等。

4. 化湿利水，温补肾阳 针对温病后期阳气虚衰，水湿内停之证，症见形寒肢冷、身倦乏力、心悸、眩晕、面浮肢肿、小便短少、舌淡苔白、脉沉细。主以温阳利水之品，代表方如真武汤。

三、复证治法

温病复证又称“复病”或“病复”，指温病瘥后因正气未复、调摄不当致邪热复起。

1. 劳复证 指温病瘥后，正气未复或余热未尽，因过早劳作而复热者。分为以下三种：

气虚劳复者，症见发热、畏寒怕冷、四肢倦怠、少气懒言、舌淡少苔而润、脉虚。治以健脾益气，甘温除热。方如补中益气汤。

阴虚劳复者，症见发热、五心烦热、颧红盗汗、口燥咽干、或心悸失眠、舌红少苔、脉细数。治以养阴清热。方如加减复脉汤。

余热劳复者，症见发热、心烦懊侬、胸闷脘痞、或胸胁不舒、口苦咽干、食少纳呆、苔薄黄、脉微数。治以清透余热，解郁除烦。方如枳实栀子汤。

2. 食复证 指温病瘥后，脾胃虚弱，余热未尽，暴饮暴食或过食油腻之品而复伤脾胃，导致饮食停滞，余邪复作发热。症见发热、嗳腐吞酸、烦闷呕恶、不欲饮食、甚至烦渴谵语、大便秘结、腹部胀满、苔厚腻、脉沉实或滑。治以消食化滞，和胃理气。方如香砂枳术丸。

3. 感复证 指温病瘥后，余热未尽，复感新邪，导致复热。症见发热恶风、头痛恶寒或口渴舌燥、咽痛、咳嗽、舌尖红、苔薄白欠润、脉浮数；或发热恶寒头身痛、舌淡红、苔薄白、脉浮紧。治以辛凉或辛温解表剂。

第六章　温病的预防

温病是一类急性外感热病，其中多数具有传染性、流行性，而且起病急骤，来势较猛，病情较重，有的还会造成难以恢复的后遗症，因而严重地影响人群的健康，甚至威胁生命，对社会和家庭能造成严重的危害，所以温病的预防具有十分重要的意义。我们要继续总结经验，进一步掌握温病发生和流行的规律，采取各种切实有效的措施，包括发掘中医学和民间的方法，更好地预防温病的发生。

第一节　历代医学家对预防温病的认识及成就

一、对预防温病的认识

早在两千多年前，中医学已奠定了关于疾病预防思想的基础。如《素问・四气调神大论》说："圣人不治已病治未病，不治已乱治未乱，此之谓也。夫病已成而后药之，乱已成而后治之，譬犹渴而穿井，斗而铸锥，不亦晚乎?"充分表明当时对于无病早防重要性的深刻认识。同时，还观察到某些疾病可以传染并造成流行。如《素问・刺法论》指出："五疫之至，皆相染易，无问大小，病状相似"。在此基础上又进而提出预防疫病的方法："如何可得不相移易者?……不相染者，正气存内，邪不可干，避其毒气。"即主张预防疫病的方法，一方面要保持机体正气的强盛，以抵御病邪的侵袭，另一方面应设法避免与病邪的接触，以防染病。这些论述现在看来，仍然具有一定的指导意义。

《内经》以后，历代医家通过大量的实践，在对温病的传染性和流行性认识进一步深入的基础上，积累了丰富的预防知识。如关于传染的概念，早在《汉书》中就有"天行疫疠，人相传染"之说。刘河间在《伤寒标本心法类萃》一书中，把疫疠称为"传染"，并把"传染"列为专节讨论。此外，古代医家又明确提出了外邪可以通过皮肤、呼吸道、消化道等途径侵犯人体。如《灵枢・百病始生》篇说"虚邪之中人也，始于皮肤，皮肤缓则腠理开，开则邪从毛发入"。其后《诸病源候论》中还论及水毒病、射工病等是由于"人行水上及以水洗浴"而感染，即通过皮肤而感受病邪。北宋《太平圣惠方》也载："刀箭所伤，针疮所裂，冒触风寒毒气外邪，从外所中，始则伤于血脉，又则攻于脏腑"，说明皮肤创伤可感染疾病，外邪由表而入里。明代虞抟《医学正传》说："其待奉亲密之人，或同气连枝之属，熏陶日久，受其恶气，多遭传染"。清代王清任《医林改错》则说"遇天行触浊气之瘟疫，由口鼻而入气管，由气管达于血管"。这些论述阐明了通过呼吸道可以传染疾病。《诸病源候论》指出："人有因吉凶坐席饮啖，而有外邪恶毒之气，随饮食入五脏"。《备急千金要方》则更明确指出："原夫霍乱之为病也，皆因饮食，非关鬼神"。这些是属于通过消化道而传染疾病的。宋代以后的医家从传统认为外邪从皮毛而入的认识，逐渐重视病邪从口鼻侵袭人体而致病。如杨士瀛《直指方》说瘴气可以通过口鼻而入犯人体。吴又可在《温疫论》中更明确提出疠气（杂气）"从口鼻而入"，并说："邪之所着，有天受，有传染。"其后叶天士有"温邪上受"之说。以上这些都是强调温病可通过呼吸道或消化道而传染。薛生白在《湿热病篇》中提出："湿热之邪从表伤者十之一二，由口鼻入者十之八九。”较为全面地指出了皮肤、呼吸道、消化道都是温病的传染途径。

二、在预防温病方面的成就

古代医家对温病的传染性和温病的传播途径、传播媒介有所了解，并采取了一系列预防温病发生、流行的有效措施主要体现在以下几个方面：

（一）重视环境和个人卫生

在周代《礼记·内则》说：“凡内外，鸡初鸣……，洒扫室堂及庭”，说明当时已有清晨打扫室内外环境卫生的习惯。据《后汉书·张让传》载，在当时有毕岚“作翻车渴乌施于桥西，用洒南北郊路”，即用抽水洒水器具以减少路面尘土的飞扬，保持道路清洁。早在唐代《备急千金要方》中就有“常习不唾地”之说，即要求人们不要随地吐痰。战国时代的诗人屈原《楚辞·渔父》中有“新沐者必弹冠，新浴者必振衣”的记载。在元代郭金玉《静思集》有“南州牙刷寄来日，去腻涤烦一金直”之句。这些良好的个人卫生习惯对于预防温病的发生有重要的意义。

（二）保持饮食卫生

至少在商代，我国已广泛使用水井，并在甲骨文中有了“井”字。王孟英《霍乱论》中提出：“平日即留意或疏浚河道，毋使积污，或广凿井泉，毋使饮浊，直可登民寿域”。宋代庄绰在《鸡肋篇》中说：“纵细民在道路上，亦必饮煎水”。不饮用生水对于防止许多消化道传染病的发生有重要的意义。在食品卫生方面，古人很重视保持食物的新鲜、清洁。汉代王充的《论衡》中明确提出：“饮食不洁净，天之大恶也。”在张仲景《金匮要略》中提出了许多不可食用的食品，如“猪肉落水浮者”、“六畜自死”等。在《诸病源候论》中提出“勿食鼠残食”，在《备急千金要方》中说“勿食生肉”等，这对于预防消化道传染病的发生尤其有重要的作用。

（三）防害灭虫

早在敦煌石窟中还保存着一幅“殷人熏火防疫图”，即描述了殷商时代以火燎、烟熏的方法来杀虫、防疫的情景。明代赵学敏《本草纲目拾遗》中，把“蝇、蚊、虱、蚤、臭虫”列为夏日“五大害”，为人们驱杀的对象。南宋陈元靓《岁时广记》引《岁时杂记》中载：“都人端午作罩子，以木为骨，用色纱糊之以罩食”。在历代本草书中还记载了用百部、藜芦、苦楝子、矾水、藁本等药物灭蝇，用草乌、芥子、皂荚等药物灭蛆的方法。在周代以前，如《月令辑要》中引《千金·月金》所载：“浮萍阴干和雄黄些少，烧烟去蚊”。

（四）辟邪隔离

在《内经》提出的“避其毒气”原则指导下，对某些具有传染性的温病采取了各种严格的隔离措施。我国晋代就有“朝臣家有时疾染易三人以上者，身虽无疾，百日不得入宫”这一严格的隔离措施。早在汉代，在军队里发生疫病时，设“庵庐”，即可视为我国早期的临时传染病医院。清初设有“查痘章京”一职，专司检查京城的天花患者，一旦发现，即令其迁出四、五十里以外。与此同时，古代医家还提出与疫病患者接触时应注意的一些问题，如熊立品《瘟疫传症全书》说：“当合境延门，时气大发，瘟疫盛行，递相传染之际，……毋近病人床榻，染具秽污；毋凭死者尸棺，触其臭恶；毋食病家时菜，毋拾死人衣物，……”。隔离疫病患者对于切断传染源，防止疫病的传播具有重要的意义。

（五）药物预防

我国古代医家一直在寻求能够预防温病的药物、方剂。早在《山海经》中就载有预防疫病的药物、食品，如“箴鱼食之无疫疾”。到《诸病源候论》更明确提出，对伤寒、时气、温病等可“预服药”以预防。《备急千金要方》也认为：“天地有斯瘴疠，还以天地所生之物防备之”。至于具体的方法，早在《内经》的《素问·刺法论》中就有用小金丹预防疫病的记载。在晋代《肘后方》、唐代《备急千金要方》等古医籍中都列有辟温方，也是以药物预防温病的发生。如《备急千金要方》中有雄黄丸、赤散、太乙流金散、雄黄散、杀鬼烧药、虎头杀鬼丸、金牙散等，分别采用药囊佩带、熏烧、内服或作用于体表等方法来预防温病的发生。元代滑寿则主张在麻疹流行期间用消毒保婴丹、代天宣化丸等来预防发病。

（六）增强人体正气

古代医家非常强调通过保护和增强人体的正气来预防温病。《素问·金匮真言论》说：“夫精者，身之本也，故藏于精者，春不病温”。《素问·移精变气论》指出：“失四时之从，逆寒暑之宜，贼风数至，虚邪朝夕，内至五脏骨髓，外伤空窍肌肤，所以小病必甚，大病必死”。我国至少在明代以前就已发明了种痘法以预防天花，开创了世界人工免疫之先河，这是医学科学上一项重大成就。当时采用的是人痘接种术，据《医宗金鉴》记载，已有痘衣法、痘浆法、旱苗法、水苗法等。

由此可见，中医学对温病的预防有较为深刻的认识，并创造出许多既有民族特色，又有一定效果的预防方法，对中华民族的繁衍昌盛起了重要的作用。当然，限于历史条件，我国古代在对温病预防的方面，还不能够完全控制温病的发生，所以还应与现代的各种预防措施结合起来。

第二节　温病的预防方法

温病的发生和传播必须具备三个基本环节，即传染源（体内有病原体生存、繁殖并能将病原体排出体外的人或动物）、传播途径（病原体从传染源传染给其他易感者所经过的途径）、易感人群（对某种传染病容易受感染的人群）。这三个环节同时存在并相互联结，如缺少其中任何一个环节，就不可能发生传染，形成流行。针对这些环节，预防工作要采取综合措施。以下介绍具有中医中药特色的一些预防温病的方法。

一、培固正气，强壮体质

增强人体正气，可以提高机体抗御温邪入侵的能力，从而使温邪不能侵犯人体，或即使感受了温邪也不会发病，或即使发病其病情也较轻微，易于治愈、康复。培固正气，强壮体质的方法甚多，以下列举几个方面：

1. 锻炼身体以增强体质　我国人民创造了许多保健强身的方法，如气功、太极拳、五禽戏、八段锦、保健按摩及其他各种武术运动等，都可以增强体内正气。现代的各种体育运动也同样可以增强体质。可以根据自身的年龄、职业、居住条件、爱好等，选择锻炼项目，持之以恒，可提高自身抵抗力，有助于抵御外界温邪的侵袭。

2. 顺应四时，调适寒温　人类生存在自然界中，与自然界条件息息相关，如这些条件的改变超过了人体的适应能力，会导致温病的发生与流行。另一方面，人们在日常生活中，应根据季节的变化和气温的升降，合理安排作息时间、及时调整衣被和室内温度。冬日不可受寒，但也不宜保暖过度；夏日不可在炎日下过分劳作，但也不宜贪凉露宿、恣食生冷。

3. 避免过度消耗正气 要避免房劳过度，不宜早婚、早育外，还要注意日常生活的劳逸结合，保持心情舒畅、情绪稳定等。正如吴鞠通《温病条辨》中所说：“不藏精三字须活看，不专主房劳说，一切人事之能摇动其精者皆是。”

4. 注意环境，搞好卫生 应经常保持生活和工作环境的整洁卫生，居处要空气新鲜、阳光充足、温度适宜。养成良好的个人卫生习惯，不随地吐痰，饭前便后洗手。在饮食上不食用腐败变质食物，不过食辛辣炙煿之品，不嗜烟酒等。

现代开展的大规模人工免疫接种，也可以看作是增强人体正气的一项有效措施。事实证明，推广预防接种是预防乃至消灭许多传染病的最有效手段。

二、及时诊治，控制传播

对具有传染性的温病患者，必须早期发现、早期隔离、早期诊断治疗，及时向有关防疫部门报告，使防疫部门能随时掌握疫情，采取相应措施。

1. 早期诊治 早期发现并治疗具有传染性的温病患者，不仅有利于患者及早得到诊治，提高治愈率，缩短病程，减少病死率和后遗症，使患者早日恢复健康，同时也有助于及早控制疾病的传播，防止发生流行。因此，必须熟悉各个不同季节多发的传染性温病，熟悉这些温病的初起临床表现及相关的诊断标准，提高早期的确诊率，及时采用相应的治疗方法。

2. 时隔离 为了有效地控制传染性温病的传播，对患者严格而及时的隔离是十分必要的。对于传染性较强的温病，除了对患者进行隔离外，还可对曾经接触过患者的人进行必要的检查和隔离，有时还要采取措施控制人群的流动。医生护士及其他人员与这些患者接触时应有一定的隔离措施，如戴口罩、隔离帽，穿隔离衣、鞋等。在病室及其周围采取一定的消毒处理措施。患者的痰液、呕吐物、粪便、血液等都不可随便向外排放，应集中起来作消毒处理。患者的衣物及其他生活用具也要经过消毒处理。

3. 控制传播 根据温病的感受途径不同，对各种温病可采取不同的措施来阻断其感染传播的途径。如对通过呼吸道传染者，可在流行期间进行室内空气消毒，并保持公共场所的空气流通，尽量避免或减少去公共场所。外出时可戴口罩，同时也注意双手的清洁和消毒，不要挖鼻孔、揉眼睛等。对通过消化道传染者，应特别注意饮食和环境卫生，不饮生水，注意饮食用具的消毒，勤洗手，勤剪指甲，消灭苍蝇等害虫，管理好水源、粪便等，以防“病从口入”。对于通过蚊子、跳蚤、虱子、老鼠等动物传播者，则要采取各种方法进行防虫、驱虫、杀虫或捕杀老鼠等。

三、预施药物，防止染病

预施药物是指在温病流行期间，在一定范围里，对可能感染温邪的人群使用药物，以防止温病的发生与传播。目前较多使用的预防方法有以下几种：

1. 熏蒸预防法 即用药物加温燃烧烟熏，或煮沸蒸熏。此法一般适用于以呼吸道为传播途径的温病预防。如在流行期间，用食醋按每立方米空间 2～10ml 加清水一倍，在居室内煮沸蒸熏 1 小时，主要用于流行性感冒、病毒性肺炎等呼吸道传染病的预防。又如采用苍术、艾叶烟熏剂在室内燃烧烟熏，可用于腮腺炎、水痘、猩红热、流感等传染病的预防。

2. 滴喷预防法 即用药物滴入鼻孔，或喷入咽部。此法一般也用于呼吸道传染病。如在流行期间，把食醋用冷开水稀释后滴鼻可预防流行性感冒、流行性脑脊髓膜炎等。或用白芷 3g、冰片 1.5g、防风 3g，共研细末，取少量吹入两侧鼻孔，或放在口罩内任其慢慢吸入，也有预防作用。又有在白喉流行时，用锡类散喷入咽喉部，有一定预防作用。

3. 中药预防法 即用一味或多味中药煎服，或制成丸、散剂内服。如预防流感、病毒性肺炎等可选用银花、连翘、野菊花、贯众等；预防流行性脑脊髓膜炎可选用大蒜、银花、连翘、九里光、贯众、野菊花、蒲公英、鲜狗肝菜、鲜鬼针草等；预防流行性乙型脑炎可选用大青叶、板蓝根、牛筋草等；预防肠伤寒可选用黄连、黄柏等；预防猩红热可选用黄芩、忍冬藤等；预防麻疹可选用紫草、丝瓜子、贯众、胎盘粉等；预防传染性肝炎可选用板蓝根、糯稻根、茵陈等；预防痢疾可选用马齿苋、大蒜、食醋等。

4. 食物预防法 在某些传染性温病流行期间，有目的地食用一些食物，有助于减少被感染或发病的机会。这一方法简便易行，可以作为一种辅助方法使用。如食用大蒜，或用马齿苋加大蒜煎服，可预防痢疾及其他一些消化道的传染性温病。在流脑流行时节，每日食用大蒜 5g 左右，也有一定的预防作用。在秋末冬初，气候干燥时节，如有白喉流行，也可食用甘蔗汁、胡萝卜汤等以预防。

此外，还有不少流传于民间的简便易行的预防温病的方法，有待于进一步挖掘。

中篇

第七章　温热类温病

温热类温病是指由不兼夹湿邪的温邪（如风热病邪、温热病邪、暑热病邪、燥热病邪等）所引起的一类急性外感热病，主要包括风温、春温、暑温、秋燥等。由于其致病邪气属阳热性质，具有火热、酷烈、活动等特性，所以此类温病以起病较急、热象明显、传变较快、易伤津耗液、易内陷生变等为特征，治疗以清热祛邪为主，并注意顾护时时阴津。

第一节　风　温

一、概述

风温是感受风热病邪所致的急性外感热病。其特点为初起以肺卫表热证为主要证候，临床常见发热、微恶风寒、口微渴、咳嗽等表现。一年四季均可发生，但多见于冬春两季，发于冬季者又称为冬温。

风温之名首见于《伤寒论》，张仲景曰：“太阳病，发热而渴，不恶寒者，为温病，若发汗已，身灼热者，名风温。”但其所指系热病误汗后的坏证。唐代孙思邈《备急千金要方》引《小品方》之葳蕤汤作为治疗张仲景所述风温的主方。后世医家亦有不少有关风温的论述，但多将伏气温病认作风温，如宋代庞安时在《伤寒总病论》中说：“病人素伤于风，因复伤于热，风热相搏，则发风温。四肢不收，头痛身热，常自汗出不解，治在少阴厥阴，不可发汗，汗出则谵语。”提出了对风温病因、证治的看法。至清代，叶天士在《三时伏气外感篇》中提出：“风温者，春月受风，其气已温，《经》谓春病在头，治在上焦。肺卫最高，邪必先伤。此手太阴气分先病，失治则入手厥阴心包络，血分亦伤。”这不仅提出了风温是感受时令之邪所致的新感温病，而且还阐明了其病机特点和传变趋势。其后，陈平伯的《外感温病篇》对本病进行了专门论述。其曰：“风温为病，春月与冬季居多，或恶风，或不恶风，必身热，咳嗽，烦渴。”指明了本病的发生季节和初起临床证候特点。此外，清代著名医家如吴鞠通、吴坤安、王孟英等都对风温的因、证、脉、治作了阐述和补充，从而进一步丰富了风温辨证论治的内容。

西医学中发生于冬春季节的流行性感冒、急性支气管炎及各种病原体引起的肺炎等，其中符合风温特点者，可参考本病辨证论治。

二、病因病机

风温的病因为风热病邪。春季风木当令，阳气升发，气候温暖多风，易于形成风热病邪。正如吴鞠通所说：“风温者，初春阳气始升，厥阴行令，风夹温也”。冬季气候反常，应寒反暖，也易形成风热病邪，亦如吴坤安所说：“凡天时晴燥，温风过暖，感其气者即是风温之邪”。如素禀不足，正气虚弱，或起居不慎、寒温失调，使卫气防御能力下降，风热病邪即可入侵而发病。

风热病邪属阳邪，其性升散、疏泄，侵犯人体，多从口鼻入，先犯肺卫，如叶天士说所说“肺主气属卫”、“肺位高位，邪必先伤”。风热初袭，病在手太阴肺经，以邪郁卫表、肺卫失宣为主要病机特点，症见发热，微恶风寒，咳嗽，脉浮数等；若感邪不甚，并经及时治疗，即可终止病变发展，早期治愈；若肺卫之邪不解，其发展趋向大致有两情况：一是顺传于气分，二是逆传心包。邪入气分者，邪热壅肺，可致肺失宣降，或肺热炼津为痰、痰热阻肺，甚至发生灼伤肺络或窜扰营络等病机变化，临床见身热，咳喘，或咳痰，胸痛，咯血，或外发皮疹等证候；若肺气壅遏严重，不能制约肝木，金囚而木旺，可引动肝风而兼见抽搐。肺与大肠相表里，肺热不解，可下移大肠，或迫津下泻而见下利色黄热臭；或与肠中燥屎搏结而见咳喘，便秘。病程中邪热易化燥伤阴，可上焦传入中焦，或邪热旺于阳明之经，里热蒸腾而成阳明热炽证；或邪热炽于阳明之经，里热与肠中燥屎搏结而成阳明热结证。若病情进一步发展，可由气分深入心营。邪入心营，可见热灼营阴，内扰心神等病机变化，临床见发热，斑疹，烦躁不寐，甚或神昏谵语，或舌謇肢厥，舌红绛少苔等表现。若患者素秉不足，或邪气过盛，或误治失治，邪热可由肺卫直接内陷心营，即叶天士所谓“温邪上受，首先犯肺，逆传心包”；若热势迅猛，烁金迫液，可导致肺之化源欲绝，症见骤然大汗淋漓，烦躁，喘喝欲脱，鼻煽，甚则咳唾粉红色血水，脉散乱欲绝等；若心营邪热不得外泄，可致内闭外脱，症见骤然大汗热退，皮肤发斑，烦躁神昏，肢厥，脉伏或细数无力等危急证候。病变过程中易化燥伤阴，后期若经恰当治疗，邪热已去，则以肺胃阴伤为主要病机变化。

总之，风温的病变以肺经为主。初起以肺卫失宣之表热证为临床特征；若邪热不解，传入气分，可壅滞肺气或顺传阳明，亦可逆传心包，病变过程中易化燥伤阴；后期多见肺胃阴伤之证。

三、诊断要点

（1）多发于春、冬两季。

（2）发病较急，初起以肺卫表热证为临床特征。

（3）病程以肺经病变为主，亦有阳明胃肠病证；传变较速，易见逆传心包证候。

（4）后期多见肺胃阴伤证候。

四、辨证治疗原则

风温以肺经为病变中心。首先当辨析肺经证候，如初起邪在肺卫之表热证；邪入气分之肺胃肠的气机壅滞证候；以及后期肺胃阴伤证等。其次重视肺经与相关脏腑的病理传变，如肺之经络与胃腑相通，肺热易传入胃经所致的阳明里热证；肺与大肠相表里，肺经邪热易下移肠腑致热结肠腑证或肠热下利证等；肺与心同处上焦，风热病邪易逆传心包，症见身热肢厥，神昏谵语等热闭心包证。再次当辨别有无兼夹其他病邪为患，如痰、瘀、食滞以及阴津损伤程度等。

风温的治疗原则：清泄肺热，兼清胃肠邪热，重视应用透达和通腑之法。所谓透达，既包括针对邪在卫表的辛凉透表，又包括针对气分的辛寒宣泄达邪于外，以及针对邪入心营之透热转气和透邪开闭。由于风温以肺为病变中心，肺与大肠相表里，故通腑有利于清泄肺热，正如王孟英所说：“温热（风热之邪——编者注）为阳邪，火必克金，故先犯肺，火性炎上，难得下行，若肺气肃降有权，移其邪由腑出，正是病之去路”，“腑气通则脏气安”（《温热经纬》）。邪入营血分，以清营凉血为正治，并注意有无闭窍，惊厥，动血等并发症，随证变法。本病初起，邪在肺卫，当以辛凉疏泄为主，忌用辛温发汗，如麻黄汤、桂枝汤等，以防劫夺肺津、心液，耗散肺气、心阳。本病初起也不可过用寒凉，以免冰伏病邪，阻遏气机，使邪热难以外达，反致内陷。

文献辑要

风温者，春月受风，其气已温。经谓春气病在头，治在上焦，肺位最高，邪必先伤。此手太阴气分先病，失治则入手厥阴心包络，血分亦伤。盖足经顺传，如太阳传阳明，人皆知之；肺病失治，逆传心包络，人多不知者。俗医见身热咳喘，不知肺病在上之旨，妄投荆、防、柴、葛，加入枳、朴、杏、苏、菔子、麦、橘皮之属，辄云解肌消食。有见痰喘，使用大黄礞石滚痰丸，大便数行，上热愈结。幼稚谷少胃薄，表里苦辛化燥，胃汁已伤，复用大黄大苦沉降丸药，致脾胃阳和伤极，陡变惊痫，莫救者多矣。

……

春季温暖，风温极多，温变热最速，若发散风寒、消食，劫伤津液，变证尤速。初起咳嗽喘促，通行用薄荷（汗多不用）、连翘、象贝、牛蒡、花粉、桔梗、沙参、木通、枳壳、橘红，表解热不清，用黄芩、连翘、桑皮、花粉、地骨皮、川贝、知母、山栀；……里热不清，朝上凉，晚暮热，即当清解血分，久则滋清养阴。若热陷神昏，痰升喘促，急用牛黄丸、至宝丹之属。

（王孟英《温热经纬，叶香岩三时伏气外感篇》）

天时晴燥，温风过暖，感其气者即是风温之邪，阳气熏灼，先伤上焦。其为病也，身热汗出，头胀咳嗽，喉痛声浊，治宜辛凉轻剂解之，大忌辛温汗散。

……

风温吸入，先伤太阴肺分，右寸脉独大，肺气不舒，身痛胸闷，头胀咳嗽，发热口渴，或发痧疹，主治在太阴气分，栀、豉、桑、杏、蒌皮、牛蒡、连翘、薄荷、枯芩、桔梗、桑叶，清之解之。痰嗽加贝母，声浊不扬加兜铃，火盛脉洪加石膏，咽痛加射干，饱闷加川郁金、枳壳，干咳喉燥加花粉、蔗浆、梨汁，咽喉锁痛加莱菔汁。（吴坤安《伤寒指掌》）

风温为病，春月与冬季居多，或恶风或不恶风，必身热咳嗽烦渴，此风温证之提纲也。

王孟英（《温热经纬.陈平伯外感温病篇》）

风温之病，发于当春厥阴风木行令之时，少阴君火初交之际。……其证头痛恶风，身热自汗，咳嗽口渴，舌苔微白，脉浮而数者，当用辛凉解表法。倘或舌绛苔黄，神昏谵语，以及手足瘛疭等证之变，皆可仿春温变证之法治之。（雷少逸《时病论》）

伤寒初得宜用热药发其汗，麻黄、桂枝诸汤是也。风温初得宜用凉药发其汗，薄荷、连翘、蝉蜕诸药是也。至传经已深，阳明热实，无论伤寒、风温，皆宜治以白虎汤。而愚用白虎汤时，恒加薄荷少许，或连翘、蝉蜕少许，往往服后即可得汗。即但用白虎汤，亦恒有服后即汗者，因方中石膏原有解肌发表之力。……斯乃调剂阴阳，听其自汗，非强发其汗也。

（张锡纯《医学衷中参西录》）

五、临床举要

风温以冬春季节为多，冬春季节的急性上呼吸道感染、支气管炎、肺炎、流行性感冒等肺系急性感染性和传染性疾病，如果初起见发热、恶寒、咳嗽、口渴、苔薄白、舌边尖红、脉浮数等风热表证之象，病程中易出现痰、热、喘等肺热壅盛之症候者，可按风温进行辨治。

如王至婉等以证素理论对 1059 例社区获得性肺炎患者的数据资料进行分析，认为痰热壅肺为社区获得性肺炎的主要病机［辽宁中医杂志，2009，(9)：1450］。

王冬梅等认为老年性肺炎患者正气不足，六淫邪气自外侵袭，致气阴两虚、肺脾气虚甚则肾元不足。其将肺炎分为实证，虚证及危重变证。实证又分为风热外感、风寒外感、痰热阻肺、痰湿阻肺；虚证分为肺脾气虚及气阴两虚；危重变证分为邪陷心包及邪陷正脱。她认为各种证型都存在肾元亏虚、气阴两虚的潜在病机。因此在辨证施治的同时佐以益气养阴、健脾补肺或补肾填精的药物如生脉散、党参、紫河车等常会收到更好的效果［中国中医急症，2012，(9)：1447］。

李建生等认为，老年肺炎中痰浊（热）、瘀血、气阴两虚证在临床中出现频率较高，其病机为痰（热）瘀互阻、气阴两虚，以痰（热）瘀互阻为病机关键［中华中医药杂志，2012，(3)：657］。

高清环认为“热”、“痰”是肺炎中重要的病理因素。青年人以风热犯肺、痰热壅肺的实证多见；“热”易耗气伤津，年老体弱，禀赋不足，正气日损，正伤则祛邪无力，虚实夹杂是老年肺炎的病理改变［江西中医药，2012，（7）：19］。

李建生等将肺炎常见证候分为3证类8证候。实证类包括：①风热犯肺证，治以疏风清热、清肺化痰，方用银翘散加减。②外寒内热证，治以疏风散寒、清肺化痰，方用麻杏石甘汤合清金化痰汤加减。③痰热壅肺证，治以清热解毒、宣肺化痰，方用麻杏石甘汤合贝母瓜蒌散加减。④痰湿壅肺证，治以燥湿化痰，宣降肺气，方用半夏厚朴汤合三子养亲汤加减。正虚邪恋类包括①肺脾气虚证，治以补肺健脾、益气固卫，方用参苓白术散加减。②气阴两虚证，治以益气养阴、润肺化痰，方用生脉散合沙参麦冬汤加减。危重变证类包括：①热陷心包证，治以清心凉营、豁痰开窍，方用清营汤合犀角地黄汤加减。②邪陷正脱证，治以益气救阴、回阳固脱，阴竭者以生脉散加味，阳脱者以四逆加人参汤加味［中医学报，2010，（3）：439］。乔曼等运用清热化痰中药配合常规西药治疗老年社区获得性肺炎60例。治疗组总有效率达93.3%，高于对照组之83.3%。清热化痰类中药可起清肺化痰、止咳平喘之效，配合常规西药治疗老年社区获得性肺炎痰热壅肺证疗效较好［实用中医药杂志，2012，（12）：1018］。

第二节　春　　温

一、概述

春温是温热病邪郁伏而发的急性外感热病。其特点是初起即见里热炽盛证候，临床常见高热，烦渴，甚则神昏，痉厥，斑疹等表现，多发生于春季或冬春之交或春夏之际。

本节所论之春温乃伏邪温病。有关本病的论述肇端于《内经》：“冬伤于寒，春必病温。”“藏于精者，春不病温。”是历代医家认识本病的基础。晋代王叔和在《伤寒例》中曰：“冬时严寒……中而即病者，名曰伤寒，不即病者，寒毒藏于肌肤，至春变为温病”。宋代郭雍首先提出了“春温”的病名，他在《伤寒补亡论》中曰：“冬伤于寒，至春发者，谓之温病；冬不伤寒，而春自感风寒温气而病者，亦谓之温；及春有非节之气中人为疫者，亦谓之温……然春温之病，古无专治之法，温疫之法兼之也。”可见郭氏所谓的春温是对春季所患温病的总称。直到明初王安道揭示了春温的证候机理，明确提出本病为“怫热自内而达于外”，故起病即见里热之证，并强调治疗以“清里热”为主。清代叶天士在《三时伏气外感篇》中明确了春温系伏邪为患，并指出：“昔贤以黄芩汤为主方，苦寒直清里热，热伏于阴，苦味坚阴，乃正治也。知温邪忌散，不与暴感门同法。若因外邪先受，引动在里伏热，必先辛凉以解新邪，继进苦寒以清里热“等伏邪自发与新感引发的治疗原则。俞根初在《通俗伤寒论》中曰：“伏温内发，新感外束，有实有虚，实邪多发于少阳募原，虚邪多发于少阴血分、阴分。”对春温发病部位及证候类型做了精辟的论述。陆子贤在《六因条辨》中列“春温条辨”专篇，对本病的证治条分缕析，切合临证，较为实用。

西医学中发生于春季的重型流行性感冒、流行性脑脊髓膜炎以及其他化脓性脑膜炎、病毒性脑炎、败血症等，其中符合春温特点者，可参考本病辨证论治。

二、病因病机

春温的病因为温热病邪，即传统所说的“伏寒化温”病邪。一般认为，温热病邪是由于冬天感受寒邪，潜伏于体内，郁久化热而成，在春季阳气回升的气候条件下，引动郁热外发而致病。邪气之所以能伏藏于体内，与人体阴精素亏，正气不足，且感邪较微有关。正如《素问·金匮真言论》所言："夫精者，身之本也，故藏于精者，春不病温。"吴鞠通在《温病条辨》中指出："不藏精三字须活看，不专主房劳说，一切人事之能摇动其精者皆是。"故凡摄生不慎，过度操劳，思虑多欲，房事不节，汗泻过度，大病之后，禀赋不足等，均可导致阴精亏损，失于封藏，是伏邪致病的重要条件。若感邪重则即发为新感时病，若感邪较轻则不即发病而伏藏于里，过时而发成春温，如近代医家张锡纯在《医学衷中参西录.医论》所说："是以寒之中人也，其重者即时成病，即冬令之伤寒也。其轻者微受寒侵，不能即病，由皮肤内侵，潜伏于三焦脂膜之中，阻塞气化之升降流通，且能暗生内热，迨至内热积而益深，又兼春回阳生触发其热，或更薄受外感以激发其热，是以其热自内暴发而成温病，即后世方书所谓伏气成温也。"总之，本病多由于素体阴精亏虚，邪气内伏，蕴生内热，自内而发，或新感引发而致病。

由于患者感邪有轻重，正虚程度亦有不同，春温的发病有病发于气分和病发于营分之别。初起发于气分者，邪热虽盛，但正气未衰，病情相对较轻，若治疗及时，邪气多可外透而解；如感邪较甚，或治不及时，病可进一步向营分或血分深入。初起发于营分者，邪热炽盛，灼伤营阴，扰乱心神，病情较重；若经治疗后病情好转，正气恢复亦可逐邪外达，转出气分而解；若邪热炽盛，失治误治，正气耗损者亦可使热邪深入血分。初起若为"新感引动伏邪"而发者，可有短暂的卫表见症。春温病程中每因热毒炽盛，阴液耗损严重而呈虚实错杂之候，易见气营（血）两燔、内闭心包、引动肝风、迫血妄行等危重证。病变后期，多见肝肾阴伤，邪少虚多，或真阴耗伤，虚风内动，或余邪留滞阴分等证候；少数患者可留有痰、瘀留滞之后遗症。

总之，本病以郁热内伏，热势亢盛，易伤阴耗液，易致闭窍、动风、动血为病理特点。病变初期，虽里热炽盛而兼有阴津不足，仍以邪实为病机关键；病至极期，邪热盛极，阴伤渐重，甚或出现气阴两伤，或动风、动血、闭窍等虚实夹杂之病理变化；病至后期，总以邪少虚多为其病理基础。

三、诊断要点

（1）多见于春季、或冬春之交、或春夏之际。

（2）发病急骤，初起即见气分或营分等里热证候。

（3）热象偏盛，极易出现动风、动血、痉厥等危重表现。

（4）病程中易伤阴耗液，后期易见真阴耗竭、虚风内动等证候。

四、辨证治疗原则

本病初起有发于气分和营分的不同，初发证候的辨识尤为关键。发于气分者，邪盛正虚不甚，病情较轻；发于营分者，邪盛正虚，病情较重。同时还应辨别是否由新感引发，若兼有恶寒、头痛等卫表证候者，即为新感引发伏邪。新感引发者，还应辨别新感邪气的性质，或风寒引发，或风热引发；一般卫表证候较轻、短暂即逝，而纯见里热证。

本病因邪热炽盛与阴液耗损交织反复，病情呈虚实兼夹之变，病程中应注重辨别邪热与阴伤的程度。病之初期，以邪实为主，兼有阴虚；病至中期，热炽与阴伤并重，常见热极伤阴生变的各种危重病证；病至后期，邪热渐退或余邪留伏，则以肝肾阴虚为主。

春温的治疗原则：以清泄里热为主，注重顾护阴液，透邪外达。由于本病病变部位广泛，临证时应根据不同的病变部位、病程阶段、虚实的多寡等灵活化裁。如清泄里热者有辛寒、苦寒、咸寒的区别；透解邪热者，有轻清透热转气、辛寒宣郁透达、入络搜邪透热的不同；滋养阴液者，有凉润生津，滋填潜镇的选择；临床上要根据病情随证变法。病程中还应注意灵活配合消食、化痰、活血等法治疗兼夹证。本病谨防辛温发汗，恐过汗伤及心阴，导致阴损及阳，阴阳离绝。

文献辑要

春温一证，由冬令收藏未固，昔人以冬寒内伏，藏于少阴，入春发于少阳，以春木内应肝胆也。寒邪深伏，已经化热，昔贤以黄芩汤为主方，苦寒直清里热，热伏于阴，苦味坚阴，乃正治也。知温邪忌散，不与暴感门同法。若因外邪先受，引动在里伏热，必先辛凉以解新邪，继进苦寒以清里热。况热乃无形之气，时医多用消滞，攻治有形，胃汁先涸，阴液劫尽者多矣。

（王孟英《温热经纬·叶香岩三时伏气外感篇》）

春温兼寒，初用葱豉桔梗汤，辛凉开表，先解其外感，最稳。若不开表，则表寒何由而解？表寒既解，则伏热始可外溃。热从少阳胆经而出者，多发疹，新加木贼煎加牛蒡、连翘以透疹；热从阳明胃经而出者，多发斑，新加白虎汤加牛蒡、连翘以透斑。疹斑既透，则里热悉从外达，应即身凉脉静而愈。若犹不愈，则胃肠必有积热，选用诸承气汤，急攻之以存津液，病多速愈，此伏气春温实证之治法也；若春温虚证，伏于少阴血分阴分者，其阴血既伤，肝风易动，切忌妄用柴、葛、荆、防，升发其阳以劫阴，阴虚则内风窜动：上窜脑户，则头摇晕厥；横窜筋脉，则手足瘛疭。如初起因寒郁而不宣，宜用连翘栀豉汤去蔻末，加鲜葱白、苏薄荷，轻清透发以宣泄之，气宣热透，血虚液燥，继与清燥养营汤加野菰根、鲜茅根，甘凉濡润以肃清之。继则虚多邪少，以养阴退热为主，如黄连阿胶汤之属，切不可纯用苦寒，重伤正气，此伏气春温虚证之治法也。（俞根初《通俗伤寒论》何秀山按）

春温病有两种：冬受寒邪不即病，至春而伏气发热者，名曰春温；若春令太热，外受时邪而病者，此感而即发之春温也。辨症之法，伏气春温，初起但不寒而口渴，此自内而发出于外也；感而即发之春温，初起微寒，后则但热不寒，此由肺卫而受也。（吴坤安《伤寒指掌》邵仙根按）

春温无汗，虽宜解表，然必兼清里，双解散审其表里之重轻为加减可也。

（何梦瑶《医碥》）

春温之病，因于冬受微寒，伏于肌肤而不即发，或因冬不藏精，伏于少阴不即发，皆待来春加感外寒，触动伏气乃发焉。即《经》所谓“冬伤于寒，春必病温；冬不藏精，春必病温”是也。其初起之证，头身皆痛，寒热无汗，咳嗽口渴，舌苔浮白，脉息举之有余，或弦或紧，寻之或滑或数，此宜辛温解表为先；倘或舌苔化燥，或黄或焦，是温热已抵于胃，即用凉解里热法；如舌绛齿燥，谵语神昏，是温热深踞阳明营分，即宜清热解毒法，以保其津液也；如有手足瘛疭，脉来弦数，是为热极生风，即宜却热息风法；如或昏愦不知人，不语如尸厥，此邪窜入心包，即宜祛热宣窍法。春温变幻，不一而足，务在临机应变可也。（雷少逸《时病论》）

原其邪之初受，盖以肾气先虚，故邪乃凑之而伏于少阴，逮春时阳气内动，则寒邪化热而出。其发也，有因阳气内动而发者，亦有时邪外感引动而发者。凡阳气内动，寒邪化热而发之证，外虽微有形寒，而里热炽盛，不恶风寒，骨节烦疼，渴热少汗（初起少汗，至阳明即多汗矣）。用药宜助阴气，以托邪外达，勿任留恋。其为时邪引动而发者，须辨其所夹何邪，或风温，或暴寒，或暑热，当于前法中参入疏解新邪之意。再看其兼夹之邪轻重如何，轻者可以兼治，重者即当在初起时，着意先撤新邪，俟新邪既解，再治伏邪，方不碍手。此须权其轻重缓急，以定其治法，不可预设成见也。寒邪潜伏少阴，寒必伤阳，肾阳既弱，则不能蒸化而鼓动之，每见有温邪初发而肾阳先馁，因之邪机冰伏，欲达不达，辗转之间，邪即内陷，不可挽救，此最难着手之危证。其或邪已化热，则邪热燎原，最易灼伤阴液，阴液一伤，变证蜂起，故治伏气温病，当步步顾其阴液。当初起时，其外达之路，或出三阳，或由肺胃，尚未有定程，其邪在少阴界内。……愚意不若用黄芩汤加豆豉、元参，为至当不易之法。盖黄芩汤为清泄里热之专剂，加以豆豉为黑豆所造，本入肾经，又蒸罨而成，与伏邪之蒸郁而发相同，且性味和平，无逼汗耗阴之弊，故豆豉为宣发少阴伏邪的对之药。再加元参以补肾阴，一面泄热，一面透邪。凡温邪初起，邪热未离少阴

者，其治法不外是矣。（柳宝诒《温热逢源》）

治法以伏邪为重，他邪为轻，故略治他邪，而新病即解。如夹痰水、食、郁、蓄血等邪属实者，则以夹邪为先，伏邪为后，盖清其夹邪，而伏邪始能透发，透发方能传变，传变乃可解利。（何廉臣《重订广温热论》）

治法总宜辛凉清解，预顾阴液，大忌辛温升散，鼓动风阳。（陆子贤《六因条辨》）

治之之法，有清一代名医多有谓此证不宜发汗者。然仍宜即脉证之现象而详为区别。若其脉象虽有实热，而仍在浮分，且头疼，舌苔犹白者，仍当投以解之剂。然宜以辛凉发汗，若薄荷叶、连翘、蝉蜕诸药，且更以清热之药佐之。若拙拟之清解汤、凉解汤、寒解汤三方，斟酌病之轻重，皆可选用也。此先有伏气又薄受外感之温病也。

若其病初得即表里壮热，脉象洪实，其舌苔或白而欲黄者，宜投以白虎汤，再加宣散之品若连翘、茅根诸药。如此治法，非取汗解，然恒服药后竟自汗而解，即或服药后不见汗，其病亦解。因大队寒凉之品与清轻宣散之品相并，自能排逐内蕴之热，息息自腠理达于皮毛以透出也（此乃伏气暴发，自内达外之温病，春夏之交多有之）。盖此等证皆以先有伏气，至春深萌动欲发，而又或因暴怒，或因劳心劳力过度，或因作苦于烈日之中，或因酣眠于暖室内，是以一发表里即壮热。治之者，只可宣散清解，而不宜发汗也。此冬伤于寒，春必温病之大略治法也……

又有因伏气所化之热先伏藏于三焦脂膜之中，迨至感春阳萌动而触发，其发动之后，恒因冬不藏精者其肾脏虚损，伏气乘虚而窜入少阴。其为病状，精神短少，喜偃卧，昏昏似睡，舌皮干，毫无苔，小便短赤，其热郁于中而肌肤无甚热。其在冬令，为少阴伤寒，即少阴证，初得宜治以黄连阿胶汤者也。在春令，即为少阴温病。而愚治此证，恒用白虎加人参汤，以生地黄代知母，怀山药代粳米，更先用鲜白茅根三两煎汤以之代水煎药，将药煎一大剂，取一大碗，分三次温饮下，每饮一次调入生鸡子黄一枚。初饮一次后，其脉当见大，或变为洪大；饮至三次后，其脉又复和平，而病即愈矣。此即冬不藏精春必病温者之大略治法也。（张锡纯《医学衷中参西录》）

五、临床举要

春温是以发病急速、病情危重、起病即见里热炽盛表现等为特征的急性热病，春季流行性脑脊髓膜炎发病后常迅速出现高热、头痛、皮肤瘀斑、烦躁甚至神昏等气营血分热盛症状，多按春温论治，有的初起有短暂的卫分证样上呼吸道感染表现，属新感引动伏邪。如福建省中医研究所流脑治疗研究小组报道中西医结合治疗流行性脑脊髓膜炎 178 例，中医按温病卫气营辨证，卫分证以银翘散、桑菊饮为主加减，气分证以白虎汤、凉膈散、蒿芩清胆汤为主加减，营分证以清营汤送服神犀丹为主，气营两燔证用清瘟败毒饮，血分证以犀角地黄汤为主，开窍祛邪以安宫牛黄丸、紫雪丹等治疗，疗效显著［福建中医药，1995，(5)：15］。有报道以主治春温气（营）血两燔证的清瘟败毒饮为主治疗流行性脑脊髓膜炎 100 例，治愈 98 例，主要症状消失时间为发热平均 2 天、头痛平均 1.6 天，呕吐平均 1.1 天［新医学，1972，(2)：30］。

第三节 暑 温

一、概述

暑温是感受暑热病邪致的急性外感热病。其特点是初起多以阳明气分热盛为主要证候，临床常见壮热，烦渴，汗多，面赤，脉洪大等表现，多发生于夏至与立秋之间。

暑温的病名确立于清代，在此之前一直隶属于暑病的范畴。早在《内经》中就有对暑病的病因、发病季节、临床症状的描述。《素问·热论》曰："凡病伤寒而成温者，先夏至日者为病温，后夏至日者为病暑。"《素问·生气通天论》曰："因于暑，汗，烦则喘喝，静则多言，体若燔炭，汗出而散。"汉代张仲景在《金匮要略·痉湿暍病脉证》中曰："太阳中热者，暍是也，汗出恶寒，身热而渴，白虎加人参汤主之。"此"中热"即中暑，"暍"即暑之气也。宋元时期对暑病有了进一步的认识，《太平惠民和剂局方》有"中暑"、"伤暑"、"冒暑"、"伏暑"之分；朱丹溪在《丹溪心法·中暑》中曰："暑乃夏月炎暑也，盛热之气者，火也。有冒、有伤、有中，三者有轻重之分，虚实之辨。"提出以辛甘寒凉之剂治暑，并重视补气生津的治疗方法。明代张景岳认为暑病有阴暑、阳暑之分，"阴暑者，因暑而受寒者也"，"阳暑者，乃因暑而受热者也"，并指出"暑有八症：脉虚，自汗，身热，背寒，面垢，烦渴，手足微冷，体重是也"；王肯堂《证治准绳》中认为暑病有"伏寒化热"与"暴感暑热"之分；王纶提出"治暑之法，清心利小便最好。暑伤气，宜补真气为要"。至清代对暑病的认识日臻完善，喻嘉言指出"盖暑病乃夏月新受之病"，明确了暑病非伏寒化温所致。叶天士《幼科要略》指出了"夏暑发自阳明"及"暑必兼湿"等暑病的病理特点；吴鞠通首创"暑温"病名，在《温病条辨》中曰"暑温者，正夏之时，暑病之偏热者也"，"形似伤寒，但右脉洪大而数，左脉反小于右，口渴甚，面赤，汗大出者，名曰暑温"。

西医学中发生于夏季的流行性乙型脑炎、登革热和登革出血热、钩端螺旋体病、流行性感冒、热射病等疾病，其中符合暑温特点者，可参考本病辨证论治。

二、病因病机

暑温的病因是暑热病邪。夏季暑气当令，暑性炎热酷烈，若劳倦过度，汗出过多，津气耗伤，致正气亏虚；或素禀不足，正气虚弱，机体抗御外邪的能力减弱，暑热病邪则乘虚侵袭人体而发病。正如王安道所说："暑热者，夏之令也，大行于天地之间，人或劳倦，或饥饿，元气匮乏，不足以御天令之亢热，于是受伤而为病。"

暑热病邪乃火热之气，燔炎酷烈，伤人极速，侵袭人体多径入阳明，起病即见壮热、烦渴、汗多、面赤、脉洪大等阳明气分热盛证候，即所谓"夏暑发自阳明"；若起病兼有卫分证者，大多暑热病邪兼夹其他病邪为患，但卫分证很短暂，一现即过。暑热内炽气分，内蒸外迫，灼伤津液，逼津外泄，"壮火食气"，极易伤津耗气，甚则导致津气欲脱；暑热内盛阳明，耗劫胃肠津液，液亏肠燥，邪热与肠中糟粕搏结形成燥屎而大便秘结。若气分暑热不能及时清解，暑气通于心，暑热之邪最易内陷心营；且暑热可煎熬津液为痰，即戴思恭所说的"有暑即有痰"之意，痰热互结可闭阻心窍，而见神昏谵语；暑热内盛可引动肝风，风火相煽，里热愈炽，极易发生痉厥；暑热燔灼营血，脉络受损及血热妄行而见各种出血等危重病证，正如王孟英所说："温热暑疫诸病，邪不即解，耗液伤营，逆传内陷，痉厥昏狂，谵语发斑等证。"若暑热炽盛时，适逢人体正气虚弱，尤其在小儿稚阴稚阳之体，暑热可直中心包而猝然神昏肢厥，名曰"暑厥"；暑热直入肝经而突发痉厥，名曰"暑风"，亦称"暑痫"；暑热炽盛亦可犯及肺，甚至损伤肺络，而骤然咯血、衄血、咳嗽气促，名曰"暑瘵"。暑温后期，邪热渐退，津气未复，多见暑伤心肾、气阴亏虚及余邪兼痰夹瘀等正虚邪恋证候；部分在病程中因闭窍、动风而神昏、痉厥持续时间较长的病例，可因痰热瘀滞留伏而出现各种后遗症。

总之，本病以暑伤津气、极易内陷厥阴为病理特点。病变初起暑热病邪径犯阳明；病程中极易伤津耗气，易出现闭窍、动风及津气欲脱等危重病变；病变后期以暑伤心肾、正虚邪恋为主要病理。

三、诊断要点

（1）本病多发生于夏季暑热当令之时。

（2）起病急骤，初起以阳明气分热盛证多见。

（3）病程中暑热伤津耗气，易见津气欲脱、神昏、痉厥、出血等危重证候。

（4）后期以气阴亏虚为主，多见暑伤心肾、正虚邪恋的证候。

四、辨证治疗原则

暑温初起暑入阳明，以气分热盛为主要临床表现。暑热内炽阳明，最易伤津耗气，伤津耗气甚，则易导致津气外脱、闭窍动风、伤络动血等严重病变。因而病程中根据热势之轻重、气阴耗伤的程度，可以推断暑温病情的轻重及预后。凡见口渴引饮，咽干舌燥者，提示津伤；若见神疲倦怠，脉虚者，提示气耗：二者同时并见者，为津伤气耗。若出现消渴不已，舌干绛，脉细数者，为肝肾真阴耗伤；若兼心烦失眠者，为心肾阴虚，水火不济；若兼见咯血，甚则口鼻涌血者，为肺阴灼伤，脉络受损；若汗出淋漓，喘促脉散者，则为津气欲脱之危候。

暑气通于心，暑热病邪极易直入厥阴，而猝发暑厥、暑风（暑痫）等急重证候，临床上应尽早辨析其先兆症状，以便掌握治疗的主动权。凡出现嗜睡，或烦躁不寐，神志恍惚者，多为暑入心包之先兆；若见手足或面部肌肉微微抽动，筋惕肉瞤，项强者，多为暑热引动肝风之征兆。若在病程后期，见痴呆、失语、失聪者，为痰热余邪留滞包络，机窍失灵之征；若肢体强直，手足瘫痪者，为痰瘀阻滞经络，筋脉不利之象。

暑温的治疗原则：清暑泄热，顾护津气。初起暑入阳明气分，治宜辛寒清气，涤暑泄热；暑伤津气，治宜清热涤暑，益气生津；津气欲脱者，治宜益气敛津，扶正固脱；正如张凤逵所说："暑病首用辛凉，继用甘寒，再用酸泄酸敛。"若暑热燔灼，内陷心包，引动肝风，迫血妄行诸危急重症，治宜大剂清热解毒、凉营透邪，并配合清心开窍，凉肝息风，凉血止血等方法治疗；对猝中心营之暑厥，可配合针刺，以加强泄热醒神之效；对卒中肝经之暑风（暑痫），注意配合清心醒神之法；若抽搐频繁，难以控制者，可加虫类止痉药以增息风止痉之效。暑温后期多正虚邪恋，在益气养阴的同时要注意祛除余邪；对后遗症，应辨明余邪留滞的部位、是否兼夹其他病邪为患，辨证用药施治的同时，配合针灸、按摩等康复治疗。

文献辑要

治暑之法，清心利小便最好；暑伤气，宜补真气为要。（王纶《明医杂著》）

暑乃天之热气，流金烁石，纯阳无阴。或云阳邪为热，阴邪为暑者，甚属不经。《经》云：热气大来，火之胜也，阳之动，始于温，盛于暑。盖在天为热，在地为火，其性为暑，是暑即热也，并非二气。或云暑为兼湿者，亦误也。暑与湿，原是二气，虽易兼感，实非暑中必定有湿也。譬如暑与风，亦多兼感，岂可谓暑中必有风耶！若谓热与湿合始名为暑，然则寒与风合，又将何称？

（王孟英《温热经纬·叶香岩外感温热篇》雄按）

《内经》云：在天为热，在地为火，其性为暑。又云：岁火太过，炎暑流行。盖暑为日气，其字从日，曰炎暑，曰酷暑，皆指烈日之气而言也。夏至后有小暑、大暑，冬至后有小寒、大寒，是暑即热也，寒即冷也。暑为阳气，寒为阴气，乃天地间显然易知之事，并无深微难测之理，而从来歧说偏多，岂不可笑。

……

若谓暑必兼湿，则亢旱之年，湿难必得，况兼湿者，何独暑哉！盖湿无定位，分旺四季，风湿寒湿，无不可兼，唯夏季之土为独盛，故热湿多于寒湿。然暑字从日，日为天气；湿字从土，土为地气，霄壤不同，虽可合而为病，究不可谓暑中原有湿也。

（王孟英《温热经纬·仲景外感热病篇》雄按）

立夏以后，暑热盛行时，人有头疼恶心，身热恶寒，手足厥冷，肢节沉痛，不思饮食，或气高而喘，或气短而促，甚者用手扪之如火燎皮肤，或腹肠绞疼，或口鼻流血，病候与伤寒相似，不知者误认伤寒，用风热发汗药，或加衣出汗，则元气益虚，终不知悟。盖此证乃夏属阴虚，元气不足，湿热蒸人，暴伤元气。人初感之，即骨乏腿软，精神倦怠，昏睡懒语，其形如醉梦间，或无汗或微汗不断，或大汗不止，烦渴饮水，胸膈痞闷，小便黄而少，大便溏而频，或呕或泻或结，或霍乱不止。此等证与伤寒大异，按时而施治，据证而急疗，无不应手者。语曰勿伐天和，正因时之道也。亦有不头痛身痛恶寒者，治法皆同。治法轻者以五苓散，以利小便，导火下泻而暑自解，或香薷饮辛散以驱暑毒，木瓜制暑之要药也。或藿香正气散、十味香薷饮之类，重者人参败毒散、桂苓甘露饮、竹叶石膏汤、白虎汤之类，弱者用生脉散、清暑益气汤、补中益气汤等。若不分内外，不论轻重强弱，一概以和解，百发百中，随试随应，则无如六和汤最良矣。

夏月有猝然晕倒，不省人事，手足逆冷者，为暑厥。

忽然手足抽挛，厉声呻吟，角弓反张，如中恶状，为暑风。（张凤逵《伤暑全书》）

夫暑邪袭人，有伤暑、冒暑、中暑之分，且有暑风、暑温、暑咳、暑瘵之异。伤暑者，静而得之为伤阴暑，动而得之为伤阳暑。冒暑者，较伤暑为轻，不过邪冒肌表而已。中暑者，即中暍也，忽然卒倒，如中风状。暑风者，须臾昏倒，手足遂抽。暑温者较阳暑略为轻可。暑咳者，暑热袭肺而咳逆。暑瘵者，暑热劫络而吐血。（雷少逸《时病论》）

五、临床举要

暑温的发病季节为盛夏炎暑之时，初起暑热病邪多直中阳明而表现壮热、烦渴、多汗等阳明气分热盛症状，甚则热盛动风，或暑热迅速传入营血分而出现抽搐、神昏等。夏季易发的流行性乙型脑炎、病毒性脑炎，发病后多迅速出现高热、恶心、呕吐、神昏、抽搐等暑热直中阳明或直犯心营、厥阴的表现，属中医暑温。如著名老中医蒲辅周按暑温治疗 1954 年流行于石家庄的乙型脑炎，以辛凉重剂白虎汤为主加减，取得满意疗效（《蒲辅周学术医疗经验继承心悟》，2000 年）。孟毅等报道 96 例病毒性脑炎患者中医证型以邪犯气营最多（入组第 1 天），为 50.00%，其次为邪犯营血，为 19.79%。入组第 3 天，中医证型以热入心包证最多，为 37.50%，且痰蒙心窍证型增加明显，由 6 例增加到 24 例，所占比例约为 25.00%。将第 3 天、第 5 天、第 7 天中医病性频次与前 1 天进行比较，第 3 天邪犯气营、邪犯营血有所明显减少，痰蒙心窍证有所增加。第 7 天与第 5 天比较，痰蒙心窍，余热未清证明显增加。该研究提出病毒性脑炎基本病机为邪气炽烈，易于耗气伤津，动风生痰和内陷营血。病毒性脑炎发病初起，中医证型易虚易实，中期虚实夹杂，后期以虚证和虚实夹杂证居多［辽宁中医杂志 2016，(3)：534］。刘志勇等在收集 60 年来中医药治疗病毒性脑炎的临床文献基础上，发现病毒性脑炎临床用药规律，中药以黄芩、黄连、板蓝根、生石膏等清热解毒药最为常用；中成药柴石退热颗粒、抗病毒口服液、安宫牛黄丸、清开灵注射液等应用居多；西药以利巴韦林注射液、干扰素等抗病毒药为基础，在与营养神经药物、抗病毒药物、激素类药物等联合应用，以上西药经常与安宫牛黄丸、犀角地黄丹、痰热清注射液等中成药联合应用。郃杏芳等报道自拟“清温汤”（由银花 10g，连翘 10g，荆芥 10g，板蓝根 15g，贯众 15g，牛蒡子 6g，苍耳子 15g，石膏 15g，知母 10g，青蒿 10g，葛根 15g，苍术 10g，车前子 10g，甘草 10g 组成）治疗小儿流行性病毒性脑炎 37 例，并与分别用“八角链”和“利巴韦林”注射液治疗的 39 例及 24 例作对照，结果示：在症状全部消失平均时间上，“清温汤”组要比两对照组短得多，其差别在统计学上有非常显著意义［上海中医药杂志，1992，（4）：7］。

第四节 秋 燥

一、概述

秋燥是感受燥热病邪所致的急性外感热病。其特点是初起邪犯肺卫时即有津液干燥见症，常见发热，微恶风寒，咳嗽，口鼻咽干燥等表现，多发于初秋季节。

有关燥邪致病早在《内经》就有记载，如“岁金太过，燥气流行”，“岁木不及，燥乃大行”等，明确了燥邪形成与岁运时令密切相关，并指出燥邪致病的特点为“燥胜则干”；同时确立了“燥者润之”，“燥者濡之”，“燥化于天，热反胜之，治以辛寒，佐以苦甘”等治疗大法。金元时期刘河间在《素问玄机原病式.燥类》中指出“诸涩枯涸，干劲皴揭，皆属于燥。”补充了《内经》病机十九条中燥气为病的缺如。当时大多数医家仅认识到内燥为患，朱丹溪的四物汤加减、李东垣的润肠丸等均为内燥而设。自从明代李梴指出燥有内外之分后，外感燥邪致病才引起医家们的重视。清代喻嘉言《医门法律》立“秋燥论”专篇论述，不仅首创了秋燥病名，并对内燥、外燥做了较系统的论述，认为燥属火热，易伤肺之阴液，治疗“大约以胃气为主，胃土为肺金之母也”，并创制了清燥救肺汤治疗因于肺胃之燥而致的气郁、痿、喘、呕诸证。随着对外燥致病认识的不断深入，许多医家对燥邪的性质提出了不同见解，沈目南在《燥病论》中曰“燥病属凉，谓之次寒”；吴鞠通认为燥邪之寒热属性与五运六气之胜复气化有关，指出“秋燥之气，轻则为燥，重则为寒，化气为湿，复气为火”；俞根初在《通俗伤寒论・秋燥伤寒》中曰“秋深初凉，西风肃杀，感之者多病风燥，此属燥凉，较严冬风寒为轻。若久晴无雨，秋阳以曝，感之者多病温燥，此属燥热，较暮春风温为重”；王孟英、费晋卿等医家亦都认为秋燥有温、凉两类。至此，对燥邪为患的认识日趋完善，明确了燥有内、外之分，内燥为内伤津血，阴液干枯之证；外燥为秋季外感时令之邪所致，又有温燥、凉燥之别。本节所讨论之秋燥，实指温燥。

西医学中发于秋季的上呼吸道感染、急性支气管炎及某些肺部感染等疾病，其中符合秋燥特点者，可参考本病辨证论治。

二、病因病机

秋燥的病因为感受秋季的燥热病邪。当初秋承夏，久晴无雨，秋阳以曝之时，易形成燥热病邪；若机体正气不足或摄身不慎，防御外邪的能力减弱，燥热病邪易通过口鼻侵入肺卫而发病。

肺脏属金，燥金之气，同气相求，故燥热病邪入侵，以肺为病变中心；肺主气属卫，外合皮毛，燥热病邪侵袭人体，先犯肺卫，正如喻嘉言所说“燥其先伤上焦华盖”，张景岳亦说“若秋令太过，金气胜而风从之，则肺先受病”，表现出肺卫燥热证；因燥干津液甚，热邪亦伤津液，两邪相合为患故伤津液最速，初起邪在肺卫即有明显津液干燥见症。若肺卫燥热之邪不能及时外解，内郁于肺，燥热化火可随经上扰清窍，而致清窍不利；内壅于肺之燥热可伤肺络，而见络伤咳血或衄血等症；亦可进一步耗伤肺之阴液而成肺燥阴伤等证；肺之经络与胃相连，肺与大肠相表里，肺之燥热易下移胃肠，导致肺胃肠津液亏损，而见肺燥肠热、阴伤腑实、肺胃阴伤等证；少数正气亏虚，感邪较重的患者，燥热之邪也可内陷营血，而致气营（血）两燔证，或深入下焦，耗伤肝肾之阴，而致燥伤真阴等证。

总之，本病以燥伤阴液为主要病理变化，以肺经为病变中心，病程中易损伤肺络，移热胃肠，损伤津液，一般传变较少，甚者亦可内陷营血，耗伤肝肾真阴。

三、诊断要点

（1）本病发于初秋燥热偏盛时节。

（2）初起肺卫燥热为临床特点，干燥之象明显。

（3）病程中以燥干阴液为主要病理变化，病变重心在肺，易累及胃肠，也有少数可传入营血或伤及下焦肝肾。

（4）后期多见肺胃阴伤证候。

四、辨证治疗原则

秋燥以肺为病变重心。在病之初起，应辨清燥邪的寒热属性。燥热病邪初感，发热偏重，恶寒较轻且不久即可随汗而解，口鼻咽津液干燥较为突出；而凉燥初感，恶寒较重且持续时间较长，类似风寒表证，亦有较明显的口鼻咽津液干燥现象。肺卫邪热不解，郁闭气分，应辨清燥热所在病位。若燥热郁而化火，可上扰清窍，出现耳鸣，目赤，龈肿等症；若燥热犯肺，肺失清肃，宣降失司，甚则燥伤肺络，出现干咳，气逆而喘，痰黏带血丝等症；若肺中燥热下移大肠，导致肺燥肠热之咳血泄泻或肺燥肠闭之咳痰便秘等。病之后期，邪热渐退，以肺胃阴伤为主要病变。

秋燥病的治疗原则：清热润燥并重。初起邪在肺卫，治宜辛凉甘润，轻透肺卫，正如叶士所说“当以辛凉甘润之方，气燥自平而愈”。邪入气分，以清热、泻火、润燥为基本治法，如燥干清窍，治宜清宣气热，润燥利窍；燥热伤肺，治宜清泄肺热，养阴润燥；肺燥肠热，治宜清热润肺，清肠坚阴，若兼有络伤咳血，应加入凉血止血药；肺燥肠闭，治宜肃肺化痰，润肠通便。气分燥热炽盛之证，慎用苦寒，正如汪瑟庵所说“燥证路径无多，故方法甚简。始用辛凉，继用甘凉，与温热相似。但温热传至中焦，间有当用寒苦者，燥证则唯喜柔润，最忌苦燥，断无用之之理矣”。若治燥热为患必须用苦寒药物以泄热者，当与滋润之品同用，中病即止，方能达到祛邪不伤正之目的。

古方书记载“上燥治气，中燥增液，下燥治血”，是针对秋燥不同阶段的病理特点归纳出的治疗大法。“上燥治气”针对秋燥初起，燥热郁闭肺气，燥伤肺之津液的病变提出的治法，“治气”即为“治肺”，以清热宣肺，甘寒滋润，调养肺之气阴。“中燥增液”针对郁滞在肺之燥热移热于胃肠，导致胃肠津液耗损的病变提出的治法，“增液”指用甘凉濡润之品滋养胃肠阴液，胃肠阴液充足，则肺之燥热亦易清除。“下燥治血”针对病之后期，少数正虚邪盛的病例，燥热化火传入下焦，耗伤肝肾阴液的病变提出的治法，“治血”指通过补养阴血而达到滋养肝肾、填补真阴之目的，阴血充足则燥热亦易清除，此时当重用血肉有情之品。

文献辑要

燥胜则干。（《素问·阴阳应象大论篇》）

燥淫于内，治以苦温，佐以甘辛，以苦下之。

燥淫于内，平以苦温，佐以酸辛，以苦下之。

燥者润之。

燥者濡之。（《素问·至真要大论篇》）

诸涩枯涸，干劲皴揭，皆属于燥。（刘河间《素问玄机原病式》）

秋深初凉，于佳年发热咳嗽，证似春月风温证。但温乃渐热之称，凉则渐冷之意。春月为病，犹是冬令固密之余，秋令感伤，恰值夏月发泄之后，其体质之虚实不同。但温自上受，燥自上伤，理亦相等，均是肺气受病。（王孟英《温热经纬·叶香岩三时伏气外感篇》）

治燥病者，补肾水阴寒之虚，而泻心火阳热之实；除肠中燥热之甚，济胃中津液之衰。使道路散而不结，津液生而不枯，气血利而不涩，则病日已矣。

凡治燥病，不深达治燥之旨，但用润剂润燥，虽不重伤，亦误时日，只名粗工，所当戒也。

（喻嘉言《医门法律》）

燥为肺金之化，秋令也。所以致燥有二：一因于寒，秋风清肃，夏令之湿至是而干，所谓风胜湿也；一因于热，夏时热盛，有湿以润之，至秋则湿退而热犹未除故燥，所谓燥万物者，莫乎火也。

（何梦瑶《医碥》）

燥为干涩不通之疾，内伤、外感宜分。外感者，由于天时风热过胜，或因深秋偏亢之邪，始必伤人上焦气分，其法以辛凉甘润肺胃为先，喻氏清燥救肺及先生用玉竹、门冬、桑叶、薄荷、梨皮、甘草之类是也。……要知是症，大忌者苦涩，最喜者甘柔。若气分失治，则延及于血；下病失治，则槁及乎上。喘咳、痿厥、三消、噎膈之萌，总由此致。大凡津液结而为患者，必佐辛通之气味；精血竭而为患者，必借血肉之滋填。在表佐风药而成功，在脏以缓通为要务。古之滋燥养营汤、润肠丸、五仁汤、琼玉膏、一气丹、牛羊乳汁等法，各有司也。

（叶天士《临证指南医案》邵新甫按）

凡治燥病，先辨凉温。王孟英曰：以五气而论，则燥为凉邪，阴凝则燥，乃其本气；但秋承夏后，火之余炎未息，若火既就之，阴竭则燥，是其标气。治分温润、凉润二法。费晋卿曰：燥者干也，对湿言之也。立秋以后，湿气去而燥气来，初秋尚热，则燥而热；深秋既凉，则燥而凉。以燥为全体，而以热与凉为之用，兼此二义，方见燥字圆活。法当清润、温润，次辨虚实。叶天士生曰：秋燥一证，颇似春月风温。温自上受，燥自上伤，均是肺先受病。但春月为病，犹是冬令固密之余；秋令感伤，恰值夏月发泄之后，其体质之虚实不同。初起治肺为急，当以辛凉甘润之方，气燥自平而愈。若果有暴凉外束，只宜葱豉汤加杏仁、苏梗、前胡、桔梗之属，延绵日久，病必入血分，须审体质证候。总之上燥治气，下燥治血，慎勿用苦燥劫烁胃汁也。又次辨燥湿。石芾南曰：病有燥湿，药有润燥。病有风燥、凉燥、暑燥、燥火、燥郁夹湿之分，药有辛润、温润、清润、咸润、润燥兼施之别。（徐荣斋《重订通俗伤寒论》何廉臣按）

五、临床举要

发生于秋季的急性上呼吸道感染、急性支气管炎及某些肺部感染等，燥象明显者可按秋燥辨治。如江氏以清燥救肺汤加味治疗具有发热、干咳无痰、咽干鼻燥、胸满胁痛、气急、苔薄白或薄黄少津、舌边尖红、脉弦数等症状，辨证属于燥热伤肺的急性呼吸道感染（包括上呼吸感染、急性支气管炎、急性支气管周围炎、肺部感染等）病人 264 例，结果治愈 209 例，好转 40 例［云南中医中药杂志，2001，(2)：9］。曹东等报道来春茂运用清燥救肺汤治疗肺系病变 68 例，其中肺炎 28 例，支气管炎 26 例，肺结核 5 例，支气管哮喘 4 例，肺气肿 4 例，矽肺 1 例。治疗时间最短一周，最长半年，临床治愈率为 61.8%，总有效率为 89.7%［云南中医中药杂志，1995，(2)：17］。

第五节　温热类温病主要证治

温热类温病的致病因素为单纯阳热性质的病邪，其所致疾病主要以人体卫、气、营、血的功能障碍和营养物质的损害为病理基础，病程中卫气营血传变规律较为明显，故多采用卫气营血辨证，判断病情的浅深轻重，分析疾病的发展和预后，指导临床的治疗。邪热亢盛和阴津损伤是温热类温病病变过程中邪正相争之主要矛盾，故清热和养阴是治疗温热类温病的两大法则。临证当根据病程的久暂、病位的浅深、邪热的多寡、阴津的沛乏、兼变之有无，确定清热与养阴的主次轻重及具体运用。

一、卫分证治

温热类温病的卫分证以发热、微恶寒、口微渴为辨证要点，常伴见头痛、少汗、咽痛、咽痒、咳嗽、舌苔薄白、舌尖边红、脉浮数等。本类温病的致病邪气虽有风热、温热、暑热和燥热等多种，但犯卫表者以风热和燥热为多，故多见于风温、秋燥初起。治疗以泄卫透表为基本大法，即叶天士所谓“在卫汗之可也”，宜选用辛凉透解之剂，解表泄热，透邪外出，忌辛温发散之剂。

（一）风热犯卫

【证候】发热，微恶风寒，头痛，无汗或少汗，口微渴，微咳，咽喉红痛，舌边尖红，舌苔薄白欠润，脉浮数。

【分析】此为风热犯卫，卫阳被遏，肺气失宣。风热之邪首先犯肺，外应于卫，故肺卫先病。风热之邪郁遏卫阳，正邪相争而发热恶寒并见；风热阳邪上犯阳位，经气不利故头痛；卫气郁闭，腠理开合不利则少汗或无汗；肺气失宣，上逆为咳；风热上壅故咽红咽痛；邪热初伤津液则口微渴；舌边尖红，苔薄白欠润，脉浮数为风热在表之征。发热，微恶风寒，无汗或少汗，口微渴，苔薄，脉浮数为本证辨证要点。本证多见于风温病。

【治法】辛凉解表，宣肺泄热。

【方药】银翘散（《温病条辨》）：

连翘（一两）　银花（一两）　苦桔梗（六钱）　薄荷（六钱）　竹叶（四钱）　生甘草（五钱）　芥穗（四钱）　淡豆豉（五钱）　牛蒡子（六钱）

上杵为散，每服六钱，鲜苇根汤煎，香气大出，即取服，勿过煎。肺药取轻清，过煎则味浓而入中焦矣。病重者，约二时一服，日三服，夜一服；轻者三时一服，日二服；夜一服；病不解者，作再服。

桑菊饮（《温病条辨》）：

杏仁（二钱）　连翘（一钱五分）　薄荷（八分）　桑叶（二钱五分）　菊花（一钱）　苦梗（二钱）　甘草（八分）　苇根（二钱）

水二杯，煮取一杯，日二服。

银翘散遵《内经》“风淫于内，治以辛凉，佐以苦甘；热淫于内，治以咸寒，佐以甘苦”之旨，又宗喻嘉言“芳香逐秽”之说，共成辛凉透表，芳香辟秽，清热解毒之剂。本方特点有二：一是方中重用银花、连翘各一两；二是在大队辛凉中配以小量辛温之品；既能寒凉清热，又利宣肺透邪。方中薄荷、豆豉辛凉解表透邪，荆芥穗辛温以助发表透邪；牛蒡子、桔梗、甘草轻宣肺气、疏风泄热以利咽止咳；银花、连翘、竹叶辛凉清解以退热；苇根生津止渴。为辛凉解表之代表方。

桑菊饮乃辛甘化风、辛凉微苦之方。“治上焦如羽，非轻不举”，药重则过病所，肺为清虚之脏，微苦则降，辛凉则平，桑叶、菊花、薄荷轻清宣透，疏散肺卫风热，合甘草、苇根辛甘化风，护肺津之虚；杏仁、苦梗、连翘，微苦降气，肃肺止咳，诸药合用，升降协调，风热得祛而咳嗽自止。

【临床运用】临证运用时，制剂宜轻，药物不可久煎。桑菊饮与银翘散同为辛凉解表之方，皆有“轻以去实”之能，但适应证仍有所区别，银翘散适合热邪较重，表郁较甚者；桑菊饮适合邪热较轻，咳嗽较甚者；如口渴较甚，可加天花粉、沙参以生津清热；咽红肿痛明显者，可加马勃、玄参、郁金以解毒消肿；咽痒明显者，可配伍蝉蜕、牛蒡子消风止痒；咳嗽较甚，加枇杷叶以增强宣肺止咳的作用；痰多者，加瓜蒌皮、贝母等化痰止咳。（对临床运用的注意事项和加减应用进行说明和提示）

文献辑要

太阴风温、温热、温疫、冬温，初起恶风寒者，桂枝汤主之。但恶热，不恶寒而渴者，辛凉

平剂银翘散主之。（《温病条辨·上焦篇·四》）

太阴温病，恶风寒，服桂枝汤已，恶寒解，余病不解者，银翘散主之。余症悉减者，减其制。

（《温病条辨·上焦篇·五》）

太阴风温，但咳，身不甚热，微渴者，辛凉轻剂桑菊饮主之。

（《温病条辨·上焦篇·六》）

感燥而咳者，桑菊饮主之。（《温病条辨·上焦篇·五十五》）

风温咳嗽致痉者，用桑菊饮、银翘散辛凉剂。

（《温病条辨·小儿痉病瘛病共有九大纲论·风温痉》）

如冒风邪而生痰，痰因肺津郁结而化，仍当从肺管咳出。肺位最高，风为阳邪，当用辛凉轻剂，吴氏桑菊饮加减。（《重订通俗伤寒论·夹痰伤寒·廉勘》）

（二）燥热犯卫

【证候】发热，微恶风寒，头痛，少汗，干咳或痰少而黏，甚则声音嘶哑，咽干鼻燥，或有皮肤干燥，口微渴，舌边尖红，苔薄白乏津，脉右寸数大。

【分析】此为燥热侵袭肺卫，肺津受伤。燥热病邪自口鼻而入，首先犯肺，外应于卫，卫气失和，则发热，微恶风寒，头痛，少汗；肺气失宣，则咳嗽，燥热伤及肺津，则在肺气失宣的同时有津乏失润，故见干咳少痰、鼻咽干燥、口微渴；肺主皮毛，肺津不足，不能滋养皮肤则可见皮肤干燥；舌边尖红，苔薄白乏津，脉右寸数大等皆为燥热侵犯上焦肺卫之征。发热，微恶风寒，咳嗽少痰，咽干鼻燥，口微渴，苔薄白少津，为本证辨证要点。本证多见于秋燥病。

【治法】辛凉甘润，轻透肺卫。

【方药】桑杏汤（《温病条辨》）：

桑叶（一钱）　杏仁（一钱五分）　沙参（二钱）　象贝（一钱）　香豉（一钱）　栀皮（一钱）　梨皮（一钱）

水二杯，煮取一杯，顿服之，重者再作服（轻药不得重用，重用必过病所。再一次煮成三杯，其二、三次之气味必变，药之气味俱轻故也）。

燥热病邪侵袭肺卫，根据温者清之，燥者润之的治则，其治法既要宣肺疏卫，向外达邪，又要生津润燥。疏卫用辛凉之品，辛散燥邪，凉泄热邪；润燥用甘寒之品，生津养液，不可纯用辛凉，故立辛凉甘润，轻透肺卫之法。桑杏汤乃吴瑭依据《临证指南医案》燥门某案整理而成，全方辛透而不伤津，润燥而不碍表，体现了叶桂所言："当以辛凉甘润之方，气燥自平而愈"。方中桑叶、豆豉轻宣透热，疏解在表之邪；杏仁、象贝宣肺降气，化痰止咳；栀子皮质轻而力趋上焦，能清上焦燥热；沙参、梨皮甘凉生津，养阴润燥，诸药合用，共奏疏表润燥之效。

【临床运用】本证与风温初起均属邪在肺卫，两者所不同的是：在感邪和发病季节上，风温为感受风热病邪而引起，多发生在冬春季；本病为感受燥热病邪而引起，多发生在秋季。在证候表现上，秋燥除具有与风温基本相同的肺卫症状外，尚有津液干燥的特征。据此两者不难辨别。临证运用时，若感燥不甚，类同风热外感者，亦可采用桑菊饮以轻透肺卫之邪；咽部红肿干痛者，可加牛蒡子、桔梗、玄参、生甘草等清利咽喉；咳痰黏而黄稠者，可加川贝、瓜蒌皮、天竺黄等以清热化痰；津液耗伤较明显者，要注意补充水分，可嘱患者多饮水或多食水果如梨、苹果、西瓜等；鼻燥衄血者，可加白茅根、侧柏叶、藕节、旱莲草等以凉血、生津润燥；如发热较著，可加银花、连翘等以加强辛凉清解之力。

文献辑要

某，脉右数大，议清气分中燥热。桑叶杏仁大沙参象贝母香豉黑栀皮。

（《临证指南医案·燥》）

秋感燥气，右脉数大，伤手太阴气分者，桑杏汤主之。

（《温病条辨·上焦篇·五十四》）

前人有云：六气之中，唯燥不为病，似不尽然。盖以《内经》少秋感于燥一条，故有此议耳。如阳明司天之年，岂无燥金之病乎？大抵春秋二令，气候较夏冬之偏寒偏热为平和，其由于冬夏之伏气为病者多，其由于本气自病者少，其由于伏气而病者重，本气自病者轻耳。其由于本气自病之燥证，初起必在肺卫，故以桑杏汤清气分之燥也。（《温病条辨·上焦篇·五十四》）

风咳嗽者，喉中痒咳吐黄痰，桑杏汤主之。（《重订温热经解·治验》）

上燥治气，吴氏桑杏汤主之。（《重订通俗伤寒论·秋燥伤寒·荣斋按》）

二、气分证治

（一）邪热壅肺

【证候】身热，汗出，口渴，咳喘，或咯痰黄稠，或带血，或痰呈铁锈色，胸闷胸痛，舌红苔黄，脉数。

【分析】此为热邪（风热之邪）入里，邪热壅阻肺经气分，肺失宣降。邪热传里，热邪炽盛则身热；里热蒸迫津液外泄则汗出；热盛伤津则口渴，甚则烦渴而欲饮；邪热壅肺，肺气失于宣降则胸闷；肺热气滞，脉络失和则出现胸痛；肺热灼液为痰则咯痰黄稠；热伤肺络，则可见痰中带血，或痰呈铁锈色。舌红苔黄，脉数为里热征象。身热，咳喘，口渴，苔黄，脉数为本证辨证要点。本证多见于风温病。

邪热壅肺之证，其病机有侧重于肺气壅阻或侧重于肺热化火之别：如胸闷、咳嗽、喘急为肺热壅阻之象；热盛、胸痛、咳吐腥臭黄痰或铁锈色痰、舌红苔黄、脉滑数为肺热化火之象。

【治法】清热宣肺平喘。

【方药】麻杏石甘汤（《伤寒论》）：

麻黄（四两，去节）　杏仁（五十个，去皮尖）　甘草（二两，炙）　石膏（半斤，碎，绵裹）

上四味，以水七升，煮麻黄，减二升，去上沫，内诸药，煮取二升，去滓，温服一升。本云，黄耳杯。

千金苇茎汤（《备急千金要方》）：

薏苡仁瓜瓣（各半升）　桃仁（三十枚）　苇茎（切二升，水二斗，煮取五升，去滓）

上四味，㕮咀，纳苇汁中煮取二升，服一升，当有所见吐脓血。水煎服。

麻杏石甘汤以麻黄、杏仁开宣肺气，平喘止咳；石膏清泄里热；甘草调和诸药，合之共奏清宣肺热之效。方中麻黄辛温，宣肺平喘；石膏辛寒，清泄肺热。麻黄得石膏寒凉之制，则其功专于宣肺平喘，而不在解表发汗；石膏得麻黄，则其功长于清泄肺热。二药的用量，通常石膏多于麻黄5~10倍，并可根据肺气郁滞及邪热之轻重程度，调节石膏与麻黄的药量比例。

千金苇茎汤重用苇茎清泄肺热；冬瓜仁、薏苡仁清化痰热，排脓解毒；桃仁活血逐瘀。此四药量大力专，有清热化痰、逐瘀排脓之效。可用于肺热亢盛而化火化毒者，也可用于肺痈将成之时，咯吐腥臭脓痰者。

【临床运用】麻杏石甘汤与苇茎汤二方均用于风温邪热壅肺者。但前者宣肺作用较强，用于咳喘较甚者为宜；后者以清泄肺热和化痰排脓为主，适用于肺经热毒亢盛而肺气郁闭不甚，或有化痈倾向者。临床运用时，如热毒炽盛者，可加银花、连翘、虎杖、平地木、黄芩、鱼腥草、知母、败酱草、金荞麦等以助清肺解毒化痰之力；如胸部疼痛较甚者，可加桃仁、郁金、瓜蒌、丝瓜络等以活络止痛；痰多而喘急显著者可加葶苈子、苏子等以降气平喘；痰中带血或咯血者加茜草炭、白茅根、侧柏炭、仙鹤草、焦栀子等以凉血止血；如咯吐腥臭脓痰者，用千金苇茎汤可加用《伤寒论》桔梗汤，桔梗不但止咳，更有祛痰排脓之功，配合生甘草清热解毒，调和诸药。

文献辑要

发汗后，不可更行桂枝汤。汗出而喘，无大热者，可与麻黄杏仁甘草石膏汤。

（《伤寒论·辨太阳病脉证并治中·六十三》）

喘咳息促，吐稀涎，脉洪数，右大于左，喉哑，是为热饮，麻杏石甘汤主之。

（《温病条辨·下焦篇·四十八》）

《千金》苇茎汤治咳有微热，烦满，胸中甲错，是为肺痈。

（《金匮要略方论·肺痿肺痈咳嗽上气病脉证治·第七》）

太阴湿温喘促者，千金苇茎汤加杏仁、滑石主之。《金匮》谓喘在上焦，其息促。太阴湿蒸为痰，喘息不宁，故以苇茎汤轻宣肺气，加杏仁、滑石利窍而逐热饮。

（《温病条辨·上焦篇·四十七》）

邹氏续疏云：苇茎形如肺管，甘凉清肺，且有节之物，生于水中，能不为津液阂隔者，于津液之阂隔而生患害者，尤能使之通行。薏苡色白味淡，气凉性降，秉秋生之全体，养肺气以肃清，凡湿热之邪客于肺者，非此不为功也。瓜瓣即冬瓜子，冬瓜子依于瓤内，瓤易溃烂，子不能浥，则其能于腐败之中，自全生气，即善于气血凝败之中，全入生气，故善治腹内结聚诸痈，而涤脓血浊痰也。桃仁入血分而通气，合而成剂，不仅为肺痈之妙药，竟可瘳肺痹之危疴。

（《温热经纬·方论》）

（二）燥热伤肺

【证候】发热，干咳无痰或少痰，甚则痰中带血，气逆而喘，胸满胁痛，鼻咽干燥，心烦口渴，舌边尖红，苔薄白干燥或薄黄而燥，脉数。

【分析】此为肺经燥热较盛而耗伤阴液之候。燥热壅肺，肺为热灼，故身热；邪在肺，肺气失于清肃，故气逆而喘；气滞络脉不通，则胸满胁痛；燥热上干，耗伤津液，故干咳无痰，鼻咽干燥，舌边尖红赤，苔薄或白或黄而干燥；热灼阴伤故见心烦口渴。本证虽有时出现苔薄白而燥、舌边尖红，是因燥热迅即由卫及气，化火伤阴所致，故舌面干燥而苔色未及转变。一俟邪留气分时间稍久，苔必由白转黄，舌面必进一步干燥，对此种薄白而燥之苔切不可误为表未解而津已伤的表热之证。身热，干咳无痰或少痰，气逆而喘，鼻咽干燥，脉数苔燥为本证辨证要点。本证多见于秋燥病。

【治法】清肺泄热，养阴润燥。

【方药】清燥救肺汤（《医门法律》）：

桑叶（经霜者得金气而柔润不凋取之为君去枝梗净叶三钱） 石膏（煅禀清肃之气极清肺热二钱五分） 甘草（和胃生金一钱） 人参（生胃之津养肺之气七分） 胡麻仁（炒研一钱） 真阿胶（八分） 麦门冬（去心一钱二分） 杏仁（泡去皮尖炒黄七分） 枇杷叶（一片刷去毛蜜涂炙黄）

水一碗，煎六分，频频二三次滚热服。

本证为燥热化火，肺之气阴两伤，治疗应以清肺润燥为主。既不可因胸满胁痛而用辛香之品，以防耗气，亦不可因火盛而用苦寒泻火之品，以防伤津。清燥救肺汤取桑叶、杏仁、枇杷叶轻宣肺气而止咳，石膏清肃肺金燥热，桑叶清宣肺热，阿胶、麦冬、胡麻仁润肺滋液，人参、甘草之用是取《难经·十四难》："损其肺者益其气"之法，对燥热伤肺者，益气以生津，且参、草亦兼益阴之效，诸药共奏清燥泄热、滋肺养阴之功。本方特点为：①桑叶量独重而其他药分量皆轻。石膏虽寒凉而量少，不影响桑叶轻宣之性；桑叶得少量石膏，性具辛凉而有利于清宣燥热；②佐少量人参以补肺气。为吴鞠通所言"辛凉甘润法"之代表方剂。

【临床运用】临床运用时，应掌握用量不宜过大。如表邪未尽，可去阿胶加薄荷叶、牛蒡子、连翘增强透表之力；如痰滞难咯，可加瓜蒌皮、川贝、竹沥；邪热重而津伤较甚，肺气虚不明显者，以北沙参或西洋参易人参；咳痰带血者，加仙鹤草、白茅根、侧柏叶清络止血；如胸满胁痛者，可加丝瓜络、橘络、郁金、延胡索等和络止痛。对燥热伤肺证，应慎用苦寒降火之品，如蒲辅周所言："温燥言其秋后久晴无雨，秋阳过盛，人感之咳嗽咽痛，宜润。我看不必用清燥救肺汤全方，仿清燥救肺汤，多用玉竹、芦根、枇杷叶、花粉、连、芩、栀等。苦化燥，不宜多用，多则伤津化火。"亦可作为临床应用本方之参考。

文献辑要

清燥救肺汤治诸气膹郁，诸痿喘呕。（《医门法律·伤燥门·秋燥门方》）

昌按：诸气膹郁之属于肺者，属于肺之燥也。而古今治气郁之方，用辛香行气，绝无一方治肺之燥者。诸痿喘呕之属于上者，亦属于肺之燥也。而古今治法，以痿呕属阳明，以喘属肺，是则呕与痿属之中下，而唯喘属之上矣。所以千百方中，亦无一方及于肺之燥也。即喘之属于肺者，非表即下，非行气即泻气，间有一二用润剂者，又不得其旨矣。总之《内经》六气，脱误秋伤于燥一气，指长夏之湿，为秋之燥。后人不敢更端其说，置此一气于不理，即或明知理燥，而用药夹杂。如弋获飞虫，茫无定法示人也。今拟此方，命名清燥救肺汤，大约以胃气为主，胃土为肺金之母也。其天门冬，虽能保肺，然味苦而气滞，恐反伤胃阻痰，故不用也。其知母能滋肾水、清肺金，亦以苦而不用。至如苦寒降火，正治之药，尤在所忌。盖肺金自至于燥，所存阴气，不过一线耳。倘更以苦寒下其气，伤其胃，其人尚有生理乎？诚仿此增损以救肺燥变生诸证，如沃焦救焚，不厌其频，庶克有济耳。（《医门法律·伤燥门·秋燥门方》）

温燥伤肺，以辛凉为君，佐以苦甘，清燥救肺汤加减。
（《增订通俗伤寒论·秋燥伤寒·第十三节》）

柯韵伯曰：古方用香燥之品以治气郁，不获奏效者，以火就燥也。唯缪仲淳知之，故用甘凉滋润之品，以清金保肺立法。喻氏宗其旨，集诸润剂而制此汤，用意深矣。汪按：此治秋燥证之神方，胜于东垣清燥汤多矣。（《温热经纬·方论》）

（三）燥干清窍

【证候】发热，口渴，耳鸣，目赤，龈肿，咽痛，舌红，苔薄黄而干燥，脉数。

【分析】此为上焦燥热病邪从卫入气，化火上扰头目清窍所致之证。发热、口渴、舌红、苔薄黄而干、脉数为燥热盛于气分，损伤津液之征；燥火上炎，上干头面，清窍不利故见耳鸣、目赤、龈肿、咽痛。发热，口渴，耳鸣，目赤，龈肿，咽痛，苔燥为本证辨证要点。本证多见于秋燥病。

【治法】清宣气热，润燥利窍。

【方药】翘荷汤（《温病条辨》）：

薄荷（一钱五分） 连翘（一钱五分） 生甘草（一钱） 黑栀皮（一钱五分） 桔梗（二钱） 绿豆皮（二钱）
水二杯，煮取一杯，顿服之。日服二剂，甚者日三。

翘荷汤乃吴瑭依据《临证指南医案》燥门某案整理而得。全方以轻见长，且不用过辛、过寒与滋润药。方中薄荷辛凉宣透，清头目而利诸窍；连翘、黑栀皮、绿豆皮等轻清之品，能走上焦而清气分在上的燥热；桔梗、甘草辛散甘缓，以宣透润燥，兼能利咽喉而消龈肿。诸药合用，使上焦气分燥热得解，则诸窍自宁。本方为辛凉清火之轻剂，体现了"治上焦如羽，非轻不举"的治疗原则。

【临床运用】临床运用本方，剂量宜轻。可加桑叶、蝉衣以增强宣泄透热功效。《温病条辨》原方所附加减法谓："耳鸣者加羚羊角、苦丁茶，目赤者加鲜菊叶、苦丁茶、夏枯草，咽痛者加牛蒡子、黄芩。"可供临床参考。但必须注意，本证用药慎用苦寒之品，以免化燥伤阴和药过病所。

文献辑要

某，燥火上郁，龈肿咽痛。当辛凉清上。薄荷梗连翘壳生甘草黑栀皮桔梗绿豆皮。

（《临证指南医案·燥》）

燥气化火，清窍不利者，翘荷汤主之。清窍不利，如耳鸣目赤，龈胀咽痛之类。翘荷汤者，亦清上焦气分之燥热也。（《温病条辨·上焦篇·五十七》）

（四）肺燥肠热，络伤咳血

【证候】初起喉痒干咳，继则因咳甚而痰黏带血，胸胁疼痛，腹部灼热，大便泄泻，舌红，苔薄黄干燥，脉数。

【分析】此为肺中燥热下迫大肠，又有燥热伤肺，肺络受伤而咳血，肺与大肠同病之候。燥热耗伤肺津，肺失宣降，则喉痒干咳；继而燥热化火，灼伤肺络，且肺气失于清降，则咳甚而痰中带血，并胸胁作痛；肺与大肠相表里，肺中燥热下移大肠，传导失常，则腹部灼热；热迫津液下泄，则大便泄泻。此种便泄，多是水泄如注，肛门热痛，甚或腹痛泄泻，泻必艰涩难行，似痢非痢。《素问·至真要大论》云："暴注下迫，皆属于热。"这与虚寒泄泻之下利清谷、水粪夹杂或五更泻明显不同，也与痢疾泄泻之里急后重、利下赤白脓血者有别。舌红，苔薄黄而干，脉数，均为气分燥热之象。故本证之咳血，并非热入血分，迫血妄行所致。干咳，咳血，腹部灼热，泄泻，舌红，为本证辨证要点。本证多见于秋燥病。

【治法】润肺清肠，清热止血。

【方药】阿胶黄芩汤（《通俗伤寒论》）：

陈阿胶、青子芩（各三钱） 甜杏仁、生桑皮（各二钱） 生白芍（一钱） 生甘草（八分） 鲜车前草、甘蔗梢（各五钱）

先用生糯米一两，开水泡取汁出，代水煎药。

阿胶黄芩汤是俞根初专为肺热肠燥所设之方。方中陈阿胶、甜杏仁、生桑皮、甘蔗梢、生糯米养血生津，肃肺止咳，其上可宁肺络而下濡大肠；且阿胶尚能止血，对络伤出血者尤为适合。再以黄芩、生白芍、生甘草酸苦泄热坚阴，以治其利；且芍药与甘草相配，又能酸甘化阴，缓急止痛，再配黄芩苦寒以清肺与大肠之热而坚阴；鲜车前草既可润肺止咳，又能引导肺与大肠之热从小肠而去。诸药合用，有润肺清肠，泄热止血之效，。

【临床运用】临床运用本方时剂量亦轻。如肺之燥热太甚而咳血较多，可加白茅根、侧柏叶、栀子皮等凉血止血之品；如属肠热较盛而泻利较剧者，可加葛根、黄连等以清泄肠热而止腹泻；咳甚痰多者，可加枇杷叶、冬瓜仁、竹沥、贝母；胸胁痛甚者，可加郁金汁、丝瓜络、鲜橘叶。

文献辑要

肺燥肠热，则用阿胶黄芩汤，甘凉复酸苦寒，清润肺燥以坚肠。

（《重订通俗伤寒论·秋燥伤寒》）

（五）肺热发疹

【证候】身热，咳嗽，胸闷，肌肤发疹，疹点红润，苔薄白，舌质红，脉数。

【分析】此为肺经气分热邪外窜肌肤，波及营络所致。肺经气分邪热内郁则身热；肺气不宣而气机壅滞则见咳嗽、胸闷。肺热波及营分，窜入血络，则可外发皮疹，疹点一般红润，多粒小而稀疏，常见于胸部，按之可暂退。正如陆子贤在《六因条辨》中所说："疹为太阴风热"，该皮疹为肺热波及营分而致，其病变中心在肺，病机重点仍在气分，与营分证之见斑疹隐隐者不同。肌肤发疹，发热，咳嗽为本证辨证要点。本证多见于风温病，也可见于许多出疹性疾病如麻疹、风疹、烂喉痧等。

【治法】宣肺泄热，凉营透疹。

【方药】银翘散去豆豉，加细生地、丹皮、大青叶，倍玄参方（《温病条辨》）。即于前银翘散内去豆豉，加：

细生地（四钱）　大青叶（三钱）　丹皮（三钱）　元参（加至一两）

水煎服。

本方为银翘散加减而成。银翘散系辛凉平剂，原用于风温初起，邪袭肺卫之证。本证用之，意在取其轻清上行，宣泄肺热，体现了“治上焦如羽，非轻不举”的用药原则。因本证邪不在表，故去温散透表之豆豉，以防助长热势，耗伤营阴；又因肺热波及营分，营热较甚，窜入血络而发疹，故加入生地、丹皮、大青叶、玄参以凉营泄热解毒。诸药合用，两解气营，宣透气机，使邪从外解，邪去则皮疹自退，共奏宣肺泄热，凉营透疹之效。

【临床运用】临床运用时，若无卫表见症，荆芥亦可去之；皮疹较多者，则可加入蝉蜕、浮萍等透疹外出；升麻、柴胡、当归、防风、羌活、白芷、葛根、三春柳等辛温升散之品，因劫阴动血，故应忌用。

文献辑要

太阴温病，不可发汗，发汗而汗不出者，必发斑疹，汗出过多者，必神昏谵语。发斑者，化斑汤主之；发疹者，银翘散去豆豉，加细生地、丹皮、大青叶，倍元参主之。禁升麻、柴胡、当归、防风、羌活、白芷、葛根、三春柳。（《温病条辨·上焦篇·十六》）

阳明温病，下后疹续出者，银翘散去豆豉，加细生地、大青叶、元参、丹皮汤主之。（《温病条辨·中焦篇·二十二》）

（六）热郁胸膈

【证候】身热不甚，心烦懊侬，起卧不安，甚或身热不已，面红目赤，胸膈灼热如焚，烦躁不安，唇焦，咽燥，口渴，口舌生疮，齿龈肿痛，或大便秘结，舌红，苔黄，脉滑数。

【分析】此为上焦无形热盛，郁扰胸膈，甚则郁热充斥，化火灼津。邪热初入气分，里热不甚，郁扰胸膈，津液尚未大伤，则身热不甚，懊侬心烦，更无伤津口渴之症；若胸膈郁热不解，势必燔灼充斥上下，熏蒸胸膈，故身热不已，面红目赤，胸膈灼热如焚。胸膈炽热扰于心则烦躁不安；火热炎上，灼伤津液，则唇焦，咽燥，口渴，口舌生疮，齿龈肿痛；胸膈炽热及肠，腑失通降可致大便秘结。舌红，苔黄，脉滑数为里热燔灼之象。身热不甚，心烦懊侬，或热甚，烦躁胸膈灼热如焚为本证辨证要点。本证多见于春温病。

【治法】清宣郁热或清泄膈热。

【方药】栀子豉汤（《伤寒论》）：

栀子（擘，十四个）　香豉（绵裹，四合）

上二味，以水四升，先煮栀子，得二升半，内豉，煮取一升半，去滓，分为二服，温进一服，得吐者，止后服。

凉膈散（《太平惠民和剂局方》）：

川大黄、朴硝、甘草（各二十两）　山栀子仁、薄荷叶（去梗）　黄芩（各十两）　连翘（二斤半）

上为粗末。每服二钱，小儿半钱，水一盏，加竹叶七片，蜜少许，煎至七分，去滓，食后温服。得利下住服。

栀子豉汤方中栀子味苦性寒气轻，具流动之性，可泄热除烦，降中有宣；香豉体轻气寒，发而不烈，宣透胸膈郁热，兼以除烦。二药配合，一清一宣，清中寓宣，使胸膈郁热得以轻清宣透，体现了“火郁发之”的治疗思想。

凉膈散全方清透并举，上下兼顾。方中连翘、山栀子、黄芩、薄荷、竹叶清泄头面、胸膈灼热以治上；大黄、芒硝通腑泄热，主要不为腑实而设，意在“以泻代清”，使胸膈郁热降泄而治下；甘草、白蜜缓急润燥。诸药合之可凉膈泄热，清上泻下。

【临床运用】临床运用时，热在气分而热势不甚，蕴郁胸膈，宜选栀子豉汤；胸膈郁热燔灼，充斥上下，不论有无便秘，均可用凉膈散。如口渴、咽燥较甚，可加入花粉、芦根以生津止渴；如兼咳嗽，可加杏仁、枇杷叶、牛蒡子宣肺止咳；如上中焦火毒炽盛，可加入生石膏、知母、黄连等以泻火解毒；如大便稀溏，可去芒硝。现代临床运用凉膈散方时，方中蜜多不用。

文献辑要

发汗、吐下后，虚烦不得眠；若剧者，必反复颠倒，心中懊憹，栀子豉汤主之。

（《伤寒论·辨太阳病脉证并治中·七十六》）

太阴病得之二、三日，舌微黄，寸脉盛，心烦懊憹，起卧不安，欲呕不得呕，无中焦证，栀子豉汤主之。

温病二、三日，或已汗，或未汗，舌微黄，邪已不全在肺中矣。寸脉盛，心烦懊憹，起卧不安，欲呕不得，邪在上焦膈中也。在上者因而越之，故涌之以栀子，开之以香豉。（栀子豉汤方酸苦法）

（《温病条辨·上焦篇·十三》）

凉膈散治大人小儿脏腑积热，口舌生疮，痰实不利，烦躁多渴，肠胃秘涩，便溺不利，一切风热，并能治之。

（《世医得效方·诸淋·积热》）

（七）痰热结胸

【证候】身热面赤，渴欲凉饮，饮不解渴，得水则呕，胸脘痞满，按之疼痛，便秘，苔黄滑，脉滑数有力。

【分析】此为邪热入里，与痰搏结于胸脘而成。热盛于里，故面赤身热；痰热内阻胸脘，津不上承，则口渴，因内有邪热，故欲得冷饮，但属痰热有形之邪结于胸脘，故饮不解渴，得水则呕；痰热内阻，致气机不畅，故胸脘痞满；因为有形之邪内结胸脘，故按之疼痛；痰热内阻，腑气不通，故大便秘结；苔黄滑，脉滑数有力为痰热内阻之象。身热，胸脘痞满，按之疼痛，苔黄滑为本证辨证要点。本证多见于风温病。

【治法】清热化痰开结。

本证出现大便秘结，为痰热结于胸脘，影响腑气下降而致，与阳明腑实证出现腹胀满疼痛、苔黄厚干燥之便秘不同。

【方药】小陷胸加枳实汤（《温病条辨》）：

黄连（二钱）　栝蒌（三钱）　枳实（二钱）　半夏（五钱）

急流水五杯，煮取二杯，分二次服。

本方为《伤寒论》小陷胸汤加枳实而成。方中黄连苦寒清热燥湿，瓜蒌化痰宽胸，半夏辛温除痰散结，枳实降气开结。四药配合，辛开散结，苦寒降泄，属辛开苦降之法，且润燥相得，寒温合宜，有清热化痰开结之功。

【临床运用】本证临床许详加鉴别诊断。身热面赤，渴欲凉饮，有似阳明无形热盛之象，但舌黄滑而非黄燥，且有胸脘满痛之感，则显非阳明经证。其见大便秘结，又有似阳明腑实，但腑实便秘，必见潮热或腹部硬满疼痛，今身热，便秘而腹不硬痛，且舌苔亦不黄厚干燥，脉象亦不沉实，则非腑实便秘可知。临床治疗时，如呕恶较甚，可加竹茹、生姜汁以和胃降逆；如胸脘胀痛而涉及两胁者，可加柴胡、黄芩。

文献辑要

脉洪滑，面赤身热头晕，不恶寒，但恶热，舌上黄滑苔，渴欲凉饮，饮不解渴，得水则呕，按之胸下痛，小便短，大便闭者，阳明暑温，水结在胸也，小陷胸汤加枳实主之。

脉洪面赤，不恶寒，病已不在上焦矣。暑兼温热，热甚则渴，引水求救。湿郁中焦，水不下行，反来上逆，则呕。胃气不降，则大便闭。故以黄连、栝蒌清在里之热痰，半夏除水痰而强胃，加枳实者，取其苦辛通降，开幽门而引水下行也。（小陷胸加枳实汤方苦辛寒法）

（《温病条辨·中焦篇·三十八》）

（八）热炽阳明

【证候】壮热，不恶寒反恶热，面赤，汗大出，心烦，口渴甚且喜冷饮，舌质红苔黄而燥，脉洪大有力。

【分析】此为肺热传变到阳明胃经，邪正剧争，热炽伤津之证。其热势为无形邪热弥漫。阳明胃经多气多血，邪热入里，正邪剧烈交争，里热蒸腾，发越内外，故身热壮盛，不恶寒反恶热，面赤；里热迫津外泄，故汗大出；热盛伤津，汗多失津，引水自救，故渴喜冷饮；热扰心神则心烦；舌质红苔黄而燥，脉洪大有力为里热炽盛之征。

邪热壅肺证亦可见发热、汗出，与本证相似，均属气分证候，但其证病位在肺而尚未影响到胃，以咳喘咯痰，舌苔黄或黄滑为主要表现。痰热结胸证可见面赤、身热、渴欲凉饮，亦与本证相似，但其同时见胸脘痞满，按之疼痛，舌苔黄滑，而无本证壮热、汗大出、苔黄燥等症。在临床上，肺热传至阳明后，肺热仍存在，所以往往表现为肺胃热盛之证。壮热，汗大出，渴饮，脉洪大为本证辨证要点。本证多见于风温病、春温病、暑温病等。

【治法】清热生津。

【方药】白虎汤（《伤寒论》）：

知母（六两）　石膏（碎，一斤）　甘草（炙，二两）　粳米（六合）

上四味，以水一斗，煮米熟，汤成去滓。温服一升，日三服。

白虎汤为清泄阳明胃热的代表方剂，四药相配，共奏清热保津之功。叶桂谓之“辛凉重剂”。方中生石膏性味辛寒，入肺胃二经，辛能宣透，寒可清泄，能清热解肌，达热出表，可除气分之壮热；知母苦寒而性润，入肺胃二经，清热养阴，知母配石膏，可增强清热止渴除烦之力。生甘草泻火解毒，调和诸药，配粳米可保养胃气，配石膏则可甘寒生津，祛邪而不伤正。

【临床运用】白虎汤虽为气分热炽良剂，但药专力猛，临证时应慎重使用。吴鞠通提出白虎汤临床使用有“四禁”可供参考，即“脉浮弦而细者，不可与也；脉沉者，不可与也；不渴者，不可与也；汗不出者，不可与也。”是指邪在肌表、少阳时，里虚者、阳明腑实或阴寒内结者，热势不浮盛于内外者都不可用白虎汤。提示只有邪热盛于阳明经者，才可用白虎汤。但在临床上也不必完全拘泥于此“四禁”，有阳明热盛而表气郁闭故无汗者，仍可用白虎汤配合疏散之品。

具体运用时，如兼见肺热壅盛而咳喘较明显者，可加杏仁、蒌皮、黄芩、鱼腥草等以清肺化痰；如热毒较盛者，可加银花、连翘、板蓝根、大青叶等清热解毒之品；如里热化火者，可佐以黄连、黄芩等以清热泻火；如津伤显著者，可加石斛、天花粉、芦根等以生津；如热盛而津气耗损，兼有背微恶寒，脉洪大而芤者，可加人参以益气生津，即为白虎加人参汤；如热灼伤阴，津液干涸，症见高热，小便短涩不利，口渴无汗，苔黄燥苍老，可用冬地三黄汤（麦冬、细生地、玄参、黄连、黄芩、黄柏、银花露、苇根汁、生甘草）清热泄火，甘苦化阴；若气分燥热炽盛，波及营血，扰动心神，而见身热，烦渴，斑疹出血，苔黄舌绛者，宜用白虎加生地汤（生石膏、知母、生甘草、粳米、生地）以清气凉血养阴；若气热引动肝风，症见高热，烦渴，痉厥，脉弦数，可配合羚羊角、钩藤、菊花等以凉肝息风；如热扰神明而谵语，加水牛角、连翘、竹叶卷心、莲子心以泄热清心。

文献辑要

伤寒脉浮、发热、无汗，其表不解，不可与白虎汤。

（《伤寒论·辨太阳病脉证并治下·一百七十》）

三阳合病，腹满、身重，难以转侧，口不仁、面垢、（又作枯，一云向经）谵语、遗尿。发汗，则谵语；下之，则额上生汗、手足逆冷；若自汗出者，白虎汤主之。

（《伤寒论·辨阳明病脉证并治·二百一十九》）

伤寒脉滑而厥者，里有热，白虎汤主之。

太阴温病，脉浮洪，舌黄，渴甚，大汗，面赤，恶热者，辛凉重剂白虎汤主之。

脉浮洪，邪在肺经气分也。舌黄，热已深。渴甚，津已伤也。大汗，热逼津液也。面赤，火炎上也。恶热，邪欲出而未遂也。辛凉平剂焉能胜任，非虎啸风生，金飚退热，而又能保津液不可，前贤多用之。（《温病条辨·上焦篇·七》）

手太阴暑温，或已经发汗，或未发汗，而汗不止，烦渴而喘，脉洪大有力者，白虎汤主之；脉洪大而芤者，白虎加人参汤主之；身重者，湿也，白虎加苍术汤主之；汗多脉散大，喘喝欲脱者，生脉散主之。（《温病条辨·上焦篇·二十六》）

（九）热郁少阳

【证候】身热，口苦而渴，干呕心烦，小便短赤，胸胁满闷不舒，舌红苔黄，脉象弦数。

【分析】此多因素体阴亏，复感温热病邪，少阳胆腑郁热外泄之候。温热病邪侵犯人体后可直接犯于气分，多表现为邪热郁于少阳胆腑，即叶天士提出春温的发病特点是：“伏于少阴，发于少阳”。气分胆腑邪热郁蒸外泄，故身热而不恶寒；邪热内郁化火，或胆火上扰，则口苦心烦；胆热犯胃，胃失和降，则发干呕；里热伤津，故见口渴而小便短赤；胸胁为肝胆经脉所循之处，热郁少阳胆腑，经脉不畅，故胸胁满闷不舒；舌红苔黄、脉象弦数为里热郁于胆经之征。身热，烦渴，口苦，舌红苔黄，脉弦数为本证辨证要点。本证多见于春温病。

【治法】苦寒清热，养阴透邪。

【方药】黄芩汤加豆豉、玄参方（《温热逢源》）：

黄芩（三钱）　芍药（三钱）　炙甘草（一钱）　大枣（擘、三枚）　淡豆豉（四钱）　玄参（三钱）

水五杯，煮取八分三杯，温服一杯。日再服，夜一服。

本方由《伤寒论》黄芩汤加豆豉、玄参去大枣组成。叶天士认为黄芩汤为春温正治之方，柳宝诒深谙其理，加佐豆豉、玄参，使本方“清”、“养”、“透”三法兼备，确为治疗春温热郁少阳胆腑证之良方。方中以黄芩为君，苦寒泻火，直清少阳胆热；玄参养阴清热解毒；芍药、甘草酸甘化阴以生津液；佐豆豉宣发郁热，透邪外达，兼以除烦。

【临床运用】由于本方清热泻火之力较弱，所以在临床运用时多须配合其他清热解毒泻火之品，炙甘草性偏温补，可易以具有清热解毒之功的生甘草；大枣偏温，应去而不用。具体运用时，每加黄连、栀子、龙胆草等以加强其清热泻火之力。如伴见头痛恶寒，无汗或少汗者，为兼有表邪，即属新感引动伏气者，可加葛根、蝉蜕、薄荷以透达卫表之邪；如伴寒热往来，胸胁胀闷，心烦者，为胆经郁热之候，加柴胡、栀子以疏胆清热；如胆热炽盛，口苦、呕吐甚者，加龙胆草、黄连、竹茹、代赭石以清胆降逆止呕，或配合玉枢丹；如胆经郁热较甚，也可用吴鞠通《温病条辨》之黄连黄芩汤（黄连、黄芩、郁金、豆豉）以清宣胆腑郁热；如火郁三焦，症见憎寒壮热，火毒充斥周身，治以升降散（白僵蚕、蝉蜕、姜黄、大黄）宣泄郁火。

文献辑要

每见有温邪初发，而肾阳先馁，因之邪机冰伏，欲达不达，辗转之间，邪即内陷，不可挽救，此最难着手之危证。其或邪已化热，则邪热燎原，最易灼伤阴液，阴液一伤，变证蜂起，故治伏温病，当步步顾其阴液。（《温热逢源·卷下·伏温从少阴初发证治》）

愚意不若用黄芩汤加豆豉、元参，为至当不易之法。盖黄芩汤为清泄里热之专剂。加以豆豉为黑豆所造，本入肾经；又蒸罨而成，与伏邪之蒸郁而发相同；且性味和平，无逼汗耗阴之弊：故豆豉为宣发少阴伏邪的对之药。再加元参以补肾阴。一面泄热，一面透邪，凡温邪初起，邪热未离少阴者，其治法不外是矣。至兼挟别项外感，或兼内伤，或邪虽未脱少阴，而已兼有三阳见证者，均宜临证参酌施治，固非可刻舟以求剑矣。

（《温热逢源·卷下·伏温从少阴初发证治》）

（十）肺热腑实

【证候】身热，痰涎壅盛，喘促不宁，腹满，便秘，苔黄腻或黄滑，脉右寸实大。

【分析】此为既有肺经痰热壅阻，又有肠腑热结不通之肺肠同病证。气分邪热不解则身热；痰热阻肺，肃降无权，则出现痰涎壅盛，喘促不宁、右脉实大；阳明腑实热结，腑气不通则腹满、便秘；舌苔黄腻或黄滑为痰热征象。由于肺与大肠相表里，肺气不降则腑气不易下行；肠腑中热结不通，腑气不得下降，则肺中之邪亦少有外泄之机，所以本证实系肺与大肠之邪互相影响所致，即肺与大肠同病，脏腑同病，互为因果。喘促痰壅，潮热便秘为本证辨证要点。本证多见于风温病。

邪热壅肺证也见发热、咳喘，与本证相似，但其属无形邪热壅肺，以肺失宣肃为主，而本症见痰涎壅盛、潮热便秘，属有形之邪阻于肺肠。

【治法】宣肺化痰，泄热攻下。

【方药】宣白承气汤（《温病条辨》）：

生石膏（五钱）　生大黄（三钱）　杏仁粉（二钱）　栝蒌皮（一钱五分）

水五杯，煮取二杯，先服一杯，不知再服。

宣白承气汤取麻杏石甘汤、承气汤二方之意变制而成，以脏腑同治。方中以生石膏清泄肺胃之热；杏仁、瓜蒌皮宣降肺气，化痰定喘；大黄攻下腑实。腑实得下，则肺热易清；肺气清肃，则腑气易通。所以本方为清热宣肺、泄热通腑、肺肠合治之剂。正如吴鞠通所说："以杏仁、石膏宣肺气之痹，以大黄逐肠胃之结，此脏腑合治法也"。由于全方有宣肺通腑之功效，故称为宣白承气汤。

【临床运用】临证运用时，肺系感染性疾病在高热、咳喘的同时，常伴有便秘，清泄肺热佐加通腑，可提高疗效。如肺热炽盛，可加黄芩、桑白皮、鱼腥草以清泄肺热；如痰涎壅盛，可酌加竹沥、贝母、半夏、天竺黄等以泻肺涤痰；如喘促较盛，可加葶苈子；如胸闷甚者，可加入郁金、枳壳以宽胸理气；如系燥热伤肺，肺津不布，燥干肠液，传导失司而成肺燥肠闭证，宜选用五仁橘皮汤（甜杏仁、松子仁、郁李仁、柏子仁、桃仁、橘皮）肃肺化痰，润肠通便。

文献辑要

阳明温病，下之不通，其证有五：应下失下，正虚不能运药，不运药者死，新加黄龙汤主之。喘促不宁，痰涎壅滞，右寸实大，肺气不降者，宣白承气汤主之。

（《温病条辨·中焦篇·十七》）

（十一）肺燥肠闭

【证候】身热，咳嗽不爽而多痰，胸满腹胀，大便秘结，舌红而干。

【分析】此为肺有燥热，液亏肠闭，亦属肺与大肠同病之候。表证虽解，但肺受燥热所伤，宣肃失司，肺气郁滞，故咳嗽不爽且胸满；肺之输布功能失职，津液停聚则多痰；津液不能布散，使大肠失去濡润，传导失司，则见糟粕停聚于内而见腹胀、便结；舌红而干，为燥热津亏之征。咳嗽不爽多痰，便秘，舌红而干，为本证辨证要点。本证多见于秋燥病。

本证与肺燥肠热证都属肺与大肠同病，二者不同之处为：本证属肺有燥热、津液不布，津液停聚则痰多，液亏肠闭则大便秘结；肺燥肠热证为肺中燥热伤阴，移热大肠，肺阴受伤则干咳痰黏，邪热下迫则大便泄泻。如燥热化火伤及肺络则咳血。

【治法】肃肺化痰，润肠通便。

【方药】五仁橘皮汤（《通俗伤寒论》）：

甜杏仁（三钱，研细） 松子仁（三钱） 郁李仁（四钱，杵） 原桃仁（二钱，杵） 柏子仁（二钱，杵） 广橘皮（钱半，蜜炙）

水煎服。

五仁橘皮汤为俞根初临证经验方，全方意取肃肺润肠，因肺与大肠相表里，肠润便通则肺气易降，肺气降则大便亦易于通下。方中松子仁、郁李仁、桃仁、柏子仁、甜杏仁皆为富含油脂之物，能养阴润燥、滑肠通便。其中甜杏仁既能润肺化痰，又可宣开肺气，润肠通便；橘皮行气化痰，并能助运除胀，使诸仁润而不滞，蜜炙亦取其润而不燥之意。

【临床运用】本方对外感热病所致的肺燥而肠液不足者尤为合适，对内科杂病中的肠液不足导致的便秘证也多可使用。如便秘较重，可加入瓜蒌仁、火麻仁以增强其润肠通便之功；如欲急下者，可加玄明粉、白蜜；如咳嗽较甚，再加入桔梗、前胡、紫菀等药以宣通肺气，恢复肺输布津液之功能；如挟滞者，可加枳实导滞丸（绢布包同煎）；挟痰者，可加礞石礤痰丸（绢布包同煎）；挟饮者，可加控涎丹；挟火者，可加当归芦荟丸。

文献辑要

杏仁配橘皮。以通大肠气闭。桃仁合橘皮。以通小肠血秘。气血通润。肠自滑流矣。故以为君。郁李仁得橘皮。善解气与水互结。洗涤肠中之垢腻。以滑大便。故以为臣。佐以松、柏、通幽。幽通则大便自通。此为润燥滑肠。体虚便闭之良方。若欲急下。加元明粉二钱。提净白蜜一两。煎汤代水可也。挟滞。加枳实导滞丸三钱。挟痰。加礞石滚痰丸三钱。挟饮。加控涎丹一钱。挟瘀。加代抵当丸三钱。挟火。加当归龙荟丸三钱。挟虫。加椒梅丸钱半。或吞服。或包煎。均可随证酌加。此最为世俗通行之方。时医多喜用之。取其润不滞气。下不伤饮耳。

（《重订通俗伤寒论·六经方药·攻下剂·秀按》）

（十二）肠热下利

【证候】身热，下利稀便，色黄秽臭，肛门灼热，咳嗽，口渴，胸脘烦热，腹痛而不硬满，苔黄，脉数。

【分析】此为肺胃邪热下移大肠所致之肺肠同病证。肺热炽盛，失于清肃，则见身热、咳嗽；热伤肺胃阴液则胸脘烦热，口渴；肺与大肠相表里，胃与肠相连属，肺热不从外解，又不内结成实，而迫注大肠，传导失司，故下利色黄热臭，肛门灼热；苔黄、脉数均为气分里热之征。咳嗽，下利热臭，肛门灼热，苔黄脉数为本证辨证要点。本证多见于风温病、秋燥病等。

本证与肺热腑实证均属肺肠同病，但本证为肺热下迫大肠而运化失司，故身热、咳嗽、下利稀便，色黄热臭，而无肺热腑实证之潮热便秘、痰壅喘促等症。本症见下利热臭、肛门灼热，与腑实证之热结旁流颇为相似。其区别在于本证为热移大肠，下利多为黄色稀便而不是稀水。又因为本证内无燥屎结于肠腑，所以虽可出现腹痛，但按其腹部并无硬满感觉。而热结旁流的腑实证则为燥屎内结，粪水从旁而流下，所以下利多恶臭稀水，腹部必硬满，按之作痛。

【方药】清热止利。

【方药】葛根黄芩黄连汤《伤寒论》：

葛根（半斤）　甘草（炙，二两）　黄芩（三两）　黄连（三两）

上四味，以水八升，先煮葛根，减二升，内诸药，煮取二升，去滓，分温再服。

葛根黄芩黄连汤出自《伤寒论》，意在清热理肠，和中止利。方中葛根解肌清热，生津止渴，升清气而布津液，以止泄利；黄芩、黄连性味苦寒偏燥，可清热燥湿坚阴，使热不下迫，液不下注，则利可止；炙甘草甘缓和中，调和诸药。本方并无收涩之品，而获止利之效，正如陈平伯说："温邪内逼，下注大肠则下利，治之者，宜清泄浊邪，不必专于治利。"

【临床运用】本方对仍有表证存在者亦适用。若肺热较甚，可加入银花、鱼腥草、桔梗、桑叶等以清肺宣气；如咳嗽较甚可加桑白皮、枇杷叶等；如胃热较甚，加生石膏、知母、竹茹以清泄胃热；如呕吐恶心者，可加藿香、半夏、姜竹茹以和胃降逆，化湿止呕，也可配合苏叶；呕吐较甚者，可用玉枢丹；如腹痛较甚，可加白芍、木香行气和营止痛；下利赤白，可加白头翁、败酱草、马齿苋、地锦草、辣蓼、藿香等以清热解毒，凉血止痢。

文献辑要

太阳病，桂枝证，医反下之，利遂不止，脉促者，表未解也；喘而汗出者，葛根黄芩黄连汤主之。

（《伤寒论·辨太阳病脉证并治中·三十四》）

（十三）热结肠腑

【证候】日晡潮热，或时有神昏谵语，大便秘结，或纯利恶臭稀水，肛门灼热，腹部胀满硬痛，苔老黄而燥，或起芒刺，甚则灰黑而燥裂，脉沉实有力。

【分析】此为肺经邪热不解，传入胃肠，与肠中积滞糟粕相结而热结肠腑。邪热内结肠腑，里热熏蒸故日晡潮热；热结于内，里热熏蒸，腑热上扰神明，则时有谵语；邪热与肠中糟粕相结，阻滞肠道，传导失职，故大便秘结不通；若是燥屎内阻，粪水从旁流下，则可表现为利下纯水，即是谓"热结旁流"，其所下之水必恶臭异常，且肛门有灼热感；燥屎内结，腑气壅滞不通，所以腹部胀满硬痛，按之痛甚；腑热内结，津液受损则苔老黄而燥，或起芒刺，甚则灰黑而燥裂；因有燥屎内结，邪热伏于里，故脉沉实有力。日晡潮热，腹部硬满胀痛，便秘，苔黄厚燥裂，脉沉实为本证辨证要点。本证多见于风温病，也可见于春温病、秋燥病等。

【治法】攻下软坚泄热。

【方药】调胃承气汤（《伤寒论》）：

甘草（炙，二两）　芒硝（半斤）　大黄（清酒洗，四两）

上三味，切，以水三升，煮二物至一升，去滓；内芒硝，更上微火一二沸，温顿服之。

调胃承气汤是《伤寒论》三承气汤之一，不仅能攻下大肠热结，还有泄胃中积热以调胃气之功，以此得名。方中以大黄苦寒攻下泻热；芒硝咸寒软坚泄热润燥，助大黄泻下腑实；甘草以缓硝、黄之峻，使其留中缓下。由于本方相比大、小承气汤攻下力量较缓，故称之为缓下热结之法。

【临床运用】由于本方组成中不用枳实、厚朴而加甘草，其方药作用切合温病阳明腑实证的临床特点，所以多用于治疗温病中的阳明腑实证，适用于邪热较盛，热结于里，而腑气壅滞不太甚之证。如见腹胀满较严重，提示腑气壅滞较甚，可加枳实、厚朴以行气破坚，即取大承气汤之意，但所加这两味药性偏温燥，津伤甚者当慎用；如见苔灰黑而燥，伴口唇干燥者，则为津伤已甚，可加玄参、生地、麦冬等以攻下泄热，生津养液，即为增液承气汤；若热毒较甚，可加入黄连、黄芩、栀子、黄柏以苦寒攻下，清热解毒。

文献辑要

阳明病，不吐、不下、心烦者，可与调胃承气汤。

（《伤寒论·辨阳明病脉证并治·二百零七》）

三承气汤，功用仿佛。热邪传里，但上焦痞满者，宜小承气汤；中有坚结者，加芒硝软坚而润燥，病久失下，虽无结粪，然多黏腻极臭恶物，得芒硝助大黄，有荡涤之能。设无痞满，唯存宿结而有瘀热者，调胃承气宜之。三承气功效俱在大黄，余皆治标之品也。不奈汤药者，或呕或畏，当为细末，蜜丸汤下。（《温疫论·上卷·注意逐邪勿拘结粪》）

阳明温病，无汗，小便不利，谵语者，先与牛黄丸；不大便，再与调胃承气汤。

（《温病条辨·中焦篇·五》）

阳明温病，纯利稀水无粪者，谓之热结旁流，调胃承气汤主之。

（《温病条辨·中焦篇·七》）

三、营分证治

营分证是指邪热深入营分，劫灼营阴、扰神窜络而出现的一类证候类型。多由气分邪热不解传入营分，少数则由卫分逆传入营或直接病发于营分；见于风温、春温、暑温等温热类温病的严重阶段。“心主血属营”，因而营分证病变多影响到心包的功能。治疗以清营透热或清心开窍为主，辅以滋养营阴。

（一）热灼营分

【证候】身热夜甚，心烦躁扰，甚或时有谵语，斑疹隐隐，咽燥口干反不甚渴，舌质红绛而干，苔薄或无苔，脉细数。

【分析】本证多因素体营阴不足，感受温热病邪，或气分之热不解，邪传营分所致。邪入营分，热灼营阴，故身热夜甚；热蒸营阴，营气上潮，故咽燥口干反不渴；营气通于心，营热扰心，则心烦躁扰，甚或时有谵语；热窜血络，血热妄行，溢于肌肤，则见斑疹，邪热尚未完全入血，故斑疹隐约可见；舌绛而干，脉细数为热灼营阴之征；若邪热由气传营者，可见舌上多有薄黄之苔；若邪已深入营分，则舌呈纯绛而少苔。身热夜甚，心烦谵语，舌红绛为本证辨证要点。

【治法】清营解毒，透热养阴。

【方药】清营汤（《温病条辨》）：

犀角（三钱） 生地（五钱） 元参（三钱） 竹叶心（一钱） 麦冬（三钱） 丹参（二钱） 黄连（一钱五分） 银花（三钱） 连翘（连心用、二钱）

水八杯，煮取三杯，日三服。

方中水牛角咸寒，清解心营热毒；黄连苦寒，配合水牛角清热解毒，唯黄连苦燥，用量宜小；生地、麦冬、玄参甘寒配以咸寒，滋营阴，清营热；银花、连翘、竹叶性凉质轻，轻清透热，宣通气机，使营热外达，透出气分而解，此叶天士“入营犹可透热转气”之法；丹参清热凉血，活血化瘀，以防瘀热互结。诸药配合，共奏清营解毒，透热养阴之效。本方为清透营分热邪之主方。

【临证运用】临证运用时，犀角可用水牛角（5～10倍剂量）代替，可加大青叶、紫草以清营解毒；若营热动风，症见身热夜甚，心烦谵语，痉厥，舌红绛，加钩藤、丹皮、羚羊角以清营透热，凉肝息风。

文献辑要

脉虚，夜寐不安，烦渴舌赤，时有谵语，目常开不闭，或喜闭不开，暑入手厥阴也。手厥阴暑温，清营汤主之。舌白滑者，不可与也。

夜寐不安，心神虚而阳不得入于阴也。烦渴舌赤，心用恣而心体亏也。时有谵语，神明欲乱也。目常开不闭，目为火户，火性急，常欲开以泄其火，且阳不下交于阴也；或喜闭不开者，阴为亢阳所损，阴损则恶见阳光也。故以清营汤急清宫中之热，而保离中之虚也。若舌白滑，不唯热重，湿亦重矣。湿重忌柔润药，当于湿温例中求之，故曰不可与清营汤也。

（《温病条辨·上焦篇·30》）

太阴温病，寸脉大，舌绛而干，法当渴，今反不渴者，热在营中也，清营汤去黄连主之。

渴乃温之本病，今反不渴，滋人疑惑；而舌绛且干，两寸脉大，的系温病。盖邪热入营蒸腾，营气上升，故不渴，不可疑不渴非温病也。故以清营汤清营分之热，去黄连者，不欲其深入也。

（《温病条辨·上焦篇·15》）

小儿暑温，身热，卒然痉厥，名曰暑痫，清营汤主之，亦可少与紫雪丹。

（《温病条辨·上焦篇·33》）

大人暑痫，亦同上法。热初入营，肝风内动，手足瘈疭，可于清营汤中，加勾藤，丹皮、羚羊角。

（《温病条辨·上焦篇·34》）

阳明温病，舌黄燥，肉色绛，不渴者，邪在血分，清营汤主之。若滑者，不可与也，当于湿温中求之。

温病传里，理当渴甚，今反不渴者，以邪气深入血分，格阴于外，上潮于口，故反不渴也。曾过气分，故苔黄而燥。邪居血分，故舌之肉色绛也。若舌苔白滑、灰滑、淡黄而滑，不渴者，乃湿气蒸腾之象，不得用清营柔以济柔也。

（《温病条辨·中焦篇·20》）

（二）心营热盛，下移小肠

【证候】发热日轻夜重，心烦不寐，口干，渴不欲饮，小便短赤涩痛，舌红绛，脉数。

【分析】本证由心营邪热下移小肠所致，既有热在心营的见症，又有小肠热结的表现。热在心营，营阴受损，故见发热日轻夜重，口干，渴不欲饮，舌绛，脉数；热扰心神，则心烦不寐；心营之热下移小肠，则小便短赤热痛。

本证为心营小肠同病，与单纯的热灼营阴证有所不同，其主要区别在于有无小肠火腑热盛之征，临床当作鉴别

【治法】清心凉营，清泻火腑。

【方药】导赤清心汤（《通俗伤寒论》）：

鲜生地（六钱）　辰茯神（二钱）　细木通（五分）　原麦冬（辰砂染、一两）　粉丹皮（二钱）　益元散（包煎、三钱）　淡竹叶（一钱）　莲子心（三十支、冲）　辰砂染灯心（二十支）　莹白童便（一杯、冲）

本证热在心营，治当清心凉营；又兼小肠热盛，则须清泻火腑，故选用导赤清心汤。方中以生地、丹皮、麦门冬清热凉营养阴；朱茯神、莲子心、朱砂染灯心清心热、宁心肾；木通、竹叶心、益元散、童便清导小肠之热。诸药配合，可使心营之热得清，小肠之火得解。本方实为导赤散加麦冬、连心、茯神、灯心、童便等组成，既清心热，又泻火腑，符合王纶提出的“治暑之法，清心利小便最好”治疗宗旨。何秀山说：“是以小便清通者，包络心经之热，悉从下降，神气亦清矣。”也反映了这一治疗思想。

【临证运用】若营热较甚者，可于导赤清心汤中加入水牛角、玄参、银花、赤芍等清营泄热；若兼热闭心包而见神昏谵语，可加安宫牛黄丸清心开窍；若兼阳明腑实者，可配大黄泄热攻下。

文献辑要

秀按：热陷心经，内蒸包络，舌赤神昏，小便短涩赤热，必使其热从小便而泄者，以心与小肠相表里也。但舌赤无苔，又无痰火，其为血虚热盛可知，故以鲜地凉心血以泻心火、丹皮清络血以泻络热为君；然必使其热有出路，而包络心经之热乃能清降，故又臣以茯神、益元、木通、竹叶，引其热从小便而泄；佐以麦冬、灯心均用朱染者，一滋胃液以清养心阴，一通小便以直清神识；妙在使以童便、莲心咸苦达下，交济心肾以速降其热，是以小便清通者，包络心经之热悉从下降，神气即清矣，此为清降虚热、导火下行之良方。服后二三时许，神识乃昏者，调入西黄一分，以清神气，尤良。（《重订通俗伤寒论·第二章·第五节》）

治暑之法，清心利小便最好；暑伤气，宜补真气为要。（《明医杂著》）

（三）热陷心包

【证候】神昏谵语，或昏愦不语，身体灼热，舌謇肢厥，舌质鲜绛，脉细数。

【分析】本证多因上焦肺卫证误治、失治，或素体心阴不足，心气素亏，或感邪过重，邪热肆虐，深陷内传，径入心包所致。邪热闭阻于内，则身体灼热；阳气不能达于四末，则四肢厥冷；邪热内闭愈深，肢厥愈重，即“热深厥亦深，热微厥亦微”。热灼津液为痰，痰热闭阻心窍，心神不宁，则神昏谵语或昏愦不语。痰热阻于心窍，脉络不利，则见舌謇，即舌体转动不灵，言语不利。热陷心包，热伤营阴，则舌质鲜绛，脉细数。身热肢厥，神昏谵语，舌鲜绛为本证辨证要点。

热灼营阴证与本证均有神昏谵语，但病之浅深不同。热灼营阴证以营热扰心为病机特点，故神志异常较轻，仅表现为心烦躁扰，或时有谵语。非本证邪热闭阻心窍，而见昏谵舌謇等可比。

【治法】清心凉营，豁痰开窍。

【方药】清宫汤送服安宫牛黄丸，或至宝丹、或紫雪丹。

清宫汤（《温病条辨》）：

元参心、连心麦冬（各三钱）　竹叶卷心、连翘心、犀角磨汁（各二钱）　莲子心（五分）

热痰盛加竹沥、梨汁各五匙，咳痰不清加栝楼皮钱半，热毒盛加金汁一两、人中黄钱半，渐欲神昏加银花三钱、荷叶二钱、鲜石菖蒲一钱方中水牛角清心火，辟秽浊为主药；玄参心、连心麦冬清心凉营，育阴生津；莲子心交通心肾；连翘心、竹叶卷心，轻清泄热，透热转气；诸药合用，专清心包络之邪热。

安宫牛黄丸（引《温病条辨》）：

牛黄（一两）　郁金（一两）　犀角（用代用品、一两）　黄连（一两）　朱砂（一两）　梅片（二钱五分）　麝香（二钱五分）　真珠（五钱）　山栀（一两）　雄黄（一两）　金箔衣、黄芩（一两）

上为极细末，炼老蜜为丸，每丸一钱，金箔为衣，蜡护。脉虚者人参汤下，脉实者银花、薄荷汤下。每服一丸，大人病重体实者，每日二次，甚至一日三次，小儿服半丸，不知，再服半丸。

紫雪丹（引《温病条辨》）：

滑石、石膏、寒水石（各一斤）　磁石（水煮、两斤捣煎去渣后入药）　羚羊角、木香犀、角沉香（各五两）　丁香（一两）　升麻、玄参（各一斤）　炙甘草（半斤）

以上八味，并捣锉，入前药汁中煎，去渣入后药：朴硝硝石各二斤，提净，入前药汁中，微火，不住手将柳木搅，候汁欲凝，再加入后二味：辰砂三两，研细，麝香一两二钱，研细入煎药拌匀，合成退火气，冷水调服一二钱。

局方至宝丹（引《温病条辨》）：

犀角（一两）　镑朱砂（一两）　飞琥珀（一两）　研玳瑁（一两）　镑牛黄（五钱）　麝香（五钱）

以安息香重汤炖化，和诸药为丸，一百丸，蜡护。

安宫牛黄丸、至宝丹、紫雪丹三方皆性凉而有清热解毒，开窍止痉之功，属凉开之剂，是传统治疗温热病窍闭神昏之要药，有温病“三宝”之称。临证时宜区别使用，其中安宫牛黄丸药性最凉，长于清热解毒，多用于高热昏迷证；紫雪丹药性偏凉，长于凉肝息风止痉，多用于高热痉厥证；至宝丹长于芳香辟秽，开窍醒神，多用于窍闭谵语证。

【临证运用】诸方中水牛角可配合大青叶、生地同用，以发挥凉血解毒作用；若痰热闭窍较甚，加竹沥、胆南星、菖蒲、郁金以豁痰开窍；若盛夏暑热猝中心包，症见猝然昏倒，不省人事，身热气粗，喉中痰鸣，脉滑数，甚则兼见四肢厥逆，脉沉伏或沉涩，则为暑厥，当用安宫牛黄丸或紫雪丹，以芳香开窍，宣通气机。

文献辑要

夏月有卒然晕倒，不省人事，手足逆冷者，为暑厥。（《伤暑全书》）

神昏谵语者，清宫汤主之。牛黄丸、紫雪丹、局方至宝丹亦主之。

（《温病条辨·上焦篇·16》）

邪入心包，舌謇肢厥，牛黄丸主之，紫雪丹亦主之。（《温病条辨·上焦篇·17》）

手厥阴暑温，身热不恶寒，清神不了了，时时谵语者，安宫牛黄丸主之，紫雪丹亦主之

（《温病条辨·上焦篇·31》）

暑温蔓延三焦，舌滑微黄，邪在气分者，三石汤主之；邪气久留，舌绛苔少，热搏血分者，加味清宫汤主之；神识不清，热闭内窍者，先与紫雪丹，再与清宫汤。

（《温病条辨·中焦篇·41》）

吸受秽湿，三焦分布，热蒸头胀，身痛呕逆，小便不通，神识昏迷，舌白，渴不多饮，先宜芳香通神利窍，安宫牛黄丸；继用淡渗分消浊湿，茯苓皮汤。

按此证表里经络脏腑三焦，俱为湿热所困，最畏内闭外脱。故急以牛黄丸宣窍清热而护神明；但牛黄丸不能利湿分消，故继以茯苓皮汤。（《温病条辨·中焦篇·56》）

（四）热入心包，兼有腑实

【证候】身热，神昏，舌謇，肢厥，便秘，腹部按之硬痛，舌绛，苔黄燥，脉数沉实。

【分析】本证为手厥阴心包与手阳明大肠同病之证。热陷心包，闭阻包络，堵塞机窍则身热，神昏，舌謇胶厥，舌色绛；阳明腑实，燥屎内结，故腹部按之硬痛；苔黄燥，脉数沉实，则为热结肠腑之征。本证所见的身热、神昏、肢厥等症，在一般的阳明腑实证亦能出现，但单纯的阳明腑实证不致舌謇而言语不利，神昏程度亦较轻，此为辨证的关键。

【治法】清心开窍，攻下腑实。

【方药】牛黄承气汤（《温病条辨》）：

安宫牛黄丸（二丸，化开）　调生大黄末（三钱）

先服一半，不知再服。

本方以安宫牛黄丸清心开窍，生大黄攻下阳明腑实。

【临证运用】从证情来说，热入心包较阳明腑实更为危急严重，所以热入心包兼有腑实的治疗，一般都是开窍与攻下同用；心包证严重的，也可先予开窍，然后再行攻下腑实。若先予攻下，则可致内闭甚而外脱。热结肠腑，须用苦寒攻下，大黄为寒下要药，运用得当，可使邪热由下而出，常能立竿见影，此时大黄宜生用后下，效果明显。如燥结津伤甚者，可加入芒硝、玄参、鲜首乌等，以软坚润燥，滋阴生津。

文献辑要

阳明温病，下之不通，其证有五：……邪闭心包，神昏舌短，内窍不通，饮不解渴者，牛黄承气汤主之。（《温病条辨·中焦篇17》）

（五）热盛动风

【证候】高热不退，头痛头胀，烦闷躁扰，手足抽搐，颈项强直，甚则角弓反张，神昏，舌红苔黄，或舌红绛，脉弦数或弦细数。

【分析】本证为热邪炽盛，引动肝风所致，属实热动风之证。热毒燔灼，故高热不退，头痛头胀；邪热上扰心神，故烦闷躁扰，甚至神昏；肝经热盛，灼伤阴血，筋脉失养则动风发痉，表现为手足抽搐，颈项强直，甚则角弓反张；舌红苔黄，脉弦数，为气分热盛；若舌红绛、脉弦细数为热盛伤及营血之象。高热不退，手足抽搐，舌红苔黄为本证辨证要点。

【治法】凉肝息风，增液舒筋。

【方药】羚角钩藤汤（《通俗伤寒论》）：

羚角片（一钱半，先煎） 双钩藤（三钱，后入） 霜桑叶（二钱） 滁菊花、生白芍、茯神木（各三钱） 鲜生地（五钱） 川贝母（四钱，去心） 淡竹茹（鲜刮与羚羊角先煎代水，五钱） 生甘草（八分）

方中以羚羊角、钩藤清热凉肝，息风止痉；桑叶、菊花清凉疏散，清利头目；生地、白芍、甘草酸甘化阴，舒缓筋脉之挛急；竹茹、川贝清热化痰通络；茯神宁神定志。诸药配合，可使热清阴复，痉止风定。

【临证运用】兼心经热盛，症见神昏谵语者，加用紫雪丹或清开灵、醒脑静注射液以镇痉息风，清心开窍；若热毒迫血妄行，肌肤斑疹，甚或窍道出血者，加水牛角、板蓝根、赤芍、丹皮、紫草以凉血解毒；发痉较重，甚或角弓反张者，加全蝎、地龙、蜈蚣等以息风止痉；若气分热盛，症见壮热汗多，渴欲冷饮者，加生石膏、知母以大清气热；兼腑实便秘者，加大黄、芒硝攻下泄热。

文献辑要

秀按：肝藏血而主筋，凡肝风上翔，症必头晕胀痛，耳鸣心悸，手足躁扰，甚则瘛疭，狂乱痉厥，与夫孕妇子痫，产后惊风，病皆危险，故以羚、藤、桑、菊息风定痉为君；臣以川贝善治风痉，茯神木专平肝风；但火旺生风，风助火势，最易伤血液，尤必佐以芍、甘、鲜地酸甘化阴，滋血液以缓肝急；使以竹茹，不过以竹之脉络通人之脉络耳。此为凉肝息风、增液舒筋之良方。然唯便通者，但用甘咸静镇，酸泄清通，始能奏效；若便闭者，必须犀连承气，急泻肝火以息风，庶可救危于俄顷。（《重订通俗伤寒论·第二章·第五节》）

夏月……忽然手足抽挛，厉声呻吟，角弓反张，如中恶状，为暑风。（《伤暑全书》）

大人暑痫，亦同上法。热初入营，肝风内动，手足瘛疭，可于清营汤中，加勾藤，丹皮，羚羊角。（《温病条辨·上焦篇·34》）

（六）内闭外脱

【证候】身体灼热，神志昏愦不语，汗多，踡卧，气息短促，舌质红绛少苔，脉细数无力或散大；甚者身热骤降，烦躁不宁，呼吸浅促，面色苍白，冷汗淋漓，四肢厥冷，脉细微欲绝。

【分析】此证多因邪盛正虚，或邪入心包，汗下太过，阴液骤损，气随津脱，病情迅速转化为亡阳气脱之候。邪热闭遏于内则身热；热灼津液为痰，痰热瘀闭阻包络，则神志昏愦不语；气脱失神则踡卧；气阴两伤，正气欲脱，失于固摄，则汗多，气息短促，脉细微无力。若阴液亏虚太甚，致使阳气暴脱，心主血脉之功能失司，机体失于温煦则身热骤降，面色苍白，四肢厥冷；阳脱则神无所守，烦躁不宁；阳脱肺主呼吸功能失司，则呼吸浅促；阳脱固摄无权，则冷汗淋漓；正气暴脱，则脉来细微欲绝。身热，神昏，汗多，肢厥，脉微为本证辨证要点。

【治法】清心开窍固脱救逆。

【方药】生脉散或参附汤合温病“三宝”。

生脉散（《温病条辨》）：

人参（三钱）　麦冬（二钱，不去心）　五味子（一钱）

水三杯，煮取八分二杯，分二次服，渣再煎服。脉不敛，再作服，以脉敛为度。

方中以人参大补元气，麦冬、五味子酸甘化阴，守阴而留阳，阴液内存，则气不外脱。本方与“三宝”相合多用于痰热闭窍于内，津气外脱者。

参附汤（《济生续方》）：

人参半两　附子（炮，去皮脐）一两

方中以人参大补元气，附子温壮元阳，合用益气固脱，回阳救逆。与“三宝”相合临床多用于痰热闭窍于内，阳气暴脱之证。

【临证运用】偏于气阴外脱者，以生脉散为主；偏于阳气暴脱者，以参附汤为主。但临床上二者常配合使用。上述方药与温病“三宝”同时服用，以扶正祛邪，开闭固脱。回阳固脱之法，用于急救，用药当适可而止，待阳回脱止，不可再用，恐助热恋邪，须视具体证情辨治。现代制剂：清开灵注射液、醒脑静注射液、参麦注射液、参附注射液等均可配合使用。

文献辑要

汗多脉散大，喘喝欲脱者，生脉散主之。　（《温病条辨·上焦篇·26》）

四、血分证治

血分证是指邪热深入血分，引起动血、耗血所产生的一类证候。可由卫、气分之邪热不解，深陷血分；或营热不得及时转出气分，进而深入血分；或伏气温病发于血分。多见于风温、春温、暑温等温热类温病的极期阶段，属血分邪热炽盛，化火生毒，阴血耗伤之候。病情危重，预后不佳。叶天士说：“入血就恐耗血动血，直须凉血散血”，故血分证治疗应凉血解毒、滋阴增液、活血散血。

（一）热盛迫血

【证候】身体灼热，躁扰不安，甚至昏狂谵妄，斑疹显露，其色深红或紫黑，或吐、衄、便、尿血，舌质深绛，脉细数。

【分析】本证为温邪燔灼血分所致。邪热炽盛，阴血耗伤，病属邪盛正虚，病情危重。血热燔灼故身体灼热；热入血分，迫血妄行，损伤血络，血从上涌，则吐血、衄血；血从下泄，则便血、尿血；血从外溢，则肌肤斑疹，密集成片；热毒烁血致瘀，瘀热互结，则斑色深红或紫黑；热扰心神，故躁扰不宁，甚或昏狂谵妄；舌质深绛，脉细数属热灼阴血之象。灼热躁扰，斑疹，出血，舌质深绛为本证辨证要点。

【治法】清热解毒，凉血散血。

【方药】犀角地黄汤（《温病条辨》）：

犀角（水牛角代，一两）　生地黄（八两）　生白芍（三两）　丹皮（二两）

方中用犀角清心凉血，解血分热毒；生地凉血养阴；二药相配凉血止血，滋阴养血。白芍凉血养阴；丹皮凉血散血；二药相配清热凉血，活血散瘀。白芍配生地凉血泄热，养阴和营。四药相伍，共达清热解毒，凉血散血之功。

【临证运用】如血瘀较重，易生白芍为赤芍加强凉血活血之效；吐血加侧柏叶、白茅根、三七；

衄血加白茅根、黄芩、焦栀子；便血加槐米、地榆；尿血加小蓟、琥珀、白茅根；若热毒郁而化火，症见身热，烦渴躁扰，口苦尿赤等，配合黄连解毒汤，加强清热解毒之力；若热毒较甚，症见昏狂斑紫，加紫草、水蛭、大黄、大青叶等药，并配合神犀丹以活血祛瘀解毒。

文献辑要

太阴温病，血从上溢者，犀角地黄汤合银翘散主之。有中焦病者，以中焦法治之。

（《温病条辨·上焦篇·11》）

（二）气营（血）两燔

是指在温病的发展过程中，气分邪热未解，营血分邪热又盛，导致邪热充斥气、营、血分的病证。本证病情较重，多见于温热类温病的极期阶段。在辨证治疗上应当综合分析，全面把握，既要清解气热，又要清营凉血以去气、营、血分之邪热。

【证候】壮热，目赤，头痛，口渴饮冷，心烦躁扰，甚则谵语，斑疹隐隐；甚或大渴引饮，头痛如劈，骨节烦痛，烦躁不安，或时有谵语，甚则昏狂谵妄，或发斑吐衄、尿血便血，舌绛或深绛，苔黄燥，脉滑数、弦数或洪大有力。

【分析】本证为气分邪热未解，而营血分邪热已炽盛之候。邪热炽盛，燔灼气分，则壮热，口渴饮冷或大渴引饮；火热上炎，则目赤，头痛；热灼营阴，心神被扰，则心烦躁扰，甚或谵语；营热损伤血络，溢于肌肤，则斑疹隐隐。若气分热炽不解，深入血分，热毒充斥气血两经，则见气血两燔；热毒充斥气分，则壮热，头痛如劈，骨节烦痛；血分热炽，扰乱心神，则烦躁不安，甚则昏狂谵语；热盛动血，可致发斑、吐衄甚或尿血、便血。舌绛是热在营血之征，舌深绛者多已深入血分；苔黄燥提示气分邪热未解；脉数或洪为热盛之象。

气营两燔证以壮热、口渴、心烦、时谵语或斑疹隐隐，舌绛苔黄为辨证要点。气血两燔证以壮热、烦渴、斑疹透发、或吐衄、或尿血、便血，舌深绛苔黄燥为辨证要点。

【治法】气营（血）两清。

【方药】气营两燔，热毒尚不甚者，用玉女煎去牛膝、熟地加细生地、玄参方；热毒炽盛气血，斑疹显露者，用化斑汤；热毒亢盛至极，充斥气营血者，用清瘟败毒饮。

玉女煎去牛膝、熟地加细生地、玄参方（《温病条辨》）：

生石膏（一两）　知母（四钱）　玄参（四钱）　细生地（六钱）　麦冬（六钱）

水八杯，煮取两杯，分两次服，渣再煮一钟服。

方中石膏、知母清气分邪热；玄参、生地、麦冬清营滋阴，诸药合用，共奏清气凉营之效，实寓白虎汤加增液汤之意。本方系吴鞠通根据《景岳全书》玉女煎加减而成；吴鞠通指出："气血两燔，不可专治一边，……去牛膝者，牛膝趋下，不合太阴证之用，改熟地为细生地者，亦取其轻而不重，凉而不温之义，且细生地能去血中之表也。加元参者，取其壮水制火，预防咽痛、失血等证也。"

化斑汤（《温病条辨》）：

石膏（一两）　知母（四钱）　生甘草（三钱）　元参（三钱）　犀角（二钱）　白粳米（一合）

水八杯，煮取三杯，日三服，渣再煮一钟，夜一服。

方中用白虎汤清气解肌，泄热救阴；斑为阳明热毒内迫营血，外郁肌表而成，但斑出色深，是热毒较重而脉络瘀滞，逼迫营血之象，故加犀角（用水牛角代）、玄参清营凉血以解毒化斑。本方系吴鞠通根据《内经》"热淫于内，治以咸寒，佐以苦甘"的治则而制定。

清瘟败毒饮（《疫疹一得》）：

生石膏（大剂六至八两）　中剂（二至四两）　小剂（八钱至一两二钱）　生地黄（大剂六钱至一两、中剂三至五钱、小剂二至四钱） 犀角［大剂六至八钱、中剂三至五钱、小剂一至一钱半（磨冲）］ 真川、黄连（大剂四钱至六钱、中剂二钱至四钱、小剂一至一钱） 半山、栀子、桔梗、黄芩、知母、赤芍、玄参、连翘、生甘草、丹皮、鲜竹叶（各取一般常用量）

水煎服，先煮石膏，后下诸药，犀角磨汁和服。

本方由白虎汤、凉膈散、黄连解毒汤及犀角地黄汤四方加减而成，诸方具有协同的作用。方中石膏、知母大清阳明气热，清热保津；犀角、生地、玄参、丹皮、赤芍等清营凉血解毒；黄连、黄芩、栀子、连翘泻火解毒；竹叶清心除烦；桔梗载药上行，开宣肺气，畅达气机以促药力；甘草清热解毒，调和诸药。诸药合用，共奏清气凉血，泻火解毒之功，故名清瘟败毒饮。方中生石膏、生地、黄连、犀角四味药，依病证轻重有大、中、小用量的不同，即脉浮大而数用小量，沉而数用中量，六脉沉细而数用大量。本方寓辛寒、苦寒、甘寒、咸寒为一体，乃邪正兼顾之良方。

【临证运用】加减玉女煎泻火解毒力较弱，若热毒炽盛者，可加黄连、黄芩、银花、连翘、大青叶等清热解毒之品。化斑汤可加丹皮、大青叶、赤芍等凉血散血、化斑解毒之品。清瘟败毒饮用于气（营）血两燔，热毒亢盛之重证，若吐衄重者，去桔梗加白茅根、小蓟；斑疹紫黑者，可重用生地、赤芍，加紫草、丹参、红花、归尾；大便秘结、腹胀满者，加大黄、芒硝、厚朴；若见神昏谵语、舌謇肢厥，可加用安宫牛黄丸，或紫雪丹、至宝丹，也可用现代中药制剂如清开灵注射液、醒脑静注射液等以开窍醒神；痉厥者，加羚羊角、僵蚕、蝉蜕、地龙、全蝎等以平息肝风。阴液亏损严重，应加强滋阴生津之法，必要时给予补液支持治疗。

对本证的治疗，应尤其注重清气，气热得清，营（血）之热可顺势外透而解，方药使用上多重用石膏。正如余师愚所说："（清瘟败毒饮）此皆大寒解毒之剂，故重用石膏先平甚者，而诸经之火自无不安矣。"

文献辑要

太阴温病，气血两燔者，玉女煎去牛膝熟地加细生地、玄参方主之。

（《温病条辨·上焦篇·10》）

太阴温病，不可发汗。发汗而汗不出者，必发斑疹……发斑者，化斑汤主之。

（《温病条辨·上焦篇·16》）

头痛目痛，颇似伤寒。然太阳阳明头痛，不至于倾侧难举，而此头痛如劈，两目昏瞀，势若难支。总因火毒达于二经，毒参阳位，用釜底抽薪法，彻火下降，其痛立止，其疹自透，宜清瘟败毒饮增石膏、元参，加菊花。（《疫疹一得·疫证条辨》）

此十二经泄火之药也。凡一切火热，表里俱盛，狂躁烦心，口干咽痛，大热干呕，错语不眠，吐血衄血，热甚发斑，不论始终，以此为主方。（《温热经纬·卷五》）

（三）热与血结

【证候】身热，少腹坚满，按之疼痛，小便自利，大便闭结或色黑易下，神志如狂，时清时乱，口干漱水不欲咽，舌紫绛或有瘀斑，脉沉实而涩或细涩。

【分析】本证为热入血分，热与血结，蓄于下焦之候，多见于春温病。邪热内陷血分故身热；瘀热互结，蓄积下焦而病不在膀胱，故见少腹坚满，按之疼痛，大便闭结或色黑易下，但小便自调；血分瘀热上扰心神，则神志如狂，时清时乱；邪热伤津，故口干欲饮，但瘀血内阻，热在血中，故漱水而不欲咽；邪热耗血成瘀，瘀热胶结，血行涩滞，则舌质紫暗，脉涩不利。身热，少腹坚满疼痛，舌质紫绛或有瘀斑为本证辨证要点。

【治法】凉血逐瘀。

【方药】桃仁承气汤（《温病条辨》）：

大黄（五钱）　芒硝（二钱）　桃仁（三钱）　当归（三钱）　芍药（三钱）　丹皮（三钱）

水八杯，煮取三杯，先服一杯。得下，止后服，不知再服。

方中大黄、芒硝通腑泄热，行瘀破结；丹皮、赤芍、桃仁清热凉血，活血消瘀；当归养血和血，并行血中之气，使气帅血行，以期瘀血热邪从下而解。本方是以《伤寒论》桃核承气去桂枝、炙甘草，加丹皮、当归变化而成；本证因热瘀互结所致，故去桂枝、炙甘草，取桃仁承气汤通下泄热，行瘀破结的功效。热瘀互结，若独清热则瘀不去，独祛瘀则热不解，故当清热祛瘀并用。

【临证运用】重视清热凉血和活血散血的配合。热盛者，可加清热凉血的紫草、水牛角等；瘀血较甚者，可加活血散瘀的三七粉、水蛭等；热瘀甚者，可加丹参、白茅根等。

文献辑要

少腹坚满，小便自利，夜热昼凉，大便闭，脉沉实者，蓄血也。桃仁承气汤主之，甚则抵挡汤。

（《温病条辨·下焦篇·22》）

（四）热瘀窍闭

【证候】身热夜甚，神昏谵语，漱水不欲咽，舌绛无苔，望之若干，扪之尚润，或紫晦而润。

【分析】本证为热蒸血络，瘀热内闭之病候。热炽营中，故见身热夜甚；热闭心包，故见神昏谵语；漱水不欲咽，舌绛无苔或紫晦，望之若干，扪之尚润，则均为热入营血，血络瘀滞之象。本证既有营热炽盛的特点，又有瘀血及窍闭的表现，与单纯的营分证和热闭心包证均不相同，应注意鉴别。

【治法】清营泄热，开窍化瘀。

【方药】犀地清络饮（《通俗伤寒论》）：

犀角汁（四匙，冲）　丹皮（二钱）　青连翘（一钱半，带心）　淡竹沥（两瓢，和匀）　鲜生地（八钱）　生赤芍（钱半）　桃仁（九粒，去皮）　生姜汁（二滴，同冲）

先用鲜茅根 30g，灯心 5 根，煎汤代水，鲜石菖蒲汁两匙冲。

本证为热炽营中，内闭心包且兼血络瘀滞，故治疗当以清泄营热为法。本方系犀角地黄汤加味组成，具有轻清透络，通瘀泄热之功。血为主，加桃仁、茅根活血凉营，滋阴通络；连翘、灯心清心泄热；方用犀角地黄汤凉血散血为主，加桃仁、茅根活血凉营，滋阴通络；连翘、灯心清心泄热；菖蒲、竹沥、生姜三汁辛润以涤痰开窍。诸药合而成方，重在开窍通络。故何秀山说："热陷包络神昏，非痰迷心窍，即瘀阻心孔，要用轻清灵通之品。故能开窍而透络。"

【临证运用】心包热盛，神昏谵语较重，可配合使用安宫牛黄丸或紫雪丹，以增强开窍的作用。亦可选用清开灵注射液肌内注射，或用清开灵注射液或醒脑静注射液加入静脉补液中滴注。

文献辑要

秀按：热陷包络神昏，非痰迷心窍，即瘀塞心孔，必用轻清灵通之品，始能开窍而透络，故以千金犀角地黄汤，凉通络瘀为君；臣以带心翘透包络以清心，桃仁行心经以活血；但络瘀者必有黏涎，故又佐姜、沥、菖蒲三汁，辛润以涤痰涎，而石菖蒲更有开心孔之功；妙在使茅根交春透发，善能凉血以清热，灯心质轻味淡，更能清心以降火。此为轻清透络，通瘀泄热之良方。如服后二三时许不应，急于次煎中调入牛黄膏，以奏速效。

（《重订通俗伤寒论·第二章·第五节》）

五、后期证治

温热类温病，在卫、气、营、血阶段，经过恰当的治疗，病可向愈。若虽经积极治疗但未能彻底祛除病邪，而致邪恋正虚，产生诸多变证。所以病至后期，可表现为邪气仍盛，而正气已虚，或邪热虽退但正气虚极难复，或余邪未尽留扰阴分等。临床治疗时，须分辨不同情况选用清解余邪、扶助正气等治法，调治将养以善其后。

（一）余热未清，气阴两伤

【证候】低热，口舌干燥而渴，虚烦不眠，气短神疲，时时泛恶，纳谷不馨，舌红而干，脉细数无力。

【分析】本证多见于阳明气分证后期。高热虽除，但余邪未净，故见低热；余热内扰而虚烦不眠；病至后期，胃阴已伤，则口舌干燥而渴；气虚未复，则气短神疲；胃之气阴两伤，失于和降，故时时泛恶，纳谷不馨；舌红少苔，脉细数无力是邪退正虚之象。低热，口干，气短，舌红而干为本证辨证要点。

【治法】清热生津，益气和胃。

【方药】竹叶石膏汤（《伤寒论》）：

竹叶（二把）　石膏（一斤）　半夏（半斤）　麦冬（一升）　人参（三两）　甘草（二两，炙）　粳米（半斤）

以水一斗，煮取六升，去渣，纳粳米，煮米熟，汤成，去米，温服一升，日三服。

方中竹叶、石膏清透余邪，祛除烦热；人参、麦冬益气养阴；粳米、甘草和中益胃；半夏降逆和胃止呕。诸药配伍，祛邪不伤正，扶正不恋邪，共奏清热生津，益气和胃之功；适用于阳明热病后期，虚实夹杂证。方选白虎汤去知母，加麦冬、半夏、竹叶、人参，如《医宗金鉴》所说“以大寒之剂易为清补之方”。

【临证运用】气阴耗伤重者，易人参为西洋参，或太子参以补益气阴。若邪热已退，肺胃阴伤，而见干咳或痰少而黏，口舌干燥而渴，舌红少苔者，应滋养肺胃阴津，加沙参、玉竹、百合、百部。如余邪未尽，痰瘀滞络，闭阻机窍，症见低热，肢颤拘挛，神呆者，治以清解余邪，活血通瘀，化痰疏络，方用《温疫论》三甲散（醋鳖甲、醋龟甲、土炒穿山甲、䗪虫、生僵蚕、炙蝉蜕、煅牡蛎、酒炒白芍、当归、甘草）加减治疗。

文献辑要

伤寒解后，虚羸少气，气逆欲吐，竹叶石膏汤主之。（《伤寒论》396）

（二）肺胃阴伤

【证候】低热或不发热，干咳或痰少而黏，口舌干燥而渴，舌光红少苔，脉细数。

【分析】本证多见于风温病恢复期。低热不退说明尚有余邪未净，如不发热则提示邪热已解；肺阴耗伤，肺失滋养，宣降失司，则咳嗽而无痰，或少痰而黏；肺胃阴伤，则口舌干燥而渴，舌干红少苔，脉细数均为阴液不足之象。干咳，口干舌燥而渴，舌光红少苔，脉细数为本证辨证要点。

【治法】滋养肺胃，清涤余邪。

【方药】沙参麦冬汤（《温病条辨》）：

沙参（三钱）　玉竹（二钱）　生甘草（一钱）　冬桑叶（一钱五分）　麦冬（三钱）　生扁豆（一钱五分）　花粉（一钱五分）

水五杯，煮取二杯，日再服。久热久咳者，加地骨皮三钱。

方中以沙参、麦冬、玉竹、花粉甘寒生津，滋养肺胃；生扁豆、甘草扶助胃气；桑叶轻清宣透以散余邪。诸药相配，共奏清养肺胃之功。本方为滋养肺胃的代表方。

益胃汤方（《温病条辨》）：

沙参（三钱）　麦冬（五钱）　冰糖（一钱）　细生地（五钱）　玉竹（炒香，一钱五分）

水五杯，煮取二杯，分两次服，渣再煮一杯服。

【临证运用】若肺经热邪尚盛者，可加知母、地骨皮等；胃阴伤明显者，加石斛、芦根等；咳重者，加杏仁、贝母、枇杷叶等；纳呆者，加麦谷芽、神曲等。同时注意饮食的调养，可配合食用雪梨汁、荸荠汁、西瓜汁等，避免过早进食油腻和辛辣食物。

文献辑要

燥为干涩不通之疾，内伤、外感宜分。外感者，由于天时风热过胜，或因深秋偏亢之邪，始必伤人上焦气分，其法以辛凉甘润肺胃为先，喻氏清燥救肺汤及先生用玉竹、门冬、桑叶、薄荷、梨皮、甘草之类是也。……要知是症，大忌者苦涩，最喜者甘柔。

（《临证指南医案》邵新甫按）

若春温虚证，……如初起热因寒郁而不宣，宜用连翘栀豉汤去蔻末，加鲜葱白、苏薄荷，轻清透发以宣泄之，气宣热透，血虚液燥，继与清燥养营汤加野菰根、鲜茅根，甘凉濡润以肃清之。

（《通俗伤寒论》何秀山按）

燥伤肺胃阴分，或热或咳者，沙参麦冬汤主之。（《温病条辨·上焦篇·56》）

阳明温病，下后汗出，当复其阴，益胃汤主之。（《温病条辨·中焦篇·12》）

温病愈后，或一月，至一年，面微赤，脉数，暮热，常思饮不欲食者，五汁饮主之，牛乳饮亦主之。病后肌肤枯燥，小便溺管痛，或微燥咳，或不思食，皆胃阴虚也，与益胃、五汁辈。

（《温病条辨·下焦篇·35》）

（三）暑伤津气

【证候】身热心烦，小溲色黄，口渴自汗，气短而促，肢倦神疲，苔黄干燥，脉虚无力。

【分析】本证属暑热仍盛而津气耗伤亦较显著。暑热郁蒸，故身热，心烦，小溲色黄；暑为阳邪，主升主散，迫津外泄，故汗多；汗泄太过，伤津耗气，故口渴，苔燥，气短而促，肢倦神疲，脉虚无力。

【治法】清热涤暑，益气生津。

【方药】王氏清暑益气汤（《温热经纬》）：

西洋参（三钱） 石斛（三钱） 麦冬（二钱） 黄连（八分） 竹叶（三钱） 知母（三钱） 荷梗（三钱） 甘草（一钱） 粳米（三钱） 西瓜翠衣（四钱）

水煎服。

本证属暑热仍盛而津气两伤.故治疗时清热涤暑与益气生津并施。方中西瓜翠衣、黄连、竹叶、知母、荷梗清热涤暑，西洋参、石斛、麦冬、甘草、粳米益气生津。

【临证运用】本方与白虎加人参汤、东垣清暑益气汤均为清热解暑、益气生津之剂。临床运用时应注意区别其适应证候：白虎加人参汤证为暑入阳明，暑热较盛而津气耗伤较轻，见于暑温发病初起，临床以壮热汗多，口渴心烦，头痛且晕，面赤气粗，伴见背微恶寒，洪大而芤为特征，治疗以白虎汤清涤暑热为主，佐以人参益气生津。王氏清暑益气汤证为暑热稍轻，津气耗伤较甚之候，临床辨证应着眼于壮热、烦渴之暑热内盛及肢倦神疲、自汗、脉虚无力之津气不足两个方面，即属虚实相兼之证，王氏清暑益气汤清泄暑热之力不及前方，而养阴生津益气之力较强。东垣清暑益气汤证则非单纯暑热之邪为患，而是暑热夹湿内困，并见中气受伤，临床除了暑热内盛、津气受伤的表现外，以胸闷气短、四肢困倦、大便溏薄、苔腻为辨识要点，治疗不仅用清暑益气之品，还配有化湿淡渗之品以祛暑湿。

文献辑要

盖此证乃夏属阴虚，元气不足，湿热蒸人，暴伤元气。……弱者用生脉散、清暑益气汤、补中益

气汤等。若不分内外，不论轻重强弱，一概以和解，百发百中，随试随应，则无如六和汤最良矣。（《伤暑全书》）

（四）阴虚火炽

【证候】身热，心烦躁扰不寐，口燥咽干，舌红，苔黄或薄黑而干，脉细数。

【分析】本证多见于春温后期，温热邪气久羁，上助手少阴心火，下灼足少阴肾水，致使水亏火旺，火愈亢而阴愈伤，阴愈亏而火愈炽。心火炎于上，则身热，心烦躁扰，舌红苔黄；肾水亏于下，则口燥咽干，舌苔薄黑而干，脉细；阳亢不入于阴，阴虚不能纳阳，故不寐。身热，心烦不寐，舌红，脉细数为本证辨证要点。

【治法】泻火育阴。

【方药】黄连阿胶汤（《温病条辨》）：

黄连（四钱） 黄芩（一钱） 阿胶（三钱） 白芍（一钱） 鸡子黄（二枚）

水八杯，先煮三物，取三杯，去滓，内胶烊尽，再内鸡子黄，搅令相得，日三服。

方中黄连、黄芩苦寒直折，清泻心火；阿胶、白芍滋补肝血肾精，养育真阴；鸡子黄滋补心肾；诸药配伍，上泻心火，下滋肾水，为攻补兼施之方。正如吴鞠通所说："以黄芩从黄连，外泻壮火而内坚真阴；以芍药从阿胶，内护真阴而外捍亢阳。名黄连阿胶汤者，取一刚以御外侮，一柔以护内主之义也。"

【临证运用】应注意本方适用于既有真阴亏损，又有邪热亢盛之阴虚火炽，证属虚实夹杂者；若阴虚甚而火热少者，本方不宜。若心火亢盛者，加莲子心、栀子、淡竹叶；若阴津耗伤甚者，可加生地、麦冬、百合等。

文献辑要

少阴温病，真阴欲竭，壮火复炽，心中烦，不得卧者，黄连阿胶汤主之。

按前复脉法为邪少虚多之治。其有阴既亏而实邪正盛，甘草即不合拍。心中烦，阳邪挟心阳独亢于上，心体之阴，无容留之地，故烦杂无奈；不得卧，阳亢不入于阴，阴虚不受阳纳，虽欲卧得乎！此证阴阳各自为道，不相交互，去死不远，故以黄芩从黄连，外泻壮火而内坚真阴；以芍药从阿胶，内护真阴而外捍亢阳。名黄连阿胶汤者，取一刚以御外侮，一柔以护内主之义也。其交关变化、神明不测之妙，全在一鸡子黄。前人训鸡子黄，佥谓鸡为巽木，得心之母气，色赤入心，虚则补母而已，理虽至当，殆未尽其妙。盖鸡子黄有地球之象，为血肉有情，生生不已，乃奠安中焦之圣品，有甘草之功能，而灵于甘草；其正中有孔，故能上通心气，下达肾气，居中以达两头，有莲子之妙用；其性和平，能使亢者不争，弱者得振；其气焦臭，故上补心；其味甘咸，故下补肾；再释家有地水风火之喻，此证大风一起，荡然无余，鸡子黄镇定中焦，通彻上下，合阿胶能预息内风之震动也。然不知人身阴阳相抱之义，必未能识仲景用鸡子黄之妙，谨将人身阴阳生死寤寐图形，开列于后，以便学者入道有阶也。（《温病条辨·下焦篇·11》）

若春温虚证，……继则虚多邪少，当以养阴退热为主，如黄连阿胶汤之属，切不可纯用苦寒，重伤正气，此伏气春温虚证之治法也。（《通俗伤寒论》何秀山按）

又有因伏气所化之热先伏藏于三焦脂膜之中，迨至感春阳萌动而触发，其发动之后，恒因冬不藏精者其肾脏虚损，伏气乘虚而窜入少阴。其为病状，精神短少，喜偃卧，昏昏似睡，舌皮干，毫无苔，小便短赤，其热郁于中而肌肤却无甚热。其在冬令，为少阴伤寒，即少阴证，初得宜治以黄连阿胶汤者也。在春令，即为少阴温病。而愚治此证，恒用白虎加人参汤，以生地黄代知母，生怀山药代粳米，更先用鲜白茅根三两煎汤以之代水煎药，将药煎一大剂，取汤一大碗，分三次温饮下，每饮一次调入生鸡子黄一枚。初饮一次后，其脉当见大，或变为洪大；饮至三次后，其脉又复和平，而病即愈矣。此即冬不藏精春必温病者之大略治法也。（《医学衷中参西录》）

（五）邪留阴分

【证候】夜热早凉，热退无汗，能食形瘦，舌红少苔，脉沉细略数。

【分析】本证多见于春温病后期，属阴液亏损，余邪留伏阴分之证。卫气日行于阳，夜行于阴，阴虚余热留伏，卫气夜入阴分与邪抗争，故入夜身热；至晨卫气出阴分而行于表，邪正无争，则热退身凉，余热未随卫气外出，故热虽退而身无汗；邪留阴分，病不在胃肠，故能进饮食；余热久留，营阴耗损而不能充养肌肤，故形体消瘦；舌红少苔，脉沉细略数均为余热耗损阴液之象。夜热早凉，热退无汗，舌红少苔为本证辨证要点。

【治法】滋阴透热。

【方药】青蒿鳖甲汤（《温病条辨》）：

青蒿（二钱）　鳖甲（五钱）　细生地（四钱）　知母（二钱）　丹皮（三钱）

水五杯，煮取二杯，日再服。

方中以鳖甲滋阴入络搜邪；青蒿芳香透络，配合鳖甲领阴分余热外出；如吴鞠通所说"此方有先入后出之妙，青蒿不能直入阴分，有鳖甲领之入也；鳖甲不能独出阳分，有青蒿领之出也"；丹皮凉血透泄伏火；生地养阴清热；知母清热生津润燥；合为养阴透热之方。本证纯用养阴恐滋腻恋邪，单用清热又惧苦燥伤阴，只宜养阴透热并举。

【临证运用】若虚热明显，症见潮热、五心烦热者，可加地骨皮、白薇、胡黄连等；若兼有肺阴虚，症见干咳或咳嗽少痰而黏滞者，可加沙参、百合、川贝等；若兼有胃阴虚，症见口干舌燥，知饥不食者，可加石斛、玉竹、麦冬等，还可配合雪梨浆、五汁饮等甘濡滋润，补养胃阴。

文献辑要

夜热早凉，热退无汗，热自阴来者，青蒿鳖甲汤主之。

夜行阴分而热，日行阳分而凉，邪气深伏阴分可知；热退无汗，邪不出表而仍归阴分，更可知矣，故曰热自阴分而来，非上中焦之阳热也。邪气深伏阴分，混处气血之中，不能纯用养阴，又非壮火，更不得任用苦燥。故以鳖甲蠕动之物，入肝经至阴之分，既能养阴，又能入络搜邪；以青蒿芳香透络，从少阳领邪外出；细生地清阴络之热；丹皮泻血中之伏火；知母者，知病之母也，佐鳖甲、青蒿而成搜剔之功焉。再此方有先入后出之妙，青蒿不能直入阴分，有鳖甲领之入也；鳖甲不能独出阳分，有青蒿领之出也。（《温病条辨·下焦篇·12》）

脉左弦，暮热早凉，汗解渴饮，少阳虐偏于热重者，青蒿鳖甲汤主之。

（《温病条辨·中焦篇·83》）

（六）真阴耗竭

【证候】低热不退，手足心热甚于手足背，口干咽燥，齿黑，或心悸，或神疲多眠，耳聋，舌干绛或枯萎，甚或紫晦而干，脉虚细或结代。

【分析】本证多见于春温病后期，为邪热久羁不退，耗伤肝血肾阴，而呈邪少虚多之证。肾阴亏则水不制火，虚热内生，故低热久留不退，尤以手足心热较甚；肾阴亏耗、津难上承，则见口干咽燥、牙齿焦黑；肾水不能上济，心神失养则心悸；肾阴大亏，精不养神，故神疲多眠；肾精亏损，不能充养，肾窍失聪，故见耳聋；阴血亏虚则舌干绛或枯萎甚或紫晦而干；邪少虚多则脉虚细无力；阴亏液涸则脉行艰难，搏动时止而结代。低热，咽燥，齿黑，舌干绛，脉虚细或结代，为本证辨证要点。

【治法】滋养肾阴。

【方药】加减复脉汤（《温病条辨》）：

炙甘草（六钱） 干地黄（六钱） 生白芍（六钱） 麦冬（五钱，不去心） 阿胶（三钱） 麻仁（三钱）

方中炙甘草补益中气，以使津充阴复；生地、阿胶、白芍滋养肝肾之阴；炙甘草配白芍，酸甘化阴；麻仁养血润燥。诸药配伍，长于救阴，兼退虚热。本方由《伤寒论》炙甘草汤去参、桂、姜、枣加白芍组成，为治疗温热病邪深入下焦，肝肾阴伤之主方。吴鞠通说："热邪深入，或在少阴，或在厥阴，均宜复脉。"

【临证运用】唯其药多属滋润之品，必真阴耗损，热由虚生者方可用之，若邪热尚盛者，则不宜使用，以防恋邪。若兼心火炽盛，身热心烦不得卧，加黄连、栀子以清泄心火，或改用黄连阿胶汤。若汗出心悸，本方去麻仁，加生龙骨、生牡蛎、人参以镇摄潜阳，益气固脱。

文献辑要

风温、温热、温疫、温毒、冬温，邪在阳明久羁，或已下，或未下，身热面赤，口干舌燥，甚则齿黑唇裂，脉沉实者，仍可下之；脉虚大，手足心热甚于手足背者，加减复脉汤主之。

温邪久羁中焦，阳明阳土，未有不克少阴癸水者，或已下而阴伤，或未下而阴竭。若实证居多，正气未至溃败，脉来沉实有力，尚可假手于一下，即《伤寒论》中急下以存津液之谓。若中无结粪，邪热少而虚热多，其人脉必虚，手足心主里，其热必甚于手足背之主表也。若再下其热，是竭其津而速之死也。故以复脉汤复其津液，阴复则阳留，庶可不至于死也。去参、桂、姜、枣之补阳，加白芍收三阴之阴，故云加减复脉汤。在仲景当日，治伤于寒者之结代，自有取于参、桂、姜、枣，复脉中之阳；今治伤于温者之阳亢阴竭，不得再补其阳也。用古法而不拘古方，医者之化裁也。

（《温病条辨·下焦篇·1》）

（七）虚风内动证

【证候】低热，手足蠕动，甚或瘛疭，心悸或心中大动，甚则心中痛，时时欲脱，形消神倦，咽干齿黑，舌干绛，脉虚细无力。

【分析】本证为肾精肝血耗损，虚风内动之候。肝肾阴虚，虚热内生，则低热；真阴欲竭，心失所养，故心悸或心中大动，甚则心中痛；阴亏至极，阴不维阳，阳气欲越，则时时欲脱；肾精肝血耗损，筋脉失养，故手足蠕动，甚或瘛疭；肾阴亏竭，无以充养，则形消神倦，咽干齿黑；舌干绛，脉虚细无力为肝肾阴亏之征。以手足蠕动，甚或瘛疭，舌干绛为本证辨证要点。

热盛动风证痉厥与本证相似，但多见于温病极期，病属热极生风，四肢抽搐，强劲有力，多伴有高热，神昏，肢厥，渴饮，脉弦数等症状；本证则见于温病后期，病属虚风内动，手足蠕动、震颤，徐缓无力，伴见心中大动，时时欲脱，形消神倦，咽干齿黑，舌干绛，脉虚细无力等一派虚象。

【治法】滋阴养血，柔肝息风。

【方药】三甲复脉汤（《温病条辨》）：

炙甘草（六钱） 干地黄（六钱） 生白芍（六钱） 麦冬（六钱） 阿胶（三钱） 麻仁（三钱） 生牡蛎（五钱） 生鳖甲（八钱） 生龟板（一两）

方中以加减复脉汤滋养肝肾阴血，加三甲以潜阳息风。适用于手足蠕动，心中大动，脉细促为主症的虚多邪少之虚风内动证。本方系加减复脉汤加牡蛎、鳖甲、龟板而成。

大定风珠（《温病条辨》）：

生白芍（六钱） 阿胶（三钱） 生龟板（四钱） 干地黄（六钱） 麻仁（二钱） 五味子（二钱） 生牡蛎（四钱） 麦冬（连心，六钱） 炙甘草（四钱） 鸡子黄（生，二枚） 鳖甲（生，四钱）

水八杯，煮取三杯，去滓，再入鸡子黄，搅令相得，分三次服。喘加人参，自汗者加龙骨、人参、小麦，悸者加茯神、人参、小麦。

方中以三甲复脉汤滋阴养血，潜阳息风；加鸡子黄以增强滋阴息风之效；五味子补阴留阳以防厥脱之变。此方以血肉有情之品填阴，为救阴重剂，其药味厚滋腻，用之不当，有恋邪之弊。适用于纯虚无邪，阴虚至极，阴阳时时欲脱之虚风内动证。

【临证运用】应辨清病证的虚实后再选用。三甲复脉汤和大定风珠皆针对真阴耗损严重，虚风内动而设，若患者邪热仍盛，不可使用。正如吴鞠通所说："壮火尚盛者，不得用定风珠、复脉。"

文献辑要

若春温虚证，伏于少阴血分阴分者，其阴血既伤，肝风易动，切忌妄用柴、葛、荆、防，升发其阳以劫阴，阴虚则内风窜动：上窜脑户，则头摇晕厥；横窜筋脉，则手足瘛疭。

（《通俗伤寒论》何秀山按）

下焦温病，但大便溏者，即与一甲复脉汤。

温病深入下焦劫阴，必以救阴为急务。然救阴之药多滑润，但见大便溏，不必待日三、四行，即以一甲复脉法，复阴之中，预防泄阴之弊。（《温病条辨·下焦篇·11》）

热邪深入下焦，脉沉数，舌干齿黑，手指但觉蠕动，急防痉厥，二甲复脉汤主之。

此示人痉厥之渐也。温病七八日以后，热深不解，口中津液干涸，但觉手指掣动，即当防其痉厥，不必俟其已厥而后治也。故以复脉育阴，加入介属潜阳，使阴阳交纽，庶厥不可作也。

二甲复脉汤方（咸寒甘润法）

即于加减复脉汤内，加生牡蛎五钱、生鳖甲八钱。（《温病条辨·下焦篇·13》）

下焦温病，热深厥甚，脉细促，心中憺憺大动，甚则心中痛者，三甲复脉汤主之。

前二甲复脉，防痉厥之渐；即痉厥已作，亦可以二甲复脉止厥。兹又加龟板三甲者，以心中大动，甚则痛而然也。心中动者，火以水为体，肝风鸱张，立刻有吸尽西江之势，肾水本虚，不能济肝而后发痉，既痉而水难猝补，心之本体欲失，故憺憺然大动也。甚则痛者，"阴维为病主心痛"，此证热久伤阴，八脉隶于肝肾，肝肾虚而累及阴维故心痛，非如寒气客于心胸之心痛可用温通。矿以镇肾气、补任脉、通阴维之龟板止心痛，合入肝搜邪之二甲，相济成功也。

三甲复脉汤方（同二甲汤法）

即于二甲复脉汤内，加生龟板一两。（《温病条辨·下焦篇·14》）

即厥且哕（俗名呃忒），脉细而劲，小定风珠主之。

温邪久踞下焦，烁肝液为厥，扰冲脉为哕，脉阴阳俱减则细，肝木横强侧劲，故以鸡子黄实土而定内风；龟板补任（谓任脉）而镇冲脉；阿胶沉降，补液而息肝风；淡菜生于咸水之中而能淡，外偶内奇，有坎卦之象，能补阴中之真阳，其形翕阖，故又能潜真阳之上动；童便以浊液仍归浊道，用以为使也。名定风珠者，以鸡子黄宛如珠形，得巽木之精。而能息肝风，肝为巽木，巽为风也。龟亦有珠，具真武之德而镇震木。震为雷，在人为胆，雷动未有无风者，雷静而风亦静矣。亢阳直上巅顶，龙上于天也，制龙者，龟也。古者豢龙御龙之法，失传已久，其大要不出乎此。

小定风珠方（甘寒咸法）

鸡子黄（生用）一枚真阿胶二钱生龟板六钱童便一杯

淡菜三钱

水五杯，先煮龟板、淡菜得二杯，去滓，入阿胶，上火烊化，纳鸡子黄，搅令相得，再冲童便，顿服之。（《温病条辨·下焦篇·15》）

热邪久羁，吸烁真阴，或因误表，或因亡攻，神倦瘛疭，脉气虚弱，舌绛苔少，时时欲脱者，大定风珠主之。

此邪气已去八、九，真阴仅存一、二之治也。观脉虚苔少可知，故以大队浓浊填阴塞隙，介属潜阳镇定。以鸡子黄一味，从足太阴，下安足三阴，上济手三阴，使上下交合，阴得安其位，斯阳可立根基，俾阴阳有眷属一家之义，庶可不致绝脱欤！（《温病条辨·下焦篇·16》）

（八）暑伤心肾

【证候】心热烦躁，消渴不已，肢体麻痹，舌红绛，苔黄黑干燥，脉细数。

【分析】本证多见于暑温的后期，为暑热久羁，耗伤肾阴，致水火不济之候。心热烦躁为余热扰心，心火亢炽，心神不安所致；暑热灼耗肾水，肾水不能上济，则见消渴不已；肾阴耗伤，肝阴失养。不能濡养筋脉则肢体麻痹；舌红绛，苔黄燥为阴虚里热之征。本证病机为肾水亏，心火旺。肾水不足，不能上济于心，则心火愈亢；心火愈亢，则热必下劫肾水，而肾水愈虚，两者可互为影响。

【治法】清心泻火，滋肾养阴。

【方药】连梅汤（《温病条辨》）。

连梅汤方（酸甘化阴酸苦泄热法）：

云连（二钱）　乌梅（去核，三钱）　麦冬（连心，三钱）　生地（三钱）　阿胶（二钱）

水五杯，煮取二杯，分二次服。脉虚大而芤者，加人参。

本方由《伤寒论》黄连阿胶汤去黄芩、芍药、鸡子黄加乌梅、生地、麦冬而成。方中以黄连苦寒清心火，阿胶、生地滋肾液，麦冬亦属甘寒滋阴之品。方中乌梅与黄连相合，有酸苦泄热之效；乌梅与生地、麦冬相合，有酸甘化阴之功。全方可使心火清而肾水得复。本方虽从黄连阿胶汤化裁而来，但黄连阿胶汤以黄连配鸡子黄，重在育阴清热；本方则以黄连配乌梅、生地、麦冬，重在酸苦泄热、酸甘化阴，也合暑温治疗“终用酸泄酸敛”的大法。

【临证运用】本证若见脉虚大而芤的，属兼有气阴不足，方中可加人参以益气养阴；口干渴饮者，加石斛、花粉、玉竹以生津；心烦不寐，加远志；心火旺，加莲子心；头晕目眩，加天麻、白芍、何首乌；若肾阴虚甚，或有虚风内动而热势不著的，可用加减复脉滋养肾阴为主；大便干者，重用生白芍、何首乌、黑芝麻；低热，加白薇、地骨皮；余热不尽、热势久久不退，则可用青蒿鳖甲汤加减以滋阴透热。

文献辑要

暑邪深入少阴消渴者，连梅汤主之；入厥阴麻痹者，连梅汤主之；心热烦躁神迷甚者，先与紫雪丹，再与连梅汤。

肾主五液而恶燥，暑先入心，助心火独亢于上，肾液不供，故消渴也。再心与肾均为少阴，主火，暑为火邪，以火从火，二火相搏，水难为济，不消渴得乎！以黄连泻壮火，使不烁津，以乌梅之酸以生津，合黄连酸苦为阴；以色黑沉降之阿胶救肾水，麦冬、生地合乌梅酸甘化阴，庶消渴可止也。肝主筋而受液于肾，热邪伤阴，筋经无所秉受，故麻痹也。再包络与肝均为厥阴，主风木，暑先入心，包络代受，风火相搏，不麻痹得乎！以黄连泻克水之火，以乌梅得木气之先，补肝之正，阿胶增液而息肝风，冬、地补水以柔木，庶麻痹可止也。心热烦躁神迷甚，先与紫雪丹者，开暑邪之出路，俾梅、连有入路也。（《温病条辨·下焦篇·36》）

（九）化源欲绝

【证候】骤然大汗淋漓，烦躁不安，喘喝不止，鼻翼煽动，甚则咳唾粉红色血水，脉散乱欲绝或散大而芤。

【分析】本证为邪热炽盛于上焦，灼伤肺之气阴，致使肺主呼吸、主宣发肃降、敷布津液的功能失常，导致人体气阴亏虚甚而出现阴竭气脱的危重证候。上焦邪热炽盛，伤津耗气太甚，致使肺之气阴大伤，阳气骤然外脱，不能敛津液，则骤然大汗淋漓；气阴虚甚，心神失养，则烦躁不安；气阴大伤，肺主呼吸的功能障碍，则喘喝不止、鼻翼煽动；甚则伤及肺络，见咳唾粉红色血水；脉散乱欲绝或散大而芤为阴竭气脱之征。以骤然大汗淋漓，喘促，咳唾粉红色血水，脉散乱欲绝为本证辨证要点。

【治法】益气养阴，救逆固脱。

【方药】加减复脉汤合生脉散或参附汤加减。

加减复脉汤（《温病条辨》）详见真阴耗竭证治。

生脉散（《医学启源》）益气敛阴；参附汤（《济生续方》）温阳固脱。详见内闭外脱证治。

【临证运用】应辨清肺之气阴亏虚的程度。若喘喝，汗出不止者，应加大人参药量，并加入黄芪、龙骨、牡蛎等，加强益气敛阴的力量；若咳吐粉红色血水者，应加入犀角（或水牛角代）、丹皮、白芍、玄参等，加强凉血解毒的功效；若脉散乱欲绝或散大而芤者，可加入玄参、太子参、鸡子黄、五味子、白芍、桂枝等，在益气敛阴的同时温通阳气，促使气阴尽早回复。现代中药制剂，生脉注射液等可配合静脉滴注。

文献辑要

手太阴暑温，……；汗多脉散大，喘喝欲脱者，生脉散主之。

（《温病条辨·上焦篇·26》）

治真阳不足，上气喘急，自汗盗汗，气短头晕，但是阳虚气弱之症，并宜服之。

（《医方聚类·卷一五〇·诸虚门》）

【临床病案】

（1）风温犯肺案（腺病毒肺炎）（《蒲辅周医案》）

张某，男，2岁，1959年3月10日因发热3天住某医院。住院检查摘要：血化验：白细胞总数 2.74×10^{10}/L，中性0.76，淋巴0.24，体温39.9℃，听诊两肺水泡音。诊断：腺病毒肺炎。

病程与治疗：住院后，曾用青、链、合霉素等抗生素药物治疗。会诊时，仍高烧无汗，神昏嗜睡，咳嗽，微喘，口渴，舌质红，苔微黄，脉浮数，乃风温上受，肺气郁闭，宜辛凉轻剂，宣肺透卫，方用桑菊饮加味。处方：

桑叶（一钱）　菊花（二钱）　连翘（一钱五分）　杏仁（一钱五分）　桔梗（五分）　甘草（五分）　牛蒡子（一钱五分）　薄荷（八分）　苇根（五钱）　竹叶（二钱）　葱白（三寸）

共进两剂。

药后得微汗，身热略降，咳嗽有痰，舌质正红，苔薄黄，脉滑数，表闭已开，余热未彻，宜予清疏利痰之剂。处方：

苏叶（一钱）　前胡（一钱）　桔梗（八分）　桑皮（一钱）　黄芩（八分）　天花粉（二钱）　竹叶（一钱五分）　橘红（一钱）　枇杷叶（二钱）

再服一剂。

微汗续出而身热已退，亦不神昏嗜睡，咳嗽不显，唯大便两日未行，舌红减退，苔黄微腻，脉沉数，乃表解里未和之候，宜原方去苏叶，加枳实一钱，莱菔子一钱，麦芽二钱。

服后体温正常，咳嗽已止，仍未大便，舌中心有腻苔未退，脉滑数，乃肺胃未和，拟调和肺胃，利湿消滞。处方：

冬瓜仁（四钱）　杏仁（二钱）　苡仁（四钱）　苇根（五钱）　炒枳实（一钱五分）　莱菔子（一钱五分）　麦芽（二钱）　焦山楂（二钱）　建曲（二钱）

服二剂而诸证悉平，食、眠、二便俱正常，停药食养痊愈出院。

按：叶天士谓“风温上受，首先犯肺”，故以桑菊清轻辛凉之剂，宣肺以散上受之风，透卫以清在表之热。二剂即得微汗，再剂即身热已退，慎勿见其为腺病毒肺炎，初起即投以苦寒重剂，药过病所，失去清轻透达之机，则反伤正阳，易使轻者重，重者危，因思吴鞠通所谓：“治上焦如羽”，实为临床经验之谈。

（2）春温热结阳明（《王孟英医案》）

王皱石广文令弟，患春温，始则谵语发狂，连服清解大剂，遂昏沉不语，肢冷如冰，目闭不开，遗溺不饮，医皆束手。孟英诊其脉弦大而缓滑，黄腻之苔满布，秽气直喷。投承气汤，加银花、石斛、黄芩、竹茹、元参、石菖蒲，下胶黑矢甚多，而神稍清，略进汤饮。次日，去硝、黄，加海蜇、莱菔、黄连、石膏。服二剂，而战解肢和，苔退进粥，不劳余力而愈。

按：春温伏热外发，虽见神昏谵语，尚未进入营血分，前医连投大剂清解之品致使凉遏冰伏，热毒失于透达，遂见昏沉不语、肢冷如冰、目闭不开等热深厥逆之候。从舌、脉象得病证仍在气分阶段，肠腑热结内逼膀胱，则遗尿；肠胃之气不通，浊邪上泛，则不欲饮食。王氏先用承气配以清热解毒、生津润燥、辟秽化浊之品，下泻热毒兼以透邪、滋阴；后去硝黄，加清热解毒、行气、滋阴之品扫除余邪，填补阴津，待邪去正复，则病从战汗而解。

（3）暑温［彭胜权.运用温病理论治疗顽固性发热经验.广州中医药大学学报，2011，28（6）：575～578］

邓某，男，59岁。于2009年9月16日入住广州中医药大学第一附属医院。

主诉：持续发热3个月，伴神志不清，二便失禁3天。

现病史：患者缘于2009年6月19日开始出现高热（40℃），伴双下肢活动困难，下蹲后不能起立，多尿等。经多家医院诊治，外院诊断为：①发热待查（脓毒血症？药物热？支气管扩张并感染？）；②免疫介导坏死性肌病；③多系统萎缩；④多发腔隙性脑梗死；⑤低钠血症。经用大量激素、丙种球蛋白、各种抗生素、神经垂体加压素等治疗，体温及临床症状未改善，病情加重并出现神志异常。邀余会诊并转入本科。

治疗经过：2009年9月16～30日：身热夜甚（39.2℃），神迷，舌謇，时有谵语瘛疭，口渴引饮，饮不解渴，多尿而且失禁（5000～6000ml/d），大便失禁，稀水粪便，日20余次，下肢活动障碍，舌绛无苔干裂，脉细数。本病属暑温重症，乃暑入心包，营阴亏损之证，用清营汤加味。水牛角30g（先煎），生地黄30g，玄参20g，麦冬10g，淡竹叶15g，丹参15g，金银花10g，连翘15g，牡丹皮15g，赤芍15g，玉竹30g，天花粉15g。每日1剂，共14剂。另：安宫牛黄丸2粒，分2次服。

10月1～30日：身热减退，最高38.5℃，神志逐渐恢复，对答合理，说话基本清楚，下肢活动困难，双侧大腿肌肉僵硬，口渴减，尿仍较多（3200～3800ml/d），大便干结，每日1～2次，舌暗红无苔，有裂纹，脉细数。此为侵扰心包之热已清，阴津耗伤，瘀血阻滞经络之故，仍以清营汤加减，佐以搜络养血活血之品。水牛角（先煎）30g，羚羊角骨（先煎）15g，生地黄20g，玄参20g，麦冬10g，丹参15g，牡丹皮15g，赤芍15g，桃仁10g，阿胶（烊化）15g，鳖甲（先煎）30g，龟板（先煎）30g，炮穿山甲（先煎）10g，白僵蚕10g。每日1剂，共用1个月。

11月1～30日：身热已退至最高37.5℃，神志已清，对答清楚，能下床活动，步行约10m，仍有口渴，夜间尿多（2700～3000ml），尿失禁，大便自调，胃纳可，舌红苔少有细小裂纹，脉弦细。伤阴有好转，络脉瘀热未净，继用清营养阴之法，用增液汤合大补阴丸滋阴清热，用三甲散加减搜络脉血瘀。生地黄30g，麦冬10g，玄参15g，黄柏10g，知母10g，龟板（先煎）30g，鳖甲（先煎）30g，炮穿山甲（先煎）10g，桃仁10g，泽兰10g，丹参15g，赤芍15g。每日1剂，共用1个月后热退神清，下肢活动较灵活，能步行约200m，口渴减。后配合固肾缩尿之品善后。

按语：本例发热，正当岭南暑热之季。2009年6月19日突起高热，意识模糊，舌謇，瘛疭，当属暑温，为暑入心营之证。2个余月转4个大医院6个专科病区，用抗生素、激素而高热持续不退，加之药物副作用，使胃津肾精耗损，故口渴引饮，身热夜甚。营分之热邪上扰心包，故神迷，谵语，舌謇，筋脉失养则瘛疭，神无所主则二便失禁，急用安宫牛黄丸清心开窍，用清营汤清热滋阴。正如吴鞠通《温病条辨·上焦篇》所言："脉虚，夜寐不安，烦渴舌赤，时有谵语，目常开不闭，或喜闭不开，暑入手厥阴也。手厥阴暑温，清营汤主之。"治疗第1阶段（9月底），除清营热、滋营阴，配合安宫牛黄丸开窍醒神。第2、3阶段（10～11月），坚持用清营汤外，注意搜络活血养血，用三甲散加减，恢复下肢活动功能。本例初期发热，按暑入心营论治，中期下肢活动不利，按暑伤心肾辨证，后期小便频、尿失禁，阴损及阳，按后遗症施治。

（4）燥热伤肺咳嗽（支气管炎）（《上海中医药杂志》，1984；2：19）

张某某，女，62岁，1978年10月23日初诊。

去年炎夏初病，咳嗽少痰，当时天气燥热，汗出多，咳嗽时休时作。曾服抗生素、止咳药、中药宣肃止咳化痰，均无效，至今年余。近来咳嗽转剧，呛咳不断，痰黏不爽，入夜尤甚，不得安卧，性情烦躁易怒，口中干渴。胸透未见异常，周围血象正常。

诊时见口唇干裂，舌质苍老，红瘦少津，无苔，脉弦数，不恶寒，喜饮水。证属燥热气逆咳嗽，治宜甘寒润燥止咳。处方：

桑叶10g　南沙参10g　北沙参10g　生地10g　麦冬10g　杏仁10g　炙甘草6g　天花粉12g　枇杷叶（去毛）4片

2剂，水煎服。

10月25日复诊时见呛咳减。夜寐渐安，痰易咳出，口渴减轻，精神较前好转，口唇亦较前濡润。舌质苍老色红，脉细数，此为津液渐回之象。近日肩痛。处方为上方减花粉量至10g，加桑枝12g，秦艽10g。

2剂，水煎服。药后呛咳止，诸症亦平。

按：本证虽属外感，但病已延及年余，故严格而论，并不属秋燥之病，然而，其病机属肺有燥热，与秋燥有互通之处，故投用治秋燥之法，主以辛润宣肺，用药甚为平妥，因此能取得较好的疗效。

第八章　湿热类温病

第一节　湿　　温

一、概述

湿温是感受湿热病邪所引起的急性外感热病。初起以湿热阻遏卫气为主要证候，呈现湿象偏重、热象不显的病证类型。临床以身热不扬，恶寒少汗，身重肢倦，胸闷脘痞，苔腻脉缓为主。本病四季可见，多发于雨湿较盛，气候炎热之季。

湿温病名，首见于《难经》，将其作为独立病种归属于广义伤寒范畴，如《难经・五十八难》记载："伤寒有五，有中风，有伤寒，有湿温，有热病，有温病。"同时，描述了湿温的脉象特点为"阳濡而弱，阴小而急。"汉代张仲景《伤寒杂病论》中虽无湿温病名，但对湿热证的病机、辨证、治疗均有所论及，尤其以阳明篇条文中有寓的"虚则太阴，实则阳明"的病机以及半夏泻心汤中辛开苦降同用的治则对后世关于湿温病以中焦脾胃为病变中心的论述以及辨治湿温影响较大。晋代王叔和在《难经》论湿温之脉的基础上，阐述了湿温的证候表现，他在《脉经・不可发汗论》中说："伤寒湿温，其人尝伤于湿，因而中暍，湿热相搏，则为湿温。病苦两胫逆冷，腹满叉胸，头目痛苦，妄言，治在足太阴，不可发汗。汗出必不能言，耳聋，不知痛所在，身青，面色变，名曰重竭，如此者，医杀之也。"值得指出的是他所说的湿温是属暍病有湿，与后世所论湿温有异，但其对湿、热、暑三气相合为患则已有认识。宋代朱肱《伤寒类证活人书》提出湿温当用"白虎加苍术汤主之"，该方一直沿用至今。金元时期，刘河间在《素问病机气宜保命集・病机论》中说："治湿之法，不利小便，非其治也"，其创制的天水散（六一散）为后世用清热利湿之法治疗湿温带了了启迪。同时期的朱丹溪认为"东南地卑弱，湿热相火为病十居八九"，其用"相火论"论述湿热的理论，对后世探讨湿温病机及治则产生了较深的影响。明代张景岳对湿热为病的辨治提纲挈领地指出："凡治此者，必当辨表里，察虚实而求其本。湿证虽多而辨治之法其要有二：一曰湿热，一曰寒湿，湿热之病宜清利，寒湿之病宜燥温，知斯二者，湿无余义。"至清代，关于湿温的理法方药渐趋完善。叶天士《温热论》对湿热为病及治疗有精辟的论述："在阳旺之躯，胃湿恒多，在阴盛之体，脾湿亦不少，然其化热则一"，并主张"渗湿于热下，不与热相搏，势必孤矣"，"通阳不在温，而在利小便"等。薛生白撰《湿热病篇》为湿温的专著，对湿温的病因、病机、主证、变证及治疗等内容论述详尽，使湿热类温病的辨治自成体系。吴鞠通在《温病条辨》中立湿温为专病，详细阐述了三焦分证论治的规律，并记载了众多治疗湿温名方，如三仁汤、五加减正气散、黄芩滑石汤、薏苡竹叶散、三石汤等均被后世沿用。后经章虚谷、王孟英、雷少逸、何廉臣、张聿青等医家不断补充，使湿温的辨治内容更加丰富、充实。至此，湿温始作为一种独立的疾病而被确定。

根据本病的好发季节和临床表现，现代医学中具有湿温特点的感染性疾病，如伤寒、副伤寒、伤寒、副伤寒、沙门氏菌属感染、钩端螺旋体病、流行性乙型脑炎、某些肠道病毒感染、流行性感冒等，均可参照本病辨证论治。

二、病因病机

本病的发生主要为外感湿热病邪。湿热病邪，主要从口鼻侵入人体，其次是从肌肤而入，如薛生白所说："湿热之邪，由表伤者，十之一二，由口鼻而入者，十之八九"。湿热病邪四季皆有，故湿温病四季皆可发生，但以夏秋季节为多见。因夏秋主要为大暑至白露这一时期，多雨湿，同时暑热亢盛，蒸腾地湿上潮，人处其中，或因暑季人们贪凉饮冷及饮食不洁，或于田间湿地劳动，致使易于受湿热之邪侵袭而患湿温病。各种原因导致脾胃功能状态的改变是引起湿温病发生的内在因素。如脾胃素虚、过饱伤胃、肥甘碍脾、劳思伤脾等导致脾胃气虚，不能运化水湿，以致湿从内生，湿郁久化热或外来湿热之邪易侵中土，均可发生湿温病变。薛生白在《湿热病篇》中所论的"太阴内伤，湿饮停聚，客邪再至，内外相引，故病湿热"高度地概括了湿热病变的内在因素为中焦脾胃内伤。由此可见，湿热病的病因有内外二因，外侵之湿热病邪与脾胃内伤湿热内生二者往往相互影响，互为因果。

由于湿为土之气，而脏腑之中，阳明胃为水谷之海，太阴脾为湿土之脏，同属中土，故湿热之邪侵犯人体，多阳明、太阴受病以脾胃为病变中心。如章虚谷云："胃为戊土属阳，脾为己土属阴，湿土之气同类相召，故湿热之邪，始虽外受，终归脾胃。"湿温病变重心虽在脾胃但因湿邪有蒙上流下的特性，故湿热病邪也可蒙犯上焦，清窍壅塞，则引起神志昏蒙；如湿邪流注下焦蕴结小肠、膀胱，则致小便不利，湿热内蕴肝胆，则身目俱黄；湿热外蒸肌腠则发白㾦等；或湿热弥漫三焦，出现较为复杂的病证。在传变过程中，脾胃功能的状态、中气的盛衰决定着湿热的转化和本病的发展趋势，如薛生白所云："中气实则病在阳明，中气虚则病在太阴。"即素体中阳偏虚者，则邪从湿化而病变偏于太阴脾，发为湿重热轻；素体阳偏旺者，则邪从热化而病变偏于阳明胃，发为热重湿轻。湿邪黏滞，与热胶合，更是如油入面，黏腻淹滞，留连难解，故湿温病大多病程较长，缠绵难愈，瘥后亦易复发。

本病初期，随感邪的轻重而出现不同的病理变化，感邪轻者，邪遏卫气，湿病病与其他温病相似，病变有按卫气营血的传变形式，但邪从卫分进入气分后，在气分阶段留连最长，证型亦最多。本病的发展，有湿困日久伤阳及湿热化燥伤阴两种转归。湿热交蒸化燥化火之后，可耗伤阴液，入营分、血分，出现动风发痉，闭窍昏厥，动血出血等重症，其中以肠络损伤、迫血下溢为多见，严重者可导致气随血脱之危证。但较少病入下焦出现肝肾阴虚、虚风内动的下焦病变。 湿温病邪在气分阶段，如治疗得当，或脾胃功能得以调节，可因湿热渐解而转入恢复期。恢复期可见余湿未净，或胃气不舒，或脾气不运等。如湿重热轻湿浊久郁不解，则湿渐伤阳，发展为寒湿或湿胜阳微等变证。

三、诊断要点

（1）多发于长夏和初秋气候炎热雨湿较多之季，即大暑至白露间。

（2）初起以湿热郁遏卫气分见证为特征，亦可见有邪阻膜原之特殊类型，初起阳热征象不显；自始至终以脾胃为病变中心。

（3）起病滞缓，传变较慢，病势缠绵，病程较长，愈后易复发再燃。

（4）病程中可出现蒙上流下，上闭下壅，弥漫三焦的变化。

四、辨证治疗原则

（一）辨证要点

1. 辨清湿热偏盛程度 本病在卫、气分阶段有湿重于热、湿热并重、热重于湿三种病理转化，所以辨别湿与热的偏盛程度是本病的辨证关键。湿重于热、湿热并重、热重于湿三种类型临床表现均有胸痞、身重、苔腻等湿性黏腻重浊特征的主症，但湿重于热者，以身热不扬、渴不欲饮或不渴、苔白腻、脉濡缓为特点；湿热并重者以身热、汗出垢腻，口渴不欲多饮，苔黄腻，脉濡数为特点；热重于湿者以壮热，汗出、口渴、苔黄腻、脉滑数为特点。除了在发热、出汗、口渴、二便及舌苔脉象来辨析，临证还应结合患者体质及病程阶段来分析。

2. 辨别病变部位上下浅深 湿温虽以脾胃为病变中心，常见胸闷脘痞、纳呆腹胀、恶心呕吐等表现，但湿有蒙上流下的特点，因此，分辨湿热偏于上焦、中焦、下焦对于论治也至关重要。其偏于上焦者，多见恶寒发热、头胀重、胸痞闷，或因湿热酿痰而蒙蔽心包，轻则神志淡漠，甚则时有昏蒙谵语等，若偏于中焦者，多见脘腹胀满、恶心、呕吐、知饥不食等，若偏于下焦者，多见小便不利，或小便不通而兼热蒸头胀，或大便不通，腹满，或下利黏垢等。

3. 要审证情虚实转化 湿温病以邪实为主，初起的卫气同病，中期的湿热郁蒸及化燥入营、伤络动血，均属实证，只有后期邪退正虚，由实转虚而表现为脾胃虚弱。临床也有骤然由实转虚的特殊情况，如湿邪留连气分阶段，日久损伤阳气，可出现湿胜阳微的虚象，或湿热化燥，热盛动血，可因出血过多，出现气随血脱的虚脱危候，故辨证中要多注意观察发热、面色、神态、气息、脉象的变化，如体温骤降、面色苍白、神情委顿、呼吸急促、脉象细微短促等，当考虑虚实转化变证的发生，以防骤变致严重后果。

（二）治则治法

本病的治疗，总以分解湿热、湿去热孤为原则。湿温病为湿热蕴蒸所致，所以，单祛湿而不清热则湿难退，单清热而不祛湿则热难清，应做到祛湿清热两相顾。如吴鞠通在《温病条辨》中所指出的“徒清热则湿不退，徒祛湿则热愈炽”。湿温应根据不同的证候类型施以相应的治法。针对湿温初起卫气同病，湿邪偏盛者，湿中蕴热，湿郁上焦气机证候为主的，治宜芳香宣透表里之湿，佐以清热，常用方如藿朴夏苓汤、三仁汤。湿蒙清窍而致神昏蒙、呆顿者，多用芳香宣窍之品宣窍化湿，如菖蒲郁金汤。气分阶段病位以中焦脾胃为主，祛湿与清热的主次选定，可据湿热偏重的具体情况来辨别分析，若湿重热轻者，病变偏于太阴脾，以苦温芳化，燥湿运脾为主，辅以苦寒清热，方如雷氏芳香化浊法；热重湿轻者，病变偏于阳明胃，以清泄胃热为主，兼以苦温燥湿，方如白虎加苍术汤；湿热并重者，当辛开苦降，化湿清热并进，方如王氏连朴饮。湿阻下焦，在膀胱者主以淡渗通利，苦寒通导为主，方如茯苓皮汤。湿阻肠道，主以导滞通便，方如枳实导滞汤之类。湿热病邪化燥化火，深入营血，其治法与一般温热病营血分证相同。恢复期余湿未净，脾气不舒，胃气未醒，此时治宜芳化淡渗之法，涤除余邪，方如薛氏五叶芦根汤。

（三）治疗禁忌

湿温初起注意三禁 所谓湿温“三禁”，是指禁辛温竣汗、禁苦寒攻下、禁滋腻养阴三种治法。语出自吴鞠通《温病条辨·上焦篇43条》“汗之则神昏耳聋，甚则目瞑不欲言，下之则洞泄，润之则病深不解。”近年来，学者们在临床实践中对现代医学疾病的肠伤寒初起表现为湿热阻遏卫气证，应用中医中药治疗在辨证论治的基础上早投大黄苦寒攻下，从临床观察发现，对防治减少该病的肠出血及肠穿孔的并发症有较好的作用。因此，对湿温初起治法“三禁”应正确理解，不可拘泥于“三禁”之说，临床当结合具体病情，灵活变通治法。

文献辑要

问：两胫逆冷，胸腹满，多汗，头目痛苦，妄言。答曰：此名湿温也，其人尝伤湿，因而中

暑，湿热相搏，则发湿温。（朱肱《类证活人书》）

湿之化气，为阴中之阳，氤氲浊腻，故兼证最多，变化最幻，愈期最缓。面色混浊如油腻，口气浊腻不知味，或生甜水，舌苔白腻，膜原邪重则舌苔满布，厚如积粉，板贴不松，脉息模糊不清，或沉细似伏，断续不匀，脉为邪遏，有似虚寒之象，误治为害非轻。神多沉困嗜睡。斯时也，邪在气分，即当分别湿多热多。湿多者，无烦渴热象，元气为湿阻遏，不能外达下行，则必凛凛恶寒，甚而足冷，头目胀痛昏重，如裹如蒙，身痛不能屈伸，身重不能转侧，肢节肌肉疼而且烦，腿足痛而且酸。胸痞者，湿闭清阳道路也；午后寒热，状若阴虚者，申、酉、戌时，金气主令，又湿邪本旺于阴分也；小便短涩黄热者，肺不能通调水道，下输膀胱，天气病地气因而不利也；大便溏而不爽，或濡泻者，或濡泄者，肺与大肠相表里，心与小肠相表里，天气病地气因而不调也。

治法总以轻开肺气为主，肺主一身之气，气化则湿自化，即有兼邪，亦与之俱化。湿气弥漫，本无形质，宜用体轻而味辛淡者治之，辛如杏仁、蔻仁、半夏、藿梗，淡如苡仁、通草、茯苓、猪苓、泽泻之类。启上闸，开支河，导湿下行以为出路，湿去气通，布津于外，自然汗解。

（石芾南《医原》）

暑兼湿热，偏于暑之热者为暑温，多手太阴证而宜清；偏暑之湿者为湿温，多足太阴证而宜温；湿热平等者两解之。各宜分晓，不可混也。（王孟英《湿热经纬》）

按湿温证，因长夏每多阴雨，得日气煦照，则潮湿上蒸，袭人肌表。着于经络，即发热头胀，身痛，足胫痛，舌苔腻白等症。重者兼感时邪不正之气，即为湿温疫证。

邪入气分：暑湿之邪阻于肺，必咽痛，发热，身痛，舌苔黄厚黏腻，烦渴不解。当清上交，如连翘、桔梗、滑石、射干、米仁、马勃、通草、淡竹叶、银花、芦根之类。如见身发斑疹，舌黄燥厚，当凉膈疏斑，如连翘、薄荷、生栀、石膏、牛蒡、杏仁、杏仁、枳实、黄芩之类。

邪乘包络：如湿温之邪入于血络，舌苔中黄边赤，发为赤斑丹疹，神昏谵语，宜清疏血分以透斑，佐芳香逐秽以开闭，犀角、连翘、赤芍、银花、牛蒡、菖蒲、郁金、元参、薄荷、人中黄之泪。

（吴坤安《伤寒指掌》）

伤寒大便溏为邪已尽，不可再下；湿温病大便溏为邪未尽，必大便硬，慎不可再攻也，以粪燥为无湿矣。（《温热论·热论·里结阳明》）

五、临床举要

湿温是长夏季节多见的热性病。因感受时令湿热之邪与体内之湿蕴结而发病，表现有身热不扬、身重酸痛、胸部痞闷、面色淡黄、苔腻、脉濡等症状。其特点是病势缠绵，病程较长，病变多留连于气分，有湿重于热和热重于湿的不同，既可湿热化燥伤阴，也可湿盛困阻伤阳，疾病发展，易深入营血，出现动风出血等变证，临床上于肠伤寒、副伤寒、发热不退等多参照湿温辨治。[吕文亮.湿热相关概念的界定.江苏中医药，2003，24（8）：47][曹洪欣等.SARS 瘟疫研究.北京：中医古籍出版社，2005.]钟氏认为伤寒与副伤寒多归于湿热范畴。湿热内阻往往贯穿整个发病过程，清热祛湿法贯穿肠伤寒治疗的始末。如初起邪遏卫表，治宜芳香化湿热之邪，常用香薷、银花、连翘、青蒿等；若湿热弥漫三焦，宜分消走泄，宣通三焦，常用药物有：石膏、知母、薏苡仁、枳壳、滑石、淡竹叶、车前子等；在肠伤寒的恢复阶段，余邪未清者宜轻清芳化，清除余邪。常用药有：荷叶、芦根、枇杷叶、藿香等。肠伤寒的治疗，还应注重疏理三焦气机。治疗中常用分消走泄，宣泄三焦之法，使湿热之邪从不同渠道，因势利导而驱邪外出。常用杏仁、枳壳、桔梗、橘皮、苏叶等开发上焦，宣畅肺气；藿香、茵陈、佩兰、郁金、厚朴等疏通中焦。以茯苓、泽泻、大腹皮、滑石等渗泄下焦。在分型方面，可分四型辨证论治：邪遏卫表、湿热困阻中焦、湿热弥漫三焦、余邪未尽，气阴两伤。并自拟治疗肠伤寒的基本方：青蒿、黄芩、滑石、葛根、薏苡仁、枳壳、扁豆花、云茯苓等。若邪在气分，湿热困阻中焦，治宜清热化湿，方选基本方加葛根芩连汤加减。湿热弥漫三焦，治宜清热利湿，宣通三焦，方用基本方合三石汤加减。肠伤寒后期，治宜轻清芳化，醒脾畅气，主要以薛氏五叶芦根汤加减。肠伤寒并发症多，治疗湿热蕴蒸营血，耗血动血，出现便血，则予凉血止血之犀角地黄汤加味；如出血过多，可致气随血脱，则当予益气固脱为主，方予独参汤合黄土汤；若湿热郁蒸，内熏肝胆，可出现胁痛、黄疸，方予益气固脱为主，方予茵陈蒿汤加减；若引动肝风，出现神昏痉厥等，可予安宫牛黄丸或紫雪丹合菖蒲郁金汤加减。[钟嘉熙等．刘仕昌教授治疗肠伤寒的经验．新中医，1994（5）：12]宋氏用三仁汤加减治疗外感湿温病患者 40 例，并对照 40 例采用解热镇痛、消炎抗菌治疗患者，比较两组治愈率，结果：治疗组治愈率占 95.00%，对照组治愈率占 82.50%。[宋慧萍．三仁汤加减治疗外感湿温病 80 例，中医研究，2008，21（6）：39～40]晋氏用三仁汤加减治疗小儿急性上呼吸道感染出现的发热，在疾病痊愈率、完全热退时间、疗效等方面均优于按照西药常规治疗的对照组（$P<0.05$）。研究表明，应用三仁汤加减化裁治疗小儿湿温发热，治愈率高，并能有效改善小儿的不适症状，优于普通的西医对症治疗效果。[晋文蔓．三仁汤加减治疗小儿湿温发热的疗效观察，湖北中医杂志，2016，38（2）：19～20]。李氏将表现为头身困重，疲倦少语，午后身热，不思饮食，体温多在 38℃左右，有的患者上午低热，下午至夜十二点以前高热，而持续高热达 39～40℃，实验室检查多无异常，或仅有少数细胞增高者患者 40 例予藿香正气散加减，总有效率为 96.4 %。[李自强.藿香正气散加减治疗湿温病 28 例，实用中医药杂志，2003，19（7）：346]陈氏认为湿温病治疗清热首选甘寒，扶正注重脾胃。[陈建明，治疗湿温病的体会，四川中医，2002，20（1）：25～26]

第二节　暑　　湿

一、概述

暑湿是感受暑湿病邪所致的急性外感热病。其特点为初起以暑湿阻遏肺卫为主要证候，临床常见身热、微恶寒、头胀、胸闷、身重肢酸等表现。发病季节以夏末秋初多见。

前人多将暑湿放在暑病或暑温中论述。《内经》“因于暑，汗，烦则喘喝，静则多言，体若燔炭”。《金匮要略》：“太阳中暍，发热恶寒，身重而疼痛”。“太阳中热者，暍是也，汗出恶寒，身热而渴，白虎加人参汤主之”。“太阳中暍，身热疼痛而脉微弱，此以夏月伤冷水，水行皮中所致也，一物瓜蒂散主之”。暑湿首见于陈无择《三因极一病证方论》：“暑湿者，恶寒发热，自汗，关节尽痛，头目昏眩，手足倦怠，不自胜持，此并伤暑湿所致也。”该书又指出：“冒暑毒，加以着湿，或汗未干即浴，皆成暑湿。”主张以茯苓白术汤治疗，这是对暑湿的初步认识。张元素指出暑湿的发病与夏末秋初的气候特点有关：“在大暑至秋分之间，为太阴湿土之位，所发暑病多挟湿，宜渗泄之法，以五苓散为主方治之。”明代王纶《明医杂著》中指出了暑湿的治疗方法：“治暑之法，清心利小便最好。”对于治疗暑湿的方剂，李东垣的清暑益气汤实为暑湿而设。李梴在《医学入门》中说：“夏月，人多饮水食冷，治宜利湿，杂以消导，祛暑宜香薷饮、黄连解毒汤、白虎汤，和中宜大小调气汤。”清初喻嘉言《医门法律》认为暑病证治的四律之一是“凡治中暑病，不兼治其湿者，医之过也”。叶天士在《临证指南医案》和《幼科要略》中指出：“暑必兼湿。”俞根初《通俗伤寒论》首立暑湿伤寒专节，并分暑湿兼外寒、内寒二种证型论治。王孟英则认为：“暑令湿盛，必多兼感”。

何廉臣《重印全国名医验案类编》列暑湿为专病，收病案多例，在其按语中论述了暑湿治疗的有关问题。近代曹炳章在《暑病证治要略》把暑湿分为十三症进行辨证论治，系统描述暑湿病的因证脉治，并指出："病之繁而苛者，莫如夏月暑湿为最甚。"

根据好发季节及临床证候特点，夏季多发的上呼吸道感染、急性胃肠炎、钩端螺旋体病、小儿夏季热以及部分流行性乙型脑炎等，可参照本病辨治。

二、病因病机

本病的外因为外感暑湿病邪，内因为正气虚弱，脾胃先伤，元气不足。此外贪凉饮冷多易发暑湿兼寒。夏季气候炎热，暑气既盛，且雨湿较多，湿气亦重，天暑下逼，地湿上蒸，湿气与暑热相合，则形成暑湿病邪。如曹炳章所说："人在此气交之中，受其炎蒸，元气强者，三焦精气足，或可抗邪。元气虚者，三焦精气不足，无隙可避，可见正气亏虚是本病损其脾胃，乘暑天而作病也。"

本病发病急骤，初起以寒热、身痛等暑湿郁遏卫气或暑湿兼寒束表证候为主。继之进入气分，蒸腾上、中、下三焦。既有暑热之性易耗津伤气、化燥化火、伤络动血、郁结发黄等病机变化，又有湿邪重浊黏滞易困阻中焦。暑湿化热后，进入营血分，病变与暑温邪在营血阶段相似。

三、诊断要点

（1）发病季节：本病发生于夏令酷暑湿盛季节。

（2）起病急骤，初起以寒热、身痛为主要表现，进入气分后，以发热、心烦、尿赤等暑热内盛症状突出。

（3）病程中多有黄疸、出血体征，常兼有脘痞、苔腻等湿邪内阻症状。

四、辨证治疗原则

本病具有暑热证候突出，兼有湿邪内郁表现为临床特点，故以清暑热、化湿浊、调气机、和脾胃为基本法则。初起多有外邪束表而兼寒湿，故清暑泄热中不忘透表祛邪。入里气分以清暑化湿为大法，视病变部位不同而随证遣方。暑湿干扰胃肠宜清解暑热化气利湿；困阻中焦宜辛寒透泄阳明暑热为主，兼化太阴脾湿；暑湿弥漫三焦宜清化、宣通三焦暑湿；暑湿化燥化火则可参考暑温证治。

文献辑要

暑之中人也，阴虚而多火者，暑即寓于火之中，为汗出而烦渴；阳虚而多湿者，暑即伏于湿之内，为身热而疼重，故暑病恒以湿为病，而治湿即所以治暑。瓜蒂苦寒，能吐能下，去身面四肢水气，水去而暑无所依，将不治而自解庆矣。此治中暑兼湿者之法也。

（尤在泾《金匮要略心典》）

秽浊者，即俗称为痧疫也。是证多发夏秋之间，良由天暑下逼，地湿上腾，暑湿交蒸，更兼秽浊之气，交混于内。人受之，由口鼻而入，直犯膜原，初起头痛而胀，胸脘痞闷，肤热有汗，频欲恶心，右脉滞钝者是也。然有暑湿之分，不可以不察也。如偏于暑者，舌苔黄色，口渴心烦，为暑秽也；偏于湿者，苔白而腻，口作不渴，为湿秽也。均宜芳香化湿法治之，暑秽加滑石、甘草，湿秽加神曲、茅、苍。

（雷少逸《时病论》）

五、临床举要

暑湿证是温病中暑温挟湿之证，夏秋之际，天暑下迫，地湿上蒸，人感其气，即易患此证，夏天的上呼吸道感染、肺炎、肠伤寒及多种疾病之继发感染所致的热性病多参照暑湿论治。刘仕昌教授对暑湿的治疗重辨暑湿之病位，审体质之虚实，察邪正之盛衰，并喜用芳香宣透、解肌之品，少佐淡渗，慎用苦寒，如青蒿、香薷、藿香、葛根、柴胡、黄芩等。将身热，咳喘咳痰多而不爽，咳引胸闷痛，恶热心烦，口微渴，纳减，咽红，舌红、苔黄浊腻等暑湿犯肺证，以解暑化湿、宣肺化痰法治疗，仿雷氏清暑开痰法加减，常用药如：香薷、青蒿、葛根、黄芩、浙贝母、生薏仁、北杏仁、扁豆花等。将身热（多为低热，体温37～35℃）不退，自汗，口微干渴，肢倦神疲，纳呆便溏，尿短赤，舌质淡红、苔腻，脉细数或虚数的气虚伤暑证，以益气生津，清暑燥湿法治疗，方用李东垣清暑益气汤，若暑湿邪留阴分，阴分已伤明显者则合青蒿鳖甲汤化裁。[王新华. 刘仕昌教授治疗暑湿经验简介. 新中医，1987（6）：3]罗氏认为暑湿感冒是因人体感受夏季暑湿时邪，湿热交蒸而出现发热，以午后为甚，湿为阴邪，其性重浊腻滞，与热相合，湿中蕴热，热处湿中，湿热相搏，健运失司，出现脘腹满闷，胃纳差，恶心欲呕，舌质红，苔黄腻等证。用甘露消毒丹加减治疗38例，总有效率94.74%。[罗雯文，李冰洁.甘露消毒丹加减治疗暑湿感冒发热38例，河北中医，2013，35（1）：68～69]庄氏将肺炎按照暑湿论治，采用蒿芩清胆汤加减治疗，总有效率96.67%。[庄秋红. 蒿芩清胆汤治疗急性肺炎，吉林中医药，2010，30（3）：196～197]陈氏治疗小儿外感发热患儿48例，表现为高热不退，汗出不畅，头痛，鼻塞，流涕，咳嗽，倦怠，泛恶，舌尖红，苔白腻，脉数或指纹色紫等暑湿征象，予以新加香薷饮加减治疗，总有效率97.92%。[陈锡军，肖碧跃，艾碧琛. 新加香薷饮加减治疗小儿外感发热暑湿证疗效观察中国中医急症，2009，18（7）：1052～1053]王氏将发热，体温均在38.5℃以上，发热以暮后或夜间为甚，纳呆，无汗或有汗不多，流涕疲倦，不咳或轻咳，咽红，小便赤，舌苔黄厚腻，脉数，大部分患儿有呕吐（或）伴腹泻等感冒症状象归属于暑湿型，用加味三仁汤治疗28例，治愈率100%。[王东旭，加味三仁汤治疗小儿暑湿型感冒28例，广西中医药，2006，29（5）：33]

第三节　伏　　暑

一、概述

伏暑是于夏月感受暑热或暑湿病邪，邪伏体内，发于秋冬季节的急性外感热病。其特点为起病即有高热、心烦、口渴、脘痞、苔腻等暑湿郁蒸气分，或高热、烦躁、口干不甚渴饮、舌绛苔少等热炽营分见证。由于本病发病季节有秋冬迟早之不同，加之初起即有明显的里热证，因而又有“晚发”、“伏暑晚发”、“伏暑秋发”、“冬月伏暑”、“伏暑伤寒”等名称。如吴坤安云：“晚发者，长夏暑湿之邪留伏于里，至秋新邪引动而发也”。

临床上以发病急骤，病情深重，危变证复杂，病势缠绵为特征。

部分伏暑患者在发病过程中病情较重，易快出现尿闭、出血斑、神昏、抽搐、厥脱等危重证候；少部分患者经救治脱险后，或留有震颤、瘫痪等后遗症。这些病变特点是秋冬季节的秋燥、伤寒等外感病较为少见的表现，是诊断和治疗伏暑时应注意之处。

《素问·生气通天论》有载：“夏伤于暑，秋必痎疟”。所言虽不是专指伏暑，但此实为夏暑秋发为病的最早记载和理论依据。此后，对伏暑的病因病机、临床表现和治疗方法等代有所论。

宋有《太平惠民和剂局方·卷二》记载到：“黄龙圆治丈夫妇人伏暑，发热作渴，呕吐恶心，黄连一味为丸”。“水浸丹治伏暑伤冷，冷热不调，霍乱吐利，口干烦渴等，巴豆一味腊丸”的记载。其所称的“伏暑”是感受暑热之意，指病因及临床症状而非指伏暑的病名。但对后世关于伏暑病名的确立奠定了重要的基础。明·李梴《医学入门》也有类似的论述：“伏暑，即冒暑久而藏伏三焦肠胃之间。热伤气而不伤形，旬日莫觉，变出寒热不定，霍乱吐泻，膨胀中满，疟痢烦渴，腹痛下血等症”。对伏暑的邪伏部位（三焦肠胃）及其病机（暑久藏伏）和临床表现（寒热、吐泻等）进行论述，并初步提出了伏暑的名称。明·王肯堂“暑邪久伏而发者，名曰伏暑”之语出，因其对伏暑的概念表述较为明确，后人多认为伏暑的病名正式确立于王肯堂的《证治准绳》。

清代，许多温病学家对伏暑的因证脉治有了更加深入的研究，如周扬俊的《温热暑疫全书》、俞根初的《通俗伤寒论》、吴鞠通的《温病条辨》、吴坤安的《伤寒指掌》、陆子贤的《六因条辨》等书，都设专章讨论伏暑的因、证、脉、治、方药等内容，从而使伏暑在理论和治疗上渐臻完善。如吴鞠通《温病条辨》所说：“长夏受暑，过暑而发者，名曰伏暑”，并研制“银翘散去牛蒡、玄参加杏仁、滑石”等方治疗太阴伏暑等病证。

现代医学的秋冬季重型感冒、流行性出血热、散发性出血热、散发性脑炎等疾病与伏暑相似，可归属伏暑范围，可参考本病进行辨证论治。

二、病因病机

伏暑的病因是暑湿或暑热病邪。对此，史有前贤各执己见。石寿棠认为，阴液亏损是伏暑邪气内伏的前提，故曰：“伏暑及伏暑晚发较春夏温病来势稍缓，而病实重。”“推此病之由，总缘阴虚之质，夏月汗多伤液，内舍空虚，阳浮于外，暑湿合邪，深踞膜原……秋来阳气渐敛，邪与正争而病作矣。”吴达则认为，“湿热之邪，人多受之，未必皆成伏暑证也。其人中阳素旺，不受寒凉，不喜生冷……至其人中气虚馁，或劳倦伤中，湿热易于内蕴，致为偶受寒邪，新凉外逼，内邪被逼而动，内外合邪，发为伏暑。”而一般认为，该病的发生是于夏月感受暑湿或暑热，病邪蕴伏于体内，未即时发病，至深秋或冬月，由当令时邪触动诱发而致伏暑。由此可见，伏暑的外因为感受暑热或暑湿之邪，伏于体内；诱发因素是秋冬时令之邪。所以根据本病的特征，将其归属于伏气温病的范畴。

感受暑热或暑湿之邪是否发病，主要取决于正邪两方面因素。邪正斗争的结果，有不病、即病、邪气隐伏过时而发或不发的三种可能：一是正盛邪轻，邪不敌正，邪退而不病；二是正虚邪重，或正盛邪实，均可感邪即病；三是在邪气较微，正气较盛的情况下，邪微不足以致害，正气不足以抗邪外出，邪气得以潜藏隐伏，而不出现病状，也多不被察觉。但随着时日的迁延，病邪不断耗伤正气，加上外界气候变化对人体的影响，或劳倦伤气等因素，使正邪双方逐渐发生变化，甚至失去平衡，导致病变发生而病显于外。如吴鞠通《温病条辨》认为伏暑的发病机理为：“长夏盛暑，气壮者不受也；稍弱者，但头晕片刻，或半日而已；次则即病；其不即病而内舍于骨髓，外舍于分肉之间者，气虚者也。盖气虚不能传送暑邪外出，必待秋凉金气相搏而后出也，……其有气虚甚者，虽金风亦不能击之使出，必待深秋大凉初冬微寒相逼而出，故犹为重也。”由上可见，暑湿之邪因气虚而侵入人体，伏隐不发，进而耗伤正气，使人体的防御机能下降，受秋、冬寒凉之气激发，便突然引发，这便是伏暑的发病原理。

伏暑发病主要有两种类型：即卫气同病及卫营同病。这是由于伏邪多由当令时邪外感引动而发，故邪伏于气分和邪伏于营分，其初起均兼有邪袭卫表之形成，可为卫气同病或卫营同病两大类型。发病类型是因感邪性质和邪伏部位不同而异，若是夏季感受暑湿病邪，郁伏于气分，其病变以暑湿内郁气分为重心；若为感受暑湿病邪，伏而化热，郁伏于营分，其病变以热炽营分为重心。一般地说，病发于气分，病情较轻；发于营分，病情较重。如俞根初《通俗伤寒论》所论：“夏伤于暑，被湿所遏而蕴伏，至深秋霜降及立冬前后，为外寒搏动而触发。邪在募原而在气分者，病轻而浅；邪舍于营而在血分者，病深而重。”另外，尚有前贤认为，伏暑病情的轻重与病发时间的迟早亦有一定的关系，如吴鞠通认为：“霜未降而发者少轻，霜既降而发者则重，冬日发者尤重。”

伏暑初起表现为卫气同病者，当表解后，病机特点主要为暑湿内蕴气分。气分阶段证型因暑湿内蕴的病位不同，先多见郁阻少阳，进而暑湿困阻脾胃，或与胃肠积滞交结，阻于肠道，表现为湿热交混或热重于湿之证，则其临床症状和病机与暑温兼湿及湿温大体相同。故吴鞠通《温病条辨》说："伏暑、暑温、湿温，证本一源，前后互参，不可偏执。"由于暑与湿有轻重的不同，以及胃阳、脾气强弱之差异，故病程的演变尚可转化为不同的证候类型，或可化燥伤阴而深入营血分。初起即卫营同病者，表解之后则见热郁营分，可表现为心营热盛下移小肠证；营热进而深入血分，多见热瘀交结、内闭包络，或瘀热蕴结下焦。不论是暑湿内郁气分，还是暑热内舍营分，均可在病邪骤退之后而有正气耗伤，甚至导致阳气外脱，或气阴两虚等危重证。后期可出现肾气大伤，下元亏虚，固摄失职的病机变化。少数患者因痰瘀阻络而留下后遗症，但通过治疗大多可好转，较少留下终身后遗症。

三、诊断要点

（1）发病季节在深秋或者冬月。

（2）临床表现多为发病急骤，病情较重，初起即见气分热盛或营分热盛证，均可兼见卫分表证。

（3）严重者即可出现阴伤尿闭或者尿多失固的危重证候。

对伏暑的诊断，应根据发病季节、临床证候特征，明确其病变在气分或营分、病情轻重虚实以及传变趋势等，便可掌握其各证型的诊断。

四、辨证治疗原则

伏暑之辨证，在于辨暑与湿孰轻孰重、初发病位以及伤津耗气，入血动风等的病机转化。首先分辨暑与湿之孰轻孰重以及病机转化；属暑湿化热者，注意伤津耗气，入血动风。其次辨暑湿病邪初发部位，伏暑初发除了新感外邪袭表的卫表症候外，病变的重点是邪伏于里的气分及血分症征。如出现发热、心烦口渴、脘痞苔腻等见症，是病发于气分，其病位主要有在少阳、脾胃、肠腑等不同；若出现发热、口干、心烦、舌赤无苔等症，则为邪发于营分，其病位可涉及心包、小肠、肝、肾和全身脉络等。一般地说，病发于气分者病势相对轻、病位浅、以实证为主；发于营分者病情重、病位深、除邪实外并有营阴正气耗损的虚候。再辨气血阴阳状态，暑邪本易损伤气阴，若其久伏，暗耗正气，内伏之暑热则可骤然发作，病势猛烈，大伤气血阴阳，甚至导致阴阳气血外脱。临床上既可见小便短少不利、甚至无尿现象，后期也可出现肾虚失固而尿频量多、甚至遗尿等临床表现。而恢复期以余邪留扰、气阴两伤者为多见。伏暑治疗临床要察微知著，提高警惕。

伏暑治疗总以清里热为主，兼以化湿、宣表、导滞、散瘀、养阴、开窍、固脱等。若初起发于气分，卫气同病，暑湿郁蒸气分，当以清暑化湿，疏宣透表；若发于营分，卫营同病，热炽营分，则应清营泄热，辛散透表。若邪郁少阳，枢机不利，治宜清泄少阳暑湿。若暑湿夹滞阻于肠道，对此证的治疗应注重连续攻下，但制剂宜轻，因势利导，不宜猛攻，即所谓"轻法频下"。正如叶天士所说："伤寒大便溏为邪已尽，不可再下；湿温病大便溏为邪未尽，必大便硬，慎不可再攻也，以粪燥为无湿矣"，故治宜清热化湿，导滞通下。若暑热耗伤阴液，阴虚"无津作尿"而出现小便不利，不可单用苦寒清泄暑热，同时应配以滋阴养液之法，使热除阴复，小便自利。若暑热动血耗血，热瘀互结，气阴两脱，治疗上应采取急救措施，在凉血化瘀的同时急于大补气阴以固脱。若肾气受损，固摄无力，出现小便频数或遗尿，治宜温补肾气，化气缩尿。总而言之，伏暑的辨治，早期应以清泄里热为主，随后应根据病机变化和气血阴阳损伤程度采取相应的治疗措施，灵活辨证论治。

文献辑要

伏暑即冒暑久而藏伏三焦肠胃之间。热伤气而不伤形，旬日莫觉，变出寒热不定，霍乱吐泻，膨胀中满，疟痢烦渴，腹痛下血等症。 （李梴《医学入门》）

人受暑热之毒，栖伏三焦肠胃之间，久久而发者为伏暑。如霍乱吐泻，发于秋间，以及疟疾等症。 （周扬俊《温热暑疫全书》）

湿热之邪，人多受之，未必皆成伏暑证也。其人中阳素旺，不受寒凉，不喜生冷……至其人中气虚馁，或劳倦伤中，湿热易于内蕴，致为偶受寒邪，新凉外逼，内邪被逼而动，内外合邪，发为伏暑。 （清·吴达《医学求是》）

长夏受暑，过夏而发者，名曰伏暑。霜未降而发者少轻，霜既降而发者则重，冬日发者尤重。

（《温病条辨·上焦篇·三十六条》）

伏暑、暑温、湿温，证本一源，前后互参，不可偏执。

（《温病条辨·上焦篇·四十二条》）

伏暑即伏暑晚发，较春温病来势稍缓而病实重。初起微寒发热，午后较重，状似疟而不分明；继而但热不寒，热甚于夜，天明得汗，身热稍退而胸腹之热不除，日日如是，往往五七候始解，推此病之由，总缘阴虚之质，夏月汗多伤液，内舍空虚，阳浮于外，暑湿合邪，深居膜原。……初起邪在气分，必须分别湿多、热多。 （石南《医原》）

五、临床举要

伏暑发病于深秋或冬月。证之临床，秋冬季节的重型流感、流行性出血热、散发性脑炎等临床表现类似伏暑，可纳入伏暑病范畴治疗。

从现代医学研究上来看，暑邪内伏相当于某些传染病的隐性感染。周学平等学者则通过研究《温病条辨》，探索吴鞠通对伏暑的论述对流行性出血热、流行性乙型脑炎、钩端螺旋体病等传染病的发病规律及证治具有极大指导意义。张养生则总结 24 例以“发热”为主诉的门诊病例，其中 4 例拟西医诊断为“伤寒”，3 例拟西医诊断为“上呼吸道感染”，其余予“发热待查”诊断，通过予以蒿芩清胆汤、藿香正气散、三仁汤、甘露消毒丹等中药汤剂从伏暑病论治，经统计，复诊的 19 例无一再发，平均退热时间为 2 天。田仁军亦报道一则以甘露消毒丹治疗伏暑病的案例，时逢十一月秋冬季节，患者刻下诊：发热，少汗，周身困倦，脘闷不饥，小便黄少，舌红，苔白腻、中唇微黄，脉濡细，以上乃湿热蕴酌郁蒸之候。西医诊断为流行性感冒，予上方加减服 6 剂诸证皆除。尹宗强将具有发热、胸闷痛、头身困重、舌红苔黄腻等症状的肺炎，以伏暑卫气同病论治，予服银翘散加减，取得显著的疗效。沈开金于临床上汲取以下四则伏暑验案：其一，西医检查诊断为沙门氏菌属感染，依刻下寒热往来、发热、呕恶、头昏倦怠、苔白腻、脉弦滑数，中医诊断为伏暑病（邪之伏少阳、痰湿阻滞），方用小柴胡汤合温胆汤化裁；其二，西医检查诊断为肠炎，予补液加抗生素治疗无效，刻诊：发热、神情略显呆滞、脘腹痞胀、大便溏薄、滞下不爽、苔黄腻、脉濡数，中医诊断为伏暑（邪结肠腑、湿热蕴结），方用枳实导滞汤化裁；其三，患者持续发热十日、午后热甚、胸闷脘痞、头昏思睡、倦怠懒言、心烦溺赤、肥达氏反应（+），舌苔白而腻、脉濡缓。西医诊断为伤寒，中医诊断乃伏暑病（湿热遏气 、暑湿蕴中），方选三仁汤出入；其四则西医诊断为流行性感冒，中医辨刻诊：寒热如疟、心烦口渴、脘腹痞闷、苔黄腻、脉濡数，辨病为伏暑病（邪在少阳、枢机不利）。以上四则病案验之以中医伏暑病治疗，均得以药证相符，故病皆愈。张世敏等从伏暑论治秋冬季带状疱疹，治疗效果达到 90.5%的有效率。周新灿报告，袁长津教授指导治疗 1 例带状疱疹病毒性脑炎，其认为该病多为病毒潜伏性感染被激活而发病，属中医伏暑范畴，予服竹叶石膏汤加减后病情逐渐改善。

近来，李鸿涛等报道1例药物性皮疹、剥脱性皮炎伴脓疱疮病案，患者刻诊：全身皮肤艳红、压之褪色伴肿胀，恶热喜凉，伴发热，舌红绛，脉弦细数，中医诊断为伏暑之气阴两虚证，予竹叶石膏汤合犀角地黄汤加减治疗，药后水肿及肤红明显消退。杨玥等初步探析总结出，尤松鑫教授首先从伏暑病辨治慢性乙肝的思路，并且创新性地从卫气营血辨治慢性乙肝等等，为中医治疗慢性乙肝提供了指导性意义。

第四节　湿热类温病主要证治

湿热类温病的病因具有阴阳双重属性。证候方面：一是多以脾胃为中心而弥漫全身的湿热症状；二是阴阳合邪的某些矛盾性症状，如身热不扬，面色不红呈淡黄，不烦躁但呆痴，渴而不欲饮，知饥而不欲食，大便数日不下但不燥结等，须细加辨识。治疗方面：因病邪为湿热相合，故易互相牵制。清热多用苦寒，但苦能化燥伤阴，寒可退湿难解；祛湿多偏温燥，然温能助热增邪，燥则易伤阴津。临床必须审度病势，合理遣方用药，力求做到清热不碍湿，祛湿不助热，而同时照顾到阴津盛衰。切忌急于求成而用刚猛之剂，否则将造成邪未去而正已伤之态，而致困顿。

湿热类温病的病理变化，主要反映了温邪对人体卫气营血及三焦所属脏腑的功能失调及实质损害，故临床上多将卫气营血辨证和三焦辨证有机结合，共同用以湿热类温病的辨治，借以归纳证候类型，分析其病理变化，明确病变部位，确立治疗方法，从而更好地辨证施治。

一、卫气分证治

湿热类温病的初起以恶寒少汗，身热缠绵，头重肢困，胸闷脘痞，苔腻脉缓等卫分证和气分证同时出现为多见，但也可以单见卫分证。初期常见有暑湿束表、邪遏卫气、邪阻膜原、卫气同病等证，治疗以芳香透表，清热化湿为原则，忌用汗、下、滋腻。

（一）邪遏卫气证

【证候】身热不扬，午后热势较显，恶寒，无汗或少汗，头身如裹，身重酸困，四肢倦怠，胸闷脘痞，口不渴，苔白腻，脉濡缓。

【分析】本证是湿温初发常见证型，为湿热郁遏卫气，湿重热轻之候。既有湿郁卫分之表证，又有湿遏气机之里证。其病机是湿邪偏重，郁遏肌表，肺气失宣。肺主气而属卫，湿遏卫阳，失其温煦开合之职则恶寒，无汗或少汗；湿中蕴热，热被湿遏，故虽发热而身热不扬，午后热势较显；湿性重浊黏滞，蒙蔽清阳，清阳不宣，则头重如裹；湿邪着于肌肉四肢，则头身酸困，四肢倦怠；湿阻气分，气机运行受阻，故胸闷脘痞；湿浊上泛，则口不渴，苔白腻；湿阻经脉之气，则脉濡缓。本证发热恶寒，无汗或少汗，有似风寒束表，但脉不浮紧而见濡缓，且有胸闷脘痞，有似食滞里证，但苔不垢腻而见白腻，脉不滑实而见濡缓，且无嗳腐食臭等症，则非食滞伤中。午后热甚，有似阴虚之状，但两颧不红而见面色淡黄，且无细数之脉及五心烦热、舌红少苔等阴虚内热见症。本证以恶寒，身热不扬，胸闷脘痞，苔白腻为辨证要点。

【治法】芳香辛散，宣化表里湿邪。

【方药】藿朴夏苓汤（《医原》）：

藿香（二钱）　半夏（一钱五分）　赤茯苓（三钱）　杏仁（三钱）　生苡仁（四钱）　蔻仁（六分）　猪苓（一钱五分）　泽泻（一钱五分）　淡豆豉（三钱）　厚朴（一钱）

方中用淡豆豉、杏仁宣肺疏表，肺气宣化，则湿随气化；藿香、厚朴、半夏、蔻仁芳香化湿，燥湿理气，使里湿祛除而气机得畅；猪苓、赤茯苓、生苡仁、泽泻淡渗利湿，并可泻热，为湿邪寻求出路。石芾南曰："湿去气通，布津于外，自然汗解"。本方集芳香化湿、苦温燥湿、淡渗利湿于一方，以使表里之湿内外分解。

三仁汤（《温病条辨》）：

杏仁（五钱） 飞滑石（六钱） 白通草（二钱） 白豆蔻（二钱） 竹叶（二钱） 厚朴（二钱） 生苡仁（六钱） 半夏（五钱）

方中用杏仁清宣肺气；白豆蔻、厚朴、半夏芳香化浊，燥湿理气；生薏仁、白通草、飞滑石淡渗利湿；合用竹叶以轻清宣透郁热。吴鞠通说："唯以三仁汤轻开上焦肺气，盖肺主一身之气，气化则湿亦化也。"

以上两方，均有开上、畅中、渗下作用，能宣化表里之湿而用于邪遏卫气证。其中藿朴夏苓汤因有豆豉、藿香疏表透卫，故用于湿邪偏于卫表而化热尚不明显者为宜；三仁汤因有竹叶、滑石能泄湿中之热故用于湿渐化热者为宜。

【临床运用】临床上舌苔黄腻，热重于湿者则不宜使用。若见表闭较重而恶寒无汗者，可酌情加入苍术、葛根、防风疏表散湿；若表湿较重，可加入佩兰、大豆卷增强化湿之力；因湿热干肺而咳嗽气急、胸闷者，可加桑皮、批把叶宣开肺气。

文献辑要

邪在气分当分湿多，热多。湿多者治法总以轻开肺气为主，肺主一身之气，气化则湿亦化，即有兼邪，亦与之俱化。湿气弥漫，本无形质，宜用体轻而味辛淡者治之，辛如杏仁、蔻仁、半夏、厚朴、藿梗，淡如薏苡仁、通草、茯苓、猪苓、泽泻之类兼寒者；恶寒、无汗：前法酌加豆豉、葱白、生姜之类。（《医原·湿气论》）

治法以轻开肺气为主。肺主身之气，肺气化则脾湿自化，即有兼邪亦与之俱化。宜用藿朴夏苓汤。（《重订广温热论》）

头痛恶寒，身重疼痛，舌白不渴，脉弦细而濡，面色淡黄，胸闷不饥，午后身热，状若阴虚，病难速已，名曰湿温。汗之则神昏耳聋，甚则目瞑不欲言；下之则洞泄；润之则病深不解。长夏、深秋、冬日同法，三仁汤主之。（《温病条辨》上焦篇·四三）

唯以三仁汤轻开上焦肺气，盖肺主一身之气，气化则湿亦化也。

（《温病条辨》上焦篇·四三）

（二）暑湿束表证

【证候】发热，微恶风寒，稍有汗出，头身困重，肢体倦怠，咳嗽胸闷，苔白薄腻，脉浮濡数。

【分析】本证为感受暑湿病邪所致的暑湿病初起证候。暑湿之邪外袭，机体正气抗邪，卫阳郁而不畅，故见发热微恶风寒，以其暑热为主而湿性黏滞，故热重寒轻汗少；邪困肌表，经气不利，则头身困重，肢体倦怠；肺卫受邪，气失宣肃，则咳嗽胸闷；苔白薄腻，脉浮濡数乃暑湿束表之征。

【治法】清暑解表，宣肺化湿。

【方药】卫分宣湿饮（《暑病证治要略》）：

西香薷（一钱） 全青蒿（钱半） 鲜荷叶（一角） 苦杏仁（钱半） 淡竹叶（三十片） 滑石（四钱） 茯苓（三钱） 通草（一钱） 鲜冬瓜皮（一两）

方中用香薷、青蒿、鲜荷叶芳香辛散，疏解在表暑湿；杏仁苦温，宣将肺气，气化湿亦化；竹叶、滑石清暑利湿；茯苓、通草、冬瓜皮淡渗利湿，湿由小便而去，则暑热随之外解。诸药共奏芳香辛散，清泄湿热之功，适用于暑湿之邪外袭，困郁肺卫肌表者。

新加香薷饮（《温病条辨》）：香薷、厚朴、鲜扁豆花、银花、连翘。功以疏表散寒、涤暑化湿。用于治疗暑湿内蕴，寒邪外束证，症见发热恶寒，头身无汗，身形拘急，胸痞心烦，舌苔薄腻。此为属夏月感冒的一种类型，又称“冒暑”，证属暑、湿、寒三气交感，表里并困，与单纯感受寒邪或暑湿者不同。

【临床运用】卫分宣湿饮和新加香薷饮同样用于暑湿在卫之方，前者药取辛温合甘淡之品，意在透邪达表而化湿，用于暑热之象较轻者；后者药用辛温合辛凉之品重在解表清暑，用于寒邪外束而暑湿内郁者较为合适。临床运用新加香薷饮时，若恶寒明显而无汗者，重用香薷，或加荆芥、防风以助解表；发热较甚，可加银花、连翘清热透邪；咳嗽痰多，加象贝、牛蒡等清肺化痰。

文献辑要

手太阴暑温，如上条证，但汗不出者，新加香薷饮主之。

（《温病条辨》上焦篇·暑温）

夫夏月暑热炎蒸，人在气交之中，似乎得风则爽，何得有暑风之证？然风有虚邪贼风，从克贼之方来者，皆能致病，故感之者，即见发热无汗之表证。香薷辛温芳香，能由肺之经而达其络，以解外感之风邪。鲜扁豆花产于夏月，凡夏月所生之物，均能解暑，又凡花皆散，且轻清入肺，又能保液存阴。连翘、银花，辛凉解散，以清上焦之暑热。厚朴辛温苦降，能散能宣，燥湿而除满，以暑必兼湿，故治暑方中，每加厚朴，相须佐使，用其廓清胸中之湿，使暑热自离而易解耳，决无治上犯中、治热用温之害也。（清·张秉成《成方便读》）

（三）卫气同病证

【证候】发热恶寒，无汗头痛，肢体酸楚，口渴心烦，小溲黄赤，脘痞苔腻，脉濡数。

【分析】此为伏暑初起所常见证，由新感引动内伏之暑湿所致。邪由外袭，卫阳与之抗争，腠理开合失司，故见发热恶寒，无汗头痛等表证；暑热内郁气分，则口渴心烦小溲黄赤；湿阻气机，则肢体酸楚，脘痞；苔腻，脉濡数为湿热之征。诸症并见，形成表里同病的证型。本证与秋冬间因风寒所致的伤寒、感冒等，虽同为外感疾病，但病情并不相同。风寒在表者，仅单纯表现为恶寒发热、头痛无汗等表证，并无口渴、脘痞、苔腻等暑湿内郁于里等证；本证则既有表证，又有里证，此为两者不同之点。本证与春温发于气分兼有表证者，均为表里同病。但其表证虽同而里证不同，一为里有暑湿，一为里有郁热。且两者发病季节不同，春温发于春季，本证发于秋冬，故二者不难辨别。本证以发热恶寒，心烦口渴，脘痞苔腻为辨证要点。

【治法】疏解表邪，清暑化湿。

【方药】雷氏清宣温化法（《时病论》）：

连翘（三钱，去心） 杏仁（二钱，去皮尖，研） 瓜蒌壳（三钱） 陈皮（一钱五分） 茯苓（三钱） 制半夏（一钱） 甘草（五分） 佩兰叶（一钱） 荷叶（二钱）

本证外有表邪，当予辛散解表；里有暑湿，又当清热化湿，此当用表里同治之法。雷氏清宣温化法以连翘寒而不滞，清宣泄热；杏仁辛润不燥，温散表邪；配以佩兰、荷叶芳化疏透；陈皮、蒌壳宣畅气机；半夏、茯苓化除里湿；甘草调和诸药，另外荷叶尚有为引的作用。诸药合用可使表里之邪各得分解。

银翘散去牛蒡子元参加杏仁滑石方（《温病条辨》）：

银花（一两） 连翘（一两） 桔梗（六钱） 薄荷（六钱） 竹叶（六钱） 生甘草（五钱）荆芥穗（四钱） 杏仁（六钱） 滑石（一两）

方中用银翘辛凉疏解卫阳之邪，加杏仁以开肺利气，以肺主一身之气，气化则湿亦易化；滑石清利暑湿；小便短少，可加苡仁、通草淡渗利湿。诸药共奏辛凉疏透，清泄湿热之功适用于表证较轻，而热象较显者。

黄连香薷饮（《丹溪心法》）：

香薷（一斤）　厚朴（半斤，制）　黄连（四两）

本方系三物香薷饮去扁豆，加黄连而成。方以香薷、厚朴解表散寒化湿，黄连清热除烦。适用于表寒较甚里有暑湿，且暑热较甚而口渴、心烦者。

【临床运用】临床运用时，若恶寒明显而无汗者，可重用香薷，或加荆芥、防风以助解表；发热较甚，可加银花、连翘清透热邪；若湿邪较甚者，可加藿香、佩兰、滑石、通草；暑热较甚者，可加荷叶、青蒿、西瓜翠衣等。

文献辑要

太阴伏暑，舌白口渴，无汗者，银翘散去牛蒡子、元参加杏仁、滑石方主之。

（《温病条辨》上焦篇·伏暑）

暑证，用黄连香薷饮。挟痰，加半夏、南星；虚，加人参、黄芪。

（《丹溪心法》卷一·中暑三）

暑为无形之阳邪，最易耗气伤津，若汗多者，当以白虎汤清透气热为原则；但有汗表症悉具者，仍当以辛凉解表，黄连香薷饮为主方。（近·张耀清《内科临证录》）

二、气分证治

湿热类温病的气分证候，多发生在病变的中期，病变以中焦脾胃为主，且湿邪具有弥漫三焦的特性，所以根据湿热的偏重程度和病变的不同部位，呈现出以下 15 个证候类型。治疗总以分解脾胃湿热为大法，兼以宣肺化湿、苦温燥湿、淡渗利湿等治法。

（一）湿热痹阻中上焦

【证候】不知饥饿，不思饮食，头重如裹，胸闷，恶心欲呕或鼻塞、耳鸣、甚或耳聋，舌苔白腻，脉濡缓。

【分析】本证的湿热病邪是从上焦来的，病变部位仍然较浅，湿浊蒙蔽清窍故头重如裹，胸闷，或鼻塞、耳鸣、甚或耳聋，湿热困阻中焦致不知饥饿，不思饮食，恶心欲呕，湿热痹阻中上焦仍以湿浊为主，所以多舌苔白腻，脉濡缓。

【治法】辛透开郁，清热化浊。

【方药】三香汤《温病条辨》：

栝蒌皮（三钱）　桔梗（三钱）　黑山栀（二钱）　枳壳（二钱）　郁金（二钱）　香豉（二钱）　降香末（三钱）

本方栝蒌皮、桔梗、枳壳等微辛微苦的药物宣开上焦的气机；用质轻味苦能走上的栀子清热；用香豉、郁金、降香化中上二焦的秽浊，理气开郁。本证以上焦为湿热的去路，所以用质轻芳香走上的药物为主。

【临床运用】若食欲不佳，可用神曲、山楂、麦芽、谷芽；恶心严重者，可加生姜、紫苏叶；头晕重者，加藿香、佩兰。临床多用于治疗消化系统疾病。

文献辑要

湿热受自口鼻，由募原直走中道，不饥不食，机窍不灵，三香汤主之。

《温病条辨》

（二）湿热伤肺

【证候】咳嗽，咳痰色白质黏，息促，胸闷，苔腻，脉濡。

【分析】湿热阻肺，肺失宣肃则咳嗽，咳痰色白质黏，湿阻胸中气机则胸闷，息促，苔腻、脉濡是湿热蕴蒸的征象。

【治法】清热化湿，宣肺止咳。

【方药】千金苇茎汤加杏仁滑石方（《温病条辨》）：

苇茎（五钱）　薏苡仁（五钱）　桃仁（二钱）　冬瓜仁（二钱）　滑石（三钱）　杏仁（三钱）

方中苇茎汤轻宣肺气，加杏仁、滑石利窍布逐热饮。

【临床运用】若咳痰明显可加百部、紫菀、白前等，痰黏难咯加浙贝；咽喉不适可加桔梗、甘草、射干等。

文献辑要

太阴湿温喘促者，千金苇茎汤加杏仁、滑石主之。

《温病条辨》

（三）邪阻膜原

【证候】寒热往来，寒甚热微，身痛有汗，手足沉重，呕逆胀满，舌苔白厚腻浊如积粉，脉缓。

【分析】本候为湿温初发的证型，系湿热秽浊所致。膜原外通肌肉，内近胃腑，为三焦之门户，实为一身之半表半里。湿热秽浊由口鼻而入，直趋中道，膜原首当其冲。病在半表半里，正邪交争则寒热往来；湿浊偏盛 阳气受遏，不能布达于肌表四肢。则寒甚热微 身痛，手足沉重；阳气郁极而通，则汗出；湿阻气机，升降失司，则呕逆胀满。苔白厚腻浊如积粉，脉缓，是湿浊阻于膜原的临床特征。本证以寒热往来，寒甚热微，舌苔白厚浊腻为辨证要点。

【治法】疏利透达，宣化湿浊。

【方药】雷氏宣透膜原法（《时病论》）：

厚朴（一钱，姜制）　槟榔（一钱五分）　草果仁（八分，煨）　黄芩（一钱，酒炒）　粉甘草（五分）　藿香叶（一钱）　半夏（一钱五分，姜制）　生姜（三片为引）

本证湿浊郁闭较甚，非一般化湿之剂所能为功，须投以疏利透达之法，以开达湿浊之邪，本方系从吴又可达原饮化裁而来。方中用厚朴、槟榔、草果芳香辟邪，苦温燥湿，辛开行气，直达膜原，开泄透达盘踞之湿浊；辅以藿香、半夏、生姜、增强化浊燥湿，开达湿浊之力；佐以黄芩清泄湿中之热；甘草为和中之用。

本方性偏温燥，临床运用须适可而止，以防助热伤津，可加柴胡和解半表半里之邪。

【临床运用】如见寒热者，加柴胡、青蒿；有痰嗽者加杏仁、瓜蒌壳；呕恶者，加白蔻、苏梗、竹茹等。临床上凡舌苔厚腻、胸脘痞闷、身困纳呆者均用此方为主药。但本品辛香耗气，故对气阴不足者需慎用。

文献辑要

方中去知母之苦寒及芍药之酸敛，仍用朴、槟、草果达其膜原、祛其盘踞之邪，黄芍清燥热之余，一甘草为和中之用，拟加藿、夏畅气调脾，生姜破除化湿。　《时病论》

（四）湿重热轻，困阻中焦

【证候】身热不扬，胸闷脘痞，腹胀纳呆，恶心呕吐，口不渴或渴不欲饮或渴喜热饮，大便溏泄，小便浑浊，苔白腻，脉濡缓。

【分析】本证为湿邪偏盛，郁遏中焦气分，病变以太阴脾为主。脾受湿困，升运失司，则脘痞腹胀便溏；湿浊犯胃，胃失和降，则呕恶纳呆；湿阻影响肺气宣肃，则胸闷；身热不扬，口不渴，小便浑浊，苔白腻，脉濡缓，皆湿重热轻之象；若渴不欲饮或渴喜热饮，乃湿浊中阻，津不上承所致。

【治法】芳香宣化，燥湿运脾。

【方药】雷氏芳香化浊法合三仁汤。

雷氏芳香化浊法（《时病论》）：

藿香叶（一钱）　佩兰叶（一钱）　陈广皮（一钱五分）　制半夏（一钱五分）　大腹皮（一钱，酒洗）　厚朴（八分，姜汁炒）　鲜荷叶（三钱为引）

三仁汤（见卫气分证治）。

药用藿香、佩兰、白蔻仁芳香化浊；半夏、厚朴、陈皮、大腹皮燥湿理气运脾；杏仁宣肃肺气，薏苡仁、白通草、滑石淡渗利湿；鲜荷叶、淡竹叶升清化浊，轻透郁热。

【临床运用】若神识如蒙，头胀，呕逆，渴不多饮等，可用苏合香丸；若大便不通，少腹硬满不痛，苔垢腻，可用宣清导浊汤；若兼小便不通，呕逆加重等，可用茯苓皮汤。临床多用于急性胃肠炎，细菌性痢疾等。

文献辑要

唯以三仁汤轻开上焦肺气，盖肺主一身之气，气化则湿亦化也。湿气弥漫，本无形质，以重浊滋味之药治之，愈治愈坏。

头痛恶寒，身重疼痛，舌白不渴，脉弦细而濡，面色淡黄，胸闷不饥，午后身热，状若阴虚病难速已，名曰湿温。汗之则神昏耳聋，甚则目瞑不欲言，下之则洞泄，润之则病深不解。长夏深秋冬日同法，三仁汤主之。　《温病条辨》

（五）湿热并重，困阻中焦

【证候】发热汗出不解，口渴不欲多饮，脘痞呕恶，心中烦闷，或见白痦，便溏色黄，小溲短赤，苔黄滑腻，脉濡数。

【分析】本证为湿热俱盛，交蒸中阻。湿热蒸腾，则发热汗出，湿性黏滞难化，故汗出热不解；热盛津伤则口渴，溲短赤；湿邪内停，则渴不多饮；湿热扰心 则心中烦闷；湿热蕴遏脾胃 升降失司 故脘痞呕恶，便溏色黄；苔黄滑腻，脉濡数为湿热俱盛征象。本证以身热汗出不解，腕痞呃恶，心中烦闷，苔黄腻为辨证要点。

【治法】辛开苦降，燥湿泄热。

【方药】王氏连朴饮（《霍乱论》）：

制厚朴（二钱）　川连（一钱，姜汁炒）　石菖蒲（一钱）　制半夏（一钱）　香豉（三钱，炒）　焦栀（三钱）芦根（二两）

本方药用黄连、山栀苦寒，清热泻火；厚朴、半夏、石菖蒲辛温与苦温并用，开泄气机，燥湿化浊；淡豆豉宣郁除烦，有透邪外出之效；芦根清热生津，兼有防厚朴、半夏等辛燥之用。诸药配伍，有清热燥湿、理气化浊之功。

【临床运用】本方对发热汗出不解、口渴不欲多饮、吐利、脘痞、苔黄腻等湿热中阻证，有较好的疗效。若热重于湿，症见壮热、汗多、口渴饮冷、苔黄腻而干者，加滑石、寒水石、白茅根、生石膏以清热泻火；若湿浊较重，症见胀满、苔厚浊腻者，加草果、白蔻仁燥湿辟浊，以消胀满；有呕吐恶心者，可加藿香、竹茹以和胃止呕；兼见白痦者，可加苡仁、连翘、淡竹叶、滑石；若大便隐血者，加地榆炭、茜草炭，若津伤较甚口渴，小便短赤显著者，可加白茅根等生津之品。

文献辑要

腹痛痞满，呕吐不纳，舌白或黄，手扪之糙，渴不引饮，大便泄泻，小便不利，或赤而短。

此湿热内结于脾……舌苔黄滑者，宜辛开清解法，如藿香左金汤，连朴饮之类。

何廉臣《重订广温热论》

治湿热蕴伏而成霍乱，兼能行食涤痰。　　王仕雄《霍乱论》

本证属湿热并重，治疗宜清热与燥湿并行.方中黄连、栀子苦寒，清热泻火燥湿。厚朴、半夏、石菖蒲三药相配，苦温与辛温并用，辛苦开泄，燥湿化浊。半夏又有和胃止呕之功。豆豉宣郁透热。芦根清热生津。诸药配伍，为燥湿清热之良方”。

赵绍琴《温病纵横》

（六）热重湿轻，蕴阻中焦

【证候】壮热面赤，汗多口渴，烦躁气粗，脘痞声重，脉洪大滑数。

【分析】本证为阳明七分热炽，兼太阴脾湿。阳明热盛，里热蒸迫，则壮热、面赤、汗多；热盛伤津则口渴；热邪扰心则烦躁；热壅气机则呼吸气粗；湿困太阴，脾运失职，故脘痞、身重；苔黄微腻，脉洪大滑数，皆热重于湿的征象。本证以高热汗出，口渴脘痞，苔黄微腻为辨证要点。

【治法】清泄胃热，兼燥脾湿。

【方药】白虎加苍术汤（《类证活人书》）：

石膏（一斤）　知母（六两）　甘草（二两，炙）　梗米（三两）　苍术（三两）

本方药物即由白虎汤加苍术而成。药用生石膏、知母清泄胃热，除烦止渴；甘草、梗米益胃护津；苍术燥湿运脾。

【临床运用】若腹满加厚朴，呕逆加竹茹、半夏，溲短赤加淡竹叶、鲜芦根。中焦湿邪较盛，可酌加藿香、佩兰、滑石、大豆卷、通草等。

文献辑要

问两胫逆冷，胸腹满，多汗，头目痛苦，妄言。此名湿温也，其人尝伤于湿，因而中暑，湿热相搏，则发湿温。病苦两胫逆冷，腹满叉胸，多汗，头目痛苦，妄言，其脉阳濡而弱，阴小而急。治在太阴（脾属土主湿），不可发汗。汗出必不能言，耳聋，不知痛所在，身青面色变，名曰重暍，如此死者，医杀之耳，白虎加苍术汤主之。（《类证活人书》）

温毒藏于肌肤，更遇于湿，名曰湿温。湿为阴邪，故憎寒；温为阳邪，故壮热；温热入里，故口渴；湿流百节，故一身尽痛；湿为阴，故脉沉细。石膏、知母、甘草、粳米，白虎汤也，所以解温热；加苍术者，取其辛燥能治湿也。（《医方考》）

知母气味苦寒，入足阳明；甘草气味甘平，入足太阴；石膏气味辛寒，入手太阴、足阳明；苍术气味苦辛温，入足太阴；白粳米气味甘平，入手足太阴。此治暑湿相搏而为湿温病者。以苦寒。辛寒之药清其暑；以辛温雄烈之药燥其湿，而以甘平之药缓其中，则贼邪，正邪皆却，病自安矣。

（《本事方释义》）

（七）湿热酿痰，蒙蔽清窍

【证候】身热不退，朝轻暮重，神识昏蒙，清醒之时，表情淡漠，耳聋目暝，反应迟钝，问答间有清楚之词，昏则谵语乱言，苔浊腻，脉濡滑数。

【分析】本证乃气分湿热留恋不解，酿蒸痰浊蒙蔽心包。心包被痰浊所蒙，心神受痰浊蔽扰，则神识昏蒙，其特征为神志似清似昧，或时清时昧，清醒之时表情淡漠，反应迟钝，问答间有清楚之词，昏则谵语乱言；湿热蒸腾，清窍失灵，则耳聋目暝；身热不退，朝轻暮重，苔浊腻，脉濡滑数皆湿热交蒸，羁留不解征象。本证以身热不退，朝轻暮重，神识昏蒙，苔黄腻为辨证要点。

【治法】清化湿热，豁痰开窍。

【方药】菖蒲郁金汤送服苏合香丸或至宝丹。

菖蒲郁金汤（《温病全书》）：

鲜石菖蒲（三钱）　广郁金（一钱）　炒山栀（三钱）　青连翘（二钱）　细木通（钱半）　鲜竹叶（三钱）　粉丹皮（二钱）　淡竹沥（三钱）　灯心（二钱）

玉枢丹（五分）。

苏合香丸（《太平惠民和剂局方》）：

白术、青木香、乌犀屑、香附子（炒，去毛）、朱砂（研，水飞）、诃黎勒（煨，去皮）、白檀香、安息香（别为末，用无灰酒一升熬膏）、沉香麝香（研）、丁香、荜芨（各二两）　龙脑、苏合香油、各二两（入安息香膏内，各一两）、薰陆香（乳香）（别研，一两）

为细末，入研药内，用安息香膏并炼白蜜和剂，每服旋丸如梧桐子大，早服取井华水，温冷任意，化服四丸，老人、小儿可服一丸，温酒化服亦得，并空心服之。

用于治疗湿重热轻，清窍被蒙之证。症见神识如蒙，头胀，呕逆，渴不多饮等。

至宝丹（方见温热类温病证治）

菖蒲郁金汤药用菖蒲，郁金，竹沥，玉枢丹（山慈菇、五倍子、千金子霜、红芽大戟、朱砂、雄黄、麝香）芳香避秽，豁痰化浊；辅以连翘、鲜竹叶、山栀、丹皮轻清宣透湿中之热；木通、灯心导湿热下行。方中药物多用鲜、青者，乃取其鲜动灵活之性，以利湿热痰浊之化解。湿偏盛者，送服苏合香丸；热已盛者，送服至宝丹，增强化浊开窍之力。临床运用时，若神昏程度加重，由神识昏蒙转为神昏谵语或昏聩不语，腻苔渐化，舌转红绛，乃湿热化燥，热陷心包，病变由气入营，当予清心开窍，可用清宫汤合“三宝“施治。

【临床运用】并见痉厥者，兼以息风止痉，可加用全蝎、蜈蚣、地龙、僵蚕等。

文献辑要

伏邪风温，辛凉发汗后，表邪虽解，暂时热退身凉，而胸腹之热不除，继则灼热自汗，烦躁不寐，神识时昏时清，夜多谵语，脉数舌绛，四肢厥而脉陷，症情较轻者。　《温病全书》

（八）湿热郁阻少阳

【证候】寒热如疟，午后身热加重，入暮尤剧，天明得汗诸症稍减，但胸腹灼热始终不除，口渴心烦，脘痞呕恶，舌红苔薄黄而腻，脉弦数。

【分析】少阳为人身表里之枢纽。主司气机疏调，暑湿之邪阻遏气机。故本症较为常见。暑湿郁阻少阳，正邪往复交争，故见寒热往来如疟。湿为阴邪，而午后及暮夜属阴，午后暮夜邪盛与正气交争加剧，故身热加重；暑为阳邪，旺于阳分，天明阳气渐旺，暑热欲蒸迫外出，腠理得天时阳气所助而汗泄，故见汗出，身热下降，诸症稍减；但因湿邪郁遏，邪气不得进解，故虽诸症稍减而胸腹灼热不除；暑邪内盛，故心烦口渴；气机失畅，则脘痞呕恶；舌苔薄黄而腻，脉弦数，均为暑湿蕴蒸少阳之象。本证以寒热如疟，脘痞苔腻，身热午后加重为辨证要点。

【治法】和解少阳，清热化湿。

【方药】蒿芩清胆汤（《通俗伤寒论》）：

青蒿脑（钱半至二钱）　淡竹茹（三钱）　仙半夏（钱半）　赤茯苓（三钱）　青子芩（钱半至三钱）　生枳壳（钱半）　陈广皮（钱半）　碧玉散（包，三钱）

本方药以青蒿、黄芩二药为君，入少阳清邪热而利枢机；竹茹、半夏燥湿化痰；枳壳、陈皮行气降逆；赤苓、碧玉散清热利湿。诸药配合有清热化湿，梳理气机的功用。暑湿去，枢机利，则诸症自愈。

【临床运用】如心烦较甚，可加栀子、淡豆豉等；如恶心呕吐明显，可加黄连、苏叶、生姜；有黄疸者可加茵陈、苦参、栀子、金钱草等。胁痛者可加柴胡、郁金、橘络、枳壳等；若湿邪较重，可加藿香、薏苡仁、蔻仁、厚朴等。临床常用于治疗流行性感冒、急性胃炎、急性胆囊炎。

文献辑要

邪传少阳腑证，寒轻热重，口苦膈闷，吐酸苦水，或呕黄涎而黏，甚则干呕呃逆，胸胁胀疼，舌红苔白，间现杂色，或尖白中红，或边白中红，或尖红中白，尖白根灰，或根黄中带黑，脉右弦滑，左弦数，此相火上逆，少阳腑病偏于半里证也。法当和解兼清。蒿芩清胆汤主之。

"暑湿疟……当辨其暑重于湿者为暑疟……暑疟，先与蒿芩清胆汤清其暑。

（《通俗伤寒论》）

（九）湿热积滞，郁结肠道

【证候】身热稽留，胸腹灼热，恶心呕吐，大便溏滞不爽，色黄如酱，舌苔黄垢腻，脉滑数。

【分析】本证由暑湿郁蒸气分，困阻中焦，并与积滞互结，阻滞肠道所致。暑湿积滞交结郁蒸，故身热稽留；邪结肠道，传导失司，故大便溏而不爽，色黄如酱；暑湿积滞蕴结于里，则胸腹灼热；胃气不降，浊气上逆，则恶心呕吐；舌苔黄而垢腻，脉滑数，均为里有暑湿积滞之象。

【治法】导滞通下，清热化湿。

【方药】枳实导滞汤（《通俗伤寒论》）

小枳实（二钱）　生绵纹（钱半，酒洗）　净楂肉（三钱）　尖槟榔（钱半）　薄川朴（钱半）　小川连（六分）　六和曲（三钱）　青连翘（钱半）　老紫草（三钱）　细木通（八分）　生甘草（五分）

本证为暑湿夹滞郁结肠道，故用大黄、枳实、厚朴、槟榔通腑泻热，推荡积滞；山楂、六曲消导化滞和中；黄连、连翘、紫草清热解毒；木通利湿清热，甘草调和诸药。本证非阳明腑实燥结，不宜峻剂猛攻，若误投承气大剂峻攻行速，徒伤正气而暑湿夹滞胶着肠腑，故宜轻法频下，即用轻剂因势利导，反复攻下，直至大便转硬，说明胃肠邪尽，湿热夹滞之证消失。

【临床运用】若腹胀显著可加木香等以理气散满；呕逆较重可加半夏降逆和胃；方中紫草作用主要是凉血解毒，木通着重清利下焦湿热，对于湿热积滞结滞肠道之证一般可以不用。

文献辑要

伤寒邪热在里，劫烁津液，下之宜猛；此多湿热内搏，下之宜轻。伤寒大便溏为邪已尽；不可再下；湿温病大便溏为邪未尽，必大变硬，慎不可再攻也，以粪燥为无湿矣。

（《温热论》）

（十）湿热弥漫三焦

【证候】发热，汗出，口渴，面赤耳聋，胸脘痞闷，喘咳，或咳痰带血，腹胀，下利稀水，小便短赤，舌质红，苔黄腻，脉滑数。

【分析】本证为暑湿久蕴气分，弥漫三焦所致。暑湿蒸腾于外，故身热汗出口渴；暑湿炎灼头面则面赤；壅塞清窍则耳聋；漫及上焦，肺气不畅，损伤肺络，故胸闷咳喘；痰中带血；蕴阻中焦，脾失健运，故脘痞腹胀；注于下焦，小肠清浊不分，泌别失职，大肠传导失常，故下利稀水，小便短赤；舌脉征象均为暑湿郁阻之征。

【治法】清暑化湿，宣通三焦。

【方药】三石汤（《温病条辨》）：

飞滑石（三钱） 生石膏（五钱） 寒水石（三钱） 杏仁（三钱） 竹茹（二钱，炒） 银花（三钱，花露更妙） 金汁（一酒杯，冲） 白通草（二钱）

本方用杏仁、竹茹宣开上焦气机，清化肺中痰热；石膏解肌清热，除烦止渴，清泄中焦；寒水石、滑石、通草清利下焦；合并银花、金汁涤暑解毒，方中诸药直达上、中、下三焦，共奏清宣三焦暑湿之效。

【临床运用】如热像明显，可加板蓝根、连翘、银花；胸闷较甚，可加入丝瓜络。临床可据三焦各部暑湿轻重的不同而予加减。如上焦见症明显加黄芩、连翘、瓜蒌皮等，中焦见症明显加黄连、厚朴、蔻仁等，下焦见症明显加薏苡仁、茯苓、车前子等。

文献辑要

暑温蔓延三焦，舌滑微黄，邪在气分者，三石汤主之。

蔓延三焦，则邪不在一经一脏矣。（《温病条辨》）

（十一）湿热蕴毒

【证候】发热口渴，咽喉肿痛，小便短赤，或身目发黄，脘腹胀满，肢酸倦怠，苔黄腻，脉滑数。

【分析】本证为湿热交蒸，热势较盛，蕴酿成毒，充斥气分所致。邪热伤津故发热口渴；湿热酿毒，热毒上壅咽喉则咽喉肿痛；湿热下注则小便短赤，湿热熏蒸肝胆，则身目发黄；湿热阻滞气机则脘腹胀满，肢体倦怠；苔黄腻，脉滑数为湿热内蕴之象。

【治法】利湿化浊，清热解毒。

【方药】甘露消毒丹（《温热经纬》）：

飞滑石（十五两） 绵茵陈（十一两） 淡黄芩（十两） 石菖蒲（六两） 川贝母、木通（各五两） 藿香、射干、连翘、薄荷、白豆蔻（各四两）

方中重用滑石、茵陈、黄芩，其中滑石利水渗湿，清热解暑；茵陈清热利湿退黄；黄芩清热燥湿，泻火解毒。三药相合，正合湿热并重之病机，共为君药。湿热留滞，易阻气机，故臣以石菖蒲、藿香、白豆蔻行气化湿；木通清热利湿通淋，导湿热从小便而去，以益其清热利湿之力。热毒上攻，颐肿咽痛，故佐以连翘、射干、贝母、薄荷，合以清热解毒，散结消肿而利咽止痛。

【临床运用】若黄疸明显者，可加栀子、大黄清泄湿热；口渴明显者可酌加芦根、花粉生津止渴；大便不通者，酌加生大黄、槟榔通便泻热；咽喉肿痛明显者，酌加山豆根、玄参、桔梗、生甘草、僵蚕等解毒利咽。

文献辑要

时毒疠气，……邪从口鼻皮毛而入，病从湿化者，发热目黄，胸满，丹疹，泄泻，其舌或淡白，或舌心干焦，湿邪犹在气分者，用甘露消毒丹治之。（《医效秘传》）

此治湿温时疫之主方也……温湿蒸腾，更加烈日之暑，烁石流金，人在气交之中，口鼻吸受其气，留而不去，乃成湿温疫疠之病，而为发热倦怠，胸闷腹胀，肢酸咽肿，斑疹身黄，颐肿口渴，溺赤便闭，吐泻疟痢，淋浊疮疡等证。但看病人舌苔淡白，或厚腻，或干黄者，是暑湿热疫之邪尚在气分，悉以此丹治之立效，并主水土不服诸病。（《温热经纬》）

雍正癸丑，疫气流行，抚吴使者属先生制此方，全活甚众，时人比之普济消毒饮云。先生云，时毒疠气，必应司天，癸丑太阴湿土气化运行，后天太阳寒水，湿寒合德，挟中运之火，流行气交，阳光不治，疫气乃行。故凡人之脾胃虚者，乃应其疠气，邪从口鼻皮毛而入，病从湿化者，发热，目黄，胸满，丹疹，泄泻，当察其舌色，或淡白，或舌心干焦者，湿邪犹在气分，用甘露消毒丹治之。若壮热旬日不解，神昏谵语，斑疹，当察其舌，绛干光圆硬，津涸液枯，寒从火化，邪已入营矣，用神犀丹。（《医效秘传·瘟疫篇》）

三、营血分证治

营血分证多由湿热久羁，化燥化火，陷入营血所致。多见于温热类温病的极期阶段。常表现为湿热内陷心营，湿热化燥入血和热入心包，湿阻血瘀。病情较重，病势危急。治宜清营凉血，开窍通络为大法，但邪入营血而兼湿阻气机或失血过多而气随血脱者，则当忌用，以免滋助湿邪或耗散元气。

（一）湿热内陷心营

【证候】灼热烦躁，目合耳聋，神识不清，时有谵语或四肢抽搐，舌绛苔黄腻，脉滑数。

【分析】本证为病之极期，系由湿热内陷心营，蒙蔽清窍所致。湿热亢盛则灼热烦躁；湿热熏蒸，壅塞清窍则目合耳聋；闭阻心包则神识不清，时有谵语；窜扰筋脉则四肢抽搐；舌绛，苔黄腻脉滑数征象乃湿热内陷心营之征。本证以灼热烦躁，目合耳聋，神识不清，舌绛苔黄腻为辨证要点。

【治法】清心开窍，泄热化湿。

【方药】清营汤合六一散，送服至宝丹。

清营汤（方见温热类温病证治《温病条辨》）：

犀角（三钱） 生地（五钱） 玄参（三钱） 竹叶心（一钱） 麦冬（三钱） 丹参（二钱） 黄连（一钱五分） 银花（三钱） 连翘（二钱）

水八杯，煮取三杯，日三服。

六一散（《宣明论方》）：

滑石（六两） 甘草（一两）

为细末，每服三钱，加蜜少许，温水调下，或无蜜亦可，每日三服。或欲冷饮者，新井泉调下亦得。

至宝丹（方见温热类温病证治《温病条辨》）：

犀角（镑，一两） 朱砂（飞，一两） 琥珀（研，一两） 玳瑁（镑，一两） 牛黄（五钱） 麝香（五钱）

以安息香重汤化，和诸药为丸一百丸，蜡护。

清营汤为清泄营分热邪基本方。六一散为清利湿热的名方，其滑石味淡性寒质滑，淡能渗湿，寒可祛热，滑则利窍，使湿热之邪从小便而出。至宝丹虽属凉开之剂，但宣通开窍之力较强，用于湿热蒙蔽清窍者较为适宜。临床应用时，可视病情先予至宝丹，以便尽快苏醒神志。若湿邪较重者，可加菖蒲，半夏，助其温开燥湿；若抽搐明显者，可加羚羊角、钩藤、或止痉散，凉肝息风止痉。

【临床运用】临证运用时，若为外感引动湿热之邪发于心营而成卫营同病者，症见发热微恶寒，头痛少汗，口干不欲饮，心烦不安，舌质红绛，苔少脉浮细而数；治宜透邪宣表，清营泄热，方选清营汤合银翘散加生地丹皮赤芍麦冬方。若心营热盛，下移小肠，症见身热夜甚，心烦不寐，或有谵语，口干不欲饮，小溲短赤热痛，甚则点滴不行，舌质红绛，脉细数；此为湿热郁蒸日久化燥，深入心营，邪热由脏下移入腑，致使泌别失司所致，治宜清心凉营，养阴泻火，方用清营汤合导赤散。

文献辑要

脉虚夜寐不安，烦渴舌赤，时有谵语，目常开不闭，或喜闭不开，暑入手厥阴也。手厥阴暑温，清营汤主之。（《温病条辨·上焦篇·三十》）

小儿暑温，身热卒然痉厥，名曰暑痫，清营汤主之，亦可少与紫雪丹。

（《温病条辨·上焦篇·三十三》）

阳明温病，舌黄燥，肉色绛，不渴者，邪在血分，清营汤主之。若滑者不可与也，当与湿温中求之。

（《温病条辨·中焦篇·二十》）

邪入营分：如湿温之邪入于血络，舌苔中黄边赤，发为赤斑丹疹，神昏谵语，宜清疏血分亦透斑，佐芳香逐秽以开闭，犀角、连翘、赤芍、银花、牛蒡、菖蒲、郁金、元参、薄荷、人中黄之类。

（《伤寒指掌·瘟疫九传·吴坤安》）

（二）湿热化燥入血

【证候】灼热烦躁，甚或神昏谵语，发斑或上窍出血，或便下鲜血，腻苔剥脱，或转黑燥，舌红绛。

【分析】本证乃湿热化燥，深入血分，损伤脉络所致。湿热化燥化火，营热阴伤，扰心闭窍，故见灼热烦躁，甚或神昏谵语；热迫血妄行乃见发斑或多窍道出血，其中尤以便下鲜血多见；腻苔剥脱，或转黑燥，舌质红绛为湿热化燥，深入血分的标志。其中灼热烦躁，发斑或上窍出血，或便下鲜血，舌红绛为本证辨证要点。

【治法】清热解毒，凉血止血。

【方药】犀角地黄汤合黄连解毒汤加味。

犀角地黄汤（见湿热类温病证治）：

犀角（三钱）　生地黄（一两）　生白芍（三钱）　丹皮（三钱）

水五杯，煮取二杯，分二次服，渣再煮一杯服。

黄连解毒汤（《外台秘要》）：

黄连（三两）　黄柏（二两）　黄芩（二两）　栀子（擘，十四枚）

上四味，切，以水六升，煮取二升，分二服

薛生白说："大进凉血解毒大剂，以救阴而泄邪，邪解而血自止矣。"故药用犀角（水牛角代）、生地、芍药、丹皮凉血止血；黄芩、黄连、黄柏、山栀清热泻火解毒。

【临床运用】临床运用时，可加紫珠草、茜草根、地榆炭、侧柏炭、田七等增强止血之效。临证时，若出血量大，导致气随血脱，症见便血不止，面色苍白，汗出肢冷，舌淡脉微细。病势危急凶险，常因气脱阳亡而毙于顷刻，故首当益气固脱，急予独参汤或生脉散。若脱固气复，由于阴损及阳，多呈脾胃虚寒，阴血亏虚之象，症见面色㿠白，四肢欠温，倦怠乏力，仍有少量便血，舌淡脉缓无力；治用黄土汤温阳健脾，养血止血，用灶心黄土、白术、附子温阳健脾以统血；地黄、阿胶养血止血；黄芩清泄肠道余热；甘草调和诸药；全方温阳而不伤阴，养血二不碍阳，具有扶阳益阴，气复血止之效。临床上若见暑湿郁肺，损伤肺络，表现为灼热烦渴，咳嗽咯血，或痰中带血，烦躁喘促，舌红苔黄而干，脉细数者，亦可按本方法治疗。

文献辑要

邪入血分则不渴饮，舌苔变黑，神昏澹语。犀角地黄汤加主之。犀角，地黄，天竺黄，连翘，元参，赤芍，丹皮，竹叶，甘草。

（《王九峰医案》）

斑疹紫黑，神昏烦躁，舌黑短缩，便闭脉促，此血热瘀滞。宜用犀角地黄汤，加紫草、山甲、人中黄、元明粉、大黄等味，逐癖化斑。

（《六因条辨·陆延珍》）

温邪七日，神志或轻或浑，唇燥，齿血，目赤舌绛，苔黄口渴，脉濡数，便溏。遍体赤斑，此温邪由气入营，燎原之势，内逼膻中，势将昏闭，涸液之机已著。急宜清营中之热，以冀斑透神清。淡芩，金银花，元参，牛蒡，石菖蒲，连翘，犀角地黄汤加上味。

（《沈菊人医案》）

阳毒上窍出血，则热为本，血为标，能去其热则血不必治而归经矣。故用连、芩、栀、柏苦寒解热之物以主之。然唯阳毒实火，用之为宜。 （《医方考·吴昆》）

（三）热入心包，湿阻血瘀

【证候】灼热夜甚，神昏谵语，口干漱水不欲咽，皮肤、黏膜出血斑进行性扩大，唇青肢厥，舌质深绛或紫晦，脉细数而涩。

【分析】此多由湿热内陷心营证发展而成，临床表现更为严重，不仅热势亢盛，见灼热夜甚，而且邪热炼血为瘀，热瘀交结，闭塞心包，故见有明显的神昏谵语等窍闭症状；热伤脉络，迫血妄行，故见皮肤黏膜出血斑进行性扩大；热熬血浓，运行不畅，以致脉络瘀滞，阳气不能充养肢体，故唇青肢厥；热伤营阴则口干，血瘀内阻则漱水不欲咽；舌绛或紫晦，脉细数而涩，为热盛营伤血瘀所致。本证以灼热不已，神昏谵语，皮肤黏膜出血斑，舌深绛或紫晦为辨证要点。

【治法】凉血化瘀，开窍通络。

【方药】犀地清络饮（《通俗伤寒论》）：

犀角汁（冲，四匙） 粉丹皮（二钱） 青连翘（带心，钱半） 淡竹沥（和匀，二瓢） 鲜生地（八钱） 生赤芍（钱半） 原桃仁（去皮，九粒） 生姜汁（同冲，二滴）

先用鲜茅根一两，灯心五分，煎汤代水，鲜石菖蒲汁两匙冲。

本证为热入心包，湿阻血瘀，故治疗必以凉血化瘀，开窍通络之品。本方以犀角地黄汤凉血散血为基础，加入桃仁、茅根凉血通瘀；连翘、灯心草清心泄热；菖蒲、竹沥、姜汁化痰开窍，是邪热得清，血络瘀阻得通，神志苏醒。

【临床运用】临床运用时，若热瘀互结，兼气阴两脱，症身热面赤，皮肤、黏膜瘀斑，心烦躁扰，四肢厥冷，汗出不止，舌色暗绛，脉虚数；急予凉血化瘀，益气养阴固脱，方选犀角地黄汤合生脉散；药用水牛角、地黄、赤芍、丹皮凉血散血，清热解毒，合以人参、麦冬、五味子益气敛阴以救虚脱。若热瘀互结，兼阳气外脱，症见肢厥大汗，息微喘喝，神疲倦卧，面唇青灰，舌淡暗，脉微；急予益气回阳固脱，兼以化瘀通络，方选参附汤加丹皮、赤芍、桃仁；药用人参补脾胃之中气，以固后天；配附子温补元阳，大补先天，二药大温大补，回阳固脱；合以丹皮、赤芍、桃仁活血通瘀。

文献辑要

邪乘包络：如湿温之邪入于血络，舌苔中黄边赤，发为赤斑丹疹，神昏谵语，宜清疏血分以透斑，佐芳香逐秽以开闭，犀角、连翘、赤芍、银花、牛蒡、菖蒲、郁金、元参、薄荷、人中黄之类。 （《伤寒指掌·瘟疫九传·吴坤安》）

四、后期证治

湿热类温病在卫分、气分或营血分阶段，若经过积极准确的治疗，后期则病渐向愈，进入恢复期，此时多表现为余湿留恋，气阴两伤之候，治宜清涤余邪，醒胃扶正为主；但因时邪黏腻淹滞之特性及脾胃功能未全恢复，应注重善后调治及饮食护理，防止“死灰复燃”。若在治疗过程中过用苦寒良药，或误用攻下，或素体阳虚，或感受湿邪过重，湿热从湿化寒化，损伤阳气，则可出现湿胜阳微，肾虚失固等正衰邪留之后期表现，此实乃湿热类温病之病证，是在温病中较少见到的病理转归，治宜温补扶正为大法，兼以祛邪逐湿。

（一）余湿留恋

【症候】身热已退，或有低热，脘中微闷，知饥不食，苔薄腻，脉象濡弱或缓。

【分析】本症见于湿温病之恢复期。证因余湿未净，胃气不舒，脾气未醒，故脘中微闷，知饥不食；苔薄腻，或有低热，乃湿热余邪未净的征象。本证以脘中微闷，知饥不食为辨证要点。

【治法】轻清宣气，淡渗余湿。

【方药】薛氏五叶芦根汤（《温热经纬·湿热病篇》）：

藿香叶　鲜荷叶　枇杷叶　佩兰叶　薄荷叶　芦根　冬瓜仁

方以藿香叶、佩兰叶、鲜荷叶、薄荷叶、枇杷叶轻清宣气，芳香醒脾；芦根、冬瓜仁淡渗余湿。若余湿较盛，困倦乏力，加苍术、茯苓；呕恶加豆蔻壳、苏梗；便溏、食欲不振加白扁豆、薏苡仁、大豆黄卷、炒麦芽。薛生白说："此湿热已解，余邪蒙蔽清阳，胃气不舒，宜用极清之品，以宣上焦阳气，若投味重之剂，是与病情不相涉矣。"全方轻清灵活，为湿温邪在气分阶段，邪热已退，而余湿未净之良方。

【临床运用】临床上也可选用其中根叶之品煎汤或冲泡代茶饮，以预防感受湿热秽浊之邪。

文献辑要

湿热证，数日后，脘中微闷，知饥不食，湿邪蒙绕三焦，宜藿香叶、薄荷叶、枇杷叶、佩兰叶、芦尖、冬瓜仁等味。（《温热经纬·湿热病篇·九》）

（二）暑湿未尽，蒙扰清窍

【证候】低热起伏，头目昏胀不清，口渴或咳，舌红苔薄腻。

【分析】此为暑湿余邪未尽，蒙扰清阳之证。诸症大势已缓而余邪留滞气分，故见低热起伏，口渴或咳；因暑湿黏腻滞着，不易彻底清除，故见头目不清，昏胀不舒等清窍被蒙之症；暑湿余邪客留，故舌淡红，苔薄腻。本症以低热起伏，头目不清，苔薄腻为辩证要点。

【治法】清涤余邪。

【方药】清络饮（《温病条辨》）：

鲜荷叶边（二钱）　鲜银花（二钱）　西瓜翠衣（二钱）　鲜扁豆花（二钱）　丝瓜皮（二钱）　鲜竹叶心（二钱）

水二杯，煎取一杯，日二服。

方中西瓜翠衣清解余邪，生津止渴，利尿祛湿；银花、鲜扁豆花、鲜荷叶边轻清芳香、疏透暑湿，荷叶用边者乃取其舒散之意；丝瓜皮（可用丝络）、鲜竹叶通上利下，促其暑湿外解。正如吴瑭在制定本方时所述："既曰余邪，不可用重剂明矣，只以芳香轻药清肺络中余邪足矣。"故方曰"清络"。

【临床运用】临床应用时，若口渴明显，加石斛、花粉等甘寒生津；咳嗽较甚者，加杏仁、象贝理肺止咳。临床运用时，也可不必局限于暑湿未净之证，如吴氏于方后所说："凡暑伤肺经气之轻证，皆可用之。"

文献辑要

手太阴暑温，发汗后暑证悉减，但头微胀，目不了了，余邪不解者，清络饮主之。

（《温病条辨·上焦篇·二十七》）

（三）余邪留扰，气阴两伤

【症候】身热已退或有低热，口渴唇燥，神思不清，倦语，不思饮食，舌红苔少，脉虚数。

【分析】本证为湿热类温病热重湿轻或化燥化火后期，邪势大解而气阴伤耗。邪热虽大势已去，而未能尽解，故可见低热；神思不清，倦怠不欲语，是元气大伤，气阴未复所致；胃津一时难以复充，故口渴唇干；胃之气阴亏虚，脾胃运化功能未健，故不思饮食；小便短少频数，舌红苔少，脉虚数为余邪留扰，气阴两伤之象。本证以神思不清，倦语，口渴，纳呆，舌红苔少为辨证要点。

【治法】清泻余热，扶中益虚。

【方药】薛氏参麦汤（《温热经纬·湿热病篇》）：

人参　麦冬　石斛　木瓜　生甘草　生谷芽　鲜莲子

本方出自薛雪《湿热病篇》第二十八条，方名为后加。王孟英谓："此为脾胃气液两虚之证故宜清补，不但阴腻不可用，且与脾虚之宜于守补温运者亦异。"故方以人参、麦冬、石斛、甘草补元气而养胃津；木瓜、谷芽和胃化湿而醒脾胃；鲜莲子健脾养心。诸药甘平，补而不腻，故王旭高说："此生津和胃之法，清补元气，体气薄弱者最宜仿此。"本方临床不仅用于湿热类温病后期，对一切热病或内伤杂病的瘥后调理亦每见功效。

【临床运用】临证时，若胃阴不足，胃火上逆，口舌糜烂，舌红而干，可加知母、天花粉等以清热养阴生津；若有低热持续不退，并见心烦喜呕者，可改用竹叶石膏汤（参见温热类病证治）。

文献辑要

湿热证，曾开泄下夺，恶候皆平，独神思不清，倦语不思食，溺数唇齿干，胃气不输，肺气不布，元神大亏，宜人参、麦冬、石斛、木瓜、生甘草、生谷芽、鲜莲子等味。

（《温热经纬·湿热病篇·二十八》）

（四）暑湿伤气

【证候】身热自汗，烦渴胸闷，神疲肢倦，小便短赤，大便稀溏，苔腻，脉浮大无力或濡滑带数。

【分析】本病为暑湿热迫津外泄，则身热自汗；暑热扰心，损伤津液，故心烦口渴；暑湿伤中，元气亏损则胸闷气短，四肢困倦，神疲乏力；暑湿下迫，水道清浊不分，故小便短赤，大便溏涩；苔腻为湿邪内蕴，脉大无力乃气虚之象，濡滑带数属暑湿内困之征。本证以身热自汗，神疲肢倦，便溏苔腻，脉浮大无力为辨证要点。

【治法】清暑化湿，培元和中。

【方药】东垣清暑益气汤。（引《温病条辨》）：

黄芪（一钱）　黄柏（一钱）　麦冬（二钱）　青皮（一钱）　白术（一钱五分）　升麻（三分）　当归（七分）　炙草（一钱）　神曲（一钱）　人参（一钱）　泽泻（一钱）　五味子（八分）　陈皮（一钱）　苍术（一钱五分）　葛根（三分）　生姜（二片）　大枣（二枚）

水五杯，煮取二杯，渣再煎一杯，分温三服。虚者得宜，实者禁用，汗不出而但热者禁用。

暑湿耗气，故方内用人参、黄芪、甘草益气固表，扶正敛汗；苍术、白术健脾燥湿，配泽泻利水渗湿；麦冬、五味子保肺生津；黄柏泻火以存阴；当归养血而和阴；升麻、葛根发散表热，升举清气；青皮理气和中，神曲和胃消食；诸药配伍，达到清解和补益兼施之目的。对于暑湿耗伤元气，或元气素亏又伤暑湿者较佳。本方温燥药物较多，应辨证确当方可与之，正如吴鞠通所言："虚者得宜，实者禁用，汗不出而但热者禁用。"尤拙吾也认为："若体实脉盛，或虽虚而不甚，及津涸烦渴多火者，则不可混投也。"

【临床运用】临床运用时，若暑热尚较盛，可去当归、苍术之温燥，人参以太子参或西洋参代。

文献辑要

时当长夏，湿热大胜，蒸蒸而炽。人感之多四肢困倦，精神短少，懒于动作，胸满气促，肢节沉痛；或气高而喘，身热而烦，心下膨痞，小便黄而少，大便溏而频，或痢出黄糜，或如泔色；或渴或不渴，不思饮食，自汗体重；或汗少者，血先病而气不病也。其脉中得洪缓，若湿气相搏，必加之以迟，迟病虽互换少差，其天暑湿令则一也。宜以清燥之剂治之，名之曰清暑益气汤主之。

（《内外伤辨惑论中·暑伤胃气论·李东垣》）

《金匮》谓太阳中暍，发热恶寒，身重而疼痛，其脉弦细芤迟，小便已，洒然毛耸，手足逆冷，小有劳，身即热，口开前板齿燥，若发其汗，则恶寒甚，加温针，则发热甚，数下，则淋甚，可与东垣清暑益气汤。（吴鞠通《温病条辨》）

（五）湿胜阳微

【证候】形寒肢冷，口渴胸痞，呕吐泄泻，舌淡苔白腻，脉沉细。

【分析】此属湿温之变证，多因素体中阳不足，湿从寒化，日久伤阳。脾为后天，肾为先天，寒湿重伤脾阳，日久及肾而成。叶天士《温热论》曰："若面色白者，须要顾其阳气，湿胜则阳微也。"肾阳为一身阳气之本，既为寒湿所伤，不能温煦充养机体，故形寒肢冷，舌淡，脉沉细；肾虚蒸化无力，脾虚升运失职，津液难以正常输布，津不上承故口渴；浊阴上逆呕吐，水湿下注而泄泻；胸痞、舌苔白腻，乃寒湿内阻之征象。本证以形寒肢冷，胸痞，苔白腻为辩证要点。

【治法】温肾健脾，扶阳逐湿。

【方药】薛氏扶阳逐湿汤（《温热经纬·湿热病篇》）：

人参　附子　益智仁　白术　茯苓

本方出自薛雪《湿热病篇》第二十五条，原无方名及剂量。薛氏认为：本证"湿邪伤阳，理合扶阳逐湿。"故药用人参、附子、益智仁补气温阳，以扶脾肾阳气之虚衰；佐以白术茯苓运脾渗湿，即所谓的治湿不利小便非其治也。

【临床运用】临床运用时，可据情加减。若肾阳衰微，水湿内停，症见性寒神疲，心悸气短，头晕目眩，小便不利，甚或面浮肢肿，四肢厥冷，舌淡，苔白腻，脉沉迟者，治宜温阳利水，方用真武汤（《伤寒论》），药用辛热之附子温壮肾中元阳，破除寒湿阴凝；生姜温散水气；茯苓甘淡渗利以祛湿；白术苦温健脾以燥湿；白芍酸收以敛阴和阳。合之以温肾散寒，健脾利水。如阳虚至极而致脱亡者，则应急投参，附等回阳救逆。

文献辑要

湿热证，身冷脉细，汗泄胸痞，口渴舌白，湿中少阴之阳，宜人参、白术、附子、茯苓、益智等味。（《温热经纬·湿热病篇·二十五》）

【临床病案】

（1）湿温湿热蕴蒸外发白瘖（《赵绍琴临证验案精选》）

牛某某，男，20岁。患者于9月15日开始发热，已五日未退，体温逐渐上升至39℃，脉搏76次/分，白细胞5.4×10^6/L，营养发育中等，意识尚清，表情呆滞，反应迟顿，食欲减退，胸前见大小不等的3～4个玫瑰色红疹，压之退色，咽充血，扁桃体Ⅱ肿大，余无异常改变。诊断：肠伤寒。于9月22日请中医会诊：发热，头晕，微汗，腰部酸痛，前胸布红疹5～6粒，其中一粒呈疱疹，白培透露于颈下及胸部，数量不多，状如水晶，舌苔薄腻脉濡缓，湿热郁蒸气分。治以清化湿热，清气透培法加减：

杏仁、苡仁（各10g）　淡竹叶（4.5g）　连翘（10g）　大豆卷（12g）　六一散（10g，包）　通草（3g）　云茯苓（6g）　荷叶（一角）　芦根（12g）　佩兰叶（6g）　西秦艽（6g）

2剂。

二诊　药后体温已趋正常，诸症均除，唯白瘖继续外布，精神较好，舌苔前半腻已退，湿化热清，上方获救，当以原方进退：

生苡仁（10g） 淡竹叶（4.5g） 光杏仁（10g） 藿兰、佩兰（各10g） 滑石（10g，包） 通草（3g） 豆卷（12g） 荷叶（一角） 云茯苓（10g） 神曲（10g）

3剂后痊愈出院。

按：白痦多见于湿热证，外发于颈胸皮肤之上，呈白色小颗粒，晶莹剔透，内含水液，是湿热证特有的证候，故见白痦外发，其必为湿热证。其病机为湿热之邪蕴蒸气分。其白痦发出，则邪气有外泄之机。若颗粒饱满，如水晶色，是正气尚足，气液未伤，诚佳兆也；若形瘪色枯是气液大伤为逆。治当因势利导，用清气化湿方法常用薏苡竹叶散加减，本案即是一例。

（2）刘仕昌教授治暑湿伤气持续发热（王新华.刘仕昌教授治疗暑湿经验简介.新中医，1987（6）：3）

徐某，女，45岁。1985年12月24日初诊。患者于同年7月份出现反复发热（体温在38℃左右），呈周期性，间歇期4～5天，发热持续两天左右，伴畏寒，汗出，神疲，纳呆，周身疼痛，口干微渴不多饮，唇干，脸微红，月经量少，当地医院曾以"白塞综合征"诊治，经用西药及服中药"甘草泻心汤"等后症状时好时差，查口腔未见溃疡点，舌淡红、苔微黄白浊腻，脉沉细数重按而虚。诊为气虚伤暑（素体虚弱，暑湿内蕴，津气已伤）。治宜益气健脾，兼化暑湿。东垣清暑益气汤合青蒿鳖甲汤化裁。处方：党参、黄芪、葛根各15g，苍术、知母、柴胡、炙甘草、黄柏各10g，青蒿（后下）、乌梅各5g，鳖甲（先煎）、糯稻根各30g，3剂。二诊：服药三剂后，仍有发热恶寒，但汗减，口干改善，精神好转，仍纳呆，心悸，守上方续进六剂。1986年1月18日三诊：服药六剂后发热稍退，间歇时间延长，余症减，患者回乡后自守方再进十数剂，再诊时发热已基本退清，唯胃纳未全复，间有心悸，动则疲劳汗出，舌淡红、微黄白，脉沉细略数重按而虚。效不更方，守原方增损以调理善后。

（3）低热（孟澍江用雷氏宣透膜原法治疗低热）

施某，女，43岁。1981年9月10日初诊。主诉：低热3个月余，每至下午辄作，至后半夜减退，晨起稍安，基本上发作有时。形体消瘦，体力不足。曾就医于多处医院，做过多种检查，但均未得出明确诊断。也曾采用多种治法，低热依然如故。诊查：日晡辄作低热，测体温在38～38.5℃，或伴有微寒，有时泛恶呕吐，面容清癯，疑似阴虚之象，但细察其舌苔色黄白厚腻，舌边色红，脉细濡而数。辨证：微寒作热，其邪不在卫表。寒微而热著，发有定时，又非往来寒热，其邪不属少阳可知，从其寒热晡作，病程较久，舌红而苔腻，可推断其邪伏膜原，泛恶亦为湿浊内阻、气机失畅之佐证。治法：属湿浊在膜原，遏阻气机，但素体羸瘦，治疗不可偏凉、偏燥，当用疏理透达法，方取雷氏透达膜原法。处方：

藿香（6g） 佩兰（8g） 川朴（3g） 槟榔（3g） 半夏（6g） 黄芩（6g） 甘草（2g）

3剂。处方时当考虑体质脆弱，不可过于克伐，故原方中的草果未加入，俟药后再议。

二诊 服药后，患者并无不适，自觉胸中宽松，热势虽每日仍发，但已有下降趋势，持续时间亦见缩短，舌苔较前有松化之象。经权衡后，决定方中加入草果4g，以增其透化湿浊之力。3剂。

三诊 服前方后，寒热基本控制，精神亦转振，舌苔渐化。但胃纳尚不见旺，此因湿邪尚未尽化，且胃气未复。再投用和中健胃之品以善其后。处方：

藿梗（6g） 佩兰（8g） 川朴花（4g） 生苡仁（15g） 谷芽、麦芽（各15g）

连用7剂后，邪去正安，病乃得愈。

（4）蒲辅周治风暑湿内闭（乙型脑炎）案（选自《蒲辅周医疗经验》）。

患者贾某，女，4岁，1964年8月15日会诊。高热五天，体温都在40℃以上，一直无汗，昏睡谵语，前日起伴有抽搐，眼珠左斜视，每日呕吐3～4次，大便不畅，小便少。脊髓穿刺，脑脊液外观透明、蛋白（-）、糖1～5管（+）、红细胞116、白细胞50，其中淋巴细胞45、中性细胞1、单核细胞4。血化验：白细胞总数19，0.5×10^6/L，分类中性细胞0.78，淋巴细胞0.22。脉沉弦细数，舌正红，苔黄白厚腻。属风暑湿内闭，治宜宣透三焦。处方：

鲜菖蒲（一钱半） 郁金（一钱半） 鲜藿香（二钱） 香薷（一钱半） 扁豆花（二钱） 杏仁（二钱） 银花（二钱） 黄连（八分） 僵蚕（二钱） 钩藤（二钱） 六一散（布包煎，五钱） 竹叶（一钱） 通草（一钱）

二剂。

紫雪丹（一钱，分五次服）。

二诊 8月17日，神昏，腹满，呕吐黄水，咽喉间痰多。烧热未退。脉微弦滑数，舌淡红中心苔黄腻。治宜开闭宣通郁热。处方：

黄连（一钱） 法半夏（二钱） 黄芩（一钱） 炒枳实（一钱） 九菖蒲（一钱半） 竹茹（二钱） 茵陈（二钱） 通草（一钱） 杏仁（二钱） 厚朴（二钱） 生姜（一钱半）

二剂。

三诊 8月19日，服药后周身汗出，热渐退，体温36.2℃，已能吞咽，痰尚多。腹已不满，大便量多，小便通畅。脉滑微数，舌淡黄腻苔退。治宜调和三焦，益气养胃。处方：

茯苓（二钱） 法半夏（二钱） 橘红（一钱） 炙甘草（一钱） 扁豆衣（二钱） 生稻芽（二钱） 宣木瓜（一钱） 苡仁（四钱） 九菖蒲（一钱） 茵陈（一钱半） 生姜（二片）

2剂，后以此方加减，调理而愈。

按：此方《活人书》原名香薷散。方用香薷穗一两半，厚朴去皮二两，黄连二两，已上三味，以生姜四两同炒令紫色用。右捣为粗末，每服三钱，水一盏，酒半盏，同煎至七分，去滓，用新汲水频频浸换，令极冷顿服之，药冷则效速也。治海陆百品，无所不餐，多饮寒浆，或眠卧冷席，风冷之气，伤于脾胃，诸食结而不消，阴阳二气壅而不及，阳气欲降，阴气欲升，阴阳交错，变成吐利不已，百脉昏乱等症。元《世医得效方》名黄连香薷散。明·秦景明《症因脉治》改名黄连香薷饮，通治暑热。暑月火土司令，天之暑气，地之湿气，氤氲郁蒸，避暑贪冷，露宿当风，往往暑湿内蒸，风寒外薄，发热无寒，头痛肢楚，胸痞泛恶。最为对证，而今空调取凉，尤多是证，学者最须留意焉。

（5）丁甘仁治余湿未清，气阴两伤［肖万泽.丁甘仁经典医案赏析.北京：中国医药科技出版社，2015］

项太太，湿温后气阴两亏，余湿留恋，脾胃不和，口有甜味，脘中嘈杂，纳少，小便短赤，汗多心悸，动则头眩，舌前半红绛中后微腻，脉象细弱，宜养正和胃，苦化湿热。处方：

西洋参（钱半） 川雅连（水炒、三分） 川贝母（二钱） 瓜蒌皮（三钱） 朱茯神（三钱） 青龙齿（先煎、三钱） 白通草（八分） 广橘白（一钱） 佩兰梗（钱半） 生、熟谷芽（各三钱） 浮小麦（四钱） 嫩钩藤（后入、四钱）

按：本案乃湿温瘥后余湿未清，气阴两亏。甘寒养阴益气，苦寒清化湿热。

（6）湿温湿重于热（《张聿青医案》）

张左，湿温旬日，烦热无汗，赤疹隐约不透，胸次窒闷异常，咳不扬爽，时常谵语，频渴不欲饮，饮喜极沸之汤，脉数细滑，苔白心黄，近根厚掯。此由无形之邪，有形之湿，相持不化，邪虽欲泄，而里湿郁结，则表气不能外通，所以疏之汗之，而疹汗仍不能畅。热与湿交蒸，胸中清旷之地，遂如云雾之乡，神机转至弥漫，深恐湿蒸为痰，内蒙昏痉。

三仁汤去滑石、川朴、竹叶，加豆豉、橘红、郁金、枳壳、菖蒲、佛手。

二诊 昨进辛宣淡化，上焦之气分稍开，熏蒸之热势较缓，神识沉迷转清，谵语抽搐已定，烦闷亦得略松，舌苔较退；但气时上冲，冲则咳逆，脉数糊滑。良以郁蒸稍解，而邪湿之势，尚在极甚之时，虽有退机，犹不足济，肺胃被蒸，气难下降，所以气冲欲咳，仍未俱减也。前法之中，再参疏肺下气。

甜葶苈、通草、光杏仁、制半夏、冬瓜子、广郁金、薄橘红、滑石块、炒枳壳、枇杷叶、桔梗、竹茹。

三诊　胸闷懊烦，气冲咳逆，次第减轻，咯吐之痰，亦觉爽利，舌苔亦得大化，但脉仍不扬，其肺胃之间，尚是熏蒸之地，表不得越，邪无出路，还难恃为稳当也。

光杏仁、广郁金、淡黄芩、桑叶、甜葶苈、桔梗、白蔻仁、生苡仁、制半夏、炒香豆豉、橘红、枇杷叶。

四诊　咳嗽气逆大退，痰亦爽利，谵语热烦，亦得渐减，特小溲清而不爽，大便不行，频转矢气，脉数糊滑，苔化而中独厚，犹是湿痰内阻，邪难泄越，再导其滞。

郁金、橘红、桔梗、制半夏、赤茯苓、生苡仁、滑石、通草、萆解、竹沥达痰丸三钱、佛手、通草汤送下。

五诊　大便畅行，懊烦大定，热亦较轻，口渴亦减，但赤疹虽布，甚属寥寥，汗不外达，脉象较爽，舌根苔白尚揹。邪湿之熏蒸虽得渐松，而未能透泄，须望其外越，方为稳妥也。

光杏仁、郁金、橘红、生苡仁、枳壳、滑石块、炒蒌皮、葶苈子、桔梗、通草、木通、制半夏、赤白茯苓。

六诊　熏蒸弥漫之势虽松，而湿性黏腻，不克遽行泄化，里气不宣，表气难达，汗恹不得发越，咳嗽气逆，小溲不爽，脉数滑，苔白。邪湿互相犄角，尚难稳当。

郁金、光杏仁、橘红、冬瓜子、桔梗、鲜佛手、制半夏、生薏仁、寇仁、赤茯苓、通草、苇茎。

七诊　热势递减，咳亦渐松，然湿从内博，邪从外越，是以热势恋恋不退，不能外达，而欲从内化，非欲速可以从事也。

豆卷、滑石、光杏仁、郁金、制半夏、通草、新会红，猪苓、桔梗、生苡仁、鲜佛手。

八诊　清理余蕴方

豆卷、生苡仁、制半夏、通草、广皮、福泽泻、光杏仁、鲜佛手、白寇仁、真佩兰。

如胸闷加桔梗、郁金，甚者川朴、枳壳、藿香，头胀加蒺藜、天麻、僵蚕，理胃加生熟谷芽、沉香曲、玫瑰花。

按：此证湿温胸闷，始起即有谵语，张公骧云先诊，以其年高，神志不清，案有防其内闭痉厥之语，首方用青蒿、橘络、新绛之类，继用豆卷、牛蒡、赤芍、前胡、竺黄、连翘、茯神、玉雪救苦丹之类不效。继请巢崇山，案载咳不爽，渴欲饮热，由气分内陷厥少，谵语风动之险象，方用豆卷、蝉衣、生苡、前胡、光杏、郁金、青蒿、桔梗、翘心、至宝丹，既而热势仍炽，案有邪火内窜心包之势，倘其势甚，防动内风，改用羚羊、芦根、紫雪之属，仍不效。乃请师去，诊其脉糊数，苔白腻，审其神，则沉迷，投开展气化，轻描淡写，服一剂后，即有松机。窃观此案，何以沪上诸名家，于湿温一证，尚亦茫然，无怪偏僻之区，悉以青蒿、黄芩、石斛等，一派阴柔之品，为自保声名之唯一妙术也，不竟为之怃然之叹。

第九章　温毒类温病

温毒类温病是由温毒病邪所引起的一类急性外感热病，主要包括大头瘟、烂喉痧及缠喉风、痄腮等疾病。因其致病因素既有六淫温邪的性质，又有攻冲走窜和蕴结壅滞的特点，故这类温病除了具有一般急性外感热病的临床表现外，还具有局部红肿热痛，甚至溃烂，或发斑疹等特点。治疗既要针对病因审因论治，又要针对肿毒特征注意清热解毒。

第一节　大　头　瘟

一、概述

大头瘟是感受风热时毒所致的，以头面焮赤肿大为特征的一种急性外感热病。其特点为初起见邪犯肺卫和热毒壅盛证候，临床常见憎寒壮热，头面或咽喉红肿热痛表现。本病多发生于冬春两季。

关于本病，汉唐以前的文献并无病名记载。隋代巢元方《诸病源候论》在丹毒病诸候、肿病诸候中有类似本病临床表现的记述；唐代孙思邈《千金翼方》疮痈卷所论的丹毒，包括本病在内。之后，关于病名，历代文献有多种记载，金代刘河间《素问病机气宜保命集》中，根据本病有头面焮赤肿大的特点，称之为“大头病”；因本病发病之初有恶寒、发热等症状，类似伤寒，故清代俞震《古今医案按》中称为“大头伤寒”；因本病有一定的季节性和流行性，所以明代江瓘《名医类案》称之“大头天行”；根据本病有一定传染性，明代张景岳《景岳全书》把本病划属温疫范畴，并提出“大头瘟”之病名；又因本病头面肿势发展迅速，犹如风行，清代俞根初在《通俗伤寒论》中，又把本病称为“大头风”，并指出乃感受“风热时毒”所致；吴鞠通《温病条辨》将本病归于“温毒”之中，并谓本病“俗名大头温、虾蟆温”。这些名称都是根据其临床特征，或针对病因病性而作出的命名。

本病近代较少发生流行。与本病临床表现类似的颜面丹毒、流行性腮腺炎等西医病证可参考本病辨证论治。

二、病因病机

风热时毒侵袭人体是引起大头瘟发病的直接原因。根据中医发病学观点，风热时毒的产生与外界气候环境有密切关系，在冬季应寒反温，春月温风过暖的异常气候环境中容易形成并传播流行；同时体质条件在大头瘟的发病中也是重要因素，当人体正气不足，气血阴阳失调时，风热时毒从口鼻吸入，内因外因相互作用，而发为本病。

风热时毒具有“风”的特性，故侵犯人体，从口鼻而入犯于肺卫，卫受邪郁而出现肺卫表证；因风性轻扬上窜，故风热时毒多上攻于头面咽喉而出现肿毒表现。如《诸病源候论·诸肿候》说：“肿之生也，皆由风邪、寒热、毒气客于经络，使血涩不通，壅结皆成肿也。”风热时毒同时又具有热毒性质，故发病后发展急速，热毒较快深入而蒸迫气分，出现肺胃受病，肠胃热结阴伤等病理变化；若失治误治，风热时毒攻窜流走，可内陷营血，出现营分热盛，甚至耗血动血、闭窍动风等病理变化。但一般预后较好，很少出现营血分病变，而以发病较急，热盛气分，毒攻头面为病理特点。

总之，风热时毒从口鼻而入，上攻头面咽喉，头面红肿热痛是其主要病理和临床表现。疾病初起可出现肺卫表热证，风热时毒可深入肺胃，严重时可内窜营血。

三、诊断要点

（1）多发于冬春两季。

（2）起病急，初起可见憎寒壮热的肺卫表证。

（3）具有特殊的局部表现，头面焮赤肿胀，呈斑块状鲜红突起，灼热疼痛，皮肤发硬，表面光亮，界线清楚。一般先由鼻旁、面颊肿起，向眼、耳、面部蔓延，甚则波及头皮。严重者可出现水疱。

四、辨证治疗原则

大头瘟以风热时毒攻窜为主要病理。辨证时，初起注意与风温初起鉴别，皆为风热卫表证，然本病初起有时毒之邪犯卫之征，起病急，伴咽喉红肿；病情发展快，很快可入里，风热毒邪鸱张，上攻头面，出现头面咽喉红肿热痛。入里还应注意辨别肺胃热毒炽盛、肠道热结等。

其治疗原则以疏风透邪，清热解毒为主。初起邪犯肺卫，邪偏卫表，宜疏风透邪，兼以解毒消肿。若毒壅肺胃则清热解毒为主；如局部红肿严重，又当以解毒消肿为主；如兼有毒结肠腑，又当配合攻下泄热以釜底抽薪。后期胃阴耗伤，则滋养胃阴。此外，配合清热解毒、行瘀止痛之外敷方，以增强疗效，亦很必要。

文献辑要

夫大头病者，是阳明邪热太甚，资实少阳相火而为之也，多在少阳，或在阳明，或传太阳，视其肿势在何部分，随经取之。湿热为肿，木盛为痛，此邪见于头，多在两耳前后先出者，皆主其病也。治之大不宜药速，速则过其病所，谓上热未除，中寒复生，必伤人命。

（刘河间《素问病机气宜保命集》）

风温将发，更感时毒，乃天行之疠气。感其气而发者，故名大头天行病；又系风毒，故名大头风；状如伤寒，故名大头伤寒；病多互相传染；长幼相似，故通称大头瘟。多发于春冬两季，间有暑风夹湿热气蒸，亦多发此病。人体手足六经，唯三阳与厥阴诸经，皆上头面清窍，必先辨其为太阳时毒、少阳时毒、阳明时毒、厥阴时毒、三阳同受时毒、少厥并受时毒，分际斯清。

（俞根初《通俗伤寒论》）

普济消毒饮吴鞠通去升柴芩连，加银花一味，新定用量以治内（银花、连翘、元参、桔梗各一两，板蓝根、僵蚕、生甘草各五钱，荆芥、薄荷各三钱，牛蒡子六钱，马勃四钱，共为粗末，轻服六钱，重服八钱，鲜芦根汤煎，去渣，约二时一服），外用水仙膏（水仙花根剥去老赤皮与根须，入小石臼内捣如膏，敷肿处，中留一孔，出热气，干则易之，以皮上生黍米大小黄疮为度）、三黄二香散（川连、川柏、生大黄各一两，乳香、没药各五钱，其研细末。初用陈茶汁调敷，干则易之；继用香油调敷，以泻火定痛）以治外。神昏谵语者，先与安宫牛黄丸、紫雪丹之属，继以清宫汤（元参心、连心麦冬各三钱，竹叶卷心、连翘心、犀角磨汁各二钱，莲子心五分。热痰盛加竹沥、梨汁各五匙，咳痰不清加栝楼皮钱半，热毒盛加金汁一两、人中黄钱半，渐欲神昏加银花三钱、荷叶二钱、鲜石菖蒲一钱）。程钟龄谓风火郁热成大头瘟，初起宜以加味甘橘汤（甘、橘、荆、薄、蒡、贝、柴胡、丹皮）清散之，散而不去则用普济消毒饮以清之，若肿势极盛，兼用砭法。

（徐荣斋《重订通俗伤寒论》何廉臣勘）

温毒咽痛喉肿，耳前耳后肿，颊肿，面正赤，或喉不痛但外肿，甚则耳聋，俗名大头瘟、虾蟆瘟者，普济消毒饮去柴胡、升麻主之。初起一、二日，再去芩连，三、四日加之佳。温毒神昏

谵语者，先与安宫牛黄丸、紫雪丹之属，继以清营汤。（吴鞠通《温病条辨》）

泰和二年四月，民多疫病，初觉憎寒壮热体重，次传头面肿甚，目不能开，上喘，咽喉不利，舌干口燥，俗云大头伤寒，染之多不救。张县丞患此，医以承气汤加板蓝根下之，稍缓，翌日其病如故，下之又缓，终莫能愈，渐至危笃，请东垣视之，乃曰：身半以上，天之气也，邪热客于心肺之间，上攻头面而为肿，以承气泻胃，是诛伐无过，殊不知适其病所为故。遂为芩、连各五钱，苦寒泻心肺之火；元参二钱，连翘、板蓝根、马勃，鼠黏子各一钱，苦辛平清火散肿消毒；僵蚕七分，清痰利膈；甘草二钱以缓之，桔梗三分以载之，则诸药浮而不沉；升麻七分，升气于右，柴胡五分，升气于左。清阳升于高巅，则浊邪不得复居其位。经曰："邪之所凑，其气必虚"。用人参二钱以补虚，再佐以陈皮二钱以利其壅滞之气，名普济消毒饮子。若大便秘者，加大黄。共为细末，半用汤调，时时服之。半用蜜丸噙化。且施其方，全活甚众。

（俞震《古今医案按》）

初起憎寒壮热体重，次传头面大肿，目不能开，或咽喉不利，俗名大头伤寒是也。东垣谓阳明邪热太甚，夹少阳木火而生，阳明湿热甚为肿，少阳木火盛则痛。阳明之邪，首大肿；少阴之邪，肿于耳之前后也。治法不宜药峻，峻则药过其病，所谓上热未除，中寒复起，其死亡速。当少与，时时呷之。方用酒制芩、连、人中黄以解毒，荆、防、薄荷以去风，连翘、天虫、桔梗、牛蒡以散结。头痛、恶寒、无汗加二活以散寒；阳明引经加升麻、犀角水；少阳引经加柴胡、花粉。普济消毒饮妙。十余日表证仍在者，亦用荆、防、薄荷微散之。

（吴坤安《伤寒指掌》）

大头瘟者，此天气之疠气也。其湿热伤高巅之上，必多汗气蒸，初憎寒壮热，体重，头面肿甚，目不能开，咽喉不利，舌干口燥。不速治，十死八九，宜普济消毒散。如大便硬，加酒蒸大黄一二钱，缓缓服，作丸噙化尤妙。若额上面部焮赤，面肿脉数者，属阳明，本方加石膏，内实加大黄。若发于耳之上下前后，并额角旁红肿者，此少阳也，本方加柴胡、栝楼根，便实亦加大黄。若发于头脑项下，并耳后赤肿者，此太阳也，荆防败毒散去人参加芩、连甚者砭针刺之。

（周扬俊《温热暑疫全书》）

五、临床举要

临床上多种感染性疾病，如冬春季的颜面丹毒，上、下肢丹毒，流行性腮腺炎，口腔感染，流行性出血性结膜炎，急性化脓性中耳炎等急性感染性和传染性疾病。如果符合温毒类温病所具有的温热性质、局部红肿热痛等临床特点，可以结合发病季节和具体证候表现，按不同的温毒类温病进行辨治。

颜面丹毒从大头瘟治。大头瘟一证多系风温时毒侵袭而成，且往往挟内热较重，故当疏风清热解毒治之，仿普济消毒饮之意，疏风则邪从外散，清热则热自内清，毒解热去，何肿之有？《赵绍琴临证验案精选》

第二节 烂喉痧

一、概述

烂喉痧是感受温热时毒引起的急性外感热病，属于温毒范畴。其临床特征为咽喉肿痛糜烂，肌肤丹痧密布。本病具有较强的传染性，易引起流行；多发生于冬春两季。

清代以前，未见烂喉痧病名的记载。东汉张仲景《金匮要略》描述，“阳毒”为病，“面赤斑斑如锦纹，咽喉痛，唾脓血”与本病有相似之处。隋代巢元方《诸病源候论》所载之“丹者，人身体忽然焮赤，如丹涂之状”，“若病身重腰脊痛，烦闷，面赤斑出，咽喉痛或下利狂走，此为阳毒”。症状叙述类似本病，将其归属“时气”范围，认识到本病有一定季节性与传染性。唐代孙思邈《千金翼方》中列有“丹疹”的证治，亦与本病有关。有学者认为本病是18世纪初从国外传入我国的。较为可靠的记载，始见于叶天士《临证指南医案·卷五·疫门》中，记有数案“喉痛，丹疹，舌如朱，神躁暮昏”的病例，与本病酷似。清代有关本病记载的专著较多，如金保三的《烂喉丹痧辑要》、陈耕道的《疫痧草》、夏春农的《疫喉浅论》等。病名亦有多种，有以咽喉溃烂、肌肤丹痧而定名为“烂喉痧”、“烂喉丹痧”，因肌肤丹痧赤若涂丹而称为“丹痧”；因其能相互传染、引起流行而归属疫病，故名“疫喉痧”；因其系感受时行之气而发，又称为“时喉痧”等。

西医学中的猩红热等与本病临床表现类似的，可参考本病辨证论治。

二、病因病机

温热时毒侵袭人体是引起烂喉痧发病的直接原因。根据中医发病学观点，其发病与冬春不正之气及人体正气不足或脏腑气血阴阳失调等因素有关，素体阴虚者尤易感邪为病。感受温热时毒的途径有与患者直接接触和经空气传染两种。陈耕道《疫痧草》说：“其人正气适亏，口鼻吸受其毒而发者为感发；家有疫痧之人，吸受患者之毒而发者为传染。所自虽殊，其毒则一也。”

温热时毒由口鼻侵入人体，直犯肺胃，毒热之邪蕴伏于肺胃，内外充斥，是烂喉痧病机的关键所在。咽喉为肺胃之门户，又因肺主皮毛，胃主肌肉，所以本病初起既有发热恶寒，头痛身楚等肺卫表证，又有咽喉肿痛和肌肤丹痧等局部临床特征。继则表证消失，热毒归于肺胃并进一步转盛，咽喉红肿糜烂，肌肤丹痧更为显著。故何廉臣说：“疫痧时气，吸从口、鼻，并入肺经气分则烂喉，并入胃经血分则发痧。”若感邪较轻，人体正气较强，通过积极治疗，肺胃气分热毒外解则病可痊愈；反之，感邪较甚，正气较弱，治疗不及时或不恰当，温热时毒可深入营血或迅速内陷心包；也有热毒内闭而正气外脱者，均为本病的危重证。所以《疫痧草·辨论疫邪所由来》云：“疫毒直干肺脏而烂喉，气秽盛者，直陷心包，而神昏不救。”本病后期，多表现为余毒不尽而阴液耗伤之象。

三、诊断要点

（1）多发于冬春两季。

（2）多有与烂喉痧患者接触的病史。

（3）具有急性发热，咽喉肿痛糜烂，肌肤满布丹痧，舌红绛起刺如杨梅状等典型的临床表现。

（4）多数患者在发病后12~24小时内出现丹痧，最早见于颈部、腋下和腹股沟，从颈胸、躯干再蔓延到四肢，一般在24小时内遍布全身。皮疹为弥漫性红色小点，疹点之间呈一片红晕。丹痧消退后有脱屑，但无色斑痕迹。

（5）病程中可因热毒深入而见气营（血）两燔及内闭外脱等危重证。

四、辨证治疗原则

烂喉痧是温热时毒为患，局部以咽喉肿痛糜烂，肌肤丹痧密布为特征。其治疗原则以清泄热毒为重。夏春农《疫喉浅论》云：“疫喉痧治法全重乎清也，而始终法程不离乎清透、清化、清凉攻下、清热育阴之旨也。”具体方法视病程阶段，病位浅深，病情轻重有所不同，本病初起时，邪在肺卫，病邪较轻，病位较浅，治宜辛凉清解，以透邪外出。丁甘仁说：“烂喉痧以畅汗为第一要义。”陈耕道说：“邪在表者，疏而达之。发痧无疫，火不内炽，其痧稀，其热轻，其神清，而咽喉不烂，先达后清，是常理也。”及至中期，病邪传里后，热极化火，治宜清火解毒，如见毒壅上焦气分者可用苦寒泄热解毒，凉营退疹；热毒陷入营血者，注重清营凉血；气营（血）两燔者，宜清气凉营（血）并施；热毒化火动风或内闭外脱者，则先予清心开窍息风，扶正固脱，而后再清气凉营（血）解毒。本病后期，营阴津液耗伤余邪未尽者，治以清营养阴为主。

文献辑要

烂喉疫痧，以喉为主，喉烂浅者疫邪轻，喉烂深者疫邪重。疫邪轻者易治，重者难痊。医者当视其喉，喉烂宜浅不宜深也；观其神，神气宜清不宜昏也；按其脉，脉亦浮数有神，不宜沉细无力也；察其痧，痧宜颗粒分明而缓达透表，不宜赤如红纸而急现隐约也。合而论之，以定吉凶。（陈耕道《疫痧草》）

时疫喉痧，由来久矣，壬寅春起，寒暖无常，天时不正，屡见盛行。……独称时疫烂喉丹痧者何也，因此证发于夏秋者少，冬春者多。乃冬不藏精，动应寒而反温，春尤寒禁，春应温而反冷，经所谓非其时而有其气，酿成疫疠之邪也，邪从口鼻入于肺胃，咽喉为肺胃之门户，暴寒束于外，疫毒郁于内，蒸腾肺胃两经，厥少之火，乘势上亢，于是发为烂喉丹痧。丹与痧略有分别，丹则成片，痧则成颗。其治法与白喉迥然不同。白喉忌表一书立滋阴清肺汤。……而时疫喉痧，初起则不可速表，故先用汗法，次用清法，或用下法，须分初、中、末三层，在气在营，或气分多，或营分多，脉象无定，辨之宜确。一有不慎，毫厘千里。……先哲云，丹痧有汗则生，无汗则死。金针度人，二语尽之矣。故此证当表则表之，当清则清之，或用釜底抽薪法，亦急下存阴之意。谚云，救病如救火，走马看咽喉。用药贵乎迅速，万不可误时失机。（丁甘仁《喉痧证治概要》）

疫喉痧皆由口鼻吸受疫疠不正之气而得，方中当参入败毒之品更妙，或加芳香逐秽一二味尤佳。……疫喉初起，先取鲜土牛膝根汁一茶盅，内麝香一厘和匀，隔水炖温服，先吐痰涎，然后随证进方，亦可移重就轻。如遍身皮肤紫赤，痧点颗粒不分，即当除去麝香为要，再列首吐法数条参酌用之可也。……又云：闷痧之证，最为凶恶，咽喉腐溃，汤饮难受，壮热神烦，遍身紫赤，颗粒无分，肢凉脉伏，舌苔灰白，垢腻满布，面青目瞪，口紧流涎，指甲色青，胸满气粗，搐搦谵语，自利溲短以上等证，百无一生。（夏春农《疫喉浅论》）

又有一种烂喉丹痧，……鲜生地为此证清营泄热必用之药，欲兼疏散之意，重则用豆豉同打，轻则用薄荷叶同打，均可。丹皮清血中伏热，且味辛主散，炒黑用之最合。银花清营化毒，元参清咽滋水，均为此证必要之药。（柳宝诒《温热逢原》）

雍正癸丑年间以来有烂喉痧一证，发于冬春之际，不分老幼，遍相传染，发则壮热烦渴，丹密肌红，宛如锦纹，咽疼痛肿烂，一团火热内炽。医家见其热火甚也，投以犀、羚、芩、连、栀、膏之类，辄至隐伏昏闭，或烂喉废食，延俟不治。或便泻内陷，转倏凶危，医者束手，病家委之于命。孰知初起之时，频进解肌散表，温毒外达多有生者，《内经》所谓微者逆之，甚者从之。火热之甚寒凉强遏，多致不救，良可慨也。（金保三《烂喉丹痧辑要》）

五、临床举要

中医所谓烂喉痧相当于现代医学的猩红热，其发病急骤，病情凶险，属温毒之类。其临床特征以遍体痧疹如丹，并见咽喉红肿溃烂，故名烂喉。舌质红绛如杨梅，名杨梅舌，一身皮肤潮红，唯环口唇四周苍白，名口唇苍白圈。此二者具有诊断意义。中医认为本病为感受时气温毒，热毒入于营血，极易痉厥动风。故治疗必须用重剂清热凉血解毒，方克有济。切不可掺入风药发表。治疗最忌表散，并讲述20 世纪二三十年间北京地区流行此病，死亡率很高，凡用风药发表者，无不即成坏证，后医改局接纳几位名医的建议，明令禁用风药。着告示传诸药肆，凡处方中含风药者一概拒付。本病本属热盛，再以

风药发表，则无疑火上浇油，而成燎原之势，以致难以救治。《赵绍琴临证验案精选》

第三节　温毒类温病主要证治

吴鞠通在《温病条辨》中将温毒作为九种温病之一，吴氏认为："诸温夹毒，秽浊太甚。"其临床表现除具有一般温病特点外，还有局部红肿热痛特征，故在病因病名中都冠以"毒"字，以有别于一般温病。因而在对温毒类温病治疗时，除按卫气营血辨证纲领施治外，尤须强调清热解毒法的运用，且在内服药治疗的同时，多配合外治法。

一、卫分证治

温毒类温病的卫分证候以憎寒壮热为主症，并伴有局部肿毒特征，如头面红肿，咽喉肿痛糜烂，肌肤丹痧等。虽有风热时毒犯卫，温热时毒犯胃的不同，但治疗总以透表泄热，疏风消肿，宣肺利咽为基本方法。忌早用纯苦寒之剂，亦禁用辛温发散之剂。

（一）风热毒邪犯卫

【证候】恶寒发热，无汗或少汗，头痛，头面红肿，全身酸楚，目赤，咽痛，口渴，舌苔薄黄，脉浮数。

【分析】此为风热时毒侵犯肺卫之证。邪犯肺卫则恶寒，发热，全身酸楚，无汗或少汗；热毒郁肺，肺热炎上则目赤，咽痛；邪热津伤则口渴；热毒攻窜头面则红肿；苔薄黄、脉浮数是风热时毒犯于肺卫，病势在表之征。本证以恶寒发热，全身酸楚，头面红肿等为辨证要点。

【治法】疏风透表，宣肺利咽。

【方药】葱豉桔梗汤（《重订通俗伤寒论》）：

鲜葱白（三枚至五枚）　苦桔梗（一钱至钱半）　焦山栀（二钱至三钱）　淡豆豉（三钱至五钱）　苏薄荷（一钱至钱半）　青连翘（钱半至二钱）　生甘草（六分至八分）　鲜淡竹叶（三十片）

方用鲜葱白通阳发汗，配豆豉散手太阴肺及阳明胃经之邪；桔梗、薄荷、淡竹叶、甘草清宣上焦风热，开利肺气，清咽止痛；山栀、连翘清热解毒，祛除致病之风热毒邪。

金黄散（《医宗金鉴》）：

南星、陈皮、苍术（各二斤）　黄柏（五斤）　姜黄（五斤）　甘草（二斤）　白芷（五斤）　上白天花粉（十斤）　厚朴（二斤）　大黄（五斤）

本方外敷，方中天花粉、黄柏、大黄清热泻火解毒；姜黄、白芷活血疏风止痛；南星、厚朴、陈皮、甘草、苍术行气化痰。多用于大头瘟初起，头面红肿热痛而未成脓之时，有清热消散之效。

【临床运用】可在葱豉桔梗汤基础上加牛蒡、银花、大青叶增强其清热解毒利咽之功效；若咽阻喉痛者，可加紫金锭二粒磨冲。

文献辑要

而时疫喉痧，初起则不可速表，故先用汗法，次用清法，或用下法，须分初、中、末三层，在气在营，或气分多，或营分多，脉象无定，辨之宜确。一有不慎，毫厘千里。

（丁甘仁《喉痧证治概要》）

时疫贵解其邪热，而邪热必有着落。方着落在肌表时，非汗则邪无出路。故汗法为治时疫之一大法也。但风寒汗不厌早，时疫汗不厌迟；风寒发汗必兼辛温、辛热以宣阳；时疫发汗必兼辛凉辛寒以救阴；风寒发汗治表不犯里，时疫发汗治表必通里。（戴天章《广瘟疫论》）

（二）温热毒邪犯卫

【证候】憎寒发热，咽喉红肿疼痛，甚或溃烂，肌肤丹痧隐隐，舌红赤，见珠状突起，苔白而干，脉浮数。

【分析】本证为烂喉痧的初起表现，时毒外袭肌肤，内侵肺胃之证。邪犯肌表，邪正相争，卫阳受郁，故憎寒发热，苔白，脉浮数；肺胃热毒上壅咽喉，则咽喉红肿疼痛而糜烂；热毒迫及营分，外窜血络，则皮肤丹痧；心烦口渴，舌红赤如珠均为热毒壅盛的征象。本证以憎寒发热，咽喉红肿疼痛，肌肤丹痧隐隐为辨证要点。

【治法】透表泄热，解毒利咽，凉营透疹。

【方药】清咽栀豉汤（《疫喉浅论》）：

生山栀（三钱） 香豆豉（三钱） 香银花（三钱） 苏薄荷（一钱） 牛蒡子（三钱） 粉甘草（一钱） 蝉衣（八分） 白僵蚕（二钱） 乌犀角（八分，磨汁） 连翘壳（三钱） 苦桔梗（一钱五分） 马勃（一钱五分） 芦根（一两） 灯心（二十支） 竹叶（一钱）

因此，本方用豆豉、薄荷、牛蒡子、蝉蜕辛凉透表以疏散热毒；以山栀、银花、连翘清热解毒；僵蚕、马勃、桔梗、甘草开结利咽；以水牛角合辛凉之品意在凉营解毒透疹；另用芦根护阴生津，灯心草、竹叶清心并导热下行。全方以解毒为中心，兼利咽凉营透疹，并疏散表邪，颇合喉痧时毒初起的病机。

玉钥匙（《三因极一病证方论》）：

焰硝（一两半） 硼砂（半两） 冰片（一字） 白僵蚕（一分）

本方吹喉用，清热利咽，定痛消肿，用于喉痧初起咽喉红肿而未糜烂者。

【临床运用】清咽栀豉汤可酌情选加葛根、荆芥以增强疏透作用，加射干、玄参、川贝、花粉以增强利咽、散结、生津作用。

文献辑要

治疫喉入手之大关头，唯在善取其汗，有汗则生，无汗则死，不可慎哉！

（夏春农《疫喉浅论·疫喉痧论治》）

先哲云，丹痧有汗则生，无汗则死。金针度人，二语尽之矣。故此证当表则表之，当清则清之，或用釜底抽薪法，亦急下存阴之意。谚云，救病如救火，走马看咽喉。用药贵乎迅速，万不可误时失机。（丁甘仁《喉痧证治概要》）

邪在表者，疏而达之。发痧无疫，火不内炽，其痧稀，其热轻，其神清，而咽喉不烂，先透后清，是常理也。（陈耕道《疫痧草·痰痧汤药章》）

二、气分证治

大头瘟、烂喉痧如失治、误治，外邪不解，可深入气分。除发热、热毒偏重等基本证候进一步加重外，局部红肿热痛亦更严重，病位有上焦、脾胃、肠腑的不同。此时治疗则以苦寒清热、解毒泄热为主。

（一）毒盛肺胃

【证候】壮热口渴，烦躁不安，头面焮肿疼痛，喉咙疼痛加剧，舌红苔黄，脉数实。

【分析】本证为肺胃热毒，上攻头面所致。热毒炽盛，充斥肺胃则壮热口渴，烦躁不安，喉咙疼痛加剧；头为诸阳之会，风热时毒上窜，壅结头面脉络，则见头面焮肿疼痛；舌红苔黄，脉数实皆里热毒盛之征象。本证以壮热烦渴，头面焮肿疼痛明显，舌红苔黄为辨证要点。

【治法】清热解毒，疏风消肿。

【方药】普济消毒饮（《东垣十书·东垣试效方》）：

黄芩、黄连（各半两） 玄参（三钱） 橘红（去白，二钱） 玄参、生甘草（各二钱） 连翘、黍黏子、板蓝根、马勃（各一钱） 白僵蚕（炒，七分） 升麻（七分） 柴胡（二钱） 桔梗（二钱）

方以酒炒黄芩、黄连清降发于头面之热毒；牛蒡子、连翘、薄荷、僵蚕辛凉疏散头面风热；玄参、马勃、板蓝根有加强清热散毒之功，配甘草、桔梗、玄参以清利咽喉，玄参并有防止伤阴的作用；陈皮理气疏壅，以散邪热郁结；方中配升麻、柴胡，是用其疏散风热之功，即“火郁发之”之意；同时芩、连得升、柴可引药上行，以清头面热毒；升、柴配芩、连又可防其升发太过，二者相辅相成，共收疏散风热、清热解毒之功。

三黄二香散（《温病条辨》）：

黄连（一两） 黄柏（一两） 生大黄（一两） 乳香（五钱） 没药（五钱）

本方外敷，用三黄苦寒清热，降火解毒；乳香、没药辛苦微温，活血散瘀，消肿镇痛。合用则具有清火解毒，消肿止痛等作用。

【临床运用】如卫分之邪未除者，可加用荆芥、防风、葛根以增强透散之力；如头面红肿甚者，加夏枯草、菊花以清上犯之热毒；头面肿胀紫赤者，加丹皮、紫草、桃仁等以凉血活络；若发高热者倍薄荷，加用银花、栀子皮、荆芥穗等；若颐部肿硬者可重用青连翘，加山甲珠；若疼痛甚者加乳香、没药；呕逆者加竹茹、芦根、杷叶；颐肿处皮色光亮有波动感，内已化脓者加皂角刺。

文献辑要

温毒咽喉肿痛，耳前耳后肿，颊肿，面正赤，或喉不痛，但外肿，甚则耳聋，俗名大头瘟、虾蟆温者，普济消毒饮去柴胡、升麻主之，初起一、二日，再去芩、连，三、四日加之佳。……其方之妙，妙在以凉膈散为主，而加入清气之马勃、僵蚕、银花，得清可去实之妙；再加玄参、牛蒡、板蓝根，败毒而利肺气，补肾水以上济邪火；去柴胡、升麻者，以升腾飞越太过之病，不当再用升也，……去黄芩、黄连者，芩连里药也，病初起未至中焦，不得先用里药。

（吴鞠通《温病条辨》）

普济消毒饮吴鞠通去升柴芩连，加银花一味，新定用量以治内（银花、连翘、元参、桔梗各一两，板蓝根、僵蚕、生甘草各五钱，荆芥、薄荷各三钱，牛蒡子六钱，马勃四钱，共为粗末，轻服六钱，重服八钱，鲜芦根汤煎，去渣，约二时一服），外用水仙膏（水仙花根剥去老赤皮与根须，入小石臼内捣如膏，敷肿处，中留一孔，出热气，干则易之，以皮上生黍米大小黄疮为度）、三黄二香散（川连、川柏、生大黄各一两，乳香、没药各五钱，其研细末。初用陈茶汁调敷，干则易之；继用香油调敷，以泻火定痛）以治外。神昏谵语者，先与安宫牛黄丸、紫雪丹之属，继以清宫汤（元参心、连心麦冬各三钱，竹叶卷心、连翘心、犀角磨汁各二钱，莲子心五分。热痰盛加竹沥、梨汁各五匙，咳痰不清加栝楼皮钱半，热毒盛加金汁一两、人中黄钱半，渐欲神昏加银花三钱、荷叶二钱、鲜石菖蒲一钱）。程钟龄谓风火郁热成大头瘟，初起宜以加味甘桔汤（甘、桔、荆、薄、蒡、贝、柴胡、丹皮）清散之，散而不去则用普济消毒饮以清之，若肿势极盛，兼用砭法。

（徐荣斋《重订通俗伤寒论》何廉臣勘）

（二）毒壅肺胃，热结肠腑

【证候】身热如焚，气粗而促，烦躁口渴，咽痛，目赤，头面及两耳上下前后焮赤肿痛，大便秘结，小便热赤短少，舌赤苔黄，脉数。

【分析】此为风热时毒壅盛于肺胃及肠腑。肺热壅盛则身热气粗而促；胃热津伤则烦热口渴，小便热赤短少；邪毒壅滞肠腑则大便秘结；肺胃热毒上攻头面则焮赤肿痛，咽痛、目赤；舌苔黄，脉数是肺胃热毒炽盛之征象。本证以身热如焚，头面焮赤肿痛，大便秘结，舌赤苔黄为辨证要点。

【治法】清透热毒，攻下泄热

【方药】通圣消毒散（《证治准绳》）：

防风、川芎、白芷、银花、连翘、牛蒡子、焦山栀、滑石（各四钱） 芒硝、酒炒生大黄、苦桔梗、生甘草（各二钱） 犀角（一钱） 大青叶、薄荷（各一钱） 鲜葱白（三根） 淡香豉（四钱）

以活水芦笋、鲜紫背浮萍煎汤代水煎药，重则日服2剂，夜服1剂。方中薄荷、防风、葱白、豆豉、白芷、浮萍、桔梗在于透泄肺胃蕴热外达；山栀、大青叶、银花、连翘、牛蒡子等直解肺胃热毒而除酷热；大黄、芒硝导肺胃热毒从肠腑而泄；滑石、芦根等导热毒随小便下泄；水牛角凉血解毒，防热毒内陷营血。总之，该方有使热毒表里上下分消的作用，故能奏效。

三黄二香散外敷（见前文）。

【临床运用】病情重者，日服2剂，夜服1剂，并可配合升降散散邪泄热。若口渴甚者，加花粉、麦冬生津止渴，咽喉疼痛较甚者，可加玄参、马勃、僵蚕清热利咽。若毒邪偏甚、头面红肿明显，加夏枯草、菊花等以清上犯之热毒；头面肿胀紫赤者，加丹皮、紫草、丹参以凉血通络；面上燎疱宛如火烫。痛不可者，可选黄连、石膏、紫草、紫花地丁、土茯苓、薏苡仁等清热除湿解毒。邪热炽盛而至神昏谵语者，可服安宫牛黄丸。

文献辑要

大头瘟者，此天气之疠气也。其湿热伤高巅之上，必多汗气蒸，初憎寒壮热，体重，头面肿甚，目不能开，咽喉不利，舌干口燥。不速治，十死八九，宜普济消毒散。如大便硬，加酒蒸大黄一二钱，缓缓服，作丸噙化尤妙。若额上面部焮赤，面肿脉数者，属阳明，本方加石膏，内实加大黄。若发于耳之上下前后，并额角旁红肿者，此少阳也，本方加柴胡、栝楼根，便实亦加大黄。若发于头脑项下，并耳后赤肿者，此太阳也，荆防败毒散去人参加芩、连甚者砭针刺之。

（周扬俊《温热暑疫全书》）

若其痧疹虽皆透发于外，而火犹炽盛，且深入阳明之府，其舌从前白者至此则渐黄，心中烦热异常，或气粗微喘，鼻翅煽动，或神昏谵语，脑膜生炎，其大便干燥，小便赤涩，此乃阳明胃腑大实之候。

（张锡纯《医学衷中参西录·详论猩红热治法》）

（三）毒壅上焦

【证候】壮热，口渴，烦躁，咽喉红肿糜烂，肌肤丹痧显露，舌红赤有珠，苔黄燥，脉洪数。

【分析】此为表邪已解，温热时毒壅于上焦气分，波及营（血）分。气分热毒炽盛，故壮热、烦躁；热毒蕴结不解，则膜败肉腐，咽喉红肿糜烂；热毒窜入血络，则肌肤丹痧显露；舌红赤有珠，苔黄燥，脉洪数为气分热毒炽盛征象。本证以壮热不恶寒，咽喉红肿糜烂，肌肤丹痧显露等为辨证要点。

【治法】清气解毒，凉营退疹。

【方药】余氏清心凉膈散（《疫疹一得》）：

连翘（三钱） 黄芩（酒炒，三钱） 山栀子（三钱） 薄荷（一钱） 石膏（六钱） 桔梗（一钱） 甘草（一钱） 竹叶（七片）

本方为凉膈散去硝黄，加石膏、桔梗而成，有清气泄热、解毒利咽之效。方用连翘、黄芩、竹叶、山栀清泄气分邪热；用薄荷、桔梗、竹叶、甘草轻宣上焦气机；用石膏大清气分炽热。

锡类散：

象牙屑（焙，三分） 珍珠（制，三分） 青黛（飞，六分） 冰片（三厘） 壁钱（泥壁上者，二十枚） 西牛黄（五厘） 焙指甲（五厘）

以本方吹于患处，以清热解毒，化腐生新。如肿而不烂者可用玉钥匙。

【临床运用】丹痧显露，舌赤有珠，为肺胃之热波及营分，扰动血络之明证，可在余氏清心凉膈散基础上酌加生地、丹皮、赤芍、紫草等以凉营解毒；如大便燥结者，可加大黄、芒硝以通腑泄热。如热结于颈项，肿痛而坚硬者，俗称为“痧毒”，可加川贝、蒲公英、赤芍等化痰、解毒、活血。本证可配合烂喉去腐要吹喉，以流去毒涎，吹锡类散少许于患处，以去腐新生。

文献辑要

烂喉痧方，虽从《金匮翼》录出，而孟英命其名曰锡类散。

（王士雄《王氏医案·例言》）

盖疫痧时气，吸从口鼻，并入太阴气分则烂喉，并入阳明血分者则发痧。太阴者肺脏也，主喉而属气。阳明者胃腑也，主咽而属肌肉。喉通呼吸，咽司饮食。一脏一腑，同受疫邪，一气一血，各呈其象。故烂喉者色多白，病在肺而属气。发必者色多赤，病在胃而属血，其疫则一也。一发于咽喉之地，一达于肌肉之间，移步换形。故在肺则曰烂喉，在胃则曰发痧。是以名烂喉痧。

（程镜宇《痧喉阐义》）

三、营血分证治

温热时毒气分不解，可深入营分。其特点多为气营同病，病情极重，可见毒燔气营；若陷心包，可见神昏谵语，内闭外脱可见肢冷，汗出脉微。临床表现有所差异，治疗也有所不同。

（一）毒燔气营（血）

【证候】咽喉红肿糜烂，甚则气道阻塞，声哑气急，丹痧密布，红晕如斑，赤紫成片，壮热，汗多，口渴，烦躁，舌绛干燥，遍起芒刺，状如杨梅，脉细数。

【分析】此为邪毒化火，燔灼气营（血）之危重证。气分邪毒炽盛，则见壮热，汗出，口渴，烦躁；营（血）分热毒炽盛，故见丹痧密布，红晕如斑；舌绛干燥，遍起芒刺，状如杨梅，脉细数等，为热灼营阴之征。本证以咽喉红肿糜烂明显，丹痧密布，赤紫成片，舌干绛遍起芒刺等为辨证要点。

【治法】清气凉营，解毒救阴。

【方药】凉营清气汤（《丁甘仁医案》）：

犀角尖（磨冲，五分） 鲜石斛（八钱） 黑山栀（二钱） 牡丹皮（二钱） 鲜生地（八钱） 薄荷叶（八分） 川雅连（五分） 京赤芍（二钱） 京玄参（三钱） 生石膏（八钱） 生甘草（八分） 连翘壳（三钱） 鲜竹叶（三十张） 茅、芦根（去心、节，各一两） 金汁（冲服，一两）

方用薄荷、竹叶、连翘壳、山栀、生石膏、黄连清泄气分热毒；用水牛角、丹皮、赤芍、金汁凉营（血）解毒；用玄参、石斛、芦根、茅根甘寒救阴，共奏气营两清，解毒生津之效。

【临床运用】如痰多加竹沥水、珠黄散（豆腐制珍珠、西牛黄）。

文献辑要

又有一种烂喉丹痧，……鲜生地为此证清营泄热必用之药，欲兼疏散之意，重则用豆豉同打，轻则用薄荷叶同打，均可。丹皮清血中伏热，且味辛主散，炒黑用之最合。银花清营化毒，元参清咽滋水，均为此证必要之药。（柳宝诒《温热逢原》）

（二）邪陷心包，内闭外脱

证治参见温热类温病证治之内闭外脱。

四、后期证治

大头瘟、烂喉痧经过及时、正确治疗病情向愈，后期多见肺胃阴伤表现，由于致病温毒病邪不同，临床表现有所差异，治疗亦有侧重。

（一）胃阴耗伤

【证候】身热已退，头面红肿消失，口渴，但欲饮，不欲食，咽干，目干涩，唇干红，舌干少津，无苔或少苔，脉细微数。

【分析】此为大头瘟的恢复期表现。肺胃热毒已解，故热退，面赤肿痛消失；胃津耗损，故口渴欲饮；胃阴不足，纳食故减；胃阴耗伤，阴津不能上荣，故咽干，目涩，唇干红等；舌干少津，无苔或少苔，脉细微数等，为胃阴亏耗的征象。本证以热退消肿，口咽干，欲饮不欲食，唇舌干红少苔等为辨证要点。

【治法】滋阴养胃。

【方药】七鲜育阴汤（《重订通俗伤寒论》）：

鲜生地（五钱）　鲜石斛（四钱）　鲜茅根（五钱）　鲜稻穗（二支）　鲜雅梨汁、鲜蔗汁（各二瓢，冲）　鲜枇杷叶（去毛，炒香，三钱）

方以生地、石斛、茅根、梨汁、蔗汁甘寒滋养胃阴；鲜稻穗（可用生谷芽代之）养胃气；枇杷叶和降胃气。迨胃阴复，胃气和降，自能纳谷。

【临床运用】如仍有余热者，可加玉竹、桑叶以清泄热邪；胃阴耗伤较甚者，可加北沙参、麦冬以滋养胃阴，并可酌情加入少量砂仁振奋胃气，取阳生阴长之意；也可加乌梅、五味子、木瓜等酸味之品，与甘寒养胃阴药合用，起到酸甘化阴之效。

文献辑要

夫疫乃热病也，邪气内郁，阳气不得宣布，积阳为火，阴血每为热抟。暴解之后，余焰尚在，阴血未复，大忌参芪白术，得之反助其壅郁，余邪留伏，不唯目下淹缠，日后必生异证，或周身痛痹，或四肢挛急，或流火结痰，或遍身疮疡，或两腿钻痛，或劳嗽涌痰，或气毒流注，或痰核穿漏，皆骤补之为害也。凡有阴枯血燥者，宜清燥养荣汤。若素痰多，及少年平时肥盛者，投之恐有腻膈之弊，亦宜斟酌。（吴又可《温疫论》）

（二）余毒伤阴

【证候】咽喉糜烂渐减，但仍疼痛，壮热已除，唯午后仍低热，口干唇燥，皮肤干燥脱屑，舌红而干，脉细数。

【分析】此为烂喉痧恢复期的表现。邪毒已减，余邪未净，故见壮热消退。而午后低热，咽喉轻度糜烂；肺胃阴伤，故见口干唇燥，皮肤干燥而脱屑；舌红而干，脉细数，系阴津耗伤征象。本证以咽喉糜烂渐减，午后低热，皮肤干燥脱屑，舌干红等为辨证要点。

【治法】滋阴生津，兼清余热。

【方药】清咽养营汤（《疫喉浅论》）：

洋参（三钱）　大生地（三钱）　抱木茯神（三钱）　大麦冬（三钱）　大白芍（二钱）　嘉定花粉（四钱）　天冬（二钱）　拣玄参（四钱）　肥知母（三钱）　炙甘草（一钱）

本方的治疗重点是滋阴生津。方中西洋参、天冬、麦冬、玄参、生地甘寒生津；芍药、甘草酸甘化阴，共奏养阴之效；知母、花粉清泻余热，且能滋阴生津；茯神宁心安神，以除心烦。

【临床运用】如余毒仍甚者加水牛角。如兼四肢酸痛，甚至关节难于屈伸，宜加丝瓜络、川牛膝、赤芍、桃仁等化瘀通络。如兼腰痛、尿血，为阴伤动血，宜加女贞子、旱莲草、白茅根、小蓟、山栀仁等，以养阴止血。

文献辑要

夫丹痧一症……解表清热，各有所宜，治之得当，愈不移时，治之失宜，祸生反掌，无非宣散、宣清之两途也……再此证愈后，每有四肢酸痛，难以屈伸之状，盖由火烁阴伤，络失所养，宜进滋阴，非同痹症，次又管窥之所及，敢以质至高明。（祖鸿范《吴医汇讲》）

【临床医案】

（1）大头瘟肺胃火炽，热毒上攻案（《丁甘仁医案》）

朱左，头面肿大如斗，寒热，口干，咽痛，腑结，大头瘟之重症也。头为诸阳之首，风可到，风为天之阳气，首犯上焦，肺胃之火，乘势升腾，三阳俱病，拟普济消毒饮加减。荆芥穗钱半，青防风一钱，软柴胡八分，酒炒黄芩钱半，酒炒川连八分，苦桔梗一钱，连翘壳三钱，炒牛蒡二钱，轻马勃八分，生甘草八分，炙僵蚕三钱，酒制川军三钱，板蓝根三钱。

二诊　肿势较昨大松，寒热咽痛亦减，既见效机，未便更张。处方：

荆芥穗（钱半）　青防风（一钱）　薄荷叶（八分）　炒牛蒡（二钱）　酒炒黄芩（一钱）　酒炒川连（八分）　生甘草（六分）　苦桔梗（一钱）　轻马勃（八分）　大贝母（三钱）　炙僵蚕（三钱）　连翘壳（三钱）　板蓝根（三钱）

三诊　肿消热退，咽喉未愈，外感之风邪未解，炎炎之肝火未清也，再与清解。

处方：冬桑叶（三钱）　生甘草（六分）　金银花（三钱）　甘菊花（二钱）　苦桔梗（一钱）　连翘壳（三钱）　粉丹皮（钱半）　轻马勃（八分）　黛蛤散（五钱，包）　鲜竹叶（三十张）

按：本案为大头瘟毒热壅遏卫气分之证，风热时毒窜扰部位广泛。毒参阳位则头面肿大，邪郁卫表则寒热，热炽肺胃则口干咽痛，热结大肠则腑实。故首诊治疗在普济消毒饮清泄肺胃的基础上，加用荆芥、防风增强疏散在表之风热，加大黄通腑泄热，而去升麻、陈皮以防升、温太过。方药中的，二诊时病势大减，依法追击，但因腑实已通，故去大黄而加贝母化痰散结。终以清泄余火而善后。

（2）烂喉疫痧侵袭肺卫案（《云南中医中药杂志》，2000，4：33）

患者张某某，女，39岁，工人，1996年3月2日初诊。发热（38.9℃），恶寒，头痛泛恶，咽喉红肿且痛，吞咽不利，肌肤潮红，颈部可见少量红色皮疹，肢楚倦怠，不思纳谷，舌苔薄白；脉浮紧。血常规：WBC11.4×10^9/L，大、小便常规均正常。胸透：心、肺无异常。西医诊断：链球菌感染。中医诊为：丹痧（邪侵肺卫，毒聚于喉）。治则：宣透利咽。处方：

葛根（30g）　麻黄（9g）　黄芩、芍药、甘草、射干、大青叶、山豆根（各15g）　蝉蜕（5g）　大枣（12枚）

日2剂，首煎顿服。4小时后体温降至37.5℃，再服1剂，6小时后体温降至正常，红疹消失，症状缓解而愈。

按：本案为丹痧温毒侵袭肺卫，结聚咽喉之证。发热，恶寒，头痛，舌苔薄白，脉浮紧等为邪在卫表之征；毒热结聚咽喉则红肿疼痛；肺主气属卫，咽喉为肺之门户，今卫表及咽喉受邪侵犯，则肺难逃其咎；毒热窜营扰络，则见肌肤潮红和少量红色皮疹。故治疗遵"烂喉丹痧以畅汗为第一要义"之旨，以麻黄、葛根、蝉蜕温凉并用，以畅汗疏表，解肌宣透；射干、山豆根合蝉蜕利咽散结消肿；黄芩、大青叶清泄肺热；芍药、甘草养阴和营安络。理法方药合拍，故效验显著。

（3）烂喉痧热燔气血案（《重印全国名医验案类编》）

病者：汪元洪之侄，年7岁，住大义。

病名：瘄夹痧喉。

原因：去年冬瘄疫盛行，轻者但发时瘄，重者或夹斑，或夹痘，极重者夹烂喉丹痧。今儿感染疫毒而并发。

证候：脉由洪盛滑数，左沉弦小数，舌赤且紫，刺如杨梅。此疫毒外窜血络，瘖与丹痧并发，乃瘖疫最重极险之恶候也。

疗法：凉解血毒为首要。上午先进普济消毒饮加减，以透其瘖疹；下午续进清营解毒汤，以化其丹痧。

处方：苏薄荷（一钱） 炒牛蒡（二钱） 青连翘（三钱） 金银花（二钱） 西紫草（二钱） 鲜大青（五钱） 粉丹皮（钱半） 元参心（二钱，直劈去皮）

先用活水芦笋二两，鲜茅根二两（去皮）煎汤代水。

次方：鲜生地（八钱） 拌捣淡香豉（二钱） 金银花（二钱） 粉丹皮（钱半） 连翘心（一钱） 元参心（二钱） 粉重楼（二钱） 甘大黄（一钱）

先用野菰根尖二两，紫背浮萍五钱（藕池中取）。煎汤代水。

二诊 前方各进两头煎，均无大效。而面色青晦，神昏不语，唯烦躁阵作，发躁时将臂乱挖，若不知痛，挖破处血出紫黯不流，喉尖紫赤，间有白腐，舌仍如前，脉浮诊混糊，沉按细数，左寸搏劲而躁。此瘟毒郁于营中，半从外溃，半攻心肺，其寿可立而倾也。欲图急救，必使瘟毒有外泄之机，乃有挽回希望。故以紫雪芳透于前，神犀丹清解于后，再用大剂清营逐毒汤，尽人工以听天命。

三方：紫雪（一钱） 叶氏神犀丹（一颗）

均用鲜卷心竹叶三钱、灯心五分、鲜石菖蒲根叶钱半（剪碎后煎），煎取清汤调下。

四方：犀角尖（八分，磨汁） 鲜生地（四两，同） 生川军（四钱；开水浸半点钟，绞取清汁） 生玳瑁（三钱，剪碎） 金银花（三钱） 玄参心（三钱） 粉重楼（三钱） 羚角片（钱半，先煎） 青连翘（三钱，带心） 陈金汁（二两，分冲） 藏红花（一钱）

三诊 陆续频灌，从上午至黄昏，仅得大便溏黑者一次。灌至次日清晨，尽药两剂，又得黑溏极秽臭不可闻者两次，神识时清时昏，昏少清多，舌上翻出浮腻黄苔，喉间白腐，时退时起，颈肘腰腿，发现紫痕硬块，大小不一，脉皆浮洪搏数。此血毒虽从下泄，而营中之伏火尚炽也。姑用伍氏清血解毒汤，合绛复汤、叶氏神犀丹，凉透血毒，宣络清神，以消息之。

五方：鲜生地（一两） 粉丹皮（二钱） 藏红花（八分） 青连翘（三钱，带心） 老紫草（三钱） 真新绛（二钱） 旋覆花（钱半，包煎） 神犀丹（三颗）

先用紫花地丁八钱、银花露一斤，煎汤代水。

四诊 一日夜药尽两剂，大便又秘，小溲赤涩，神识多昏少清。凡上部如颈肩手臂，下部如腰脊膝腘等处，从前有紫痕硬块者，亦皆红肿作脓，不特咽喉溃烂，并肛门亦溃烂流脓，脉仍搏数按之有力，血毒虽从外溃，病势总在险涂。急拟救阴活血，败脓逐毒，背城一战，以图幸功。用仲景败脓散合大黄牡丹皮汤加味。

六方：生锦纹（三钱） 粉丹皮（二钱） 小枳实（钱半） 生赤芍（五钱） 元明粉（二钱，后入） 光桃仁（钱半） 桔梗（一钱） 鲜生地（一两）

先用冬雪水、银花露各一汤碗，代水煎药。

五诊 药仍陆续频灌，灌至一昼夜，约服四五汤碗，二便始畅，唯粪带脓血杂下，一节黄燥，一节溏黑。从此神识清醒，时时叫痛，咽喉肛门溃烂均减，六脉搏数已转弦软。治以养阴活血，败脓化毒，与五汁饮加味，外用紫金锭一钱，制月石三分，和以净白蜜，时时扫喉，清化其毒。

七方：鲜生地（二两，开水浸，捣汁） 雅梨汁（两瓢） 甘蔗汁、生藕汁（各一瓢） 陈金汁（二两，分冲）

先用鲜茅根二两（去皮），金银花五钱，蒸取清汤；再炖四汁，滚十余沸；冲金汁，时时灌之。

六诊 连服3日，咽喉及遍身溃烂处，均已渐次收功，便中亦无脓瘀，胃纳绿豆清汤，舌转嫩红，脉转虚数。此瘟毒虽皆外泄，而血液已经两亏，与五鲜汤滋养，以善其后。

八方：鲜生地（六钱） 鲜梨肉（一两） 鲜建兰（叶五钱） 鲜石斛（五钱） 鲜茅根（一两）

效果：连服6日，胃健纳谷，喜笑语言如常。嘱其用北沙参四钱、光燕条一钱、奎冰糖三钱，日进1剂，以调补之。

按：本案病为烂喉痧，初诊之时即见热毒燔灼气营血分，气分热盛故见壮热烦渴，咳喘；热毒燔灼血络则见肌肤丹痧，熏灼咽喉而致肿痛，闭阻心包则见神昏谵语；脉右洪甚滑数，左沉弦小数为热盛且有阴伤的表现。初诊予清热凉血解毒，但病重药轻，病不减反愈陷愈深，以至神昏不语，面色青晦，喉间紫赤渐腐。二诊时加用咸寒之品，并以生军攻下逐邪，给邪以出路，病情得以缓解。然医者未识端倪而乘势攻逐，三诊又单用清泄凉开之剂，终至肠闭热留，毒聚化脓而成背水之势，无奈不得不下，反奏釜底抽薪之效，自此峰回路转渐入坦途，终以养阴生津而收功。王孟英认为："温热为阳邪，……移其邪由腑出，正是病之去路，……所谓腑气通则脏气安也。"本案初诊之时热毒在气营血分，治以清开凉泄等，虽然理法无误，但毕竟邪气来势盛去势缓，而鞠通认为："治外感如将，兵贵神速"，建功还需"将军"之辈；吴又可有训："注意逐邪勿拘结粪。"常须识此。

第十章　温疫类温病

温疫类温病是指由疠气引起的一类具有强烈传染性的温病，代表性的疫病有温热疫、暑热疫、湿热疫。这类温病虽然与部分四时温病在临床表现和证治等方面有部分相通之处，但因其致病因素为疠气，致病暴戾，沿门阖户，可迅速传播流行，故这类疾病属于疫病范畴，多发病急剧，病情险恶，复杂多变，具有强烈的传染性。古代医家早有相关专著专论，一般认为，吴又可《温疫论》所论之温疫为湿热疫，湿热疠气始伤遏伏膜原，以流连气分为多；而杨栗山《伤寒温疫条辨》、刘松峰的《松峰说疫》所论疫病为温热疫，疠气怫郁于里，充斥表里、上下、内外；余师愚《疫疹一得》所论疫病为暑热疫，火热性质显著，暑热燔炽阳明，易动血闭窍。

第一节　温　热　疫

一、概述

温热疫是由温热疠气引起的急性外感热病。其特点为初起以里热外发为主要证候表现，临床初起即出现但热不恶寒、头身痛、口干咽燥、烦躁便干等症状。本病四季皆可见，以春季节为多。

温热疫初起即见明显的里热证，清代医家以杨栗山和刘松峰为代表，将“温病”和“温疫”混称，他们论述的其实是传染性极强的“温疫”，如杨栗山所言：“一切不正之气，升降流行于上下之间，人在气交中无可逃避，……禽兽往往不免，而况人乎。”刘松峰指出：“以其为病，沿门阖户皆同，如徭役然。”刘松峰将疫病分为“瘟疫”、“寒疫”和“杂疫”三种，其中“瘟疫者，不过疫中之一症耳，始终感温热之疠气而发。”杨栗山也认为温疫“从无阴证，皆毒火也。”说明两位医家所论之温疫属于温热疫。对于温热疫的认识，以杨栗山最具代表性，其受吴又可温疫学说思想影响，在《伤寒温疫条辨》中提出温病（温热疫）是由杂气、毒气引起，其说：“温病得之天地之杂气，……杂气者，非风非寒非暑非湿非燥非火，天地间另为一种，偶荒旱潦疵疠烟瘴之毒气也。”其所论杂气的致病特点与吴又可所述杂气特点不同，具有温热性质显著、易化火酿毒，充斥奔迫，致病多凶险等特点，如其说“其实不过专主上中下焦，毒火深重”，“且夫世之凶厉大病，死生人在反掌间者，尽属温病”。对于温热疫的治疗，其承喻嘉言之说“急以逐秽为第一要义”，指出“上焦如雾，升而逐之，兼以解毒；中焦如沤，疏而逐之，兼以解毒；下焦如渎，决而逐之，兼以解毒”。

一些发生于春季的急性传染病，如流行性感冒、流行性脑脊髓膜炎、人感染高致病性禽流感等西医病证具有温热疫特点者，可参考本病辨证论治。

二、病因病机

温热疫的病因为温热疠气。温热疠气多发生于兵荒和自然灾害之年，由“旱潦疵疠烟瘴之毒气”产生；其来无时，其着无方，无关人之强弱，血气之盛衰，有触之者，各随其气而发病。温热疫的发生虽不拘年岁四时，但以春夏季节多发，正气不足者，病邪更易深入。

温热疠气自口鼻而入，怫郁于里，伏于三焦，可因饮食、情志等诱发，亦由里自发，充斥奔迫，表里三焦多部位出现病变，正如杨栗山所说：“温病因杂气怫热，自里达表，或饥饱劳碌，或忧思气郁，触动其邪，故暴发竞起，而合病并病为极多，甚有全无所触，止是内郁之热，久则自然蒸动。”初起里热炽盛，浮越于表，突然出现凛凛恶寒、随后但热不恶寒、头痛、口干咽燥等，类似表证而实非表证的表现。大部分患者可在此阶段淹缠数日而突然加重，温热疠气充斥表里三焦，各随其气导致多端变化。或结于阳明胃肠而出现壮热、腹痛、便秘；或疫毒之邪充斥心经，逆乱心神，致谵妄发狂；或邪入血分，迫血动血，导致有斑疹、出血；或瘀热搏结而发黄；或蓄血于下焦等。若患者素有肾虚，或房劳太过，疫邪可速陷下焦，导致气道不施，出现便闭腹胀或至夜发热等表现。因热毒充斥，病变复杂，可出现多脏腑同病，即杨栗山所谓“两感”、“并病”等复杂病情。温热疫后期，疫毒之邪伤气阴，可出现气阴两虚。疠气还可乘侵宿损之处，导致头风痛，腰腿痛，心痛，腹痛，痰火喘嗽，吐血便血，崩带淋沥等旧病复发。

总之，温热疠气从口鼻而入，怫郁于里，充斥三焦，初起即表现里热炽盛之证，温热疫邪炽盛可内扰心神，迫血动血，瘀热搏结，或蓄血于下；还可出现多脏腑同病；后期温热疫邪伤及气阴，可出现气阴两伤。

三、诊断要点

（1）四时皆有，多发生于春季。

（2）起病以里热外发为主要表现，突然加重出现温热疠气充斥表里三焦，并随其气出现复杂多变的病理机转。

（3）后期可见气阴两虚。

（4）有本病接触史。

四、辨证治疗原则

温热疫因感受温热疠气之邪，怫热于里，充斥表里三焦，各随其气变化多端。故临床辨证首先应注意辨别有无表邪，温热疫初起多由怫郁于里的疫毒之邪，浮越于外所发，杨栗山认为“虽有表证，实无表邪”，故初起随可见凛凛恶寒，但很快就表现为但热不寒，口渴头痛等，不可强行发汗。其次要注意结合体质和兼挟病邪辨别主要病变部位，温热疠气随充斥表里三焦，但随其气而变，病位重心有所不同，或入阳明结于胃肠，或与痰热结于心下，或与瘀血蓄于下焦，或入心经扰神闭窍等。三要注意辨别有无宿疾，通过询问病史可得明确。

总的治疗原则是升散清泻，逐邪解毒，根据轻重缓急和病变部位的不同救治。里热疫毒轻者，可予轻清透邪，如神解散、清化汤之类；热毒重者，可予芳香饮、加味凉膈散之类升清降浊。若疠气充斥心经，躁扰心神，谵语发狂，宜泻心经邪火。邪入血分，瘀热搏结，蓄血于下焦或胃肠，宜化瘀攻下；瘀热发黄，宜化瘀清解退黄；热与痰合，结于胸脘，宜化痰开结。温热疫后期，气阴两伤，可益气养阴。若温热疫引发旧疾，当先治温疫。

温热疫初起，有类表证，不可辛温发汗。若用辛温解表，犹如抱薪投火，加重热势，助热伤津，邪热会随升提之性而上逆，出现狂躁、斑黄、衄血、亡阳等重候。正如杨栗山所说：“在温病邪热内攻，凡见表证，皆里证郁结也。虽有表证，实无表邪，断无正发汗之理”，“宜以辛凉苦寒清泻为妙”。

文献辑要

夫瘟者，热之始，热者，温之终，始终属热症。初得之即发热，自汗而渴，不恶寒。其表里分传也，在表则现三阳经症，入里则现三阴经症，入府则有应下之症。其愈也，总以汗解，而患者多在热时。其与伤寒不同者，初不因感寒而得，疠气自口鼻入，始终一于为热。热者，温之终，故名之曰瘟疫耳。（《松峰说疫·疫病有三种论》）

如温病发热，杂气怫郁三焦，由血分发出气分，断无正发汗之理。而发热头痛，身痛而渴，为热之轻者，神解散、小清凉散之类；如发热气喷如火，目赤舌黄，谵语喘息，为热之重者，加味凉膈散、增损三黄石膏汤之类；如发热厥逆，舌见黑苔，则热之极矣，加味六一顺气汤、解毒承气汤大清大下之。（《伤寒温疫条辨·里证·发热》）

五、临床举要

西医学中一些发生于春季的急性传染病，如流行性感冒、流行性脑脊髓膜炎、人感染高致病性禽流感等具有温热疫特点者，可参考本病辨证论治。姜良铎认为甲型流感的中医学基本病因性质是风热毒邪，无论轻症、重症，初期症状相似，表现为发热、恶热、咳嗽、少痰或无痰、口渴喜饮、咽干、咽部鲜红如杨梅状、目赤舌红等毒袭肺卫证。重症患者临床可分3期：Ⅰ期毒热闭肺期；Ⅱ期毒损肺络，津血外溢期；Ⅲ期毒邪内陷，内闭外脱期。而毒热耗气，元气暴伤，气不摄血，气不摄津，气不流津和毒损肺络是其主要病机。[姜良铎，傅骞，王玉光等.甲型H1N1流感的中医病因病机初探.环球中医药，2010.3（1）：20~22] 周仲瑛认为的病因是非其时有其气，新感引动伏邪而发病，病机演变以三焦传变为多见。从上焦肺到中焦脾胃，重者既可逆传心包，也可出现邪入下焦，病及肝肾 。甲型H1N1流感的中医基本治疗方案：基本治则：解表清肺，化湿和中。以清瘟颗粒为基本方药，主药连翘10g、黄芩10 g、藿香10 g、紫苏叶10 g、桔梗5 g、蚤休12 g 。[郭立中，金妙文，周学平等. 周仲瑛教授对防治甲型H1N1流感的思考.环球中医药，2010.3（1）：23~25] 张氏等以北京地坛医院2009年9月27日至2010年1月16日收治的123例重症、危重症甲型H1N1流感病例，分析其中医证候特点及病因病机，认为甲型H1N1流感为感受风热疫毒之邪所致，其中疫毒为本病的始动因素，肺之气机闭遏是病机演变的关键环节，内生之湿浊瘀毒损伤肺络是病情进展、迁延难愈的主要机制，热为标，咳喘更为标。其证候演变规律为： 热毒壅肺、闭肺→毒伤肺络→喘脱、厥脱→气阴两伤，以温病肺胃气分病变为核心。[张伟，王玉光，刘清泉等.123例甲型H1N1流感重症、危重症中医证候学特点及病因病机分析.中医杂志，2011.52（1）：35~36] 孙氏等采用清瘟败毒饮加减治疗62例流行性脑脊髓膜炎，痊愈58例，明显好转3例，1例治疗1周后无效转院。清瘟败毒饮加减：生石膏80g，水牛角60g，芦根30g，栀子20g，知母20g，玄参20g，连翘20g，银花20g，丹皮20g，鲜竹叶20g，夏枯草30g，寒水石20g，葛根20g，甘草15g。日服1剂，水煎3次，分3次服，连服半月。如热毒重、热势高者加大青叶；神昏较重加安宫牛黄丸；斑出较多者加侧柏叶、白茅根；热灼真阴者可加黄连阿胶汤。[孙智，孟英芳. 清瘟败毒饮加减治疗流行性脑脊髓膜炎62例.四川中医，2007，25（5）：48~49] 陈氏等认为新型人感染H7N9禽流感可运用卫气营血辨证，结合脏腑、经络、三焦等辨证特点，临床辨治分为：①风热犯卫证：辛凉解表，宣肺泄热。银翘散合升降散加减。②肺热壅盛证：清热宣肺平喘。麻杏石甘汤加减。③燥热伤肺证：清肺泄热，养阴润燥。清燥救肺汤加减。④肺热腑实证：宣肺化痰，泻热攻下。宣白承气汤加减。⑤热陷心包证：清心凉营，豁痰开窍。清营汤合清瘟败毒饮加减。⑥热灼营阴证：清营解毒，透热养阴。清营汤加减。⑦余热未清，气阴两伤证：清热生津，益气和胃。竹叶石膏汤合沙参麦冬汤加减。[陈晓蓉，杨宗国，陆云飞，等. 新型人感染H7N9禽流感中医证候分布规律及辨证论治思路. 中华中医药杂志，2013，28（10）： 2825~2829]

第二节 暑 热 疫

一、概述

暑热疫是由暑热疠气所引起的急性外感热病。其特点为初起即见热毒燔炽阳明，充斥表里、上下、内外，甚至卫气营血几个阶段证候并见，临床常见高热、头痛、身痛、斑疹、出血甚至昏谵、痉厥等一派热毒极盛的表现。本病具有剧烈的传染性和流行性，严重威胁人民生命健康，夏暑季节多见。

本病多发于战乱饥馑，或久旱无雨，暑气亢盛之年。清乾隆甲子五六月间，京都大暑，疫作，余师愚根据当时温疫特点采取相应治疗方法，取得成功，他在前人理论基础上，结合自己的实践经验，著成《疫疹一得》。其中疫疹之病，即指感受暑热特点的疠气所引起的以肌表发有斑疹为特点的温疫病，与本节所论病证相当。余氏认为温疫乃感四时不正疠气为病，力主火毒致病说，故在治疗上，余氏强调清热解毒、凉血滋阴为主，拟清瘟败毒饮为主方，融清热、解毒、护阴为一法，为暑热疫的治疗开拓了新的思路，对此，王孟英誉之："独识淫热之疫，别开生面，洵补昔贤之未逮，堪为仲景之功臣。"王孟英、丁甘仁等亦有重要发挥，进一步完善了温疫学说。

一些急性传染病，如流行性出血热、登革热与登革出血热、流行性乙型脑炎等发生于夏季的具有暑热疫特点者可参考本病辨治。

二、病因病机

本病因暑热疠气致病。疠气不同于一般外感六淫之邪，它是在气候反常或是出现自然灾害、战乱饥馑的情况下形成的，加上卫生不良、污秽不洁之物处理不善等，都使疠气容易形成并侵犯人体。不同的环境条件产生的疫疠病邪不同，如暑热偏盛则性偏燥热，而为暑热疫；如湿热秽浊者为湿热疫。人体正气的虚实在发病上起重要作用，吴又可说："昔有三人，冒雾早行，空腹者死，饮酒者病，饱食者不病"。说明人体正气亏虚，不足以抵御病邪，则容易患温疫病，此为温疫致病的内因。

本病比湿热疫发病更为急骤，传变更为迅速。由于疫邪性质不同，人的体质不同，温疫初起证候亦不同。暑热疫为感受暑热疠气所致，初起多为卫气同病，出现寒热，少汗，头项强痛，肢体酸疼等；入里可闭结胃肠或熏蒸阳明，甚则见热毒充斥表里上下之证，见壮热头痛，两目昏瞀，狂躁谵语，骨节烦疼，甚则痉厥、吐衄发斑，舌绛苔焦；热毒深伏，可出现昏聩不语等。若邪来凶猛，病变迅速，则无明显阶段过程，而诸候并见，病甚危笃。

总之，本病发病急骤，传变迅速，虽有卫气营血阶段可分，但往往邪气迅速充斥上下内外，气血热毒炽盛明显。

三、诊断要点

（1）有强烈的传染性和流行性，多发生于炎热的夏季。

（2）起病急，病变发展迅速，病情重。

（3）初起无论是否兼表，皆里热炽盛，邪毒进而充斥表里上下。常常同时出现卫气营血数个阶段证候。

（4）有本病接触史。

四、辨证治疗原则

暑热疫起病急骤，传变迅速，辨证应密切注意病情变化。初起即可见表里同病而见热毒充斥内外的表现，如壮热、恶寒、头痛如劈、肌肉骨节烦疼、甚则发展为昏谵、吐衄、项强、抽搐等热入营血、闭窍动风之象。热毒亦可蔓延脏腑，耗损津气，甚或正气溃败，不治而亡。如经抢救，可好转而愈，或后期可因正衰邪恋而留下低热、痴呆、瘫痪等后遗症。

暑热疫的治疗当依据病邪性质和证候表现确定治法和方药，其总的原则是选用针对暑燥疠气的有效药物，迅速祛除疠气，扭转病情。由于本病起病即以阳明胃热为主，疠气很快充斥表里内外。

在治疗过程中，亦以清解阳明胃热、解除疫毒为主。并随时注意病情转化，暑热疫热毒充斥表里，则以大剂清热解毒以救阴；热毒亢盛而阴津将绝，当大剂苦寒解毒清热护阴；其他如腑实、昏谵、痉厥等治疗与其他温病基本相同。暑热疫后期，邪去正伤，以临床所见为据，当以清除余邪，恢复阴液为治。

文献辑要

疫证初起，有似伤寒太阳、阳明证者，然太阳阳明头痛，不至如破，而疫则头痛如劈，沉不能举；伤寒无汗，而疫则下身无汗，上身有汗，唯头汗更盛。头为诸阳之首，火性炎上，毒火盘踞于内，五液受其煎熬，热气上腾，如笼上熏蒸之露，故头汗独多，此又痛虽同而汗独异也。有似少阳而呕者，有似太阴自利者。少阳之呕，胁必痛；疫证之呕，胁不痛。因内有伏毒，邪火干胃，毒气上冲，频频而作。太阴自利，腹必满；疫证自利，腹不满。大肠为传送之官，热注大肠，有下恶垢者，有旁流清水者，有日及数十度者，此又证异而痛同也。

（余师愚《疫病篇·论疫与伤寒似同而异》）

五、临床举要

西医学的一些烈性传染病，如流行性出血热、登革热与登革出血热、流行性乙型脑炎等具有暑热疫特点的可参考本病辨证。其特点为初起即见热毒燔炽阳明，充斥表里、上下、内外，经常卫气营血几个阶段症候并见。临床常见高热、头痛、身痛、斑疹、出血、甚至昏谵、痉厥等一派热毒极盛的表现。治疗宜以祛邪为主。清瘟败毒饮为治疗瘟疫类温病疫毒充斥气血的主方，刘氏以之加减治疗登革热 30 例。方为生石膏 30g（先煎），生地、赤芍、土茯苓各 20g，黄连、栀子、黄芩各 10g，知母、藿香各 12g，水牛角（先煎）、丹皮、茵陈、紫草各 15g，甘草 5g。剂量随年龄增减，每日 2 剂水煎服。并用具有清热泻火作用的中成药双黄连粉针剂静脉滴注，每日 1 次，与西药病毒唑（利巴韦林）静脉滴注之对照组 30 例比较。结果两组均治愈，但中药治疗组白细胞、血小板复常及退热时间均短于对照组（刘宇.中药治疗登革热 30 例观察.实用中医药杂志，1998，14（7）：6）。郝氏同样用清瘟败毒饮治疗流行性出血热 120 例，并根据不同病变阶段和临床表现加减制成不同成方，每日 1 剂水煎服。与病毒唑（利巴韦林）治疗组 60 例对照。结果：少尿期及低血压休克期的越期率好于对照组，发热、多尿、血小板复常及尿蛋白转阴日均数短于对照组，并发症亦少于对照组［郝向春，马素娟，陈玉良.清瘟败毒饮治疗流行性出血热 120 例临床观察.中国中西医结合急救杂志，2001，8（1）：45~46］。魏氏则用清热逐瘀法为主治疗流行性出血热急性肾衰竭 80 例，方用犀角地黄汤合桃仁承气汤加减：生地、白茅根、生石膏（先煎）、板蓝根各 30g，水牛角 60g，丹皮、黄连、大黄、芒硝、桃仁各 10g，赤芍、玄参、知母各 13g，甘草 6g，热盛加公英、连翘；呕吐加姜竹茹、赭石；休克加西洋参、麦冬，出血加三七。日 1~2 剂水煎服。结果治愈 77 例，死亡 3 例［魏素侠.清通逐瘀法为主治疗流行性出血热急性肾衰竭 80 例.中医杂志，2000，41（7）：441~441］。杨氏抢救极重型流行性乙型脑炎呼吸衰竭 93 例，用生石膏、知母、板蓝根、丹皮、党参、五味子、钩藤、菖蒲、僵蚕等。痰多黄稠加天竺黄、青礞石、竹沥达痰丸；痰多而稀加制南星、姜半夏或礞石滚痰丸；痰多难咳出加陈胆星、大贝母、天竺黄或猴枣散；昏迷热甚加紫雪散；深昏迷、高热、抽搐加抗热牛黄散；深昏迷抽搐热不甚加至宝丹；热极生风加生石决明、蜈蚣、全蝎；便秘加生大黄、元明粉；脉伏、肢冷加红参、熟附子、生牡蛎。并用皮质激素，东莨菪碱及脱水、扩容、纠酸、强心、吸氧等对症治疗，结果：治愈 75 例，死亡 16 例，自动出院两例［杨冬明. 中西医结合抢救极重型流行性乙型脑炎呼吸衰竭 93 例.中西医结合实用临床急救杂志，1997，4（3）：120~121］。徐氏总结王瑞根辨治流行性乙型脑炎经验，认为风火痰热众相鼓动，热毒壅盛为病机关键，治疗宜辨证求因，先发制病。乙脑急性期的临床表现主要有高热、抽搐、昏迷三大症状。按中医的病情和病理变化可分为邪在卫气、气营两燔、热入营血三型。以自拟乙脑灵方加减辨治：大青叶、生石膏、板蓝根、金银花各 15～30g，连翘 10～20g，知母、淡竹叶各 5～10g，生甘草 3g。［徐新平.王瑞根辨治流行性乙型脑炎经验.四川中，2003，21（5）：4~5］

第三节 湿 热 疫

一、概述

湿热疫是由湿热疠气引起的急性外感热病。其特点为初起以疠气遏伏膜原的表现为主要证候，临床常见寒热交作，苔白厚腻如积粉，脉不浮不沉而数等表现。以夏季和热带多雨水地区多见。

明末医家吴又可，亲身经历了崇祯辛巳年间疫病的流行，将临床治疗体会写成《温疫论》一书，是第一部论述温疫的专著，主要阐述了湿热秽浊之疠气所引起的疫病在病因、病机、传变上的特点，并创立疏利透达法祛除疫邪，为温疫学说的建立作出了巨大贡献。吴氏认为湿热疫“感天地之疠气，在岁运有多寡，在方隅有厚薄，在四时有盛衰。此气之来，无论老少强弱，触之者即病。邪从口鼻而入，则其所客，内不在脏腑，外不在经络，舍于夹脊之内，去表不远，附近于胃，乃表里之分界，是为半表半里，即《针经》所谓横连膜原是也。”可见，湿热疫疠之邪来势凶猛，从口鼻而入，初起病机既非在表，亦非在里，而是在半表半里之膜原。吴氏指出：“温疫初起，先憎寒而后发热，日后但热而无憎寒也。初得之二三日，其脉不浮不沉而数，昼夜发热，日晡益甚，头疼身痛。其时邪在夹脊之前，肠胃之后，虽有头疼身痛，此邪热浮越于经，不可认为伤寒表证，辄用麻黄、桂枝之类强发其汗，此邪不在经，汗之徒伤表气，热亦不减。又不可下，此邪不在里，下之徒伤胃气，其渴愈甚。宜达原饮。”进一步描述了湿热疫初起表现和治疗方法。在吴又可《温疫论》影响下，继之而起研究温疫者层出不穷。如清代戴天章的《广瘟疫论》，即是在《温疫论》基础上，对温疫的辨证施治广为发挥，特别在辨气、辨色、辨舌、辨脉、辨神、辨温病兼夹证等方面尤有心得，并立汗、下、清、和、补五法施治。刘奎撰《松峰说疫》，沿袭吴又可温疫学说，新组“除湿达原饮”，明确以湿热相称，为温疫的分类奠定了基础。此外，陆九芝、何廉臣等亦有所发挥，进一步丰富了本病辨证论治的内容。

据其传染流行特点、发病方式和临床表现，霍乱、急性肝炎、流感等，凡具有湿热疫特征者，可参考本病辨证论治。

二、病因病机

湿热疫的外因是具有湿热性质的湿热疠气。这类疠气是引起湿热疫发病的主要原因。湿热疫不同于一般意义上的外感六淫致病之概念，与时气、伏气等诸学说也不尽相同，而属疫气致病的范畴。疫气的产生与气候条件、地理环境、卫生条件、生态环境等诸多自然和社会因素有关。《温疫论》曰：“疫气者亦杂气中之一，但有甚于他气，故为病颇重，因名之疠气。”此类疠气引起发病与正气强弱、感邪轻重密切相关。如正气相对充足，感邪较轻，不一定发病，即使发病也较为轻浅；如元气亏乏，感邪又重，则为病沉重。如《医学原理》所说：“夫瘟疫之病，乃天地不时之疫气，……若体气壮盛之人感之浅者，轻而易疗，若元气虚败，感之深者，重而难愈。”因此，正气不足，抗病能力低下，又是湿热疫发病的内因。另外，发病轻重与疠气致病力强弱有关，若致病力强者，无论体质强弱，一经感染即可发病，即《温疫论》所谓“无论老幼强弱，触之者即病”。

湿热疠气多从口鼻而入，侵入人体之初，病邪既非在表，亦非在里，而是遏伏表里分界之膜原，影响气机之出入。疫邪溃离膜原，因疫邪所伤轻重、体质强弱不同而病理演变有别。吴有性虽有九传之说，概而言之，不外出表、入里两端。所谓出表，系指轻浅之证，稍加治疗病邪即可外出，疾病向愈。而受邪深重，或元气不支者，病邪势必由膜原直走中道，内传入里，而犯及脾胃、大小肠、三焦等脏腑。溃离之邪内传脾胃，与积滞夹杂，无路而出，愈蒸愈闭，则胶闭大肠；损伤脾胃，波及大肠、小肠，导致清浊相干，升降失常而吐泻交作；疠气夹秽浊或夹冷气过重，郁闭中焦，气机窒塞而上下不通，病势深重。疠气化燥，可内传阳明，或邪结肠腑。阴津耗竭则有亡阴之变，津液耗竭严重者，筋脉失于濡养，可引起肢体拘急，均为险恶之证；病情不能控制，进而阴损致阳，阴竭阳脱，又有性命之虞。病久深入厥阴，主客浑受，络脉凝滞，正衰邪恋而为痼疾。诊治恰当，客邪早逐，未行化燥而转入恢复期，则与一般湿热类温病转归相近。如果化燥深入营血，却与暑热疫营血证病机相似。

总之，本病起病急骤，病情大多凶险，具有强烈传染性并能引起流行；疫气始伤，遏伏膜原，虽然传变无常，总以流连气分为多。

三、诊断要点

（1）具有强烈的传染性和流行性，应根据流行特点作为重要诊断依据。

（2）起病急，病情重，病初多见邪伏膜原证候。

（3）病程中易见脾胃、大小肠，或流连三焦气分证候。

（4）有本病接触史。

四、辨证治疗原则

湿热疫辨证，一是辨邪气所在部位，若邪在半表半里，当有寒热往来之证；若湿热疫邪困阻脾胃，当有脘痞腹胀，甚者发黄、吐泻；若湿热疫邪闭塞心窍，可神志昏迷；邪结肠腑，可出现腹部胀痛，大便稀溏不爽；邪入营血，可化燥动血；二是辨湿热疫邪的性质，即湿热的偏重程度。若湿重于热，多见于初起半表半里，舌苔白厚腻；若热重于湿，可见舌红苔黄腻。

湿热疫的治疗原则：初起疠气遏伏膜原，治宜疏利透达。溃离膜原，传变入里，依其病候，随证变法，总宜视其前后可解之处，逐邪为主，兼顾气阴。胶闭大肠者，直行导滞通腑逐邪之法，轻法频下。清浊相干，治宜芳香化浊，分利逐邪；疫秽郁闭中焦，急以辟秽解毒，利气宣中。疫困脾土，当运脾逐邪；邪入心窍，开窍为先，以复苏心神为急务。阳明热盛，则清热生津；邪结肠腑，宜攻下逐邪。耗气亡阴，急急益气养阴，生津救逆；阴竭阳脱，速予益气固脱，回阳救逆。化燥深入营血者，考其在气在血之不同，气分为主兼入营血者，治气分湿热为主，兼治营血；营血证为主，参照暑热疫证治。转入恢复期可参考湿热类温病调治。《伤寒绪论》指出“湿温之证，即藏疫疠在内”，“瘟疫证类多端，岂可一律而论”。临证之际，应与湿热类温病证治，前后互参，不可偏执。

文献辑要

病疫之由，昔以为非其时有其气，春应温而反大寒，夏应热而反大凉，秋应凉而反大热，冬应寒而反大温，得非时之气，长幼之病相似以为疫。余论则不然。夫寒热温凉，乃四时之常，因风雨阴晴，稍为损益，假令秋热必多晴，春寒因多雨，较之亦天地之常事，未必多疫也。伤寒与中暑，感天地之常气，疫者感天地之疠气，在岁运有多寡；在方隅有厚薄；在四时有盛衰。此气之来，无论老少强弱，触之者即病。邪从口鼻而入，则其所客，内不在脏腑，外不在经络，舍于伏脊之内，去表不远，附近于胃，乃表里之分界，是为半表半里，即《针经》所谓横连膜原是也。胃为十二经之海，十二经皆都会于胃，故胃气能敷布于十二经中，而荣养百骸，毫发之间，靡所不贯。凡邪在经为表，在胃为里，今邪在膜原者，正当经胃交关之所，故为半表半里。

（吴又可《温疫论·原病》）

温疫发热一二日，舌上白苔如积粉，早服达原饮一剂，午前舌变黄色，随现胸膈满痛，大渴烦躁，此伏邪即溃，邪毒传胃也。前方加大黄下之，烦渴少减，热去六七，午后复加烦躁发热，通舌变黑生刺，鼻如烟煤，此邪毒最重，复瘀到胃，急投大承气汤。傍晚大下，至半夜热退，次早鼻黑苔刺如失。此一日之间而有三变，数日之法一日行之。因其毒甚，传变亦速，用药不得不紧。设此证不服药或投缓剂，羁迟二三日必死。设不死，服药亦无及矣。尝见温疫二三日即毙者，乃其类也。（吴又可《温疫论·急证急攻》）

五、临床举要

西医学中的霍乱、急性无黄疸性肝炎、重型肝炎、流感等疾病，凡具有湿热疫特征者，可参考湿热疫进行辨证论治。如潘氏用治疗湿热疫邪伏膜原之达原饮加减治疗病毒感染性发热 226 例，方用槟榔、草果、知母各 15g，川朴 10g，黄芩 12g，甘草 3g，邪在少阳加柴胡，在太阳加羌活，在阳明加葛根；腹胀、便秘、苔黄加大黄。日 2 剂水煎取液，每次口服 150ml，每 6 小时 1 次。阴虚者禁用，舌苔燥者慎用。忌辛辣厚味及油腻之品。结果全部治愈（潘琴.达原饮治疗病毒感染性发热 226 例.四川中医，2001，19（4）：42~43）。钟氏用中西医结合治疗流行性出血热 54 例，发热期湿热遏伏用黄芩 10g，藿香、连翘各 12g，薄荷 6g（后下），白豆蔻、草果（均后下）、菖蒲各 5g，茵陈 30g，六一散（包）、薏仁各 12g；卫气同病用生石膏（先煎）、芦根各 30g，知母、黄芩、金银花、连翘各 10g，薄荷（后下）、生甘草各 6g，板蓝根 25g。气营（血）两燔用生石膏、水牛角（先煎）各 30g，知母、黄芩、丹皮、赤芍、紫草、大黄（后下）各 10g，黄连 3g，生地、半边莲各 15g。少尿期瘀热蕴结，用大黄（后下）、芒硝（分冲）、桃仁、丹皮、赤芍、紫草各 10g，生地、车前子、滑石各 15g，白茅根 30g，肾阴亏耗用知母、黄柏、丹皮、山茱萸各 12g，茯苓、泽泻、麦冬各 15g，生地、山药、白茅根各 30g，西洋参 10g。多尿期肺胃燥热用淡竹叶 3g，西洋参 10g，石膏 20g（先煎），炙甘草 6g，麦冬、北沙参、玉竹、天花粉各 5g；肾虚不固用熟地、山药、山茱萸各 12g，枸杞子、丹皮、杜仲、熟附子各 10g，益智仁、桑螵蛸、乌药各 6g，黄芪 20g，每日 1 剂水煎服。恢复期用中成药口服，并西医常规治疗。结果治愈 52 例，肠道大出血停用中药 2 例（钟志明.中西医结合治疗流行性出血热 54 例.新中医，2001，33（7）：35~36）。褚氏用甘露消毒丹治疗急性病毒性肝炎 40 例，药用白豆蔻、薄荷 6g，藿香、木通、黄芩、贝母、射干、菖蒲各 10g，茵陈 30g，滑石、连翘各 15g。对照组 36 例，用三仁汤杏仁、通草、厚朴、法半夏各 10g，滑石、薏仁各 15g，竹叶、白豆蔻各 6g，均每日 1 剂，水煎服 10 日为 1 个疗程，共 3 个疗程，结果两组分别治愈 39 例和 25 例（ $P<0.01$），显效 1 例和 9 例，好转 0 例和 2 例。治疗组 HBsAg 转阴 8 例，HBeAg 转阴 8 例，治疗前后比较有显著性差异（ $P<0.01$）。（褚裕义.甘露消毒丹治疗急性病毒性肝炎临床观察.中医杂志，1999，（2）：87~88）。陈氏用达原饮治疗 21 例小儿病毒性脑炎。用本方：槟榔、草果、黄芩、知母、芍药各 6g，琥珀、甘草各 3g，随症加减每日 1 剂水煎服，结果显效 15 例，有效 4，无效 2 例（陈蓓华，达原饮治疗 21 例病毒性脑炎的体会.中国中医急症 1999，8（4）：188）。

第四节　温疫类温病主要证治

温疫类温病往往起病急骤，传变迅速，常见疫邪同时犯及多个部位、多个层次，而表现为卫气营血分证交叠出现，有时难以截然划分病变阶段，临证时当细加辨识。治疗时应在辨证论治的基础上，注意不失时机，积极抗邪为要务。

一、卫气同病证治

【证候】发热恶寒，无汗或有汗，头痛项强，肢体酸痛，口渴唇焦，恶心呕吐，腹胀便结，或见精神不振、嗜睡，或烦躁不安，舌边尖红，苔微黄或黄燥，脉浮数或洪数。

【分析】温疫初起，在里之郁热怫郁于表，或疫邪由外传里，均可出现疫邪充斥表里的卫气同病证。疫邪在表与卫气相争，卫气郁遏，可见发热恶寒；卫气受抑，腠理开闭失常，可见有汗或无汗；疫邪攻窜头身，气机郁阻，可见头痛项强，肢体酸痛；疫毒之邪伤津，可见口渴，甚者唇焦；扰及心神，可见烦躁。部分患者邪气可内扰胃肠，则恶心呕吐，邪气内结肠腑，则腹胀便结。舌边尖红，苔微黄或黄燥，脉浮数或洪数为卫气同病之象。本证以发热恶寒，头身痛，烦渴，舌红苔黄为辨证要点。

【治法】透表清里。

【方药】增损双解散（《伤寒温疫条辨》）：

僵蚕（酒炒，三钱） 滑石（三钱） 蝉蜕（十二个） 广姜黄（七分） 防风、薄荷叶、荆芥穗、当归、白芍、黄连、山栀、甘草（各一钱） 连翘（去心，一钱） 黄芩、桔梗、酒浸大黄（各二钱） 芒硝（冲服，二钱） 生石膏（六钱）

水煎去渣，冲芒硝，加蜜三匙，黄酒半杯，和匀冷服。

暑热疫初起，邪在卫气，故用表里双解。以荆芥穗、防风、薄荷叶、蝉蜕等透邪外出；黄连、黄芩、连翘、栀子、姜黄、桔梗等清热解毒；僵蚕、白芍、当归养血舒筋，预防痉厥之变；石膏清胃热；滑石清下焦热；调胃承气汤以攻下泄热。共使疫毒邪热从内外分解，前后分消。

【临床运用】临床运用时热象较甚可去当归；头痛较甚可加菊花、钩藤、葛根；呕吐甚者加竹茹、苏叶。

文献辑要

温病总计十五方。轻则清之，神解散、清化汤、芳香饮、大小清凉散、大小复苏饮、增损三黄石膏汤八方；重则泻之，增损大柴胡汤、增损双解散、加味凉膈散、加味六一顺气汤、增损普济消毒饮、解毒承气汤六方。而升降散，其总方也，轻重皆可酌用。

（杨栗山《伤寒温疫条辨·医方辨·升降散》）

二、气分证治

（一）邪炽阳明证治

【证候】壮热口渴，大汗出，舌苔黄燥，脉洪大而数。或身热烦渴，午后热甚，鼻如烟煤，腹满硬痛，通舌变黑起刺。

【分析】暑热疫、温热疫疠气燔炽于阳明气分，故见发热口渴，苔黄诸症。疠气瘀结成实，腑气不通，致腹满硬痛；疠气未除则身热不退；鼻如烟煤，通舌变黑，提示病情严重，有消亡阴液之势。

【治法】清热生津或急下存阴。

【方药】白虎汤（方见温热类温病证治）。

本方为治疗邪传阳明，气分疠气炽盛之剂。

大承气汤（《伤寒论》）：

大黄（四两） 厚朴（半斤） 枳实（五枚） 芒硝（三合）

大承气汤荡涤实热，攻下积滞，主治疠气化燥，燔灼气分，阳明腑实者。方中大黄味性寒，泻热通便，荡涤肠胃；芒硝助大黄泻热通便，并能软坚润燥；积滞内阻，则腑气不通，用枳实、厚朴行气散结，消痞除满，并助硝、黄荡涤积滞之力。正如吴鞠通所说：“承气非可轻尝之品，……舌苔老黄，甚则黑有芒刺，脉体沉实者系燥结痞满，方可用之。”

【临床运用】临证运用时，须依据病情需要而选方治疗。如阳明气分热邪散漫而未成里结者，可选用白虎汤加减：兼见阴伤口渴唇焦，可合以生地、麦冬、玄参等甘寒生津之品；热扰心神而谵语者，可加水牛角、连翘、竹叶心、黄连等清心宁神；阳明热盛引动肝风出现手足搐搦者，可加水牛角、羚羊角、钩藤、菊花等以凉肝息风，此即犀羚白虎汤（《重订通俗伤寒论》）。阳明热结于里，发热腹满便秘，口干唇燥，舌苔薄黄而干，脉细数，乃阳明热结阴亏，可加玄参、麦冬、生地，去厚朴、枳实滋阴攻下，此即增液承气汤《温病条辨》。

文献辑要

面目俱赤，语声重浊，呼吸俱粗，大便闭，小便涩，舌苔老黄，甚则黑有芒刺，但恶热，不恶寒，日晡益甚者，传至中焦，阳明温病也。脉浮洪躁甚者，白虎汤主之；脉沉数有力，甚则脉体反小而实者，大承气汤主之。《温病条辨·卷二》

仲景自大柴胡以下，立三承气，多与少与，自有轻重之殊。勿拘于下不厌迟之说，应下之证，见下无结粪，以为下之早，或以为不应下之证，误投下药，殊不知承气本为逐邪而设，非专为结粪而设也。必俟其粪结，血液为热所搏，变证迭起，是犹养虎遗患，医之咎也。

《温疫论·注意逐邪勿拘结粪》

（二）邪遏膜原证治

【证候】初始憎寒而后发热，后但热不寒，昼夜发热，日晡益甚，头疼身痛，脉不浮不沉而数，舌苔白厚腻如积粉，舌质红绛。

【分析】湿热疫初起，虽显寒热、头身疼痛，然其脉不浮不沉，说明邪不在表，又未深入，而是疠气郁遏表里分界之膜原；加之舌苔浊腻白厚如积粉，脉数，舌质红绛，与伤寒初起明显不同，乃湿热疠气遏阻膜原之象。寒热，头身疼痛，为膜原之邪浮越之势；昼夜发热，日晡益甚，苔白厚腻如积粉，脉不浮不沉而数，乃湿热疠气遏阻盘踞膜原之象，为本证的辨证要点。

【治法】透达膜原，疏利化浊。

【方药】达原饮（《温疫论》）：

槟榔（二钱） 厚朴（一钱） 草果（五分） 知母（一钱） 芍药（一钱） 黄芩（一钱） 甘草（五分）

上用水二盅，煎八分，午后温服。

湿热疠气遏伏膜原，邪不在表，一般忌汗散，尚未入里，又不宜苦泄。槟榔、厚朴、草果温运流畅气机，疏其郁滞，三味力专直达病所，促使疠气溃败，速离膜原；知母、芍药和营血而护阴；黄芩泄蕴热；甘草和中，共奏疏利透达之功效。

【临床运用】临证运用依病情灵活加减。秽浊内盛，选加藿香、苍术、菖蒲、六一散等辟秽化浊渗泄之品。疠气游溢诸经，当随经引用，以助升泄：溢于少阳，胁痛、呕而口苦加柴胡；溢于太阳，腰背项痛加羌活；溢于阳明，目痛鼻干加葛根。本方偏于温燥，药后苔减，病势有变，随即斟味酌量，甚或更方。若舌苔转黄，心腹痞满，可加大黄下之。疠气传脾，胶闭大肠，宜枳实导滞汤加减（方见湿热类温病证治）。

文献辑要

温疫初起，先憎寒而后发热，日后但热而无憎寒也。初得之二三日，其脉不浮不沉而数，昼夜发热，日晡益甚，头疼身痛。其时邪在伏脊之前，肠胃之后，虽有头疼身痛，此邪热浮越于经，不可认为伤寒表证，辄用麻黄桂枝之类强发其汗。此邪不在经，汗之徒伤表气，热亦不减。又不可下，此邪不在里，下之徒伤胃气，其渴愈甚。宜达原饮。（《温疫论·上卷》）

（三）清浊相干

【证候】 发热较重，即见暴吐暴泻，甚则呕吐如喷，吐出酸腐物，夹有食物残渣，泻下物热臭，呈黄水样，甚如米泔水，头身疼痛，烦渴，脘痞，腹中绞痛阵作，小便黄赤灼热，舌苔黄腻，脉濡数；甚或转筋，肢冷腹痛，目陷脉伏。

【分析】 湿热秽浊疠气，由膜原直走中道，邪正清浊相干胃肠是本证的病机关键。郁阻中焦，脾胃受伤，升降失常，即作暴吐暴泻；腐熟运化失司，则吐出物夹有食物残渣；下迫大肠，则泻下物呈黄水样并带有黏液和泡沫；发热乃疠气所为；头身疼痛系湿热秽浊郁滞；疠气壅滞胃肠，气机郁阻而脘痞，腹中绞痛时作；心烦口渴，小便黄赤灼热，舌苔黄腻，脉濡数，为疫病已趋化热伤津之势。若津伤严重则会出现转筋，阴损及阳则肢冷腹痛，目陷脉伏等，均为正气严重耗伤之象。正如王孟英所谓：“已风自火出，而有胜湿夺津之势矣。”暴吐暴泻，及其吐泻物的性状，腹部绞痛阵作，甚则转筋为本证辨证要点。

【治法】芳香化浊，分利逐邪。

【方药】燃照汤（《重订霍乱论》）：

滑石（四钱） 炒豆豉（三钱） 焦山栀（二钱） 酒炒黄芩、佩兰（各一钱五分） 制厚朴、制半夏（各一钱）

水煎去渣，研入白蔻仁八分，温服。

本方以黄芩、山栀、滑石清热解毒利湿；佩兰、半夏、厚朴、白蔻仁、豆豉芳香辟秽化浊，本方对吐利较甚者用之颇佳。

【临床运用】临床运用时，如脘闷较甚，汤药难进，可先服玉枢丹。苔腻而厚浊者，去白蔻，加草果仁少许，煎服。脘痞，干呕较甚，重用厚朴、白豆蔻，加竹茹；热甚者，可用甘露消毒丹或白虎汤、竹叶石膏汤加减；兼夹食滞者，可选神曲、山楂；小便短少，加通草、车前草；手足厥冷，腹痛自汗，口渴，口唇指甲青紫，小便黄赤，六脉俱伏，为热深厥深，真热假寒，应加用生石膏、竹叶、天花粉，清热生津，补益气阴。若发热，腹中绞痛，欲吐不得吐，欲泻不能泻，乃湿热秽浊疠气闭阻中焦，俗称“干霍乱”宜解毒辟秽芳香开闭，可予玉枢丹、行军散之类。

文献辑要

郑凤梧年六十余，秋间患霍乱，凛寒厥逆，烦闷躁扰，口不甚渴。或以为寒，余察脉细欲伏，苔白而浓，乃暑湿内蕴未化也。须具燃犀之照，庶不为病所蒙。因制燃照汤与之，一饮而厥逆凛寒皆退，脉起而吐泻渐止，随以清涤法而愈。（《随息居重订霍乱论·卷下》）

燃照汤治暑秽挟湿，霍乱吐下，脘痞烦渴，苔色白腻，外显恶寒肢冷者。

（《随息居重订霍乱论》）

（四）疫困脾土

【证候】大多起病缓慢，胁肋胀痛，脘痞腹胀，纳谷不馨，口不渴，身重乏力，便溏，或有发热，头痛，恶心呕吐，苔白腻。

【分析】本证因内有脾湿，复感湿热性疠气所致。内外相引，困遏脾土，脾病及胃，水谷运化失司，气机升降失常，故显脘痞腹胀，纳谷不馨，口不渴，身重乏力，溏便，或恶心呕吐；脾湿过盛，反侮肝木，经气不利则胁肋胀痛；发热乃疠气所致，头痛系浊邪上扰清窍；苔白腻乃尚未化热之象。胁肋胀痛，脘腹痞胀，身重乏力，苔白腻为本证辨证要点。

【治法】解毒辟秽，运脾渗利。

【方药】胃苓汤（《太平惠民和剂局方》）：

苍术（泔浸，八钱） 陈皮（五钱） 厚朴（姜制，五钱） 甘草（蜜炙，三钱） 泽泻（二钱五分） 猪苓（一钱） 赤茯苓（去皮，一钱） 白术（一钱半） 肉桂（一钱）

上为粗末，每服一两，以水二盅，加生姜三片，大枣二枚，炒盐一捻，煎八分，食前服。

本方乃平胃散与五苓散合法，有解毒辟秽，渗利泄浊之功效。方中苍术与厚朴相须为用，具有较强的化浊解毒作用；五苓散渗利于下，行排毒利小便之能；陈皮、生姜、大枣、甘草，理气和中。

【临床运用】临床运用时，兼热象者，去桂枝加黄柏、茵陈、赤芍等。腻苔滑润，脉沉弱，为中阳素虚，可加制附子。

> **文献辑要**
>
> 喻氏云：湿温一证，即藏疫疠在内，一人受之则为湿温，一方受之则为疫疠。
>
> （《湿热病篇》）

（五）邪郁三焦

【证候】身大热，烦躁，胸闷腹胀，呕吐，大便秘结，小便黄赤，黄疸迅速加深，舌质红绛，苔黄腻或干燥，脉滑数，甚则神错谵语，抽搐，便血，溺短赤等。

【分析】身热乃疫毒热盛所致，病势欲陷心包则烦躁；浊气不降，气机郁滞而生闷胀、呕吐；损伤津液，导致大便秘结，小便黄赤；疫毒深伏，失于清利，毒瘀互结，致使黄疸迅速加深；红绛舌，黄腻或干燥苔，滑数脉，提示气分未尽，已有深入营血之势；内陷手足厥阴，则昏谵、抽搐；疫毒化火，深入营血，迫血妄行，可见便血等。身热，烦躁，黄疸，舌绛，甚则昏谵，抽搐为本证的辨证要点。

【治法】解毒逐邪，凉血护阴，清心开窍。

【方药】甘露消毒丹（方见湿热类温病证治）：

本方清宣芳化，通利三焦疫毒，适宜病在气分者。

神犀丹（《温热经纬》）：

乌犀角尖（磨汁，水牛角代） 石菖蒲、黄芩（各六两） 真怀生地（冷水洗净浸透，捣绞汁） 银花（各一斤，如有鲜者捣汁用尤良） 粪清、连翘（各十两） 板蓝根（九两，无则以飞净青黛代之） 香豉（八两） 元参（七两） 花粉、紫草（各四两） 各生晒研细（用火炒）

以犀角（水牛角代），地黄汁、粪清和捣为丸（切勿加蜜，如难丸可将香豉煮烂），每重三钱，凉开水化服，日二次，小儿减半。如无粪清，可加人中黄四两，研入。

神犀丹凉血护阴，解毒开窍，主治邪入血分者。方中水牛角、生地、玄参、天花粉凉血护阴；银花、连翘、黄芩、粪清、板蓝根清热解毒；香豉、石菖蒲宣泄秽浊，防其浊邪上蒙；紫草凉血止血。心烦，尿赤去黄芩，加黄连、栀子引导疫毒下行。

【临床运用】临证运用时，若高热持续，出血发斑，加西牛黄、焦栀子、丹皮，合紫草以清热解毒，凉血止血。烦躁，时有谵语，加郁金合菖蒲，痰瘀同治，开心窍以防内陷。若神昏抽搐，为内陷厥阴，“须用牛黄丸、至宝丹之类发开其闭”。

> **文献辑要**
>
> 温热暑疫诸病，邪不即解，耗液伤营，逆传内陷，痉厥昏狂，谵语发斑等证。但看病患舌色干光，或紫绛，或圆硬，或黑苔，皆以此丹救之。若初病即觉神情昏躁而舌赤口干者，是温暑直入营分。酷暑之时，阴虚之体，及新产妇人，患此最多。急须用此，多可挽回。切勿拘泥日数，误投别剂，以偾事也。兼治痘毒重，夹带紫斑危证。暨痘疹后，余毒内炽，口糜咽腐，目赤神烦诸证。
>
> （《温热经纬·方论》）

三、气营血分证治

气血两燔

【证候】身大热，头痛如劈，两目昏瞀，或狂躁谵妄，口干咽痛，腰如被杖，骨节烦疼，或惊厥抽搐，或吐衄发斑，舌绛苔焦或生芒刺，脉浮大而数或沉数，或六脉沉细而数。

【分析】疠气攻窜太阳、阳明则头痛如劈，两目昏瞀；游溢肾经故腰如被杖，骨节烦疼；疫疠热毒蒸腾，燔灼阳明，上干清窍则口干咽痛；热扰神明，故狂躁谵妄；苔焦起刺为耗津之象；毒火引动肝风，可伴惊厥抽搐；舌绛，吐衄发斑乃深入营血之征；其脉浮大系疠气游溢，沉数者为疠气郁闭较深，如若六脉沉细而数，则属疠气夹秽浊郁伏深重。身热，头痛如劈及其舌脉是本证辨证要点。

【治法】解毒凉血。

【方药】清瘟败毒饮（《疫疹一得》）：

生石膏（大剂六两至八两，中剂二两至四两，小剂八钱至一两二钱） 小生地（大剂六钱至一两，中剂三钱至五钱，小剂二钱至四钱） 乌犀角（大剂六钱至八钱，中剂三钱至四钱，小剂二钱至四钱） 真川连（大剂六钱至四钱，中剂二钱至四钱，小剂一钱至一钱半） 生栀子、桔梗、黄芩、知母、赤芍、玄参、连翘、竹叶、甘草、丹皮

先煮石膏数十沸，后下诸药，犀角磨汁和服。

本方为白虎汤、凉膈散、黄连解毒汤、犀角地黄汤诸方组合，相辅相成，具有清瘟败毒、气血同治之功效。方中石膏、生地、黄连、水牛角四味依病证轻重而有小、中、大用量的不同，即脉浮大而数用小量，沉而数用中量，六脉沉细而数用大量；重用石膏体现“甚者先平”之意，故诸经之火无不自安；黄连、黄芩、连翘、栀子、竹叶清泄气分疠气；生地、水牛角、赤芍、玄参、丹皮凉解营血疠气。寓辛寒、苦寒、甘寒、咸寒为一体，乃邪正兼顾之良方。

【临床运用】临证运用依病情灵活加减：斑疹色青紫，紧束有根，加紫草、红花、归尾以通络行瘀。斑疹外出不快，兼见腹满胀痛，大便秘结，合调胃承气法，祛气分之壅，畅血分之滞。津伤而筋肉抽动，去桔梗之开肺，轻则加菊花、龙胆草凉肝泻肝；重则入羚羊角、钩藤凉肝息风。斑疹显露，神昏谵语，选加“三宝”以清心开窍。若高热持续，出血发斑，加西牛黄、焦栀子、丹皮，合紫草以清热解毒，凉血止血。烦躁，时有谵语，加郁金合菖蒲，痰瘀同治，开心窍以防内陷。若神昏抽搐，为内陷厥阴，“须用牛黄丸、至宝丹之类以开其闭”

文献辑要

清瘟败毒饮（《一得》）治一切火热，表里俱盛，狂躁烦心。口干咽痛，大热干呕，错语不眠，吐血衄血，热盛发斑。不论始终，以此为主。（《疫疹一得·疫疹诸方》）

疫疹之脉，未有不数者。有浮大而数者，有沉细而数者，有不浮不沉而数者，有按之若隐若现者，此《灵枢》所谓阳毒伏匿之象也。诊其脉，即知其病之吉凶。浮大而数者，其毒发扬，一经表热，病自霍然；沉细而数者，其毒已深，大剂清解，犹易扑灭；至于若隐若现，或全伏者，其毒重矣，其症险矣。（《疫疹一得·论疫疹之脉不宜表下》）

予每论热疫不是伤寒，伤寒不发斑疹。有人问曰：子言热疫不是伤寒，固已！至云伤寒不发斑疹，古人何以谓伤寒热未入胃，下之太早，热乘虚入胃，故发斑；热已入胃，不即下之，热不得泄，亦发斑。斯何谓也？曰：此古人立言之误也。即“热”之一字以证其非，热与寒相反而不相并者。既云伤寒，何以有热入胃？又曰热已入胃，何以谓之伤寒？即用白虎、三黄、化斑、解毒等汤，俱从热治，未作寒医，何今人不悟古人之误，而因以自误而误人也？至论大者为斑，小者为疹，赤者胃热极，五死一生，紫黑者胃烂，九死一生，予断生死，则又不在斑之大、小、紫、黑，总以其形之松浮、紧束为凭耳。如斑一出，松活浮于皮面，红如朱点纸，黑如墨涂肤，此毒

之松活外现者，虽紫黑成片可生；一出虽小如粟，紧束有根，如履底透针，如矢贯的，此毒之有根锢结者，纵不紫黑亦死，苟能细心审量，神明于松浮紧束之间，决生死于临症之顷，始信予言之不谬也。（《疫疹一得·论伤寒无斑疹》）

四、后期证治

（一）主客浑受

【证候】身热，口不渴，默默不语，神识不清，或胁下刺痛，或肢体时疼，脉数。

【分析】本证多见于素有内伤，复感疠气，或疫病日久不解，气钝血滞而疠气不得外泄，深入厥阴，络脉凝滞。其中身热，脉数为毒火并郁；毒陷夹瘀，阻滞络脉，则胁下刺痛，或肢疼时作；损及阴阳，气血不畅，神失所养，故默默不语，神识不清。

【治法】扶正祛邪。

【方药】三甲散（《温疫论》）：

鳖甲龟甲（并用酥炙黄为末，各一钱，如无酥，各以醋炙代之） 穿山甲（土炒黄为末，五分） 蝉蜕（洗净，炙干；五分） 僵蚕（白硬者切断，生用）五分 牡蛎（煅为末）五分（咽燥者斟酌用） 䗪虫（三个，干者擘碎，鲜者捣烂和酒少许，取汁入汤药同服，其渣入诸药同煎） 白芍药（酒炒，七分） 当归（五分） 甘草（三分）

水二钟煎八分，沥渣温服。

本方刚柔相济，扶正而不恋邪，祛邪又不伤正。方中以鳖甲、龟甲、穿山甲三味为主，滋阴行瘀；僵蚕、蝉蜕擅入厥阴，透邪通络止痉；白芍、当归、土鳖虫和营活血；甘草和中。

【临床运用】临证如若夹杂宿疾，当治新病为主，兼治旧病，随证加减。

文献辑要

夫痼疾者，所谓客邪胶固于血脉，主客交浑，最难得解，且愈久益固，治法当乘其大肉未消、真元未败，急用三甲散，多有得生者。更附加减法，随其素而调之。

（《温疫论·主客交》）

（二）正气欲脱

【证候】吐泻不止，目眶凹陷，指螺皱瘪，面色白，呼吸短促，声嘶，疲软无力，心烦，口渴引饮，尿少或尿闭，舌质干红，脉细数；或恶寒蜷卧，精神委靡，呼吸微弱，语声低怯，汗出身凉，四肢厥冷，舌质淡白，脉沉细，甚则细微欲绝。

【分析】吐泻不止，目眶凹陷，指螺皱瘪，面色白，呼吸短促，声嘶，疲软无力，心烦，口渴引饮，尿少或尿闭，舌质干红，脉细数等为亡阴之证。其中清浊相混则吐泻不止；目眶凹陷，指螺皱瘪，声嘶，尿少尿闭，属阴液大伤征象；面色白，呼吸短促，疲软无力为气随液脱；烦渴，舌干红，脉细数乃津液耗竭，水不制火所致。恶寒蜷卧，精神委靡，呼吸微弱，语声低怯，汗出身凉，四肢厥冷，舌质淡白，脉沉细，甚则脉细微欲绝等为亡阳之证。其中恶寒蜷卧，精神委靡，呼吸微弱，语声低怯，四肢厥冷，舌淡，脉沉细为元气大伤；汗出身凉，脉微细欲绝，已显阴阳分离危象。精神状态、呼吸、脉象及小便赤白多少为亡阴亡阳辨证的关键。

【治法】亡阴须益气养阴，生津救逆；亡阳则益气固脱，回阳救逆。

【方药】生脉散、大定风珠（方见温热类温病证治）：

生脉散有敛阴固脱之效，侧重上焦；大定风珠适宜真阴耗竭，时时欲脱之证，主治下焦，二者均可用于亡阴之证。如疲软无力明显，酌加西洋参、白芍益气护阴。声嘶加诃子固肾开音。呕吐甚者，增入竹沥、竹茹、半夏。腹泻明显，加入五味子、乌梅。呼吸急促入五味子、鹅管石。尿少尿闭为阴液大伤，忌用淡渗，当用麦冬、生地、玄参滋补阴液。

通脉四逆汤（《伤寒论》）：

炙甘草（二两）　熟附子（大者一枚，生用，去皮，破八片）　干姜（三片，强人可四两）

参附汤（《正体类要》）：

人参（另炖）　熟附子

通脉四逆汤重用干姜、附子，大辛大热，速破阴寒，急回浮越之阳；参附汤以人参大补元气，附子温肾以潜真元，大温大补，具有益气、回阳、固脱之效，两者均宜救治亡阳之证，服后脉出者为奏效。

【临床运用】临床运用时，兼有面赤烦躁为虚阳上浮，仿白通汤之意，加葱白以驱阴通阳。下利不止，面赤，干呕烦躁，厥逆无脉为阴盛格阳，仿白通加猪胆汁之意，以咸寒苦降之品反佐于温阳药中，防其格拒热药。腹痛甚者，加白芍和阴、缓急止痛。大汗不止者，增山萸肉。呕吐剧烈者，入生姜。下利，四肢厥逆，脉微欲绝，病势危重者，重用干姜。下利而忽自止，肢厥怕冷，脉微，属阴液内竭，宜四逆汤，重用人参，益阴回阳救逆。

文献辑要

热邪久羁，吸烁真阴，或因误表，或因妄攻，神倦瘛疭，脉气虚弱，舌绛苔少，时时欲脱者，大定风珠主之。（《温病条辨·下焦篇》）

【临床病案】

（1）暑热疫案（登革热）（《中国百年百名临床家刘仕昌》）

黄某，女，48岁，教师。1990年10月13日因发热恶寒，头痛，全身骨节酸痛4天收入院。患者4天前无明显诱因而出现发热恶寒，伴头痛，全身骨节酸痛，以腰痛为甚，发热以下午或夜晚为甚（T 38~39℃）。肌肤出疹，色红，无咳嗽，胃纳差，口干，时有腹痛，便溏，3～4次/日，舌边尖红、苔微黄干，脉弦细数。体检：T38℃，神清，四肢及胸腹部皮肤可见散在红色出血点，眼睑结膜充血（++），双肺未闻干湿性啰音，心（-），束臂试验阳性。血分析：WBC 3.0×10^9/L，RBC 3.76×10^{12}/L，HGB10^9 g/L，PLT 84×10^9/L。西医诊断：登革热。中医诊断：暑热疫。辨证：卫营同病。治以清暑解毒，凉营透疹。处方：水牛角（先煎）、石膏（先煎）各30g，生地、野菊花各20g，银花、黄芩各15g，赤芍、丹皮、知母各12g，黄连、甘草各6g。日2剂，水煎服，上、下午各进1剂。

二诊　10月15日，仍有发热（T 38℃），腰痛乏力，皮疹，尿黄，大便干，舌红、苔黄，脉弦数。

治以清热祛湿，凉血透疹。处方：苡仁30g，红条紫草、滑石、黄芩各15g，丹皮、法半夏、赤芍各12g，青蒿（后下）10g，甘草、陈皮各3g。水煎服，日2剂。

三诊　10月19日，发热已退，神疲乏力，口干口苦，时有胸闷，皮疹消退，舌淡红、苔白稍腻，脉弦细数。此为登革热后期，余邪未清，治宜清涤余邪，养阴生津。处方：生苡仁20g，沙参、麦冬、连翘、菊花、茯苓、板蓝根、天花粉各12g，甘草3g。日1剂，再服4天而病痊愈。

按：本例经防疫站会诊确诊登革热。治疗以清解疠气为主，佐以凉营透疹祛湿，配合双黄连粉针剂3g静脉滴注，板蓝根注射液2ml，肌内注射，每日2次，以加强清热解毒之力，疠气得清，诸症得除。

（2）湿热疫案（暴发性肝功能衰竭）（《中国现代名中医医案精华》）

柴某，男，35岁。

1960年3月22日初诊。1960年3月17日午夜，因意识不清七八小时而急诊入某医大附院治疗，经检查，诊为急性传染性肝炎、暴发性肝功能衰竭。3月22日下午应邀会诊。诊查：不省人事，知觉全无，目赤睛定，瞳孔缩小，舌短口噤，遍身黄染如金，身热不扬，躁扰不宁，循衣摸床，时时呕呛，呕出暗红色汁液。已十多日未大便，小溲每日一次，色如啤酒。脉数而实。西医诊断：暴发性肝功能衰竭。中医诊断：湿热疫。辨证：脉症合参，此病属于瘟黄，已热入心包，肝风内动。治法：急宜开窍清心与釜底抽薪同进。处方：安宫牛黄丸2丸，另加牛黄1g，大黄25g。每次以大黄煎汁送服丸药及牛黄，每4小时服一次，夜间停服。待能大便二三次，则停用大黄。因患者口噤难开，采用鼻饲，鼻饲失败，又改由肛门注入给药。当夜很平静，无躁动谵语，无呕呛，仍昏迷。次日午夜，突然抽搐，经用葡萄糖酸钙仍不能控制，继续以前方保留灌肠。

3月24日晨开始呢喃自语；9时，挣扎坐起小便；10时，能识亲友，但仍时发抽搐，全身颤动。再用前方口服。 3月25日，患者意识清楚，但时有幻视、抽搐、谵语等症，脉象滑实。此时神志虽清，郁热仍盛，肝阴耗损，肝风内动，故抽搐幻视。虽经灌肠导便，因胃肠津液未复，仍有燥粪结滞。拟急下存阴，加用清心疏肝解毒之品。处方：犀角5 g，生地20 g，白芍10 g，丹皮10 g，川连8 g，生石膏30 g，柴胡10 g，黄芩10 g，栀子10 g，知母10 g，黄柏10 g，茵陈15 g，甘草10 g。水煎服，1日2次。兼服安宫牛黄丸2丸，每日3次，另加牛黄1 g，大黄25 g煎汁送服，夜间停服。

3月25日下午，患者重又昏迷，谵语躁扰，左下肢抽搐较剧。3月26日，再次清醒，能正确回答问题，但有阵发性抽搐，其口角与肢体常有不自主动作。继服前方药。3月27日，患者虽见清醒，但狂躁加剧，骂詈抓胸，舌起芒刺，苔黄腻，脉滑实，仍无大便。急投利胆通便，救阴泻热，急下阳明之剂。处方：大黄30 g，厚朴10 g，枳实15 g，元明粉15 g。水煎服，1日2次。嘱服后大便泻下2次即停服。兼服安宫牛黄丸3丸，牛黄1 g，每日6次。

3月29日，患者于前晚大便一次，极干燥臭秽。近2日抽搐较频，每一二小时发作一次，发作时口角歪斜，目珠上吊，意识清楚，精神委靡，极度倦怠，黄疸日益加深。因郁热已久，引动肝风，拟于25日处方中加羚羊角2. 5g，以清热息风。4月3日。患者抽搐已除，但黄疸不退，神志呆钝，倦怠懒言，有时狂躁不安，骂詈谵语。再拟安宫牛黄丸3丸，牛黄1 g，1日6次，连服12次，汤药暂停。

4月6日，患者精神好转，但脉数，全身发斑，紫红如云片，皮肤金黄。此系正邪交争关键时刻，如果脉能逐渐恢复，斑能顺利透发，则病势可趋好转；若正气不能胜邪，脉不能复，斑不得透，则危险难救。应于前方加重剂量，以清热解毒，凉血化斑，维护心包。处方：安宫牛黄丸4丸，每日6次，每间隔一次加服牛黄1 g。

从4月6日至4月11日，一直以安宫牛黄丸加服牛黄，红斑和黄疸均退。再拟以下汤剂方。处方：犀角10 g，生地20 g，白芍15 g，丹皮15 g，元参15 g，寸冬15 g，黄连10 g，山栀10 g，石膏50 g，知母20 g，柴胡10 g，子芩10 g，黄柏10 g，茵陈15 g，粳米10 g。水煎服，1日2次。兼服安宫牛黄丸4丸，1日4次。

4月12日，病情好转，言谈清楚，能翻身活动，三餐均可自进。昨夜颈项胸背满起白痦，胸闷随之减轻，心中稍感清爽。黄疸与红斑均渐消退。在此期间，均以前方药加减调服。

8月18日，实验室检查：总蛋白64. 7g/L，白蛋白36. 5g/L，球蛋白28. 2g/L，高田反应（-），麝香草酚浊度试验3 U，黄疸指数3U，凡登白试验直接反应与间接反应均（-），胆红素5. 99μmol/L。遂于1960年8月23日痊愈出院。愈后25年中，曾多次随访，患者一直健康工作，无任何自觉症状，肝功能完全正常。

按：本例疫黄来势凶险，湿热疠气化热化火，结聚胃腑，不能清降，邪热深入营血，内陷心包，熏灼肝胆，引动肝风，发展到难治的地步。这种传变，完全符合湿热疫的发病规律，以阳明为变化的枢纽，此乃本病辨证的重点，也是治疗的关键。治疗上，初诊重在抢救昏迷，以开窍息风、清心泻热、急下存阴以阻遏病邪的发展，采用牛黄承气汤（安宫牛黄丸调生大黄末）为有效的措施，另加牛黄助其不及。但热入营血，阴液受其损害，急下存阴系釜底抽薪的急救方法，只能阻止热邪继续伤阴，不能恢复已受损的阴液，所以配合白虎汤清气、黄连解毒汤泻火、犀角地黄汤及增液汤凉血育阴。在较长的治疗过程中，根据病情变化，灵活给药，重点突破，但用药出入始终未离以上原则，收效显著，使濒死者得生。

在用药方法及给药途径上，吸取西医之长处，酌情采用鼻饲或灌肠等法，使中医传统治疗急症之法更趋完善。

（3）温热疫（甲型 H1N1 流感（重症））[刘清泉，王玉光，张伟，温贤敏，姜良铎. 18 例甲型 H1N1 流感危重症病例中医临床分析.北京中医药，2009，28（12）：915~918]

患者，男，45 岁。2009 年 10 月 16 日主因“发热 13 天，咳嗽 10 天，胸闷气短 4 天”收入 ICU 病房。患者于 10 月 3 日发热，最高 T 38.9℃，无咳嗽、咯痰、胸闷、气短等不适；经对症治疗后体温降至正常。10 月 10 日出现咽痛、鼻塞、全身肌肉酸痛、胸闷、乏力，伴恶心、腹泻，当地医院予头孢米诺钠、痰热清等，症状无好转。10 月 12 日胸闷气短加重，咯痰有血丝胸部 X 线片示双下肺纹理增重。10 月 13 日肺部 CT 示双下肺肺炎，加拜复乐联合抗感染治疗。10 月 15 日因症状加重，胸闷、呼吸困难明显，至某三甲医院就诊。查体：呼吸 25～30 次 / 分，血 WBC $5.52\times10^{9}\cdot L^{-1}$，N0.78；CT 示双肺呈广泛浸润及渗出；血气示血液酸碱度（pH）7.56、动脉血氧分压（PaO_2）43 mm Hg、动脉血二氧化碳分压（$PaCO_2$）30 mmHg。予吸氧 5L/min，泰能 1 g，每 8 小时一次，甲泼尼龙 80 mg，静脉滴注。15 日下午咽拭子检测示甲型流感病毒核酸阳性。收入 ICU。予病危特护，心电、血氧监护，呼吸机辅助通气、PEEP（呼吸末正压）18；给予奥司他韦抗病毒治疗，泰能、万古霉素、氟康唑联合抗感染治疗，丙种球蛋白及甲泼尼龙冲击治疗，营养支持治疗等。2009 年 10 月 16 日中医专家组会诊：患者中年男性，形体肥胖，发热 T38.4 ℃，胸腹灼热，躁动不安，周身无汗，四末温，口唇红紫，舌质淡、体胖，口中津液较多，脉沉实。

西医诊断：甲型 H1N1 流感（重症）、肺部感染、ARDS、急性呼吸衰竭（Ⅰ 型）。

中医诊断：温热疫。

辨证：热毒闭郁、肺失宣降。

治法：清热解毒、化痰宣肺、益气活血。

处方：金银花（30g） 连翘（15g） 大青叶（10g） 野菊花（10g） 瓜蒌皮（15g） 桔梗（10g） 浙贝母（10g） 紫菀（15g） 葶苈子（30g） 丹参（15g） 赤芍（15g） 酒大黄（10g） 炙麻黄（6g） 红参（10g） 西洋参（10g） 南沙参（15g） 生黄芪（15g） 三七（10g） 生甘草（6g）

每剂水煎 200ml，其中 100ml 鼻饲，每次 20ml，2h 鼻饲 1 次；另 100ml 高位灌肠。

10 月 23 日会诊：患者经治疗后，体温正常，神志清楚，氧合明显好转，胸片显示肺部炎性渗出减少。查舌淡红，苔水滑，脉沉数。辨证为气虚瘀毒内阻，治以益气健脾、活血解毒。处方：西洋参 15g，生黄芪 30g，炒白术 15g，炙麻黄 6g，金银花 30g，紫菀 15g，连翘 15g，黄芩 15g，丹参 30g，赤芍 15g，广地龙 10g，川芎 15g。每日 1 剂，水煎 200ml，每次 20ml，每 2 小时鼻饲 1 次。10 月 25 日脱机后转出 ICU，2 周后出院。

按：本例甲型 H1N1 流感中医病机为毒热壅肺，甚则闭肺，肺失宣降，治疗注重清热解毒、化痰宣肺、益气活血。邪毒耗伤正气，重则导致正气亡脱，故在本病的治疗过程中要时刻注意扶助正气，如加用红参、西洋参、生黄芪等，中药注射液可选用生脉注射液、参脉注射液、参附注射液等。毒损肺络，耗伤正气，邪毒内陷，导致气不摄血或气不摄津，津血外渗出现血性痰液，甚至弥散性血管内凝血（DIC），中医治疗当重用活血化瘀解毒之法。如早期可在中药汤剂中加入丹参、赤芍，防止邪气入营动血；中药注射液可选用血必净注射液。

下篇

第十一章　叶天士温病学术思想及《温热论》

第一节　叶天士及其温病学术思想

一、叶天士及其著作

清代名医叶桂（1667～1746），字天士，号香岩，晚年号上津老人，江苏吴县人（今江苏苏州市），祖籍安徽歙县，先世迁吴县阊门外下塘上津桥畔。其祖父和父亲皆精通医术。叶氏自幼由其父讲授岐黄，学习医术，14 岁时，其父即去世，乃从其父的弟子朱君专心习医，后又经常寻师访友，18 岁已求教过 17 位老师。叶氏学识渊博，医术精湛，不但精于内科，对幼科、妇科、外科等也多有建树，其学术思想为后人所推崇。故《清史稿》中说："大江南北，言医者，辄以桂为宗，百余年来，私淑者众。"

叶氏一生忙于诊务，著述多由其弟子整理而成，存世的有《温热论》、《临证指南医案》、《幼科要略》、《叶氏医案存真》、《眉寿堂方案选存》、《叶天士晚年方案真本》等。《温热论》为"先生游于洞庭山，门人顾景文随之舟中，以当时所语信笔录记"而成。自本篇问世之后，研习者众，对其作注的不下十余家，为研究温病学说的经典文献，是学习温病学的必读之作。

《温热论》世传主要有两种版本。最早载于华岫云所编《临证指南医案》之中，名为《温热论》，该书刊于 1766 年，称为"华本"。其次为收入唐大烈《吴医汇讲》中的《温热证治》，约刊于 1792 年，称之为"唐本"。上述两种版本的内容基本相同，但文字上稍有出入。后世的版本虽多，都是出于这两个版本。本教材以"华本"为据，将内容稍作归类，原文后括号内数字为《温热论》条文顺序编号。

二、温病学术思想

1. 阐明了温病的发生发展规律　叶氏提出了温病的病因是温邪，对温病的感邪途径提出了"上受"之说，即邪从口鼻而入，这比过去认为邪从皮毛而入的认识前进了一大步。并认为温病的传变主要是病邪首先犯肺，然后可以顺传气分或逆传心包。病变在气分，可分别出现邪留三焦、里结胃肠等不同部位的病变。病变又可进一步传入营分乃至血分。另外，本篇对温病的发展规律的论述，如卫气营血的传变、顺传与逆传、温病重症的神昏和痉厥、后期的伤阴等，都是对温病发展规律的总结。

2. 创卫气营血辨证理论　叶氏按卫气营血划分温病病变阶段，以揭示病变浅深、轻重层次，以此作为温病辨证之纲。同时，按卫气营血确立了温病各阶段的治疗原则，这一原则至今仍在指导着临床。

3. 辨明温病与伤寒之异　明确了温病与伤寒在病因、传变、治疗上的差异。病因上寒温有别，温病的病因是"温邪"，伤寒的病因是寒邪。传变有异，温邪热变最速，并始终以温热为主要标志，在病变过程中又以伤阴之病理较为突出；而寒邪所引起的伤寒，其初表现为寒象，然后才化热传里，在病之后期较易伤阳而转化为虚寒之证。论述了温病与伤寒治法之异同。

4. 丰富和发展了温病诊断学的内容 在37条原文中有15条是专论舌诊的，突出了舌诊在温病诊断中的重要作用。另外又提出了验齿、辨斑疹、白㾦，这些内容多数不见于以前的医书，系叶氏之独到经验，充实了中医诊断学的内容。

叶氏在讨论这些诊断学内容时，还指出了其中多数症状表现的治疗原则或方法，实际上已形成了病证的辨治纲要，对于温病许多病证的诊断和治疗具有重要的指导意义。

5. 论述了妇人温病的证治特点 本篇讨论了妇女在胎前、产后以及月经期间热入血室的诊断和治疗。

第二节 《温热论》原文类编

一、温病大纲

【原文】1.温邪上受[1]，首先犯肺，逆传心包。肺主气属卫，心主血属营，辨营卫气血虽与伤寒同，若论治法则与伤寒大异也。(1)

【词解】[1] 上受：指邪气侵入途径为口鼻和感受部位为肺。

【提要】本条为温病证治总纲。条文概括了温病的病因、感邪途经、初发病位、传变趋势，以及温病与伤寒治法的不同。

【释评】温病是外感热病的一大类。对于温病的病因，历来认识不同。明代以前医家多遵从《内经》的“冬伤于寒，春必病温”之说，认为温病乃“伏寒化温”所致，即冬感寒邪而不即病，寒邪伏于体内，郁久化热，至春发为温病。明末医家吴又可《温疫论》中提出“杂气论”，认为“杂气为病，更多于六气”，非专由“风寒暑湿燥火”致病，因而提出了温病的病因是“乖戾之气”、“杂气”、“疠气”、“戾气”等。叶氏总结前人关于病因的论述，明确提出了温病的病因是“温邪”，突出了其温热特性，包括了风热病邪、暑热病邪、湿热病邪、燥热病邪、“伏寒化温”的温热病邪，以及疠气、温毒病邪等。

温病的感邪途径为“上受”，即由口鼻而入，侵犯人体。发病部位是“首先犯肺”。因肺居上焦，开窍于鼻，主司呼吸，与天气相通；肺为华盖，其位最高；肺外合皮毛，与卫气相通，主一身之表，所以温邪初犯人体，肺卫先伤，即见肺卫表证。但“上受”之说不能包括所有温病的发病部位，如华岫云说：“……但春温冬时伏寒，藏于少阴，遇春时温气而发，非必上受之邪也”，王孟英在《温病条辨》按语中亦指出：“伏气自内而发，则病起于下者有之；胃为藏垢纳污之所，湿温、疫毒病起于中者有之；暑邪挟湿者亦犯中焦，又暑属火，而心为火脏，同气相求，邪极易犯，虽始上焦，亦不能必其在手太阴一经也。”由此可见，温邪上受犯肺虽然是温病的好发部位，但主要是指风温、秋燥等病，而春温、暑温、伏暑、湿温等初起发病部位各有特征。

温病初起邪犯肺卫，病情轻浅，及时而正确的诊治，病邪即可外解。邪不外解，手太阴肺的病变不解传至阳明气分，称为“顺传”；传变至心包，称为“逆传”。可见，逆传是相对顺传而言，在于突出“温邪”传变迅速，病情急剧转变，病势重险。如王孟英所释：“温病之顺传，天士虽未点出，而细绎其议论，则以邪从气分下行为顺，邪入营分内陷为逆也。苟无其顺，何以为逆”。对“逆传”的理解，章虚谷提出“以卫气通肺，营气通心，而邪自卫入营，故逆传心包也”，二者之意大致相同。逆传的形成取决于邪正的消长，叶天士在本篇14条说：“平素心虚有痰，外热一陷，里络就闭”。

肺主气属卫，心主血属营。心肺同居上焦，肺主一身之气，与卫气相通；心主一身之血，营气通于心。在温病过程中肺与心包的病变必然影响到卫气营血，出现表里浅深的不同病理变化。一般说，温邪犯肺病在卫分者，病情轻浅，传气分者，病情较重，逆传心包及病在营分者，病情严重，深入血分者则最为深重。这种按卫气营血来分析温病的发展阶段，反映病变浅深轻重的辨证方法，不仅适用于上焦心肺，而且适用于各种温病各个病位的辨证，形成了温病独特的辨证纲领。

狭义伤寒与温病同属外感热病，伤寒虽以六经分证，但其发展也是具有由表入里，由浅入深的一般规律，亦影响到卫气营血的病机变化，故叶氏提出“辨营卫气血”与“伤寒同”。如《伤寒论》中有“卫气不和”、“卫气不共荣气谐和”、“卫强荣弱”、“血弱气尽”、 “荣气不足，血少故也”，并论及了各种吐血、衄血、便血病变和蓄血证、热入血室证等，故言“同”。但是伤寒与温病是两类性质不同的外感热病，温病初起邪在肺卫，治以辛凉解表；若有湿浊兼挟，邪在少阳时多见少阳三焦病变，治以分消上下，里结阳明时多湿热积滞交结胃肠，治以轻法频下；病程中易伤津液，重视养阴生津；病至后期多见虚热证，常要滋养肺胃或肝肾之阴。 伤寒初起寒邪束表，治以辛温解表；邪在少阳多见足少阳胆经病变，治以和解表里，里结阳明时多见实热燥屎结于肠腑，多用猛下之法；病程中易伤阳气，重视顾护阳气；病至后期多见虚寒证，每需补脾肾之阳气。故叶氏说：“若论治法则与伤寒大异也”。

【原文】 2.大凡看法，卫之后方言气，营之后方言血。在卫汗[1]之可也，到气才可清气[2]，入营犹可透热转气，如犀角、玄参、羚羊角等物，入血就恐耗血动血，直须凉血散血，如生地、丹皮、阿胶、赤芍等物。否则前后不循缓急之法[3]，虑其动手便错，反致慌张矣。（8）

【词解】

[1] 汗：指“汗法”。这里具体指用辛凉药物疏解卫分病邪。

[2] 清气：指用辛寒、苦寒药物，以专清气分里热的方法。

[3] 缓急之法：指治疗中应分清“卫、气、营、血”，按疾病的发展顺序，抓住主要矛盾，采取积极措施，急的、主要的先治，而缓的、次要的后治。

【提要】本条论述卫气营血病机的浅深层次及卫气营血证候的治疗大法。

【释评】叶氏以《黄帝内经》有关卫气营血生理功能及浅深不同层次分布的论述为基础，揭示了在病理情况下卫气营血证候浅深层次的不同。一般说，温病初起多在卫分，病情轻浅；继而入里传入气分，病情较重；深入营分，病情更重；邪陷血分，病情最为深重。这是温病由表入里，由浅入深，由轻转重的一般演变过程。但并不是所有温病的演变都是按此固定的顺序而变化，如伏气温病可病发气分或营分，营血分之邪可向外透出气分。同时，因病因性质不同，温热类温病和湿热类温病卫气营血各阶段表现的病机变化不同；卫气营血主要揭示了温病的发展规律，但因脏腑病位有异，其病机变化亦不相同。另外，卫气营血之间并不是截然割裂的，又有卫气、卫营同病者，也有气营、气血两燔者，有的病甚至可同时波及卫气营血。

叶氏在卫气营血证候的基础上，提出其治疗大法。“在卫汗之”，是指邪在卫分之表证，主以汗法即解表法。叶氏所指温邪在表，治疗宜辛凉透汗解表，使邪从外解，用药既忌辛温发汗，以免助热耗阴，又不宜过用寒凉之品，以免凉遏致邪不外透。如华岫云言“辛凉开肺便是汗剂，非如伤寒之用麻桂辛温也”。由于温邪性质有温热、湿热的不同，解表的方法又不尽相同。

“到气才可清气”，是指邪入气分，里热炽盛，治以清气泄热，使邪热外透。叶氏用“才可”二字，是强调清气之品不可早投滥用，须在温邪入气之后方可用之，防寒凉早投遏邪不解。由于气分证涉及病位广泛，感邪轻重有别，病证性质有异，故气分证的具体治法较为复杂，“清气”只言其梗概，并不能包括气分证的所有治法。

“入营犹可透热转气”，是指邪热入营，治宜清营热、滋营阴，佐以轻清透泄之品，使营分邪热转出气分而解。药如犀角（今以水牛角代之）、玄参、羚羊角等，再配合银花、连翘、竹叶等清泄之品，以达透热转气的目的。

“入血就恐耗血动血，直须凉血散血”，针对血分证热毒炽盛，耗血动血、热瘀互结的病机特点，治用“凉血散血”之法，该法具有清、养、散三方面的作用。清，指清热凉血，药如犀角、丹皮等。血热不除，血不归经，凉血之品具有宁血之效。养，指滋养阴血，药用生地、阿胶等。阴津不复，新血不生，养阴之品，有充养阴津，化生新血之效。散，指消散瘀血，既有直接的散血如赤芍，也有间接的散血药，如生津充脉化瘀的生地等。因瘀血不去，血易妄行，故用散血化瘀之品，收止血之效，并可防止凉血之品寒遏血行，切不可轻易用炭类止血而加重瘀血之征。

二、 邪在肺卫

【原文】3.盖伤寒之邪留恋在表，然后化热入里，温邪则热变最速。未传心包，邪尚在肺，肺主气，其合皮毛，故云在表。在表初用辛凉轻剂。挟风则加入薄荷、牛蒡之属，挟湿加芦根、滑石之流。或透风于热外[1]，或渗湿于热下[2]，不与热相搏，势必孤矣。(2)

【词解】

[1] 透风于热外：是指治风热在表的一种方法。即于辛凉清泄中加入薄荷、牛蒡等疏风之品，使风从外解，热自易清。

[2] 渗湿于热下：是指治湿热之邪为病的方法，即用芦根、滑石之类，使湿从下利，则湿去热孤，热自易解而病可愈。

【提要】伤寒与温病传变的区别，并论述温邪在表及其挟风挟湿的治法。

【释评】伤寒与温病，病因性质有寒温之异，传变速度亦有快慢之别，故初起治法截然不同。伤寒是外感寒邪所致，寒性阴凝、收引，易伤阳气，所以初起邪恋在表，郁遏卫阳而呈现表寒见症，必待寒郁化热始内传入里而转化成里热证候，化热传变的过程较长，故初起当用辛温散寒治之。而温病为温邪，其性属热，初起邪在肺卫即出现表热证候；且热邪传变迅速，所以温邪在肺，每易逆传心包，或内陷营分、深入血分而致病情骤然加剧，故曰“热变最速”。温邪在表，侵袭肺卫，当辛凉轻剂，轻清宣透，切不可误用辛温助热，反生他患。

温邪致病每易兼挟风邪或湿邪，其治疗方法有所区别。“挟风则加入薄荷、 牛蒡之属”，取其轻清疏散，使风从外解；湿宜分利，故“挟湿加芦根、滑石之流”，取其甘淡渗湿，使湿从下泄，利湿而不伤阴。风从外解，湿从下泄，不与热相结，温邪之势孤立，病易解除，如章虚谷言：“湿气感于皮毛，当先去表湿，使热外透可解，否则湿闭其热而内侵，病必重矣。其挟内湿者，清热必兼渗利之法，不使湿热相搏，则易解也”。

从叶氏此关于“挟风”、“挟湿”治疗的列举性论述，可看出其用药的法则。即治风之品当用轻清疏散，不可滥用温燥风药；治湿之品当取利湿而不伤阴者，且须知温热挟湿除有淡渗之法外，还有芳化、燥湿等法，临床上可酌情使用。

【原文】4.不尔，风挟温热而燥生，清窍[1]必干，为水主之气[2]不能上荣，两阳[3]相劫也。湿与温合，蒸郁而蒙蔽于上，清窍为之壅塞，浊邪害清[4]也。其病有类伤寒，其验之法，伤寒多有变证，温热虽久，在一经不移，以此为辨。(3)

【词解】

[1] 清窍：指眼、耳、鼻、口等上部诸窍。也有以心窍为清窍者。本文指前者。

[2] 水主之气：水主之气包括肺肾之气。因为肾主水，肺属金而生水。这里是指温热之邪耗伤津液，而致头面诸窍失去濡润。

[3] 两阳：指风邪和温邪都是阳邪。

[4] 浊邪害清："浊"，指湿邪，"清"指清窍。即湿热熏蒸，上蒙清窍，致使耳、鼻失灵，出现耳聋、鼻塞等症状。

【提要】本条承上文进一步论述温邪挟风、挟湿的证候表现，以及与伤寒的辨别要点。

【释评】风为阳邪，其性疏泄，风胜则干，如果不按上文提出的"透风于热外"的治疗原则，则风挟温热，两阳相合，必耗劫津液，则邪火愈炽，因无津上荣，即"风挟温热而燥生，清窍必干"，必然会出现口鼻等头面清窍干燥之象。

湿为阴邪，其性黏腻，郁闭阳气，如不循上文"渗湿于热下"的治疗原则，则湿热相搏，热蒸湿动，蒙蔽于上，清阳之气被阻遏，即"浊邪害清""清窍为之壅塞"，必然出现耳聋、鼻塞、头目昏胀甚或神识昏蒙之候。

温热挟湿证，初起如吴鞠通所说"头痛，恶寒，身重疼痛，有似伤寒"。伤寒颇为相似，但实则不同。"伤寒多有变证"，伤寒初起留恋在表，然后化热入里，传入少阳、阳明，或传入三阴，病情由热转寒，性质多变。"温热虽久，在一经不移"，温热挟湿证，湿邪停滞黏腻，故病程中传变较慢，变化较少，往往流连气分阶段。

三、流连气分

【原文】7.若其邪始终在气分流连者，可冀其战汗[1]透邪，法宜益胃，令邪与汗并，热达腠[2]开，邪从汗出。解后胃气空虚，当肤冷一昼夜，待气还自温暖如常矣。盖战汗而解，邪退正虚，阳从汗泄，故渐肤冷，未必即成脱证。此时宜令病者，安舒静卧，以养阳气来复，旁人切勿惊惶，频频呼唤，扰其元神[3]，使其烦躁。但诊其脉，若虚软和缓，虽踡卧不语，汗出肤冷，却非脱证；若脉急疾，躁扰不卧，肤冷汗出，便为气脱之证矣。更有邪盛正虚，不能一战而解，停一二日再战汗而愈者，不可不知。（6）

【词解】

[1] 战汗：即突然发生战栗而后全身汗大出的一种表现。多见于温病气分阶段。

[2] 腠：即皮肤与肌肉交接的 地方，也叫"皮腠"。

[3] 元神："元"有原始、为首的意思。"神"是人体生命活动的总称。由先天阴阳两精相搏所化生的神，就叫做"元神"。《本草纲目》中有"元神之府"之说，指司精神、思维活动的脑而言。此处元神泛指人的生命活动包括精神在内。

【提要】温邪流连气分的治法，战汗的病机、证候特点、护理、预后及与脱证的鉴别。

【释评】温邪留连气分，既不外解，又未入营血，邪未去而正未衰，邪正相持，治疗可通过战汗来透达邪气，如何助其战汗？"法宜益胃"。如王孟英所言："益胃者，在疏瀹其枢机，灌溉汤水，俾邪气松达，与汗偕行，则一战可以成功也"。即用轻清之品，清气生津，宣展气机，并灌溉汤液，使气机宣通，腠开汗出，热达于外，病邪随之外透。

战汗是邪气流连气分已久，正气未衰，犹能奋起驱邪，邪正剧争所致。其临床表现为先全身战栗，甚或肢冷脉伏，继而全身大汗。战汗的转归有三：其一，战后热退，汗出肤冷，倦卧不语，脉虚软和缓，为暂时性阳虚，待阳气来复，自可恢复；其二，战后脉躁疾，躁扰不卧，肤冷汗出，是阳随汗泄，大伤欲脱，预后不良；其三，也可一战不解，或转而复热，需待一二日再作战汗而愈者。

战汗的护理，须保持环境安静，安卧静舒，利于阳气自复，万不可频繁呼唤，扰乱元神，不利于正气恢复。

叶氏以"汗出肤冷"，和"肤冷汗出"鉴别阳虚和阳脱之证。 陈光淞认为"汗出肤冷与肤冷汗出有别：汗出肤冷者，汗后而热退肤冷，此邪解正虚之象，故云非脱，即仲景所谓：汗泄热去身凉即愈；肤冷汗出者，即《伤寒论》中所谓亡阳遂漏不止，与汗出如油也……”，寓有深意。

四、邪留三焦

【原文】 8.再论气病有不传血分，而邪留三焦[1]，亦如伤寒中少阳病也。彼则和解表里之半，此则分消上下之势，随证变法，如近时杏、朴、苓等类，或如温胆汤之走泄。因其仍在气分，犹可望其战汗之门户，转疟之机括[2]。(7)

【词解】

[1] 三焦：这里是指手少阳三焦，为六腑之一，属水湿的通道。湿热之邪留于三焦，有出上转下之机，为湿热性疾病中的一个证候类型。

[2] 战汗之门户：转疟之机括：战汗之机在气分，而汗之门户在体表，转虐之机扩则在少阳。病邪留恋少阳三焦，久郁不解，既未陷入下焦，说明正气尚可托邪外出，故有战汗。这时就可打开战汗之门户，疏利少阳的枢机，使邪向上向表外出。

【提要】邪留三焦的病因、病机、治疗和转归。

【释评】温邪久羁气分，既不外解，亦不内传营血分，往往可留于三焦。三焦属手少阳，主气机升降出入，通行水道。邪留三焦则气机郁滞，水道不利，湿阻热郁，形成湿热证。

邪留三焦临床多见寒热起伏，胸满腹胀，溲短，苔腻等症，与伤寒少阳病相似，但病机不同。伤寒为邪居半表半里，足少阳胆经枢机不利，治宜和解表里之小柴胡汤；本证为温热挟痰湿阻遏上、中、下三焦气机，治宜开上、宣中、渗下之杏、朴、苓、或宣泄气机，化痰清热利湿的温胆汤治疗。但须注意杏、朴、苓或温胆汤皆着重在宣气化湿，对于气滞湿阻为主要病机特点的证候较为适用，若热势较重者则不宜单独使用，须与清化之法配合。又因叶氏所列的方药中有属辛温性燥之品，用之不当可助热化燥伤阴，故又提“随证变法”，不可拘于定法、定方、定药。临床上对邪留三焦者，应分清热重还是湿重，是气滞为主还是湿阻为主，在三焦病变上，应探究其重点在上、在中、还是在下，根据不同情况施治。

邪留三焦的转归有：治疗得法，气机宣通，痰湿得化，分消祛邪而愈；也可通过战汗，令邪与汗并，战汗驱邪而出；或通过转为寒热往来如疟状，逐渐外达而解；结合后文“三焦不得从外解，必致成里结”，三焦病证可转为里结阳明证。

五、里结阳明

【原文】9.再论三焦不得从外解，必致成里结。里结于何，在阳明胃与肠也。亦须用下法，不可以气血之分，就不可下也。但伤寒邪热在里，劫烁津液，下之宜猛；此多湿邪内搏，下之宜轻。伤寒大便溏为邪已尽，不可再下；湿温病大便溏为邪未尽，必大便硬，慎不可再攻也，以粪燥为无湿矣。(10)

【提要】邪留三焦发展成里结阳明的治法，以及湿热病与伤寒运用下法的区别。

【释评】邪留三焦，如经治疗邪未外解，每多里结于阳明胃和肠，此时亦当用下法治疗。但伤寒阳明腑实证为邪已化热入里，劫烁津液形成燥屎，表现大便干结，故下之宜峻猛，以急下存阴；湿热类温病之里结阳明多系湿热与肠内结滞，相互搏结，而非燥屎，表现为大便溏而不爽，因湿性黏腻重浊，不能速去，所以下之宜轻宜缓。

伤寒里结属于燥热所致，下后大便溏为燥结已去，邪热已尽，不可再下；湿热类温病之里结，大便溏为湿滞未尽，必见大便成形是为邪尽，不可再下。但若湿邪化燥，已与肠垢互结，亦当攻下，不可拘于轻下缓下之说，以致贻误病机。

【原文】10.再人之体，脘在腹上，其地位处于中，按之痛，或自痛，或痞胀，当用苦泄[1]，以其入腹近也。必验之于舌：或黄或浊，可与小陷胸汤或泻心汤，随证治之；或白不燥，或黄白相兼，或灰白不渴，慎不可乱投苦泄。其中有外邪未解，里先结者，或邪郁未伸，或素属中冷者，虽有脘中痞闷，宜从开泄[2]，宣通气滞，以达归于肺，如近俗之杏、蔻、橘、桔等，是轻苦微辛，具流动之品可耳。（11）

【词解】

[1] 苦泄：是“苦寒泄热”的简称。即用苦寒药，清泄或降泄里热的方法。

[2] 开泄：即“辛开宣泄”的简称。是以轻苦微辛的药，宣通气机，使邪从上、从外而解。

【提要】湿热结于胃脘成痞的主症、治法及辨治。

【释评】胃脘部出现疼痛、压痛或痞满胀闷，即为痞证。痞证是湿热结于胃脘，胃脘气机郁滞成痞，因其入腹已近，治疗用苦泄法治疗。由于脘痞疼痛原因不一，法亦不同，临床当依舌分辨：如苔黄浊，是湿热痰浊互结，用苦泄法，苦寒泄降以清热化痰泄湿，其中偏于痰热者用小陷胸汤，偏于湿热者用泻心汤。若舌苔白而不燥，则为痰湿阻于胸脘，邪尚未化热；若见舌苔白而不燥，或黄白相兼，或灰白不渴者，为痰湿郁阻，或表未解、里已结，或阴邪壅滞、阳气不化，及素禀中冷者，虽均可见脘痞，却不可轻投苦泄之品，宜用开泄，如以杏、蔻、橘、桔轻苦微辛，流动之品理气宣通化湿。 痰湿重者，可加燥湿化痰之品，如半夏、苍术等；兼表证者可佐以藿梗、紫苏等透表之品；阳气不化而阴邪壅滞者，可酌加附子、干姜、白术等温通之品。

【原文】11.再前云舌黄或浊，须要有地之黄。若光滑者，乃无形湿热中有虚象，大忌前法。其脐以上为大腹，或满或胀或痛，此必邪已入里矣，表证必无，或十只存一。亦要验之于舌，或黄甚，或如沉香色，或如灰黄色，或老黄色，或中有断纹，皆当下之，如小承气汤，用槟榔、青皮、枳实、玄明粉、生首乌等。若未见此等舌，不宜用此等法，恐其中有湿聚太阴为满，或寒湿错杂为痛，或气壅为胀，又当以别法治之。（12）

【提要】进一步论述痞证用苦泄法及腑实证的辨舌要点。

【释评】痞证用苦泄法的舌象特点是“须要有地之黄”，即苔黄腻浊，紧贴舌面，刮之不去，是湿热痰浊结滞之征。苔黄而光滑，刮之即去，虽内有湿热，但中气已虚，不可施予苦泄，以免苦寒伤中气。

脐上大腹胀满疼痛也应依据舌苔的特点来辨明病因，切忌妄用攻下：若见舌苔黄甚，或如沉香色，或如灰黄色，或老黄色，或中有断纹，方为里结阳明之征象，予攻下法治疗，方用小承气汤，或选用槟榔、青皮、枳实、玄明粉、生首乌等。若虽腹满胀痛，未见上述种种舌苔，则说明病变非腑实内结，当以其他方法治疗。叶氏虽未作具体论述，但依病机施治，如因太阴脾湿未化，可予健脾燥湿的平胃散；或寒湿内阻，可用温阳化湿的附子理中汤；或气壅为胀者，可用行气除满的四磨汤；若脾气虚弱致虚满者，可予四君子汤健脾和中。

六、论湿

【原文】12.且吾吴[1]湿邪害人最广，如面色白者，须要顾其阳气，湿胜则阳微也，法应清凉，然到十分之六七，即不可过于寒凉，恐成功反弃，何以故耶？湿热一去，阳亦衰微也；面色苍者，须要顾其津液，清凉到十分之六七，往往热减身寒者，不可就云虚寒，而投补剂，恐炉烟虽息，灰中有火也，须细察精详，方少少与之，慎不可直率而往[2]也。又有酒客里湿素盛，外邪入里，里湿为合。在阳旺之躯，胃湿[3]恒多，在阴盛之体，脾湿[4]亦不少，然其化热则一。热病救阴犹易，通阳最难，救阴不在血，而在津与汗，通阳不在温，而在利小便，然较之杂证，则有不同也。（9）

【词解】

[1] 吴：地区名，即现在的苏州市及其附近地区。因春秋时吴国建都于此，故称吴。

[2] 直率而往：指粗疏草率、不详细追究而随便用药。

[3] 胃湿：指湿热侧重于胃者，呈热重于湿。

[4] 脾湿：指湿热侧重于脾者，呈湿重于热。

【提要】湿邪致病及其治疗大法和注意点。

【释评】叶氏对湿热为患强调外湿与内湿相合为病的发病特点。外湿的产生具有地域性，如吴地（今苏州一带）一样气候潮湿，地势卑湿的地域，湿邪较重。外湿尚须有内湿相引方可为病，引起湿热性温病。内湿多由脾胃失健自内而生，凡恣食生冷，过食肥甘而损伤脾胃，或素体肥胖、痰湿过盛者，影响脾胃健运，多有湿邪蕴藏于里，成为湿热类温病的致病内因，一旦再受外湿，则必内外相合而酝酿成病。

脾为湿土之脏，胃为水谷之海，湿土之气同类相召，故湿热病邪致病多以脾胃为病变中心。但随人体体质之异而有不同的病机变化：阳旺之体，湿邪多从热化，而归于阳明胃，表现为热重于湿；在阴盛之体，邪从寒化，病多留恋太阴，表现为湿重于热。两者湿热各有偏重，治法各异。但是两类病证初起表现虽有不同，但随病程发展，多能化热，此为两类相似之处，故叶氏说："然其化热则一"。

湿为阴邪，性重浊黏滞，郁阻气机，既可湿蕴生热，也可湿盛伤阳，因而对湿热病的治疗应特别重视患者的体质情况。如遇面色㿠白者，多属素体阳气不足，阳气更易被湿邪所伤，致湿胜阳微，治疗时尤应注意顾护阳气，即使湿渐化热，如需用清凉之法，十分之六七即应停止，以免寒凉过度，重伤阳气，造成湿热虽去而阳气衰亡的恶果。凡面色青苍而形瘦之人，多属阴虚火旺，感受湿热病邪每易化燥伤阴，治疗时应顾护阴液，不能过于温燥，即使在疾病后期热退身凉的情况下，亦不可误认为虚寒证而投温补，以防余邪未尽，病情迁延复发。

温邪属阳，热变最速，易耗伤津液，治疗总以清热保津为基本原则。且滋阴之品性偏甘凉，用于温热病正合"热者寒之"，"燥者润之"的原则，以使热退阴复而病愈，故叶氏曰："热病救阴犹易"。湿热留连，气机郁阻，既不能过于寒凉清热，致湿邪难去，亦不能滥用温燥化湿，以助热伤津之弊，寒温法度不易把握。且湿性黏腻，缠绵难解，难以速去，故"通阳最难"。但须明确温病救阴的目的并不在于滋补阴血，而是在于生津养液及防汗泄过多损伤津液；温病通阳的目的并不在运用温药温补阳气，而在于化气利湿法通利小便，因气机宣通，水道通调则湿邪可从小便而去。因此温病治疗中救阴、通阳的意义与杂病有所不同。

七、邪入营血

【原文】5.前言辛凉散风，甘淡驱湿，若病仍不解，是渐欲入营也。营分受热，则血液受劫，心神不安，夜甚无寐，或斑点隐隐，即撤去气药。如从风热陷入者，用犀角、竹叶之属；如从湿热陷入者，犀角、花露[1]之品，参入凉血清热方中。若加烦躁，大便不通，金汁亦可加入，老年或平素有寒者，以人中黄代之，急急透斑为要。(4)

【词解】[1] 花露：是用花类药物置水上蒸馏而成之露。此处指银花露或菊花露。

【提要】温邪陷入营血的主证与治法。

【释评】温邪在卫，挟风或挟湿，治不得效，邪热较盛或正气不足，正不胜邪，则可陷入营血。热入营分的病机是"血液受劫，心神不安"。心主血属营，营血有热，必致心神不安，夜甚无寐；营血同行脉中，营热窜扰血络，则见斑点隐隐。此处以营热为主，血分仅受一定的影响。章虚谷指出："热入于营，舌色必绛。"营分证临床还当伴见身热夜甚，时有谵语，舌绛，脉细数等。

对于营分证的治疗，叶氏提出邪既传营，则“撤去气药”，即不用辛凉散风，甘淡驱湿等治疗卫分、气分的药物，而应予清营泄热透邪之品，并根据所陷病邪性质而随症加减。营分热盛，治以犀角（水牛角代）为主药，如从风热陷入者，加竹叶之类透泄热邪；如从湿热陷入者，加花露之类清泄芳化。若症见烦躁不安，大便不通，说明热毒壅盛，锢结于内，治疗宜加入金汁以清火解毒，但因其性极寒凉，老年阳气不足或素体虚寒者当慎用，可用人中黄代之。总之，邪热入营而见斑点隐隐者，病虽深入，但治疗总以泄热外达为急，使斑疹得透，即所谓“急急透斑为要”。

【原文】6.若斑出热不解者，胃津亡[1]也，主以甘寒，重则如玉女煎，轻则如梨皮、蔗浆之类。或其人肾水素亏，虽未及下焦，先自彷徨[2]矣。必验之于舌，如甘寒之中加入咸寒，务在先安未受邪之地，恐其陷入易易[3]耳。（5）

【词解】

[1] 亡：此处指损伤、耗伤之意。

[2] 彷徨：犹豫不决，难以定夺。此处指邪热有可能传入下焦而尚未传入下焦之时。

[3] 易易：前一易字为容易之意，后一易字为变化之意，即容易发生变化的部位

【提要】斑出热不解的病机、治法及用药。

【释评】温病发斑多因阳明胃热内迫营血所致，斑出邪热有外泄之机，热势应逐渐下降。如戴天章说：“时疫发斑，邪热出于经脉也，虽不及战汗，每有外解之机”。如热势不降，是因邪热炽盛，耗伤胃津，津液不足，水不济火，水亏火旺所致，治疗当以甘寒生津，轻者可予梨皮、蔗浆之类，重者可法玉女煎之意两清气营，生津养阴。叶氏提出“如玉女煎”，王孟英认为并非是玉女煎之原方，而用白虎加地黄法，吴锡璜又提出：“热甚者，尚有犀角地黄合白虎法”，可供临床参考。

若患者素体肾水不足，邪热最易乘虚深入下焦，劫烁肾阴则热势更难外解。所以临证时若见舌绛而枯萎，即提示为肾水不足之体，虽未见到明显肾阴被灼的症状，也应于甘寒之中加入咸寒之品兼补肾阴，肾阴得充则邪热不易深入下焦而使病情恶化，以达既病防变之作用。

八、辨舌

【原文】13.再舌苔白厚而干燥者，此胃燥气伤也，滋润药中加甘草，令甘守津还[1]之意。舌白而薄者，外感风寒也，当疏散之。若白干薄者，肺津伤也，加麦冬、花露、芦根汁等轻清之品，为上者上之[2]也。若白苔绛底者，湿遏热伏也，当先泄湿透热，防其就干也。勿忧之，再从里透于外，则变润矣。初病舌就干，神不昏者，急加养正透邪之药；若神已昏，此内匮[3]矣，不可救药。（19）

【词解】

[1] 甘守津还：针对津液损伤，湿浊不化所立的一种治法。即在清化，或滋润药中，加甘草以守中气、复津液。

[2] 上者上之：指病在上，宜用轻清之药达上治上。

[3] 匮：《说文》：“一曰乏也”。《广韵》：“竭也”。此处指体内正气大虚，因而造成溃不敌邪。

【提要】论述的薄白苔、厚白苔、干燥和白苔绛底、初病舌干的辨证治疗。

【释评】薄白苔为外感病初起，邪在肺卫之征。其中薄白而润者是外感风寒，当辛温疏散；薄白而干者是表邪未解，肺津已伤，应在疏解方中加麦冬、花露等甘寒轻润之品以生津润肺，肺居上焦，用药宜轻，是为“上者上之”。

舌苔白厚而干燥，为胃津不足而肺气已伤。肺气伤则气不化津，苔见白厚；胃津既伤而不能上承则舌面干燥。治疗当予滋润之品生津润燥，再加入甘草，取其甘味可补益肺胃之气，使其布津功能得复，津液自生，即所谓“甘守津还”。

苔白厚而腻，舌质红绛，是湿邪阻遏，热邪内伏不能向外透达之象。治当先开泄湿邪，湿开则热透。但泄湿之品多偏香燥，易生耗津之弊，应防其温燥伤津而见舌干，然也不必忧虑舌干，因湿开热透后，津液自能恢复，舌苔自可转润。

若病初起时舌即见干燥，是为温邪伤津液，按法施治即可。但若属素禀津气亏损所致初病舌干无津者，易导致正不胜邪局面，应特别引起注意。在辨证中要观察神志表现，如未见神昏等险恶证候者，预后尚好，当急予养正透邪之剂，补益津气，透达外邪。如已见神昏者，属正气大亏，津气内竭，邪热内陷，预后不良。

【原文】14.舌苔不燥，自觉闷极者，属脾湿盛也。或有伤痕血迹者，必问曾经搔挖否？不可以有血便为枯证，仍从湿治可也。再有神情清爽，舌胀大不能出口者，此脾湿胃热，郁极化风而毒延口也。用大黄磨入当用剂内，则舌胀自消矣。（21）

【提要】脾湿盛与脾湿胃热、郁极化风的舌苔特点及其治法。

【释评】舌苔不燥，虽未言及苔色及厚薄，但从“自觉闷极，属脾湿盛”来分析，应为苔白厚而腻，乃脾湿内盛，气机阻滞之征象。治疗当从湿盛辨之，予以苦温芳化之剂化湿泄浊。如见到伤痕血迹，须问明是否因搔挖所致，不可一见血迹便认为是热盛阴伤之证，更不可误作动血之象而误投寒凉，伤及脾阳。若见病者神情清爽，舌体胀大不能伸出口外，是脾湿胃热郁极化风，湿热秽毒之气循脾络上延于舌所致。治疗只须于清化湿热方中，磨入大黄以泻火解毒，舌体肿胀便可消，吐伸自如。

【原文】15.再舌上白苔黏腻，吐出浊厚涎沫，口必甜味也，为脾瘅病[1]。乃湿热气聚与谷气相搏，土有余[2]也，盈满则上泛，当用省头草[3]芳香辛散以逐之则退。若舌上苔如碱者，胃中宿滞挟浊秽郁伏，当急急开泄，否则闭结中焦，不能从膜原达出矣。（22）

【词解】

[1] 脾瘅病：出自《内经·奇病论》，因过食肥甘油腻致湿热内盛，壅结于脾而致的病证，以口甘黏腻，吐浊厚涎沫为特征。

[2] 土有余：“土”指脾，即五行相配脾属土。“有余”，是说明脾气壅滞的实证。

[3] 省头草：即佩兰。

【提要】脾瘅病和苔如碱状的病机及辨治。

【释评】舌苔白而黏腻为脾瘅病常见舌象。此外，尚可见口吐浊厚涎沫，口有甜味，口黏不爽、胸闷脘痞，不思饮食等症。病机为湿热蕴阻脾胃，脾运失常，不能运化水谷，水谷不化则又可以助湿，二者相搏，互相影响。所谓谷气者，指脾胃失运，水谷不化之气。土有余者，是指脾胃为湿热所困，邪有余，而非脾胃之气有余，多湿重于热，治疗当用省头草之芳香辛散以驱湿浊之邪。临床应视湿热之偏盛，配其他清热化湿药物，如山栀、黄芩、白豆蔻、半夏、厚朴等。

舌上苔如碱者，特点为舌苔垢白厚粗浊，质地坚，状如碱。为胃中宿滞挟秽浊郁伏之象，临床当见脘腹胀满疼痛、拒按，嗳腐呕恶等症。治疗当急急开其秽浊，泄其胃中宿滞，以免闭结中焦，邪气不能外达而致病情加重。临床多用大黄、枳实、厚朴、槟榔、半夏、神曲、藿香、佩兰等药。

本节所说开泄之法与原文（11）条所说的开泄名同实异。本处指开秽浊，泄宿滞之法；（11）条指用轻苦微辛之品以宣气化湿。

【原文】16.若舌白如粉而滑，四边色紫绛者，温疫病初入膜原，未归胃府，急急透解，莫待传陷而入。为险恶之病，且见此舌者，病必见凶，须要小心。（26）

【提要】论述湿热疫证邪入膜原的舌象、治法及预后。

【释评】此条讨论的温疫应为湿热秽毒所致的湿热疫。湿热疫病之初起，邪入膜原，见舌苔白滑如积粉，舌质呈紫绛色，但因白苔覆盖满舌，故仅见舌之四边色紫绛，病位在半表半里之膜原，尚未入里归胃腑。若湿邪化热传入胃腑，则可见黄腻苔。治疗当急予开泄透解，使邪有外达之机，可选用吴又可达原饮。因疫证传变极速，变化多端，应及时治疗，否则每易造成邪陷内传而致病情恶化。

【原文】17.再黄苔不甚厚而滑者，热未伤津，犹可清热透表；若虽薄而干者，邪虽去而津受伤也，苦重之药[1]当禁，宜甘寒轻剂可也。（13）

【词解】[1] 苦重之药：指苦寒、质重、性质沉降的药。

【提要】本条简要论述从黄苔之润燥判断津液有无伤亡及其治法。

【释评】黄苔为邪热入里，病在气分的标志，但其有润燥之不同，据此可判断津液损伤的程度，从而制定正确的治疗措施。凡黄苔不甚厚而滑润不燥者，热虽传里，但尚未伤津，病邪尚属轻浅，治宜清热透邪，使邪从表而解。如苔薄而干燥乏津的，则属邪虽已解或邪热不甚，但津液已伤，当禁用苦寒沉降的药物，以防苦燥伤津败胃，而宜用甘寒濡养津液，兼以清热。

以上所论黄苔不甚厚者，从其润燥来判断津液是否损伤，进而确立治法。但文中言“滑”者，是指润而言，非指兼有湿邪之滑腻苔。

【原文】18.若舌无苔而有如烟煤隐隐者，不渴肢寒，知挟阴病[1]。如口渴烦热，平时胃燥舌也，不可攻之。若燥者，甘寒益胃；若润者，甘温扶中。此何故？外露而里无也。（23）

【词解】[1] 挟阴病：一般是指感邪前后发生性行为后，临床上所表现出面赤足冷的阴火上乘，或发热躁乱不宁的阳虚假热证。叶氏这里指阴寒内盛，中阳不足而言。

【提要】论述舌上黑如烟煤隐隐者的两种不同病机。

【释评】舌上无明显黑色苔垢，仅现一层薄薄的黑晕，有如烟煤隐隐之状，是黑苔的一种轻微类型。其所主病证有寒热虚实之分，根据舌面之燥、润及口渴与不渴等见证进行鉴别。若见不渴，肢寒，舌面湿润者为中阳不足，阴寒内盛之征，属虚寒证，治宜“甘温扶中”，以温补中阳。若见口渴，烦热而舌面干燥者，为中阳素旺，胃燥津液不足，属阳热证，不可妄用攻下，治宜甘寒濡润之剂养胃生津润燥。因为虽然外露黑苔类似里热之象，但苔极薄，则表示里无实邪内结，故“不可攻下”。

节所论病证的病机特点，从叶氏治以“甘寒益胃”、“ 甘温扶中”分析，可知其重点都是以中焦脾胃为主。章虚谷曾注释本条说“其润而不燥，或无苔如烟煤者，正是肾寒来乘心火，其阳虚极矣。若黑而燥裂者，火极而变水色，如焚木成炭而黑也”，章氏所说的“肾寒来乘心火”之虚寒症见舌色隐隐发黑而润者，于杂病中可见，温病中少见；“火极而变水色”舌黑燥裂者，在温病中亦多见苔较厚者，舌色隐隐发黑者亦少见。两者病机治法不同，不可混淆。

【原文】19.若舌黑而滑者，水来克火[1]，为阴证，当温之。若见短缩，此肾气竭也，为难治。欲救之，加人参、五味子勉希万一。舌黑而干者，津枯火炽，急急泻南补北。若燥而中心厚焙者，土燥水竭[2]，急以咸苦下之。（24）

【词解】[1] 水来克火：“水”代表肾阴，“火”代表心阳，“克”表示制伏。“水克火”，是根据“五行”学说“生克”关系来的。即温病过程中舌上出现黑滑苔，提示阴寒盛而阳气大衰，称之为“水来克火”。

[2] 土燥水竭：指脾胃热盛，肾阴耗竭。

【提要】进一步论述黑苔的辨治。

【释评】如见舌苔黑而滑润者，是阴寒内盛导致肾阳衰微，即“水来克火”之征。必伴有四肢寒冷、下利清稀、脉微细无力等虚寒见症。治法“当温”，即予温阳祛寒之剂。若兼见舌体短缩，是肾气竭绝，病情险恶难治。急救的方法可在所用方剂中加入人参、五味子等敛补元气之品，以期挽回于万一。舌苔黑而干燥，属“津枯火炽”，即下焦肾阴枯竭，上焦心火亢盛所致，多见于温病后期，治疗应用清心泻火、滋肾救阴之剂，即“急急泻南补北”，可用黄连阿胶汤之类方剂。若见舌苔黑而干燥，舌中心有较厚苔垢者，是阳明腑实燥热太盛而下竭肾水所致，即叶氏所指“土燥水竭”，治宜急投承气汤类，攻下腑实。

本节所论 “阴证，当温之”，与上节所论“甘温扶中”之治法不同。上节所论之证偏于中阳虚，治取温补中阳；本节所论之证属肾阳虚，治取大辛大热之品，温经散寒，回阳救逆。两者病位有中下之别，病情有轻重之异，应注意区分。

叶氏本节中提出“土燥水竭，急以咸苦下之”，即是投以承气汤之类，通下腑实，避免耗竭下焦肾水，即“急下存阴”之意。临床运用时，对土燥水竭之证可采用吴鞠通的增液攻下法，用增液承气汤之类，既可攻下阳明内实，又能滋养津液，更切合病机。

【原文】20.又不拘何色，舌上生芒刺者，皆是上焦热极也，当用青布拭冷薄荷水揩之，即去者轻，旋即生者险矣。(20)

【提要】本条论述舌生芒刺的病机与预后。

【释评】舌上有芒刺，无论舌苔为何色，均为上焦热极的表现。临床施治除内服药物外，局部可用青布拭冷薄荷水揩之。揩之芒刺即能除去者，说明热邪尚未锢结，病情较轻；揩后芒刺虽去而旋即复生者，为热毒极盛，病邪锢结难解，病情重险的标志。

此节叶氏说舌上有芒刺者不拘何色，但证属气分热极，故其舌质多为红或深红，苔多老黄、焦黄、黑灰而燥。其处理方法，叶氏所说“青布拭冷薄荷水揩之”，仅是对芒刺的局部处理，临床应针对芒刺产生的原因施治。叶氏认为舌生芒刺“皆是上焦热极”，但不可局限于“上焦热极”。如属气分热盛的可用清泄气分邪热之剂，阳明腑实内结者可攻下泄热，气血分热毒炽盛者则气血两清。

【原文】21.再论其热传营，舌色必绛。绛，深红色也。初传，绛色中兼黄白色，此气分之邪未尽也，泄卫透营[1]，两和可也。纯绛鲜泽者，包络受病也，宜犀角、鲜生地、连翘、郁金、石菖蒲等。延之数日，或平素心虚有痰，外热一陷，里络[2]就闭，非菖蒲、郁金等所能开，须用牛黄丸、至宝丹之类以开其闭，恐其昏厥为痉也。(14)

【词解】[1] 泄卫透营：实指“清气透营”，针对邪入营分而气分未尽的治法。

[2] 里络：这里指心包络。

【提要】论述热传营分及邪入心包之绛舌的表现与证治。

【释评】温病一般在卫、气分多见舌苔的变化，而在营、血分阶段多见舌质的变化。邪热传营，舌质颜色多由红转绛，即深红色，这是营分证的一个重要辨证指征。但营分证的病理变化有若干类型，单凭绛舌不能概括全部，而且也不能仅根据舌绛而诊断为营分证，必须四诊合参，全面分析，故叶氏进一步提出了热入营分的舌象具体表现及绛舌主病的不同类型。

邪热初传营分，舌色虽已转绛，但常罩有黄白苔垢，是气分之邪犹未尽解的表现，此属气分之热初传营分，营热未甚而气热亦渐衰，病情较轻，而与气分热甚炽，营分邪热亦盛之气营两燔证不同，故治疗叶氏提出“泄卫透营”，即于清营药物之中佐以清气透泄之品，两清气营之热。因营气通于心，故邪在营分每易侵犯心包，如见舌质纯绛鲜泽，则是包络已经受病。可出现神昏谵语等症状，当急予清心开透之品，如犀角（水牛角代）、鲜生地、连翘、菖蒲、郁金之类。如治不及时，延之数日，或患者平素心虚有痰湿内伏，则邪热陷入心包之后，必与痰浊闭阻包络，则神志症状更为严重，甚至出现昏聩不语等重险证候，此时已非菖蒲、郁金等一般芳香开窍之品所能胜任，当急予安宫牛黄丸、至宝丹之类清心化痰开窍以急开其闭，否则可造成痉厥等险恶局面。

【原文】22.再色绛而舌中心干者，乃心胃火燔，劫烁津液，即黄连、石膏亦可加入。若烦渴烦热，舌心干，四边色红，中心或黄或白者，此非血分也，乃上焦气热烁津，急用凉膈散，散其无形之热，再看其后转变可也。慎勿用血药，以滋腻难散。至舌绛望之若干，手扪之原有津液，此津亏湿热熏蒸，将成浊痰蒙蔽心包也。(15)

【提要】绛舌、红舌而中心干，以及绛舌望之若干扪之有津液的病机及治疗。

【释评】舌色红绛为心营热盛之征，因舌为心之苗，心主血属营，舌中心为胃之分野，故绛舌而中心干者，为热在心营兼胃热炽盛，劫灼津液之象，即叶氏所说之“心胃火燔”，当属气营两燔之证。其治疗可在清心凉营透热的犀角、生地、连翘等药中加入黄连、石膏等清胃泻火之品，以气营两清。若见口渴烦热，舌中心干，四边色红，或舌中心有或黄或白苔垢者，此非邪在营血分，而是上焦气分热炽燔灼津液所致，治疗宜急用凉膈散清散上焦无形邪热，其后再根据证候的转化情况而随证治之。不可一见舌四边色红便误认为是邪已入营血，而用凉血滋阴之药，因此类药物多较腻滞，病在气分误用之，致邪热锢结，不易解散。故叶氏强调“慎勿用血药，以滋腻难散”。又如舌绛而望之若干，扪之却有津液，则系邪入营分，兼有湿热熏蒸，提示湿热酿痰将发生痰浊蒙蔽心包之证，此时的治疗非单纯清营透热可奏效，当投清热化湿、芳香化浊、涤痰开泄之剂。

【原文】23.舌色绛而上有黏腻似苔非苔者，中挟秽浊之气，急加芳香逐之。舌绛欲伸出口，而抵齿难骤伸者，痰阻舌根，有内风也。舌绛而光亮，胃阴亡也，急用甘凉濡润之品。若舌绛而干燥者，火邪劫营，凉血清火为要。舌绛而有碎点白黄者，当生疳[1]也，大红点者，热毒乘心也，用黄连、金汁。其有虽绛而不鲜，干枯而萎者，肾阴涸也，急以阿胶、鸡子黄、地黄、天冬等救之，缓则恐涸极而无救也。(17)

【词解】[1] 疳：是好发于幼弱小儿的一种病。还有把舌上发生的溃疡叫做“口疳”或“舌疳”等。这里指的是后一种，是由湿热挟心火熏蒸所致。

【提要】继续论述七种绛舌的辨治。

【释评】舌色绛而舌面上罩有黏腻似苔非苔者，临床多伴有胸脘痞闷，呕恶等症状，此为邪在营分而中焦兼挟秽浊之气所致。治疗应在清营透热的同时配合芳香化浊之品以开逐秽浊，否则浊气不除，可导致清窍蒙蔽；如舌质红绛而舌体伸展不利，以致欲伸舌出口，而抵齿却难以骤伸，是热邪亢盛，内风欲动而有痰浊阻于舌根之象。

再如舌绛光亮，是胃阴衰亡的表现，其治疗不可作热入营分而清营泄热，亦忌苦寒之品，应急投重剂甘凉濡润之品救其胃阴；又如舌质红绛而舌面干燥无津者，则为营热炽盛，劫灼营阴之征，治疗应予大剂清营凉血泻火之剂。

若舌绛而舌面布有碎点呈黄白色者，系热毒炽盛，舌将生疳疮的征象；如舌绛呈大红点者，则为热毒乘于心经，心火炽盛的表现，证情甚重，治当急进黄连、金汁等清火解毒。

另外，有舌虽绛而不鲜，干枯而萎，毫无荣润之色者，为肾阴枯涸的表现，常见于温病后期，邪少虚多之候，证情已属危笃，应予大剂咸寒滋肾补阴之品，如阿胶、鸡子黄、地黄、天冬等以救欲竭之阴，否则精气涸竭，危局难以挽回。

叶氏原文所论绛舌的治疗，多仅提治法，而无具体方药。临床之际，若见营热挟秽浊者，可用清营汤配合藿香、佩兰、白豆蔻、菖蒲等芳香化浊之品；痰阻风动者，可选水牛角、钩藤、菖蒲、天竺黄等清营凉血、息风化痰之品；胃阴衰亡者，可用炙甘草汤去辛温之品，加石斛、蔗浆或用益胃汤加减变化救养胃阴；营热烁阴者，治以清营凉血泻火，佐以养阴滋液之法，可用清营汤、犀角地黄汤合增液汤加减。其他见绛舌者，可据叶氏原文所述及临床见症，加减应用。

【原文】24.其有舌独中心绛干者，此胃热心营受灼也，当于清胃方中，加入清心之品。否则延及于尖，为津干火盛也。舌尖绛独干，此心火上炎，用导赤散泻其腑[1]。(18)

【词解】[1] 泻其腑："腑" 指小肠。即脏病治腑，上病取下的治法。这里的 "泻其腑"，实即清心热，利小便。

【提要】继续论述舌中心绛干及舌尖绛干的辨治。

【释评】舌心干绛与舌尖干绛，虽均为绛而干燥之舌，但其部位不同，故病机、治疗亦异。舌中心属胃，故见舌独中心绛而干燥者属胃经热邪亢炽，心营被其燔灼，治疗应于清胃泄热方中加入清心凉营之品。否则舌之干绛由中心进一步扩展到舌尖，则示心胃热毒更盛而津液受劫。舌尖为心所主，仅见舌尖红绛而干者是心火上炎之征。心与小肠相表里，故心火盛者治疗可予导赤散泻小肠以清心火。王孟英注释本条文时说："舌心是胃之分野，舌尖乃心之外候，心胃两清，即白虎加生地、黄连、犀角、竹叶、莲子心也；津干火盛者，再加西洋参、花粉、梨汁、蔗浆可耳；心火上炎者，导赤汤加入童溲尤良。" 可供临床参考。

【原文】25.再有热传营血，其人素有瘀伤宿血在胸膈中，挟热而搏，其舌色必紫而暗，扪之湿，当加入散血之品，如琥珀、丹参、桃仁、丹皮等。不尔，瘀血与热为伍，阻遏正气，遂变如狂发狂之证。若紫而肿大者，乃酒毒冲心[1]。若紫而干晦者，肾肝色泛[2]也，难治。(16)

【词解】

[1]酒毒冲心：指长期饮酒，或饮酒过量的人，发生的中毒表现。这里根据 "舌为心苗"，以舌紫肿大为 "酒毒冲心"。

[2] 肾肝色泛：青色属肝，黑色属肾，青黑二色化合而成紫色暗晦干燥，故谓舌呈此色是肝肾两脏的色气上泛。

【提要】紫舌的意义及三种紫舌的辨治。

【释评】紫舌较绛舌，其病情更深一层，多由营血分热毒极盛所致。当热传营血而素体又有瘀伤宿血在胸膈者，可致瘀热相搏，舌亦可呈紫色，其特点是紫而暗，手扪之潮湿。治疗当于清营凉血方中加入活血散瘀之品，如琥珀、丹参、桃仁、丹皮等。如不用散血之法，必致瘀血与营血分热邪互结，瘀热阻遏窍机，扰乱神明而出现如狂、发狂等险恶证候。如见舌紫而肿大者，为平素嗜酒，酒毒内蕴，上冲心经所致。如见舌紫而晦暗干涩者，为热邪深入下焦，劫烁肝肾之阴，肝肾脏色外露的表现，多见于温病后期，甚难救治，预后不良。

章虚谷分析本条："舌紫而暗，暗即晦也；扪之潮湿不干，故为淤血。其晦而干者，精血已枯，邪热乘之，故为难治。肾色黑，肝色青，青黑相合而现于舌，变成紫晦。故曰肾肝色泛也。" 对紫暗湿润之舌与紫暗而干舌的病变机理作了分析，可供参考。

【原文】26.舌淡红无色者，或干而色不荣者，当是胃津伤而气无化液也，当用炙甘草汤，不可用寒凉药。(25)

【提要】本条论述淡红舌的病机与治疗。

【释评】舌质较正常人红润适中之色泽淡而少血色，或舌面干燥而色泽不荣润，此为 "气无化液"，即是胃津耗伤，不能化生气血津液而上荣舌本。治宜用炙甘草汤滋养阴血，气液双补，不可因舌面干燥，便认为是热盛伤津而投以寒凉，否则徒伤胃气，津液更难化生，胃津不能回复。故叶氏说“不可用寒凉药”。

淡红舌在杂病中每见于气血亏虚者，而非温病之典型舌象，此多见于温病后期，由气血亏虚不能上荣于舌所致。

九、验齿

【原文】27.再温热之病，看舌之后亦须验齿。齿为肾之余，龈为胃之络。热邪不燥胃津必耗肾液，且二经之血皆走其地，病深动血，结瓣于上。阳血者色必紫，紫如干漆；阴血者色必黄，黄如酱瓣。阳血若见，安胃为主；阴血若见，救肾为要。然豆瓣色者多险，若证还不逆者尚可治，否则难治矣。何以故耶？盖阴下竭，阳上厥[1]也。（31）

【词解】[1] 阴下竭，阳上厥：指阴液衰竭于下，孤阳无依，厥逆于上。

【提要】本条论述验齿的诊断意义及齿龈结瓣的病机、证治及预后。

【释评】肾主骨，齿为骨之余；龈为阳明经脉所络。温邪伤阴以耗伤胃津或肾液为主，且肾与阳明两经之血均循行于齿龈，故观察齿龈的变化可以了解热邪的浅深轻重，胃津与肾液的耗伤程度，为辨证施治提供依据。

若热邪盛于阳明或少阴，影响及血分，引起血热动血，致齿龈间出血，血凝结于齿龈部可形成瓣状物。齿龈与胃、肾相关，观察其色泽变化，可测其病位以及病证之虚实。凡瓣色紫，甚则紫如干漆，为“阳血”，系阳明热盛动血，其病属实，治宜“安胃为主”，清胃生津；若瓣色发黄，或黄如酱瓣者，为“阴血”，乃热灼肾阴，虚火上浮而动血，其病属虚，治应“救肾为要”，即急予滋肾养阴之品滋养肾阴以降虚火。龈血结瓣呈豆瓣色者，因其病已深入下焦、真阴耗竭而虚火上炎，证多险恶，但须结合全身证候看，若无衰败之象，尤可救治，若全身已呈衰败之象，则属真阴下竭而虚阳上逆，即“阴下竭阳上厥”之逆候，为阴阳离决之兆，故难救治。

关于“安胃”之法，本节乃指祛在胃之邪，补胃津之不足而使胃得以安，非限定为某法。齿龈出血，若为阳明无形热邪所致者，可清泄胃热；若胃腑实热积滞而致者，可通腑泄热；若为胃热津伤，则予甘寒濡润之品，清热生津养胃。

【原文】28.齿若光燥如石者，胃热甚也。若无汗恶寒，卫偏胜也，辛凉泄卫，透汗为要。若如枯骨色者，肾液枯也，为难治。若上半截润，水不上承，心火上炎也，急急清心救水，俟枯处转润为妥。（32）

【提要】本条论述齿润、燥的病机与治法。

【释评】牙齿光燥如石，多属胃热较甚，胃津受伤，但又须结合全身见证辨别。如兼见无汗恶寒等表证，则为阳热内郁，卫气不通，津不布化所致，不可误认为胃热亢盛，误投清胃之品，须宣通其卫气，因内有郁热，不宜投以辛温，而应予辛凉透汗之剂，以泄卫透表，表开热散则津液可以布化，牙齿自可转润。若见齿干燥而无光泽，色如枯骨者，为肾液枯竭，治疗比较困难，一般见于温病之后期。叶氏未提出治法，但既属肾液枯竭之证，当以大剂滋养肾阴之品，以救将竭之肾阴，如《温病条辨》加减复脉汤之类。若见齿上半截润，下半截燥，为肾水不足，不能上济于心，心火燔灼上炎之证，治疗急当清心滋肾并进，如黄连阿胶汤之类，使心火得降而不致灼阴，肾水得复而可以上济，则牙齿干燥部分自可逐渐转润。

【原文】29.若咬牙啮齿[1]者，湿热化风，痉病；但咬牙者，胃热气走其络也。若咬牙而脉证皆衰者，胃虚无谷以内荣，亦咬牙也。何以故耶？虚则喜实[2]也。舌本不缩而硬，而牙关咬定难开者，

此非风痰阻络，即欲作痉证，用酸物擦之即开，木来泄土[3]故也。(33)

【词解】

[1] 啮齿：啮（niè，音聂），上下牙合拢。啮齿指上下牙相互磨切。

[2] 虚则喜实：指虚证反见咬牙的实象。

[3] 木来泄土："木"指酸物，因酸属木。"土"指咬牙，牙龈肌肉，脉络属土。文中是从"五行相克"关系来论述的，其实是酸味有舒筋缓挛急的作用。

【提要】咬牙啮齿的虚实辨证及局部治法。

【释评】咬牙指上下牙齿咬定，啮齿指牙齿相互磨切。凡咬牙啮齿并见者，多属热盛动风，筋脉挛急所致，并可见四肢抽搐等症，是已成痉病的表现。痉病原因甚多，此处乃指湿热化燥化火致风者。如仅咬牙而不啮齿，其中有两种情况，有属实者，有属虚者。胃之络入上齿而环唇，故实证多为胃热之气走窜经络所致；虚证多为胃气不足，不能上荣经络，筋脉失养而成，叶氏称之为"虚则喜实"。其虚实之辨，叶氏主要从脉证之虚实以别之。胃热而咬牙者，其脉证皆实，必有胃热炽盛或胃腑热结见证；胃虚而咬牙者，其脉证皆虚，必有中虚而脾胃不足之见证。此外，虚实二者的咬牙程度也各不相同，属胃热实证者多咬牙有力，牙关难开；属胃虚者多咬牙无力，牙关较易开。临证时应结合全身症状作全面分析。若见舌本不短缩而硬，牙关咬定难开者，其病机一般有两种：一为风痰阻络；一为热盛动风欲作痉证。临床亦须结合全面证候辨证施治，局部可用酸物如乌梅肉擦齿龈，往往可使牙关得开。此为应急措施，酸属木，齿龈属土，故称之为"木来泄土"。

叶氏原文中提出咬牙啮齿者属"湿热化风，痉病"，但临床上见咬牙啮齿者不限于湿热化风，温热类温病热盛动风亦多致。

【原文】30.若齿垢如灰糕样者，胃气无权，津亡湿浊用事，多死。而初病齿缝流清血[1]，痛者，胃火冲激也；不痛者，龙火[2]内燔也。齿焦无垢者，死；齿焦有垢者，肾热胃劫[3]也，当微下之，或玉女煎清胃救肾可也。(34)

【词解】

[1] 清血：清，即"鲜也、澄也、洁也"。清血即指鲜红之血。

[2] 龙火：又称相火。此处指肾中的虚火。

[3] 肾热胃劫：指胃中热毒过剩劫伤肾阴。

【提要】本条论述齿垢与齿缝流血的病机与证治。

【释评】温病过程中见齿垢，多由热邪蒸腾胃中浊气上升而结于齿。叶氏于本节中提出了三种情况：一是齿垢如灰糕样，即枯燥而无光泽，为胃中津气两竭，湿浊上泛所致，预后不良。二是齿焦无垢，为胃肾气液已竭，预后亦不良。三是齿焦有垢，属胃热炽盛，劫烁肾阴，气液尚未枯涸，治疗当根据具体情况，或以调胃承气汤微下其胃热，或用清胃滋水之法，如玉女煎加减方。

齿缝流血的病机同原文第 31 条所述齿龈结瓣相似，亦有虚实之别和属胃属肾之不同。凡齿缝流血而痛者，多为胃火冲激而致，应伴有齿龈肿胀或口中臭秽，其证属实；凡齿缝流血而不痛者，多为肾阴不足，肾中虚火上炎即"龙火内燔"所致，齿龈多不肿胀，其证属虚。

关于"肾热胃劫"的含义，叶氏原意乃指齿垢之形成主要是胃中邪热蒸胃中浊气上腾，同时有胃津、肾液之耗伤，治用微下或玉女煎清胃救肾，非由肾热所致。临证时当明辨。

十、辨斑疹白痦

【原文】31.凡斑疹初见，须用纸捻[1]照见胸背两胁。点大而在皮肤之上者为斑，或云头隐隐[2]，或琐碎小粒者为疹，又宜见而不宜见多。按方书谓斑色红者属胃热，紫者热极，黑者胃烂[3]，然亦

必看外证所合，方可断之。（27）

【词解】

[1] 纸撚：撚（niǎn，音捻），搓成的条状物。纸撚为把纸搓成条，点燃以照明。

[2] 云头隐隐：指斑疹的出现，像天空的浮云，朵朵露头，但又不显。

[3] 胃烂：此处代表斑之病机，斑色黑为阳明胃热极甚，故称胃烂。

【提要】本条论述斑与疹的形态区别及斑疹色泽诊察要点。

【释评】斑疹初现时，以胸背及两胁为最多见，头面四肢等外露部位较少，故临证时应让病人去被解衣，详细检查全身，以防遗漏，即叶氏"用纸撚照"的含义。斑疹均为红色皮疹，但在形态上有所区别：点大成片，平摊于皮肤之上者为斑；若如云头隐隐，或呈琐碎小粒，高出于皮面者为疹。斑疹外发，标志着营血分之邪热有外达之机，所以说"宜见"。反之，斑疹应见而不见，则示热毒闭遏于内；但如斑疹外发过多过密，又说明营血分热盛毒重，故又"不宜见多"。由于温病发斑为阳明胃热内迫血分外溢肌肤所致，故观察其色泽浅深可判断阳明热邪的轻重及营血热毒的深浅程度，色红为胃热内迫营血，色紫则表明邪毒深重，色黑为热毒已极，故为"胃烂"。但仅凭斑色来判断病情是不全面的，必须结合全身证候进行综合分析，才能作出正确的诊断，正如叶氏所说"必看外证所合，方可断之"。

后世医家对斑疹之区别及其形成机理颇多阐发。如章虚谷提出"斑从肌肉而出，属胃；疹从血络而出，属肺"，陆子贤在《六因条辨》中所论："斑为阳明热毒，点大而鲜；疹为太阴风热，点细而色红"。都有助于明确斑与疹在病机上的区别。

【原文】32.若斑色紫，小点者，心包热也；点大而紫，胃中热也。黑斑而光亮者，热胜毒盛，虽属不治，若其人气血充者，或依法治之，尚可救；若黑而晦者必死；若黑而隐隐，四旁赤色，火郁内伏，大用清凉透发，间有转红成可救者。若夹斑带疹，皆是邪之不一，各随其部而泄。然斑属血者恒多[1]，疹属气者不少[2]。斑疹皆是邪气外露之象，发出宜神情清爽，为外解里和之意；如斑疹出而昏者，正不胜邪，内陷为患，或胃津内涸之故。（29）

【词解】

[1] 斑属血者恒多：指斑是热入血分迫血从肌肉而出，所以说斑多见于血分证。

[2] 疹属气者不少：指疹多是由风热犯肺，邪热波及血络所致，病属气分，所以说属于气分的不少。

【提要】本条继续论述斑疹的色泽诊察要点、病机及预后。

【释评】斑疹色泽皆以红润为顺，若见斑色发紫，为热邪深重之象，但其形态、大小不同，又与邪热所犯病位有关。若紫而点小，多为心包热盛，而不能畅透；紫而点大者，为阳明胃热炽盛，迫于血分外溢肌肤。若斑色黑，则热盛毒重，但其预后与人体气血盛衰相关。若黑而色泽光亮者，虽属热毒深重，但气血尚充，若及时、正确地施治，有抗邪外出转危为安的可能；斑色黑而晦暗者，表明正气已告衰亡，热毒极重而正不胜邪，预后不良。若斑色黑而隐隐，四旁呈赤色者，则是邪毒郁伏不能外达之象，须用大剂清热凉血解毒之剂，使郁伏之邪透达于外，则斑色亦可由黑转红，成为可救之候。

斑与疹的发生机理有别，叶氏说"斑属血者恒多，疹属气者不少"，即指斑为阳明热毒内迫血分，外溢肌肉所致，病偏血分；疹为肺经气分热炽波及营分，由血络外发，病偏气分。若斑疹同时外发，则为热毒盛于气营血分。斑疹的外发为邪热外达之象，透发后理应神情清爽，脉静身凉，方为邪热外解，脏腑气血渐趋平和之征。反之，斑疹虽已发出，却见身热不解神昏者，属于正虚不能胜邪，邪热乘虚内陷，或由胃中津液枯涸，水不制火，火毒过盛，预后多属不良。

章虚谷注释本条原文说："此论实火之斑疹也。点小即是从血络而出之疹，故热在心包；点大从肌肉而出为斑，故热在胃。黑而光亮者，元气犹充，故或可救，黑暗则元气败，必死矣。四旁赤色，其气血尚活，故可透发也。斑疹挟杂，经胃之热各随其部而外泄。热邪在胃，本属气分，见斑则属血者多矣；疹从血络而出，本属血分，然邪由气而闭其血，方成疹也。故治斑疹，必当两清气血，况欲透发，必通其血中之气……。"其就斑疹发生机制进一步阐发了叶氏原文之意，说理得当，并对"斑疹挟杂"提出了两清气血的治法，对治斑疹（重点在斑）注重"通其血中之气"，甚有参考价值。

【原文】33.然（而）春夏之间，湿[1]病俱发疹为甚，且其色要辨。如淡红色，四肢清，口不甚渴，脉不洪数，非虚斑即阴斑[2]。或胸微见数点，面赤足冷，或下利清谷，此阴盛格阳于上而见，当温之。（28）

【词解】

[1] 湿：疑是"温"字之误。因为一般的"湿病"较少出现斑疹。"湿温病"虽发斑疹，但其病以"长夏"为多见。这里说病在"春夏之间"发的很多，显然是指以出斑疹为特征的一类温热病了。不过，春夏之间的温热病，种类很多，也有不发斑疹的，把它说成"俱发"也不恰当。

[2] 阴斑：虚寒而致的斑疹。

【提要】虚斑、阴斑的表现与治疗。

【释评】虚斑与阴斑皆属阴证发斑，即虚寒证发斑。叶氏提出虚斑与阴斑，意在与温病中常见的阳证发斑，即由热入营血而致发斑者相鉴别。临证时主要从斑疹的形态色泽并结合全身证候进行辨别。虚寒证发斑特点为淡红色，全身症状见有四肢清冷，口不甚渴，脉不洪数等称之为虚斑；若仅胸前微见数点，并见面赤足冷，或下利清谷者称为阴斑，此属阴寒内盛，格阳于上所致。阴斑较之虚斑，虚寒见症更甚，且有格阳见证。故对其治疗叶氏指出"当温之"，可用附子、肉桂等温阳散寒，引火归原。

本节原文"春夏之间，湿病俱发疹为甚"一句令人费解，有提出"湿病"当作"风温"之释，但未成定论，姑且存疑。

【原文】34.再有一种白㾦，小粒如水晶色者，此湿热伤肺，邪虽出而气液枯也，必得甘药补之。或未至久延，伤及气液，乃湿郁卫分，汗出不彻之故，当理气分之邪，或白如枯骨者多凶，为气液竭也。（30）

【提要】白㾦的形态、病机、证治与预后。

【释评】白㾦称白疹，是一种突出于皮肤表面的细小白色疱疹，形如粟米，内含浆液，呈水晶色，消退后有很薄的脱屑，一般多见于颈项及胸腹部，而头面、四肢则很少出现。其形成机理多由气分湿热郁蒸不解，汗出不畅，致湿热郁蒸肌腠而成。白㾦多见于湿热相兼之证，故湿温病中常见，亦属湿热外达之象。治疗方面因其属气分病变，当以清泄气分湿热为主。由于白㾦每随汗而泄，若反复发出，邪气虽得以外解，气液必受耗伤。因此，白㾦出过数次而邪已透解后，治疗当予甘平清养之剂以增补气液，不可过用苦燥耗伤气液之药。如果气液耗伤过甚以致枯竭而见白㾦空壳无浆，呈空瘪状，且无光泽，色如枯骨，谓之枯㾦则为正虚已极，无力托邪外出的危重证候，预后大多不良，治当急予养阴益气，以求津气来复。

辨白㾦之法为叶氏首创，是诊断湿热温病的独特方法，后世医家甚为推崇。关于白㾦的病机，后世医家均认为由湿热流连气分所致，多见于湿温、伏暑等湿热性质的温病或温热挟湿之病证。对其治疗，何廉臣提出："初由湿郁皮腠，汗出不彻之故，白如水晶者多，但当轻泄肺气，开泄卫分，如五叶芦根汤最稳而灵。若久延而伤及气液，白如枯骨样者多凶，急用甘润药以滋气液，如麦门冬汤、清燥救肺汤之类，挽回万一，切忌苦燥温升，耗气液而速其毙。”王孟英提出“清其气分之余邪”，“甘濡以补之”；何廉臣以五味芦根汤治晶瘖，以麦门冬汤、清燥救肺汤救治枯瘖这些均可供临床参考。

十一、论妇人温病

【原文】35.再妇人病温与男子同，但多胎前产后，以及经水适来适断。大凡胎前病，古人皆以四物加减用之，谓护胎为要，恐来害妊，如热极用井底泥，蓝布浸冷，覆盖腹上等，皆是保护之意，但亦要看其邪之可解处。如血腻之药不灵，又当省察，不可认板法[1]。然须步步保护胎元，恐损正邪陷也。(35)

【词解】[1] 不可认板法：指不要死板地搬用古人方法。

【提要】本条论述妇人胎前病温的护胎大法。

【释评】一般情况下，妇女患温病，证候及治疗与男子基本相同，但在怀孕、产后、经水适来适断等特殊情况下患温病，则须特殊处理。妊娠时患温病，不仅温邪入内，易损胎元，且用药不当，亦会伤胎，故治疗时须特别注意保护胎元。古人治疗孕妇病温，多在养血之剂四物汤的基础上加减用药；热势极盛时，用井底泥或凉水浸泡蓝布覆盖腹部，以局部降温，减少邪热对胎元的影响。此仅为例举之法，应根据病情详细辨证施治，从不同途径祛除邪热，保护胎元，即叶氏所说：“亦要看其邪之可解处”。如邪在卫表者予以辛凉宣透，使邪从表解；阳明无形热盛者，及时辛寒清气，达热出表；阳明有形热结者，则适时度攻下，使结热从肠腑而去，不可过于顾虑胎元而延误攻下时机，致土燥水竭，危及母子性命。祛邪之药多较峻猛，特别是攻下之剂，更为猛烈，用之不当，也会伤胎，或损伤正气，致邪气内陷，故使用时一定要严格掌握适应证，注意用药时间、药量多少，适可而止。在用养血滋腻药不见效时，更应详加审察，不可因四物汤具有保胎作用而一味滥用，非但不能祛除病邪，反易恋邪滞病，病更难解，即叶氏所说“不可认板法”。

【原文】36.至于产后之法，按方书谓慎用苦寒，恐伤其已亡之阴也。然亦要辨其邪能从上中解者，稍从证用之，亦无妨也。不过勿犯下焦，且属虚体，当如虚怯人病邪而治。总之无犯实实虚虚之禁，况产后当气血沸腾之候，最多空窦[1]，邪势必乘虚内陷，虚处受邪，为难治也。(36)

【词解】[1] 空窦：窦，《说文》：“空也”。空窦即为空虚之处。

【提要】本条论述妇人产后温病的治疗原则。

【释评】由于产后不仅阴血耗损，阳气亦不足，所以历代医家有“胎前宜凉，产后宜温”之说，认为应慎用苦寒之品，以免寒凉伤阳、苦燥伤阴而使虚者更虚，病情加重。但这仅是指一般的产后调理之法，并非绝对禁用。若感受温邪发为温病，邪热充斥上、中二焦，肝肾阴血尚充，可酌量使用苦寒药清热祛邪并无妨碍。但须注意产后属虚弱之体，与常人病温不同，当按虚人病温治疗，苦重之品不可重用，以免伤及下焦肝肾。特别是邪热已入下焦，肝肾阴血亏损，更须慎用，以免耗竭其阴，“犯实实虚虚”之禁。

【原文】37.如经水适来适断，邪将陷血室[1]，少阳伤寒言之详悉，不必多赘。但数动与正伤寒不同。仲景立小柴胡汤，提出所陷热邪，参、枣扶胃气，以冲脉隶属阳明也，此与虚者为合治。若热邪陷入，与血相结者，当从陶氏小柴胡汤[2]去参、枣加生地、桃仁、楂肉、丹皮或犀角等。若本经[3]血结自甚，必少腹满痛，轻者刺期门，重者小柴胡汤去甘药加延胡、归尾、桃仁，挟寒加肉桂心，气滞者加香附、陈皮、枳壳等。然热陷血室之证，多有谵语如狂之象，防是阳明胃实，当辨之。

血结者身体必重，非若阳明之轻旋便捷者。何以故耶？阴主重浊，络脉被阻，侧旁气痹[4]，连胸背皆拘束不遂，故祛邪通络，正合其病。往往延久，上逆心包，胸中痛，即陶氏所谓血结胸[5]也。王海藏出一桂枝红花汤[6]加海蛤、桃仁，原是表里上下一齐尽解之理，看此方大有巧手，故录出以备学者之用。(37)

【词解】

[1] 血室：有三种解释，即：冲脉、肝脏、子宫。这里是指子宫。

[2] 陶氏小柴胡汤：陶节庵《伤寒全生集》治妇人热入血室有小柴胡汤加红花、生地、当归、桂枝、丹皮等加味法。

[3] 本经：指足厥阴肝经。这里实是“血室”的互用词。

[4] 侧旁气痹：指胁及少腹痞痛不舒，皆属“肝之分野”。

[5] 血结胸：陶节庵《伤寒全生集》中所说的血结胸，指伤寒阳证，吐衄血不尽，蓄在上焦，症见胸腹胀满硬痛，身热，漱水不咽，喜忘如狂，大便黑，小便利，方用犀角地黄汤、抵当汤、桃核承气汤。

[6] 桂枝红花汤：据《中国医学大辞典》，本方即桂枝汤加红花。原文中所说的王海藏所制的桂枝红花汤加海蛤、桃仁之出处待考。

【提要】本条论述热入血室的成因、治疗及热入血室与阳明腑实之谵狂的鉴别。

【释评】妇人月经来潮，或即净之时，体质相对较弱，抗邪无力，尤其是血室较平时空虚，故容易感受外邪，且感邪之后，邪气亦容易乘虚内陷血室形成热入血室证。

由于体质强弱和感邪轻重有别，热入血室的治疗用药也不同，如妇人经水适来适断之时，又患伤寒，邪从少阳将陷血室，或初陷而未深，寒热往来而脉弦者，可用小柴胡汤清透少阳，使无形邪热从少阳而出。此在《伤寒论》、《金匮要略》中论之较详，故叶氏此处未加详述。小柴胡汤中除清热透邪之药外，又因血室与冲脉相系，隶属阳明胃经，寒邪逐渐化热将内陷时，胃中空虚，故加入补益胃气之药，用甘温益气之人参、大枣，扶助胃气，祛邪外出。此适用于邪热内陷而血不结者。温病过程中，热邪陷入血室，与血相结，脉证与正伤寒不同，不可用小柴胡汤原方，应适当加减。临证时若见神昏谵语如狂，少腹拘急而痛，或经行不畅，舌绛或有瘀点，当用陶氏小柴胡汤去人参、大枣等甘温助热之品，加生地、桃仁、楂肉、丹皮或犀角（水牛角代）等清热凉血、活血祛瘀的药物；若血室及其经络血结甚，见少腹满痛，治疗可根据证候的轻重而采用不同的方法。轻者可刺期门，以行气活血，重者用小柴胡汤去参、草、枣等甘味壅补之品，加延胡、归尾、桃仁等活血散瘀药物。如兼寒邪凝滞，小腹畏寒者，加肉桂心温散寒邪；兼气滞而胁腹作胀明显者，加香附、陈皮、枳壳等理气行滞。

热入血室证，因血室瘀热上扰心神，多见谵语如狂，易与阳明胃热所致的谵语相混淆，应当加以鉴别。 热入血室而神昏者，病在血分，因有阴柔重浊之性的瘀血内阻，周身经络气血运行不畅，故可见身体困重，胁及少腹痞痛不舒牵连胸背部亦拘束不遂，治用凉血解毒祛邪，活血化瘀通络之法，正合病情。阳明胃实神昏者，因无瘀血内阻，气血流畅，故肢体活动较为轻便。二者之鉴别，临证时尚须结合具体脉证及月经情况全面分析。

热入血室为下焦热邪与血相结，日久不解，邪热漫延，致使胸膈气血郁结，甚至上逆心包，形成血结胸。临床可见胸部胀满硬痛，身热，漱水不咽，谵妄如狂，大便黑，小便利等症。治当凉血解毒，活血祛瘀。王海藏用桂枝红花汤（即《伤寒论》桂枝汤加红花）加海蛤、桃仁，配合巧妙，可调和营卫，通行上下，为“表里上下一齐尽解”之剂，可供临床加减应用。

关于热入血室证，王孟英提出：“温邪热入血室有三证，如经水适来，因热邪陷入而搏结不行者，此宜破其血结；若经水适断，而邪乃乘血舍之空虚以袭之者，宜养营以清热；其邪热传营，逼血妄行，致经未当期而至者，宜清热以安营。”其论颇得要领，可供临床参考。

第十二章　薛生白《湿热病篇》

第一节　薛生白及其温病学术思想

一、薛生白生平及其著作

薛雪（1681～1770），字生白，号一瓢，又号扫叶老人，槐云道人，晚年自称牧牛老朽，江苏吴县（今江苏省苏州市）人。薛氏博学多才，工画兰，善拳勇，精于医学，治疗每奏奇效，与当地叶天士先生齐名。据《清史稿》称薛氏“于医时有独见，断人生死不爽，疗治多异迹”。

薛氏的医学著作主要有《医经原旨》、《日讲杂记》、《扫叶庄医案》、《三家医案合刻》中的薛案七十四则，还有流传最为广泛的《湿热病篇》。《湿热病篇》约成书于1770年之前，初刊于1831年。是论述湿热病的专著，使湿热病证治在温病学中自成体系，丰富充实了温病学说的内容。该篇采用条辨的方式，对湿热病的病因、病机、传变、诊断、治疗等进行了系统而全面的论述。同时还附有暑病、寒湿、下利等病证的辨治内容，以与湿热病作鉴别对比。本篇对诊治湿热病有重要的指导意义，故广为后世所宗、被列为医家必读之书。

《湿热病篇》流传版本多种，条文数互有出入，原本未见。此篇相关内容始见于舒松摩重刻《医师秘籍》中载35条，江白仙本《温热病指南集》与吴子音《温热赘言》中均载31条，王孟英《温热经纬》所载，是据吴人陈秋咤抄本，共有46条，认为是“全豹之作”，更名为《湿热病篇》。本教材根据王孟英《温热经纬》所载46条，予以归纳叙述。

二、温病学术思想

（一）阐明湿热病的病因病机

薛氏认为：“湿热之邪从表伤者十之一二，由口鼻入者十之八九”。说明了湿热病是感受了湿热之邪而致病，湿热之邪入侵肌体主要感邪途径为口鼻，其次是肌表。湿热病的发生，有内外湿邪相引为病的特点。薛氏指出“太阴内伤，湿饮停聚，客邪再至，内外相引，故病湿热。” 内因在于脾胃内伤，运化失常，内湿停聚，外因在于湿热邪气，内外湿邪相合为病。湿热病的病变中心在中焦脾胃，“阳明为水谷之海，太阴为湿土之脏”，“胃为戊土属阳，脾为己土属阴，湿土之气同类相召”，故“湿热病属阳明太阴经者居多”。 湿热病的病理转化与患者体质差异尤其是脾胃功能状态有关，如“中气实则病在阳明，中气虚则病在太阴”。

（二）制定三焦分治湿热的法则

三焦者，决渎之官，具有疏通水道，运行水液的作用，是水液升降出入的通道。湿性重着黏滞，易阻滞气机。湿热为患每涉及三焦，三焦受阻，气机不畅则水液运行功能失职，湿必滞留不去，湿热相互搏结，胶着不化，使病势缠绵，难于速去。故薛生白认为：“热得湿而热愈炽，湿得热而湿愈横”，“湿多热少，则蒙上流下”，“湿热俱多，则下闭上壅而三焦俱困矣”。故“当三焦分治”，则

“湿热两分，其病轻而缓”。湿阻三焦，病位不同，其治法亦各异。

1. 邪在上焦，治宜宣开 病在上焦者，湿邪主要影响肺气宣发肃降功能，卫外失常的病变，为病变初期，如见“恶寒无汗，身重头痛”，为阴湿伤表之候，治宜藿香、香薷、羌活、苍术皮、薄荷、牛蒡子等芳香辛散之品，宣化湿邪，气机得宣，湿则自化。若湿热浊邪蒙闭上焦气分，症见“壮热口渴，脘闷懊憹，眼欲闭，时谵语”，治宜轻清透邪，宣开上焦。用生山栀、淡豆豉、枳壳、桔梗轻清宣气，轻开上焦之气，气机调畅，气化则湿亦化，湿化热亦清。总之，肺主一身之气，主宣发肃降，通调水道，为水之上源，辛开轻宣肺气，气机宣畅，使外湿得泄，内湿得下。

2. 邪在中焦，治当畅中 湿热病以中焦脾胃为病变中心，湿滞中焦，脾胃运化转输功能失职，故可见脘痞、呕恶等症状。但湿性黏滞，其病程长，变化多，应据其湿热偏重有别而论述，如湿邪极盛困阻中焦而尚未化热者，治宜“辛开”理气，以燥化中焦脾胃之湿浊。药用厚朴、草果、半夏、干菖蒲等辛开理气，苦温燥湿，湿化则气机得开，气机得畅，又可以助湿邪之化，湿化气畅，津液得以上输下布。若湿重于热、湿热伏于中焦者，治以辛温芳香化湿为主，佐以清热。药用杏仁、桔梗、枳壳轻宣上焦肺气，“气化则湿亦化”；藿香、佩兰、菖蒲、蔻仁、郁金芳香化湿，运脾畅中；苍术、厚朴辛苦温以燥湿健脾行气；草果、半夏辛温以燥湿化痰除秽；六一散淡渗清热利湿。又“湿渐化热，余湿犹滞”者，治宜“辛泄佐清热”，即“燥湿之中，即佐清热”。药用蔻仁、菖蒲辛散化湿，半夏燥湿降气，连翘、绿豆衣清泄热邪，大豆黄卷、六一散清热利湿。如“太阴之湿与阳明之热相合”、热重于湿者，治以“清热散湿”，用白虎汤加术汤清热化湿。总之，脾胃居于中焦，是三焦气机升降的枢纽，宣通三焦气机当以调理脾胃，畅中焦脾气为先。

3. 邪在下焦，法当渗下 薛氏认为：“湿热证，数日后自利，溺赤，口渴，湿流下焦，宜滑石、猪苓、茯苓、泽泻、萆薢、通草等味。”此为“湿流下焦”，引起大肠传导失司，小肠泌别失职，膀胱气化失司，故见自利，溺赤，口渴，“故独以分利为治”，即治当分利湿邪为要，宜淡渗利湿，分利湿热，“湿热两分，其病轻而缓”，用猪苓、茯苓、泽泻淡渗利水； 滑石、萆薢、通草清热利湿，因势利导，导湿热从小便而去，湿热一解，诸症自消，即所谓“治湿不利小便，非其治也”，“利小便所以实大便”。

薛氏治湿热注重三焦分治，根据邪在上焦、中焦和下焦的不同而设立相应的治法，这种治温思路，对后世指导临床实践有重要意义。

（三）重后期调理

湿热病后期，其病理特点是邪退正虚之象，此时若延治或治不合法，则余邪复盛而导致疾病复发。薛氏比较重视后期调理，根据不同情况提出了一系列病后调理之法。如“湿热证，数日后脘中微闷，知饥不食，湿邪蒙绕三焦。宜藿香叶、薄荷叶、鲜荷叶、枇杷叶、佩兰叶、芦尖、冬瓜仁等味。”薛氏认为：“此湿热已解，余邪蒙蔽清阳，胃气不舒。”用五叶芦根汤轻清芳化，祛除余邪，余邪一除，正气复来。又如“湿热证，十余日，大势已退，唯口渴，汗出，骨节痛，余邪留滞经络，宜元米汤泡于术，隔一宿，去术煎饮。”此为“病后湿邪未尽，阴液先伤”，“以元米汤养阴逐湿”，寓祛邪于扶正中。若“湿热证，按法治之，诸证皆退，唯目瞑则惊悸梦惕，余邪内留，胆气未舒，宜酒浸郁李仁、姜汁炒枣仁、猪胆皮等味。”薛氏认为：此为湿热余邪留滞肝胆，胆热内扰，肝魂不安，上扰于心所致。用酒浸郁李仁泄邪下行，姜汁炒酸枣仁养肝安神，猪胆皮清泻肝胆之余邪，标本兼顾，邪去正复。

总之，薛氏对湿热病的辨证论治，说理透彻，条分缕析，无论处常处变，皆有法可循。其治湿温经验，备受世人推崇。

第二节 《湿热病篇》原文类编

【原文】1.湿热证，始恶寒，后但热不寒，汗出胸痞，舌白，口渴不引饮。（1）

自注：此条乃湿热证之提纲也。湿热病属阳明太阴经者居多，中气实则病在阳明，中气虚则病在太阴。病在二经之表者，多兼少阳三焦，病在二经之里者，每兼厥阴风木。以少阳厥阴同司相火[1]，阳明太阴湿热内郁，郁甚则少火皆成壮火，而表里上下充斥肆逆，故是证最易耳聋、干呕、发痉、发厥。而提纲中不言及者，因以上诸证，皆湿热兼见之变局，而非湿热病必见之正局也。始恶寒者，阳为湿遏而恶寒，终非若寒伤于表之恶寒，后但热不寒，则郁而成热，反恶热矣。热盛阳明则汗出，湿蔽清阳则胸痞，湿邪内盛则舌白，湿热交蒸则舌黄，热则液不升而口渴，湿则饮内留而不引饮。然所云表者，乃太阴阳明之表，而非太阳之表。太阴之表四肢也，阳明也；阳明之表肌肉也，胸中也。故胸痞为湿热必有之证，四肢倦怠，肌肉烦疼，亦必并见。其所以不干太阳者，以太阳为寒水之腑，主一身之表，风寒必自表入，故属太阳。湿热之邪从表伤者十之一二，由口鼻入者十之八九。阳明为水谷之海，太阴为湿土之脏，故多阳明太阴受病。膜原者，外通肌肉，内近胃腑，即三焦之门户，实一身之半表半里也。邪由上受，直趋中道，故病多归膜原。要之湿热之病，不独与伤寒不同，且与温病大异。温病乃少阴太阳同病，湿热乃阳明太阴同病也。而提纲中不言及脉者，以湿热之证，脉无定体，或洪或缓，或伏或细，各随症见，不拘一格，故难以一定之脉拘定后人眼目也。

湿热之证，阳明必兼太阴者，徒知脏腑相连，湿土同气，而不知当与温病之必兼少阴比例。少阴不藏，木火内燔，风邪外袭，表里相应，故为温病。太阴内伤，湿饮停聚，客邪再至，内外相引，故病湿热。此皆先有内伤，再感客邪，非由腑及脏之谓。若湿热之证不挟内伤，中气实者，其病必微。或有先因于湿，再因饥劳而病者，亦属内伤挟湿，标本同病。然劳倦伤脾为不足，湿饮停聚为有余，所以内伤外感，孰多孰少，孰实孰虚，又在临证时权衡矣。

【词解】[1] 相火：专指肾阳或肝、胆、肾、心包、膀胱、三焦的阳气通称。

【提要】湿热病提纲。

【释评】原文列举了湿热病初起的典型症状，并从以下几个方面分析了湿热病的发生发展规律及病变特点。

（1）湿热病初起的主要见症："始恶寒，后但热不寒，汗出胸痞，舌白，口渴不引饮"，薛氏称"此条乃湿热证之提纲也"，表明这些症状最能反映湿热病的特点，为湿热病初起典型症候。湿滞肌表，卫阳被遏，不能温分肉，故恶寒；湿郁化热，故但热不寒；气分热盛，湿热蕴蒸，故汗出；蒙蔽清阳，清阳不升，气机不畅，故胸痞；湿邪内盛，故舌白；湿阻脾胃，脾气不升，津不上承故口渴，内有湿则渴不引饮。

（2）湿热病的病因、受邪途径及发病机理。薛氏认为"湿热之邪从表伤者十之一二，由口鼻入者十之八九"。说明了湿热病是感受了湿热之邪而致病，湿热之邪入侵机体主要感邪途径为口鼻，其次是肌表。湿热病的发生，有内外湿邪相引为病的特点。薛氏指出"太阴内伤，湿饮停聚，客邪再至，内外相引，故病湿热。" 阐明了湿热病形成为内外因两方面：内因在于脾胃内伤，运化失常，内湿停聚，外因在于湿热邪气，"同气相召"内外湿邪相合为病。

（3）湿热病的病变中心：湿热病的病变中心在中焦脾胃。因"阳明为水谷之海，太阴为湿土之脏"，故"湿热病属阳明太阴经者居多"。如章虚谷所言"胃为戊土属阳，脾为己土属阴，湿土之气同类相召，故湿热之邪始虽外受，终归脾胃也"。湿热病的病理转化与患者体质差异有关，如"中气实则病在阳明，中气虚则病在太阴"的不同。

（4）湿热病的正局与变局：湿热病正局的见证是条文所列六种症状，为湿热病邪困阻中焦脾胃所致的主要见证。变局则是指湿热病传变过程中所出现的兼证如耳聋、干呕、发厥、发痉等症状，是因湿热内郁，郁而化火，充斥肆逆表里上下，可窜及少阳或厥阴，致胆火上逆则耳聋、干呕，引动肝风则发痉，内陷心包而发厥。

（5）湿热病与伤寒、温病的区别：薛氏在自注中阐明了湿热病表证与伤寒表证的不同，认为湿热病的表证“乃太阴阳明之表，而非太阳之表”，即太阴阳明之表，为四肢、肌肉与胸中，故湿热病初起必见四肢倦怠，肌肉烦疼，胸痞等邪阻中焦脾胃病变。伤寒表证为太阳之表，即寒邪束表，表现为恶寒、发热、无汗、头痛等太阳表寒证。湿热病与伏气温病的春温的区别是：湿热病为太阴阳病同病，春温为少阴太阳同病，临床表现明显不同。故薛氏说：“要之湿热之病，不独与伤寒不同，且与温病大异。”其意义是通过寒、温、湿辨异，使湿热病自成体系。

一、邪在卫表

【原文】2.湿热证，恶寒无汗，身重头痛，湿在表分。宜藿香、香薷、羌活、苍术皮、薄荷、牛蒡子等味。头不痛者，去羌活。（2）

自注：身重恶寒，湿遏卫阳之表证。头痛必挟风邪，故加羌活，不独胜湿，且以祛风。此条乃阴湿[1]伤表之候。

【词解】[1] 阴湿：湿邪伤表，尚未化热之候。

【提要】阴湿伤表证治。

【释评】本条为湿热病初起，阴湿伤表，尚未化热之象。湿邪侵袭肌表，困阻阳气，卫阳不能温分肉，故恶寒。腠理开合失常，故无汗。湿性重着，客于肌腠故身重。湿邪困阻，清阳不升，故头痛。湿未化热，病在卫表，属湿重于热，故重在治湿，宜用芳香辛散之品，宣化湿邪。药用藿香、香薷、苍术皮芳香辛散、透表化湿，薄荷、牛蒡子宣卫透表，羌活祛风胜湿止痛。湿热病中出现头痛乃挟风邪之征，用羌活祛风胜湿以止痛，故头不痛者可去之，因其为辛温燥烈之品，易助热化燥。章虚谷云：“以其恶寒而不发热，故为阴湿”可参。

【原文】3.湿热证，恶寒发热，身重关节疼痛，湿在肌肉，不为汗解。宜滑石、大豆黄卷、茯苓皮、苍术皮、藿香叶、鲜荷叶、白通草、桔梗等味。不恶寒者，去苍术皮。（3）

自注：此条外候与上条同，唯汗出独异。更加关节疼痛，乃湿邪初犯阳明之表。而即清胃脘之热者，不欲湿邪之郁热上蒸，而欲湿邪之淡渗下走耳。此乃阳湿[1]伤表之候。

【词解】[1] 阳湿：湿邪伤表而已化热之候。

【提要】阳湿伤表证治。

【释义】阳湿伤表是指湿邪伤表，已经化热。是与上条阴湿伤表相对而言的。湿邪伤表，阻遏卫阳不得宣泄，故恶寒发热；湿性重着，阻滞经络关节，故身重关节疼痛；湿已化热，邪热蒸腾，故汗出；湿性浊黏滞，不易速去，故汗出不解。治以祛湿为主，药用滑石、豆卷、通草、荷叶利湿泄热，藿香、苍术等芳香宣化表湿，茯苓皮淡渗利湿，桔梗宣肺以利湿化。湿已化热，故不宜使用辛温燥烈的香薷、羌活等，以防生变；卫表郁闭不甚而不恶寒者，则去辛温苦燥之苍术。

薛氏以汗之有无来区别阴湿与阳湿，故云：“此条外候与上条同，唯汗出独异”，阴湿者无汗，阳湿者有汗。章虚谷云：“以其恶寒少而发热多，故为阳湿也”。章氏以恶寒与发热的多少来区别之，但临床应灵活看待，因“阴湿”虽湿未化热，亦非绝对不发热，而“阳湿”表证，恶寒较甚者亦非罕见。一般可认为，无热无汗是阴湿伤表，有热有汗是阳湿伤表。但亦应全面分析，衡量阴与阳的孰多孰少。

【原文】4.湿热证，胸痞发热，肌肉微疼，始终无汗者，腠理暑邪内闭。宜六一散一两，薄荷叶三四分，泡汤调下即汗解。(21)

自注：湿病发汗，昔贤有禁。此不微汗之，病必不除。盖既有不可汗之大戒，复有得汗始解之治法，临证者知所变通矣。

【提要】暑湿郁表证治。

【释评】暑湿郁于肌表，腠理闭塞，故无汗；正邪交争，故发热；湿热阻滞，气机不畅，故胸痞；湿已化热，卫阳郁闭闭甚，故肌肉微疼。治用六一散清暑利湿，薄荷解表透邪，投药后湿开热退，气机通畅，腠理开泄而汗出，郁于肌表之邪随汗而解。章虚谷云：此证属“暑湿闭于腠理”，又强调了“滑石利毛窍”的作用，提出湿病并非一概禁汗，所云极是。但本证邪郁不甚，故以微汗为佳。

本证煎服法强调泡汤调服，目的在于薄荷芳香辛散不宜久煎，泡汤调服可保持药性以轻清宣透邪气之用。

二、邪在气分

（一）邪在上焦

【原文】5.湿热证，咳嗽昼夜不安，甚至喘不得眠者，暑邪入于肺络，宜葶苈、枇杷叶、六一散等味。(18)

自注：人但知暑伤肺气则肺虚，而不知暑滞肺络则肺实。葶苈引滑石，直泻肺邪则病自除。

【提要】暑湿伤肺，邪滞肺络证治。

【释评】本条薛氏所说“暑邪入于肺络”实为暑湿之邪犯肺络。暑湿伤肺，滞于肺络，致肺气肃降失常，肺气壅塞而则气逆于上，则咳嗽频作，昼夜不安。治宜清暑利湿，降气止咳平喘。药用葶苈泻肺行水平喘咳，枇杷叶清肺降气止咳，六一散清暑利湿，暑湿一解，肺气肃降，咳喘自平。

薛氏所云暑伤肺气之虚喘与暑滞肺络之实喘，证候有虚实之别，病因亦有性质区别。前者为暑热之邪，升散开泄，耗伤津气；后者为暑湿病邪，黏腻郁滞，壅阻肺气。除薛氏所云症状外，尚可见面垢，口渴不欲饮，苔厚腻，脉濡软而数，两寸有力等症。

【原文】6.湿热证，初起壮热口渴，脘闷懊忱，眼欲闭，时谵语，浊邪蒙闭上焦。宜涌泄，用枳壳、桔梗、淡豆豉、生山栀，无汗者加葛根。(31)

自注：此与第九条宜参看，彼属余邪，法当轻散；此则浊邪蒙闭上焦，故懊忱脘闷。眼欲闭者，肺气不舒也。时谵语者，邪郁心包也。若投轻剂，病必不除。《经》曰：“高者越之”。用栀豉汤涌泄之剂，引胃脘之阳而开心胸之表，邪从吐散。

【提要】湿热浊邪蒙闭上焦气分证治。

【释评】湿热证初起壮热口渴，为邪在气分，热邪炽盛所致。湿热之邪蒙闭上焦，致胸隔气机不得宣畅，故胸闷懊忱；上焦湿热浊邪蕴蒸，蒙蔽清阳，扰及心神，故眼欲闭而时谵语，属轻度的神志异常，与湿热化燥、热入心包之神昏谵语不同，也与湿热酿痰蒙蔽心包之神志昏蒙、时清时昧有轻重之别。本证属湿热浊邪蒙闭上焦，治当轻清宣气以透邪外出。药用故以生山栀、淡豆豉、枳壳、桔梗轻清宣气，轻开上焦之气，气机调畅，气化则湿亦化。

本条文中薛氏所云：治“宜涌泄”，只是沿用前人认为栀子豉汤为涌泄剂之说。实际上栀子豉汤本无涌泄之功，此处似应理解为轻清宣上焦胸膈郁热。

【原文】7.湿热证，初起即胸闷不知人，瞀乱[1]大叫痛，湿热阻闭中上二焦。宜草果、槟榔、鲜菖蒲、芫荽、六一散各重用，或加皂角，地浆水[2]煎。(14)

自注：此条乃湿热俱盛之候。而去湿药多清热药少者，以病邪初起即闭，不得不以辛通开闭为急务，不欲以寒凉凝滞气机也。

【词解】

[1] 瞀乱：瞀，视物不明，甚至昏蒙。瞀乱：视物不明，心中闷乱，甚至神志昏蒙。

[2] 地浆水：将新汲水倒入约三尺深的黄土坑，挨其沉淀后，取清液用，有清暑解毒之效。

【提要】湿热阻闭中上二焦证治。

【释评】湿热秽浊之邪阻闭上中二焦，机窍逆乱，气机闭塞而出现胸闷不知人，瞀乱大叫痛。此证似指俗称“发痧”。发病急，病情重，故当“辛通开闭为急务”。药取辛开理气化湿，芳香辟秽解毒为治，用草果、槟榔苦温燥湿，辛开理气，菖蒲、芫荽芳香化浊辟秽，六一散泄热利湿，皂角、地浆水解毒辟秽。临床治此痧证也多用藿香正气水，十滴水等中成药，或以刮痧法，针刺法急求。

（二）邪在中焦

【原文】8.湿热证，寒热如疟，湿热阻遏膜原，宜柴胡、厚朴、槟榔、草果、藿香、苍术、半夏、干菖蒲、六一散等味。(8)

自注：疟由暑热内伏，秋凉外束而成。若夏月腠理大开，毛窍疏通，安得成疟。而寒热有定期，如疟证发作者，以膜原为阳明之半表半里，湿热阻遏，则营卫气争，证虽如疟，不得与疟同治，故仿又可达原饮之例。盖一由外凉束，一由内湿阻也。

【提要】湿热阻遏膜原证治

【释评】湿热秽浊之邪伏于半表半里之膜原，阻遏气机，枢机不利，症见寒热如疟，即寒热交替或寒热起伏，而不似疟之寒热发有定期，可伴见脘腹满闷，舌苔白腻甚或满布垢浊，或如积粉等湿浊内盛的征象。治以疏利透达膜原湿浊，药用柴胡和解膜原之枢机，透达外邪；厚朴、槟榔、草果辛通苦燥，直达膜原，开泄透达盘踞膜原之湿浊；半夏燥湿降气，苍术燥湿健脾，藿香、菖蒲芳化湿浊，六一散清利湿热。

在原文大纲自注中指出：“膜原者，外通肌肉，内近胃腑，即三焦之门户。实一身之半表半里也”，此处说：“膜原为阳明之半表半里”，意在明确此证既非阳明里证，又与少阳之半表半里证不尽相同。少阳之半表半里是指伤寒之邪传里化热而在足少阳，膜原之半表里是指湿遏热伏之病，而近于中焦。

自注中提出本证与疟疾的鉴别，当细斟酌，临证时应从病因、病机、治法以及用药方面全面分析，加以区别。

【原文】9.湿热证，舌遍体白，口渴，湿滞阳明，宜用辛开[1]，如厚朴、草果、半夏、干菖蒲等味。(12)

自注：此湿邪极盛之候。口渴乃液不上升，非有热也。辛泄太过即可变而为热，而此时湿邪尚未蕴热，故重用辛开，使上焦得通津液得下也。

【词解】[1] 辛开：即后文所谓“辛泄”，用辛燥之品，燥能祛湿，湿化则气机得开，辛可理气，气机得畅，又可以助湿邪之化。

【提要】湿邪困阻中焦而尚未化热证治。

【释评】湿邪极盛，阻滞中焦脾胃，尚未化热，故舌遍体白，即舌苔白腻，满布舌面；湿邪内阻，脾气不升，津不上升，故口渴，内有湿浊，故渴而不欲饮；本证临床表现，还可有脘痞、腹胀、呕恶等湿阻脾胃症状。因湿邪尚未化热，故治宜“辛开”理气，以燥化中焦脾胃之湿浊。药用厚朴、草果、半夏、干菖蒲等辛开理气，苦温燥湿，湿化则气机得开，气机得畅，又可以助湿邪之化，湿化气畅，津液得以上输下布。

自注中所谓“辛泄”即“辛开”。“辛泄太过即可变而为热”，因本证用药皆为辛散温燥之品，有助热之弊，故临证时应如杨照藜云：“湿盛热微之证，初起原可暂用此等药开之。一见湿开热化，便即转为清热，若执此为常用之法则误矣”，当引以为鉴。

【原文】10.湿热证，初起发热，汗出胸痞，口渴舌白，湿伏中焦。宜藿梗、蔻仁、杏仁、枳壳、桔梗、郁金、苍术、厚朴、草果、半夏、干菖蒲、佩兰叶、六一散等味。(10)

自注：浊邪上干则胸闷，胃液不升则口渴。病在中焦气分，故多开中焦气分之药。此条多有挟食者，其舌根见黄色，宜加瓜蒌、楂肉、莱菔子。

【提要】湿热伏于中焦，湿重于热证治。

【释评】本条所列证候为“初起发热，汗出胸痞，口渴舌白”，而无恶寒，说明邪已不在表，而是已入气分，内阻于中焦。湿热交结，热蒸湿动，故发热汗出，湿性黏滞难化，故汗出而热不除；湿浊上干，肺气不宣则胸痞；湿阻中焦，津液不得上布则口渴，即“胃液不升则口渴”，但多为渴不欲饮；湿重于热，故舌苔白滑、白腻；本证为湿热伏于中焦，湿已化热，湿重于热，故治以芳香辛苦温化湿为主，佐以清热。药用杏仁、桔梗、枳壳轻宣上焦肺气，“气化则湿亦化”；藿香、佩兰、菖蒲、蔻仁芳香化湿，运脾畅中；郁金辛散苦泄性寒，可行气，清利湿热；苍术、厚朴、草果、半夏辛苦温以燥湿运脾；六一散淡渗清热利湿。诸药合用，宣通三焦，使湿热上下分消，气化湿去热清，诸症自除。

本条宣湿、化湿、燥湿、渗湿四法体现了薛氏宣通三焦治湿的基本大法，对临床颇具指导意义。但本证“病在中焦气分”，“故多开中焦气分之药。”

【原文】11.湿热证，舌根白，舌尖红，湿渐化热，余湿犹滞。宜辛泄佐清热，如蔻仁、半夏、干菖蒲、大豆黄卷、连翘、绿豆衣、六一散等味。(13)

自注：此湿热参半之证。而燥湿之中，即佐清热者，亦所以存阳明之液也。上二条凭验舌以投剂，为临证时要诀。盖舌为心之外候，浊邪上熏心肺，舌苔因而转移。

【提要】湿渐化热，余湿犹滞证治。

【释评】湿热证，舌根白为余湿犹滞（湿邪未尽）之征，舌尖红为湿渐化热之象，因舌苔白而未见黄，说明热势尚不甚，实际上仍属湿重热轻之证。临床尚可见到胸痞、口渴、口苦或发热汗出不解，甚或小便短赤，脉濡数等症。治宜“辛泄佐清热”，即“燥湿之中，即佐清热”。药用蔻仁、半夏、菖蒲芳香辛散，运脾和胃化湿，连翘、绿豆衣清泄热邪，大豆黄卷、六一散清热利湿。共奏化湿与清热之功，祛湿而不助热，清热而不碍湿，湿热俱解。邪去则阴液存，即薛氏自注云：“即佐清热者，亦所以存阳明之液也”，

薛氏认为“凭验舌以投剂，为临证时要诀”，强调验舌在诊察湿热病时的重要性，如条文（12）、（10）、（13）同属中焦湿热而湿重于热，通过舌诊（即分别为舌遍体白，舌白及舌根白、舌尖红，）来判定湿与热的偏胜程度。

【原文】12.湿热证，壮热口渴，自汗，身重，胸痞，脉洪大而长者，此太阴之湿与阳明之热相合。宜白虎加苍术汤(37)

自注：热渴自汗，阳明之热也；胸痞身重，太阴之湿兼见矣。脉洪大而长，知湿热滞于阳明之

经，故用苍术白虎汤以清热散湿，然乃热多湿少之候。白虎汤仲景用以清阳明无形之燥热也，胃汁枯涸者，加人参以生津，名曰白虎加人参汤；身中素有痹气[1]者，加桂枝以通络；热渴、汗泄、肢节烦疼者，亦用白虎加桂枝汤；胸痞身重兼见，则于白虎汤加入苍术以理太阴之湿；寒热往来兼集，则于白虎汤加入苍术以理太阴之湿；寒热往来兼集，则于白虎汤中加入柴胡，以散半表半里之邪。凡此皆热盛阳明，他证兼见，故用白虎清热，而复各随证以加减。苟非热渴汗泄，脉洪大者，白虎便不可投。辨证察脉，最宜详审也。

【词解】[1] 痹气："痹气"源自《素问・逆调论》，指阳气虚，内寒盛，使营卫之气失调，血行不畅，而致气血闭阻不通的病机。

【提要】热重湿轻证治。

【释义】所谓"太阴之湿与阳明之热相合"，即阳明热盛兼太阴脾湿，阳明热盛，里热蒸迫，故壮热口渴、自汗、脉洪大而长；湿阻太阴，身重胸痞，乃热重湿轻之证。故治以清热为主兼以化湿，药用石膏辛寒，清阳明胃热，知母苦寒性润，清热滋阴，甘草调和诸药，粳米益气和中，佐以苍术辛香苦燥，燥太阴之湿，方简效宏。

薛氏自注中提出"凡此皆热盛阳明，他证兼见，故用白虎清热，而复各随证以加减"，强调临证时应灵活运用，并详细列举了白虎汤之加减变化，如阳明热盛而津气两虚者用白虎加人参汤；阳明热盛而兼见骨节烦疼（经脉痹阻）者用白虎加桂枝汤；阳明热盛而兼见寒热往来者白虎加柴胡汤，皆颇适临床。

（三）邪在下焦

【原文】13.湿热证，数日后自利，溺赤，口渴，湿流下焦，宜滑石、猪苓、茯苓、泽泻、萆薢、通草等味。（11）

自注：下焦属阴，太阴所司[1]。阴道虚故自利[2]，化源滞则溺赤，脾不转津则口渴。总由太阴湿盛故也。湿滞下焦，故独以分利为治，然兼证口渴胸痞，须佐入桔梗、杏仁、大豆黄卷开泄中上，源清则流自洁[3]，不可不知。

湿热之邪不自表而入，故无表里可分，而未尝无三焦可辨，犹之河间治消渴亦分三焦者是也。夫热为天之气，湿为地之气，热得湿而愈炽，湿得热而愈横。湿热两分，其病轻而缓，湿热两合，其病重而速。湿多热少则蒙上流下，当三焦分治，湿热俱多则下闭上壅而三焦俱困矣。犹之伤寒门二阳合病、三阳合病也。盖太阴湿化、三焦火化，有湿无热只能蒙蔽清阳，或阻于上，或阻于中，或阻于下，若湿热一合则身中少火悉化为壮火，而三焦相火有不起而为虐者哉？所以上下充斥，内外煎熬，最为酷烈。兼之木火同气，表里分司，再引肝风，痉厥立至。胃中津液几何，其能供此交征乎？至其所以必属阳明者，以阳明为水谷之海，鼻食气，口食味，悉归阳明。邪从口鼻而入，则阳明为必由之路。其始也，邪入阳明，早已先伤其胃液，其继邪盛三焦，更欲资取于胃液，则阳明为必由之路。其始也，邪入阳明，早已先伤其胃液，其继邪盛三焦，更欲资取于胃液，司命者可不为阳明顾虑哉？

【词解】

[1] 下焦属阴，太阴所司：乃指位于下焦的大小肠，膀胱与太阴脾在生理病理上密切相关。

[2] 阴道虚故自利："阴道虚"并非指虚证，是指肠道功能失司，湿胜则濡泄。

[3] 源清则流自洁：是指肺为水之上源，宣其上源有助于下焦水道通利。

【提要】湿流下焦，泌别失职证治。

【释评】湿流下焦即中焦湿热之邪流注下焦，引起大肠传导失司，小肠泌别失职，膀胱气化失司所致。湿困中焦，脾气不升，津不上承故口渴；湿热阻于大肠，传导失司，"湿胜濡泄"，故大便下利，“阴道虚故自利”；湿热流下，小肠泌别失职，膀胱气化失司，故小便赤涩。“湿热两分，其病轻而缓，湿热两合，其病重而速。”“故独以分利为治”，即治当分利湿邪为要，宜淡渗利湿，分利湿热。猪苓、茯苓、泽泻淡渗利水；滑石、萆薢、通草清热利湿，因势利导，导湿热从小便而去，湿热一解，诸症自消，即所谓“治湿不利小便，非其治也”，“利小便所以实大便”。如兼胸痞者，须佐入桔梗、杏仁、大豆黄卷开宣上焦以利下焦水道通利，即“开泄中上，源清则流自洁”。

自注中“湿热之邪不自表而入，故无表里之分”是说湿热病初起即为里证，甚少单纯的表证。对于湿热证可从三焦辨治，“湿多热少可蒙上流下”，分阻于上、中、下三焦，“湿热俱多则下闭上壅而三焦俱困矣”，故薛氏指出，湿热病“未尝无三焦可辨”，临证时当采用三焦分治之法。

【原文】14.湿热证，四五日，忽大汗出，手足冷，脉细如丝或绝，口渴，茎痛，而起坐自如，神清语亮。乃汗出过多，卫外之阳暂亡，湿热之邪仍结，一时表里不通，脉故伏，非真阳外脱也，宜五苓散去术加滑石、酒炒川连、生地、芪皮等味。（29）

自注：此条脉症，全似亡阳之候，独于举动神气得其真情，噫！此医之所以贵识见也。

【提要】湿热蕴阻下焦，卫阳暂亡证治。

【释评】本证为湿热蕴阻下焦，一时表里阳气不通，又因汗出过多，其随津泄，致肌表阳气随汗外邪太过所引起。“忽大汗出，手足冷，脉细如丝或绝”，似阴盛阳亡之象，但望其神气“今起坐自如，神清语亮”，而非真正阴盛阳亡证，当见神疲倦卧，欲寐郑声，此为在里之阳气一时未达于肌表之卫阳暂亡之象。湿热结于下焦，故茎痛；汗出过多，阴液耗伤，故口渴。药用五苓散去术利水渗湿，滑石清利湿热，酒炒川连清热燥湿，生地清热养阴生津、芪皮益气固表。共奏清利湿热，固表养阴之功。

“卫阳暂亡”是指因汗出过多，肌表阳气一时发泄太过而呈短暂衰亡之象。对于卫阳暂亡的治疗，王孟英云：“以四苓加滑石导湿下行，川连、生地清火救阴，耆皮固其卫气，用法颇极周密”。王氏所云与薛氏所论甚合。

三、邪入营血

【原文】15.湿热证，壮热口渴，舌黄或焦红，发痉，神昏谵语或笑，邪灼心包，营血已耗。宜犀角、羚羊角、连翘、生地、玄参、钩藤、银花露、鲜菖蒲、至宝丹等味。（5）

自注：上条言痉，此条言厥。温暑之邪本伤阳气，及至热极逼入营阴，则津液耗而阴亦病；心包受灼，神识昏乱。用药以清热救阴，泄邪平肝为务。

【提要】湿热化燥，内陷厥阴，气营两燔证治。

【释评】气分湿热郁蒸不解，化燥化火，里热亢盛，故见壮热，舌黄；热盛津伤，故口渴；邪热由气入营，劫灼营阴则见舌焦红；邪热内陷厥阴，内闭心包，扰乱神明，故神昏谵语或笑，发痉为邪热引动肝风，综观本证，为气营两燔之候。故用银花露、连翘清解气分邪热；犀角、生地、元参清心凉营，滋养阴液；羚羊角、钩藤泄热平肝，息风解痉；至宝丹、鲜菖蒲芳香开窍，解毒醒神。

自注云“此条言厥”，当指热闭心包而昏厥者。对薛氏自注中“温暑之邪本伤阳气”，王孟英谓：“邪之初感，必先干阳分而伤气也”，作了较为恰当的解释。因卫气营血按阴阳属性来分，卫气属阳，营血属阴。湿热之邪初起多先犯卫气分而伤阳分，一旦化燥入营动血则伤及阴分。

【原文】16.湿热证，壮热烦渴，舌焦红或缩。斑疹，胸痞，自利，神昏痉厥，热邪充斥表里三焦。宜大剂犀角、羚羊角、生地、玄参、银花露、紫草、方诸水[1]、金汁、鲜菖蒲等味。（7）

自注：此条乃痉厥中之最重者，上为胸闷，下挟热利，斑疹痉厥，阴阳告困。独清阳明之热，救阳明之液为急务者，恐胃液不存，其人自焚而死也。

【词解】[1] 方诸水：即“明水”，其制作方法为以大蚌磨之令热，向月取之，或入冰片二分，便可得水。性甘寒无毒，具有明目定心、止渴除烦之功效。

【提要】湿热化燥，热邪充斥表里三焦，燔灼气血证治。

【释评】本证乃热邪充斥表里三焦，燔灼气血所致。湿热化燥化火，热炽气分，故壮热烦渴；热燔血分，灼伤血络，故舌焦红或缩，皮肤透发斑疹；里热充斥于上则胸痞，下迫大肠则自利”；窜入手足厥阴则见神昏痉厥，如自注云：“此条乃痉厥中最重者”。故急需凉血解毒，清热养阴，开窍息风。犀角、紫草清热凉血，解毒透疹；银花、金汁清热解毒；生地、玄参凉血滋阴；羚羊角凉肝息风止痉，方诸水清热止渴除烦，菖蒲化痰开窍。

对于方诸水的应用，王孟英云认为：“方诸水俗以蚌水代之，腥浊已甚，宜用竹沥为妙”。竹沥，苦甘寒，归心肺肝经，具有清热化痰、清心定惊的作用，对于痰热蒙蔽心包而致神昏，可配合使用，临证时可参考。

薛氏自注云：“独清阳明之热，救阳明之液为急务者，恐胃液不存，其人自焚而死也”。说明本证清热为第一要务，清热以救阴，存得一分阴液，便有一分生机。

【原文】17.湿热证，上下失血或汗血，毒邪深入营分，走窜欲泄。宜大剂犀角、生地、赤芍、丹皮、连翘、紫草、茜根、银花等味。（33）

自注：热逼而上下失血、汗血[1]，势极危而犹不即坏者，以毒从血出，生机在是。大进凉血解毒之剂，以救阴而泄邪，邪解而血自止矣。血止后，须进参、芪善后乃得。汗血即张氏所谓肌衄也。《内经》谓“热淫于内，治以咸寒”，方中当增入咸寒之味。

【词解】[1] 汗血：又名肌衄，指表络伤而血从肌肤而出。

【提要】湿热化燥，热盛动血证治。

【释评】本证是由于湿热化燥，热盛动血，迫血外溢所致。阳络伤则血从上溢为吐血，衄血；阴络伤则血下溢，为便血、溺血；表络伤则血从肌肤而出，为汗血，即肌衄。上述出血薛氏认为是“毒邪深入营分，走窜欲泄。”即热邪极盛，迫血妄行所致，故曰：“势极危”。治宜清热解毒，凉血散瘀为主。药用犀角地黄汤清热凉血散瘀，银花、连翘、紫草清热解毒，茜草凉血止血化瘀。

本证的治疗，薛氏在自注中提出：“大进凉血解毒之剂，以救阴而泄邪，邪解而血自止矣”，强调本证不可“见血止血”，而应凉血解毒散瘀为主，邪祛而出血自止，此为治疗热盛动血之要领。薛氏又提出“血止后，须进参、芪善后”。不可一概而论。血止后是否用参、芪，需辨证后决断，如出血后，气随血耗而致气不足者，可用参、芪治之，但若血止后而热邪未尽或虚热内生，则不可妄投，用之则助热伤阴。因出血过多必伤阴，自注提出：“《内经》谓‘热淫于内，治以咸寒，’方中当增入咸寒之味，”。咸味入肾，咸寒可清热养阴，如玄参、知母、阿胶之类可选择使用。

王孟英云：“丹皮虽凉血而气香走泄能发汗，唯血热而瘀者宜之”。王氏提出丹皮适于血热有瘀者，正合病机。

【原文】18.湿热证，经水适来，壮热口渴，谵语神昏，胸腹痛，或舌无苔，脉滑数，邪陷营分。宜大剂犀角、紫草、茜根、贯众、连翘、鲜菖蒲、银花露等味。（32）

自注：热入血室，不独妇女，男子亦有之，不第凉血，并须解毒，然必重剂乃可奏功。

【提要】热入血室之证治。

【释评】妇女患湿热病日久，湿热化火，“月经适来”，血室空虚，邪陷营血，热与血结，即“热入血室”证。壮热口渴，舌无苔，为热毒入于血分，口虽渴而必不甚引饮，舌无苔而质必深绛；热毒内陷营血，血行凝滞，瘀热互结，则见胸腹痛，当以少腹部疼痛为明显；心主血藏神，热邪入血，扰乱心神，则神昏谵语。邪陷营分，故薛氏指出治疗“不第凉血，并须解毒，然必重剂乃可奏功。”，治宜凉血化瘀，解毒开窍。药用犀角、紫草、贯众凉血解毒；银花露、连翘清热解毒；茜根凉血化瘀，鲜菖蒲辟秽开窍。

薛生白提出热入血室男子亦有之，此说仅供参考。一般认为热入血室的发生与月经来潮有关。

四、变证

（一）湿热致痉

【原文】19.湿热证，三四日即口噤，四肢牵引拘急，甚则角弓反张，此湿热侵入经络脉遂中。宜鲜地龙、秦艽、威灵仙、滑石、苍耳子、丝瓜藤、海风藤、酒炒黄连等味。（4）

自注：此条乃湿邪挟风者。风为木之气，风动则木张，乘入阳明之络则口噤，走窜太阴之经则拘挛，故药不独胜湿，重用息风，一则风药能胜湿，一则风药能疏肝也。选用地龙、诸藤者，欲其宣通脉络耳。

或问仲景治痉原有桂枝加栝蒌根及葛根汤两方，岂宜于古而不宜于今耶？今之痉者与厥相连，仲景不言及厥，岂《金匮》有遗文耶？余曰：非也。药因病用，病源既异，治法自殊。伤寒之痉自外来，证属太阳，治以散外邪为主；湿热之痉自内出，波及太阳，治以息内风为主。盖三焦与肝同司相火，中焦湿热不解，则热盛于里而少火悉成壮火，火动则风生而筋挛脉急，风煽则火炽而识乱神迷。身中之气随风火上炎而有升无降，常度尽失，由是而形若尸厥。正《内经》所谓：“血之与气，并走于上，则为暴厥”者是也。外窜经脉则成痉，内侵膻中则为厥。痉厥并见，正气犹存一线，则气复反而生。胃津不克支持，则厥不回而死矣。所以痉与厥往往相连，伤寒之痉自外来者，安有是哉？

暑月痉证与霍乱同出一源，风自火生，火随风转，乘入阳明则呕，贼及太阴则泻，是名霍乱；窜入筋中则挛急，流入脉络则反张，是名痉。但痉证多厥，霍乱少厥。盖痉证风火闭郁，郁则邪势愈甚，不免逼乱神明，故多厥；霍乱风火外泄，泄则邪热外解。不至循经而走，故少厥。此痉与霍乱之分别也。然痉证邪滞三焦，三焦乃火化，风得火而愈煽，则逼入膻中而暴厥；霍乱邪走脾胃，脾胃乃湿化，邪由湿而停留，则淫乃诸经而拘挛。火郁则厥，火窜则挛。又痉与厥之遗祸也，痉之挛结乃湿热生风，霍乱之转筋乃风来胜湿。痉则由经及脏而厥，霍乱则由脏及经而挛，总由湿热与风淆乱清浊、升降失常之故。夫湿多热少，则风入土中而霍乱，热多湿少，则风乘三焦而痉厥。厥而不返者死，胃液干枯，火邪盘踞也；转筋入腹者死，胃液内涸，风邪独劲也。然则胃中之津液所关顾不钜哉？厥证用辛，开泄胸中无形之邪也；干霍乱用探吐，泄胃中有形之滞也。然泄邪而胃液不上升者，热邪愈炽；探吐而胃液不四布者，风邪更张，终成死候，不可不知。

【提要】湿热挟风，乘袭经脉，而致痉证治。

【释评】阳明经脉夹口环唇，湿邪挟风之邪侵袭阳明经脉之经则口噤；脾主四肢，湿邪走窜太阴经脉，则四肢牵引拘急，甚则角弓反张。治宜祛风清热胜湿，舒筋通络，药用秦艽、威灵仙、苍耳子祛风胜湿，地龙、丝瓜藤、海风藤舒筋通络，滑石、黄连利湿清热。

本证之痉治疗薛氏提出：“一则风药能胜湿，一则风药能疏肝也”。强调重用祛风湿药，因其是由湿热挟风，侵犯脾胃经脉所致，其发生于患病三、四日，属病之初期，并非化火化燥引起肝风内动之征。

自注提出了两则鉴别诊断：一则论伤寒之痉与湿热之痉有别，二则论霍乱与暑月痉证同源而症有异，当认真体会。薛氏还以“火窜则挛，火郁则厥”高度概括了痉厥发生的不同机理，颇有见地。

【原文】20.湿热证，发痉，神昏笑妄，脉洪数有力，开泄不效者，湿热蕴结胸膈，宜仿凉膈散；若大便数日不通者，热邪闭结肠胃，宜仿承气微下之例。（6）

自注：此条乃阳明实热，或上结或下结。清热泄邪只能散络中流走之热，而不能除肠中蕴结之邪，故阳明之邪仍假[1]阳明为出路也。

【词解】[1] 假：凭借。

【提要】湿热化燥，阳明里结而发痉厥证治。

【释义】本证发痉、神昏笑妄、大便数日不通为湿热化燥，阳明里结，波及厥阴所致。虽发痉、神昏，似热邪内陷手足厥阴之证，但脉洪数有力，而非见脉细数，且舌无红降，说明其证不属于邪入厥阴，故用用安宫牛黄丸、至宝丹等清心开窍之剂无效，即薛氏云“开泄不效”。治疗上根据里结部位不同，治法也有所区别。如阳明实热，或上结，“蕴结胸膈，宜仿凉膈散”，清泄膈热；或下结，“热邪闭结肠胃，宜仿承气微下”，釜底抽薪，以通腑泄热。

【原文】21.湿热证，发痉撮空，神昏笑妄，舌苔干黄起刺或转黑色，大便不通者，热邪闭结胃腑。宜用承气汤下之。（36）

自注：撮空一证，昔贤谓非大实即大虚，虚则神明涣散，将有脱绝之虞，实则神明被逼，故多撩乱之象。今舌苔黄刺干涩，大便闭而不通，其为热邪内结阳明，腑热显然矣。徒事清热泄邪，止能散络中流走之热，不能除胃中蕴结之邪，故假承气以通地道[1]，然舌不干黄起刺者，不可投也。承气用硝、黄，所以逐阳明之燥火实热，原非湿邪内滞者所宜用。然胃中津液为热所耗，甚至撮空撩乱，舌苔干黄起刺，此时胃热极盛，胃津告竭，湿火转成燥火，故用承气以攻下，承气者所以承接未亡之阴气于一线也。湿温病至此，亦危矣哉。

【词解】[1] 地道：“地道”源自《素问.上古天真论》：“女子……地道不通。”是指经水绝止，与本条自注所指不同。此处意为谷道。

【提要】湿热化燥，热结阳明而发痉撮空证治。

【释义】本条与（6）条之证情、病机相似，均为阳明热结，窜及厥阴心包、肝经而发神昏、发痉。但病情相较之要重，出现撮空。撮空一症，其表现为神志迷糊时两手无意识地抓空而动。薛氏提出引起此症状机理为“非大实即大虚”，大虚之证是元气将脱，神明涣散所致；大实之证为腑实邪热扰于厥阴所致。本证属后者。舌苔干黄起刺或转黑色，大便不通为阳明热邪内结，津液耗伤之征象。治疗应攻下热结，以存阴液。故用承气汤通腑泄热，急下存津。若邪热已深入手足厥阴，须配安宫牛黄丸、紫雪、至宝丹、羚角钩藤汤等以清心开窍，凉肝息风；若阴津亏耗较甚者，可配养阴生津之品以滋阴增液攻下。

【原文】22.湿热证，口渴，舌黄起刺，脉弦缓，囊缩舌鞕[1]，谵语昏不知人，两手搐搦，津枯邪滞。宜鲜生地、芦根、生首乌、鲜稻根等味。若脉有力，大便不通，大黄亦可加入。（35）

自注：胃津劫夺，热邪内踞，非润下以泄邪，则不能达，故仿承气之例，以甘凉易苦寒，正恐胃气受伤，胃津不复也。

【词解】[1] 鞕（ying，音硬）：通“硬”。

【提要】湿热化燥，热结阴伤而痉厥证治。

【释评】症见口渴，苔黄起刺，为阳明腑实，阴液耗伤所致；神昏谵语，为邪热扰乱心神的表现；脉弦，囊缩舌鞕，搐搦，为热盛引动肝风之征象。本证主要为“津枯邪滞”，即阳明热结，劫灼阴液，津液枯涸，邪热留滞。药用鲜生地、生首乌、芦根、鲜稻根滋养阴液，润下泄热，以达“增水行舟”。若腑实较甚者，加大黄通腑泄热。

薛氏自注中指出："胃津劫夺，热邪内踞，非润下以泄邪，则不能达"，故治疗"仿承气之例，以甘凉易苦寒"，因恐苦寒伤胃气，不利于阴液的恢复。但综合本症见症来看，阳明热结甚，已引动肝风，仅用甘凉病重药轻，很难达到满意的治疗效果。故临证时，不可拘泥一格，须灵活加减运用。如阳明腑实甚者，可加大黄、芒硝；如热盛动风者，可加石膏、知母、羚角、钩藤。

【原文】23.湿热证，数日后，汗出热不除，或痉，忽头痛不止者，营液大亏，厥阴风火上升，宜羚羊角、蔓荆子、钩藤、元参、生地、女贞子等味。（20）

自注：湿热伤营，肝风上逆，血不荣筋而痉，上升巅顶则头痛，热气已退，木气独张，故痉而不厥。投剂以息风为标，养阴为本。

【提要】湿热化燥，营阴耗伤，肝风上逆证治。

【释评】湿热蕴蒸于里，湿性黏滞，故汗出而热不除；湿热化燥伤营，阴亏筋脉失养，肝风横窜经络则发痉，风阳上干清空则头痛不止。薛氏云"热气已退"，故"痉而不厥"非湿热化燥化火，邪热炽盛，引动肝动风所致的实风，乃阴液亏损，筋脉失养，肝风内动所致，属虚中挟实之候。故治疗"以息风为标，养阴为本"，即息风止痉治其标，滋养阴液治其本。药用羚羊角、钩藤凉肝息风止痉，玄参、生地、女贞子滋补阴液，蔓荆子疏风止头痛。

【原文】24.湿热证，发痉神昏，独足冷阴缩[1]。下体外受客寒，仍宜从湿热治，只用辛温之品煎汤熏洗。（30）

自注：阴缩为厥阴之外候，合之足冷，全似虚寒，乃谛观本证，无一属虚，始知寒客下体，一时营气不达，不但证非虚寒，并非上热下寒之可拟也，仍从湿热治之，又何疑耶？

【词解】[1] 阴缩：男女前阴器内缩之症状。

【提要】湿热化燥，热陷厥阴，阳气郁闭证治。

【释评】湿热化燥化火，邪热内陷厥阴，内闭心包则神昏，引动肝风而致发痉。同时出现足冷阴缩，类似阳气虚衰，阴寒内盛之象，薛氏认为足冷阴缩非虚寒之证，亦非上热下寒之证，而是邪热内陷厥阴，阳气郁阻，不能外达所致。

薛氏提出本证治疗 "仍从湿热治之"，并非仍从清热化湿之法论治，而是按湿热化燥，热陷厥阴证辨治，即以清热开窍，凉肝镇痉为主。至于薛氏所说的"辛温之品煎汤熏洗"乃为外治治标之法，有助于阳气外达，可改善足冷阴缩，如用茴香、荔枝核、橘核、吴茱萸等熏洗。

（二）湿热致神情呆顿

【原文】25.湿热证。七八日，口不渴，声不出，与饮食亦不却，默默不语，神识昏迷，进辛开凉泄，芳香逐秽，俱不效。此邪入厥阴，主客浑受[1]。宜仿吴又可三甲散，醉地鳖虫、醋炒鳖甲、土炒穿山甲、生僵蚕、柴胡、桃仁泥等味。（34）

自注：暑热先伤阳分，然病久不解，必及于阴。阴阳两困，气钝血滞而暑湿不得外泄，遂深入厥阴，络脉凝瘀，使一阳不能萌动，生气有降无升，心主阻遏，灵气不通，所以神不清而昏迷默默也。破滞破瘀，斯络脉通而邪得解矣。

【词解】[1] 主客浑受："主客浑受"词出吴又可《温疫论》。"主"，指人体正气，也包括患者的精气亏耗、气滞、血瘀等内在病理基础；"客"指病邪，此指暑湿病邪，"主客浑受"即为暑湿病邪久留，乘精血正气亏耗而深入阴分、血脉之中，与瘀滞之气血互结，胶固难解，而形成络脉凝瘀之病证。

【提要】"深入厥阴，络脉凝瘀"，气血呆滞致神情呆顿证治。

【释评】本证神情呆顿的表现为“默默不语，神识昏迷，”“声不出”，“与饮食亦不却”。湿热侵入机体，先伤卫气分，日久不解，邪逐入里，由阳分伤于阴入营血，致气血呆滞，邪不得外泄而深入厥阴，络脉凝瘀，灵机不运，故成神情呆顿。但“与饮食亦不却”，说明神机犹在，未完全消失。因病系邪入厥阴、络脉凝瘀、气血呆滞、灵机不运所致，并非热闭心包或湿热痰浊蒙蔽之神志失常，故“破滞破瘀”为治，即活血祛瘀，破滞通络。方仿吴又可三甲散加减。药用醉地鳖虫、醋炒鳖甲、土炒穿山甲、桃仁破滞化瘀、活血通络，生僵蚕配穿山甲入络搜邪，柴胡配鳖甲使“阴中之邪尽达于表”。

薛氏对此条论述正如许益斋云：“此条即伤寒门百合病之类；赵以德、张路玉、陶厚堂以为心病。徐忠可以为肺病。本论又出厥阴治法，良以百脉一宗，悉致其病，元气不布，邪气淹留。乃祖仲景法，用异类灵动之物，鳖甲入厥阴，用柴胡引之，俾阴中之邪，尽达于表。地鳖虫入血，用桃仁引之。俾血分之邪，尽泄于下。山甲入络，用僵蚕引之，俾络中之邪，亦从风化而散。缘病久气钝血滞，非拘拘于恒法所能愈也。”

（三）湿热致呕

【原文】26.湿热证，四五日，口大渴，胸闷欲绝，干呕不止，脉细数，舌光如镜，胃液受劫，胆火上冲。宜西瓜汁、金汁、鲜生地汁、甘蔗汁，磨服郁金、木香、香附、乌药等味。(15)

自注：此营阴素亏，木火素旺者。木乘阳明，耗其津液，幸无饮邪，故一清阳明之热，一散少阳之邪。不用煎者，取其气全耳。

【提要】湿热证胃阴大伤，胆火上冲，胃气上逆证治。

【释评】湿热化燥，胃阴受劫，故见口大渴，舌苔如镜，脉细数。胆火上冲，胃气上逆，则干呕不止。肝胆之气上逆，壅塞于胸，故见胸闷欲绝。章虚谷云“舌光无苔，津枯而非浊壅，反胸闷欲绝者，肝胆气上逆也，故以诸汁滋胃液，辛香散逆气”。治宜养胃阴，降逆气。药用西瓜汁、生地汁、甘蔗汁滋养胃阴；郁金、木香、香附、乌药疏利肝胆气机。诸药合用滋阴与行气并施，滋阴而不壅滞，调气而不伤阴。薛氏特别注重各药用法，其作用在于诸“汁”以鲜者更善养阴，诸“香”磨服则行气之力更强。

【原文】27.湿热证，呕吐清水或痰多，湿热内留，木火上逆。宜温胆汤加瓜蒌、碧玉散等味。(16)

自注：此素有痰饮而阳明少阳同病，故一以涤饮，一以降逆。与上条呕同而治异，正当合参。

【提要】痰热内阻，胆火上逆证治。

【释评】湿热证，素有痰饮，湿热内阻，木火上逆，故见呕吐清水或痰多。此属“阳明少阳同病”。临床可伴有口苦、苔黄腻，脉弦滑等见证。治以“一以涤饮，一以降逆”，用温胆汤（半夏、竹茹、枳实、陈皮、甘草、茯苓）化痰涤饮，和胃降逆；配瓜蒌清化痰热，碧玉散（六一散加青黛）清热利湿，清肝胆之热。

自注中云：“上条呕同而治异”，提出上条与本条均见呕吐，但上条中见干呕不止，为“液枯以动肝胆之火，故干呕”，治宜滋阴行气；本条中见呕吐清水或痰多，为“痰饮郁其肝胆之火，故呕水”，治宜涤饮降逆。

【原文】28.湿热证，呕恶不止，昼夜不瘥，欲死者，肺胃不和，胃热移肺，肺不受邪也，宜用川连三四分，苏叶二三分，两味煎汤，呷下即止。(17)

自注：肺胃不和，最易致呕，盖胃热移肺，肺不受邪，还归于胃。必用川连以清湿热，苏叶以通肺胃。投之立愈者，以肺胃之气，非苏叶不能通也，分数轻者，以轻剂恰治上焦之病耳。

【提要】湿热证肺胃不和，胃逆呕恶证治。

【释评】湿热蕴阻于胃，胃失通降，胃气挟湿热上逆犯肺，肺不受邪，还归于胃，致使肺胃不和。此即自注云："胃热移肺，肺不受邪，还归于胃"的病理机制。由于肺胃不和则"呕恶不止，昼夜不瘥"，尚可见到口渴不欲饮，舌苔黄微腻等。治以清化湿热，通降肺胃，用川连清湿热，降胃火，用苏叶通降肺气，而且能泄上逆之火，药仅二味，配伍得当，且分量极轻，对于病邪不重者，投之每获良效。

王孟英此条论述认为："此方药止二味，分不及钱，不但治上焦宜小剂，而轻药竟可以愈重病，所谓轻可去实也。合后条观之，盖气贵流通，而邪气挠之。则周行窒滞，失其清虚灵动之机，反觉实矣。唯剂以轻清，则正气宣布，邪气潜消，而窒滞者自通，设投重药，不但已过病所，病不能去，而无病之地，反先遭其克伐，章氏谓轻剂为吴人质薄而设，殆未明治病之理也。川连不但治湿热，乃苦以降胃火之上冲。苏叶味甘辛，而气芳香，通降顺气，独擅其长，然性温散，故虽与黄连并驾，尚减用分许而节制之，可谓方成知约矣。世人不知诸逆冲上，皆属于火之理，治呕，辄以姜、萸、丁、桂从事者，皆粗工也。"可供参考。

五、类证

湿热证的类证是由于寒湿或暑湿内侵所导致，常见暑病、寒湿和下利等。

（一）暑病

【原文】29.湿热证，湿热伤气，四肢困倦，精神减少[1]，身热气高[2]，心烦溺黄，口渴自汗，脉虚者，用东垣清暑益气汤主治。（38）

自注：同一热渴自汗而脉虚神倦，便是中气受伤而非阳明郁热。清暑益气汤乃东垣所制，方中药味颇多，学者当于临证时斟酌去取可也。

【词解】

[1] 精神减少：指精神委靡不振。

[2] 气高：指呼吸短促。

【提要】暑热夹湿，耗伤津气证治。

【释评】此为湿热未净，津气两虚之候。脾主四肢，脾气虚弱，脾湿不化则四肢困倦。湿热未净，则身热，心烦，溺黄。气高是指呼吸短促，是暑热内蒸，耗伤肺气所致。津气两伤则脉虚，精神减少，口渴自汗。治以补气养阴为主，清化湿热为辅。东垣清暑益气汤益气力强，生津力较弱，并可除湿。对于暑病之以气虚为主，阴虚为次而湿热较轻之证适宜，若湿热病后津气两伤，气虚较著者亦可用之。而对阴伤较甚或余热较盛者则不相宜。本证里热未清，故东垣清暑益气汤用于本证应当加减化裁使用。

从东垣方药物组成来看，此方"有清暑之名，而无清暑之实。"故薛氏认为："方中药味颇多"，在临床运用时应"斟酌去取可也"。如暑热盛无湿，伤津耗气甚者，可用王氏清暑益气汤清暑泄热，益气生津。

【原文】30.暑月热伤元气，气短倦怠，口渴多汗，肺虚而咳者，宜人参、麦冬、五味子等味。（39）

自注：此即千金生脉散也，与第十八条同一肺病，而气粗与气短有分，则肺实与肺虚各异。实则泻而虚则补，一定之理也。然方名生脉，则热伤气之脉虚欲绝可知矣。

【提要】暑伤元气，津气大伤证治。

【释评】暑热虽解，元气亏虚，津伤较甚故气短倦息，口渴；汗多为气虚不能固外所致；咳为肺气虚所致，表现为气短而咳，属肺虚咳喘，与第 18 条之肺实咳喘有虚实之别。除本条所列证候外，临床上还可见到身热骤降，脉虚软或散大，甚或脉虚欲绝等症。治宜益气生津敛肺。方用生脉散，“生脉”之意在于可使虚而欲绝之脉得以复生，即薛氏自注云：“方名生脉，则热伤气之脉虚欲绝可知矣”。方中人参大补元气，补益肺气，生津止渴；麦冬养阴生津；五味子剑肺止咳，生津止咳。

【原文】31.暑月乘凉饮冷，阳气为阴寒所遏，皮肤蒸热，凛凛畏寒，头痛头重，自汗烦渴，或腹痛吐泻者，宜香薷、厚朴、扁豆等味。(40)

自注：此由避暑而感受寒湿之邪，虽病于暑月而实非暑病。昔人不曰暑月伤寒湿而曰阴暑，以致后人淆惑，贻误匪轻，今特证之。其用香薷之辛温，以散阴邪而发越阳气，厚朴之苦温，除湿邪而通行滞气，扁豆甘淡，行水和中。倘无恶寒、头痛之表证，即无取香薷之辛香走窜矣。无腹痛、吐利之里证，亦无取厚朴、扁豆之疏滞和中矣。故热渴甚者，加黄连以清暑，名四味香薷饮；减去扁豆名黄连香薷饮；湿盛于里，腹膨泄泻者，去黄连加茯苓、甘草名五物香薷饮；若中虚气怯汗出多者，加人参、芪、白术、橘皮、木瓜名十味香薷饮。然香薷之用，总为寒湿外袭而设，不可用以治不挟寒湿之暑热也。

【提要】夏月外感寒湿证治。

【释评】暑月露宿户外，乘凉过度，或过食冷饮，感受寒湿之邪，“阳气为阴寒所遏”，外则寒湿束表，卫阳被郁，表气不通，故恶寒发热，头痛头重，内则寒湿内伤脾胃，脾不运湿，湿阻气滞，升降失调，故腹痛吐泻。治以香薷解表散寒，化湿和中，但此为辛温之品，薛氏认为：“香薷之用，总为寒湿外袭而设，不可用以治不挟寒湿之暑热也。”即不能用于暑热为患的病症；厚朴苦辛而温，行气化湿；扁豆健脾渗湿，兼祛暑。三药合用，外可散寒解表，内则健脾化湿和中。

自注中详列三物香薷饮诸多加减使用方法，可供参考。

（二）寒湿

【原文】32.湿热证，身冷脉细，汗泄胸痞，口渴舌白，湿中少阴之阳[1]，宜人参、白术、附子、茯苓、益智等味。(25)

自注：此条湿邪伤阳，理合扶阳逐湿。口渴为少阴证，乌得妄用寒凉耶。

【词解】 [1] 少阴之阳：少阴，指足少阴肾，少阴之阳即肾阳。

【提要】湿从寒化，阳气虚损证治。

【释评】本证为“湿中少阴之阳”，是由于湿邪久稽，损及肾阳，湿从寒化而呈寒湿之象。临床也可因素体阳气不足或治疗中过用寒凉药，损伤阳气，湿从寒化而成本证。阳气虚损，阴寒内生，则身冷、脉细；阳气虚，卫外不固，则汗泄；肾阳虚蒸化无力，津液不能上布则口渴，故薛氏云：“口渴为少阴证”。舌白、胸痞为寒湿内阻之征象。本证为“湿邪伤阳”，治宜“扶阳逐湿”。要用人参、附子、益智补气温脾肾之阳，白术、茯苓健脾运湿。章虚谷云：“当加厚朴、半夏或干姜，恐参、术太壅气也”，意指寒湿证宜温通而不宜温补，但本证阳气虚衰而湿阻不甚，章氏所云似不甚相宜。

【原文】33.暑月病初起，但恶寒，面黄，口不渴，神倦四肢懒，脉沉弱，腹痛下利，湿困太阴之阳，宜仿缩脾饮，甚则大顺散、来复丹等法。(26)

自注：暑月为阳气外泄，阴气内耗之时，故热邪伤阴，阳明消烁，宜清宜凉。太阴告困，湿浊弥漫，宜温宜散。古法最详，医者鉴诸。

【提要】寒湿困脾证治。

【释评】脾主四肢，寒湿困阻脾阳，脾气不运，故见神倦四肢懒；恶寒，面黄，口不渴，腹痛下利，脉沉弱，皆为寒湿困脾之征象，即薛氏云："湿困太阴之阳"，"湿浊弥漫"，治"宜温宜散"，即温阳燥湿。轻者用缩脾饮，（砂仁、草果、扁豆、葛根、乌梅、甘草）温脾化湿，适用于湿重于寒而脾气虚者。病情重者用大顺散（干姜、肉桂、杏仁、甘草），或用来复丹（硫黄、硝石、玄精石、青皮、陈皮、五灵脂）温阳化湿，适用于寒重于湿而阳气虚者。

薛氏自注云："热邪伤阴，阳明消烁，宜清宜凉。太阴告困，湿浊弥漫，宜温宜散"。指出了夏月感受湿热后的两种不同转归及治法大异。即夏月感受湿热之后，若湿从热化，热邪耗伤阳明胃液，治宜清热生津；若湿从寒化，寒湿困阻太阴脾，损伤阳气，治宜温脾化湿。

【原文】34.暑热内袭，腹痛吐利，胸痞脉缓者，湿浊内阻太阴，宜缩脾饮。（44）

自注：此暑湿浊邪伤太阴之气，以致土用不宣[1]，太阴告困，故以芳香涤秽，辛燥化湿为制也。

【词解】 [1] 土用不宣：宣，疏通。土用不宣为太阴脾土因受湿浊内阻而致运化功能失调。

【提要】湿困脾阳而致吐利证治。

【释评】本证暑湿内袭，湿浊阻滞太阴脾土，运化失常，升降失司，故腹痛吐利。湿浊内阻，气机不畅，失与宣化，故胸痞，脉缓。治以缩脾饮温脾化湿。

本条与（26）条病机，证治相仿。然本条为湿重热微，（26）条为寒湿内侵，并且因寒之微甚不同，分别拟有3个不同处方。本方证属湿浊内阻太阴，用缩脾饮温运脾阳，正合病机。

【原文】35.暑月饮冷过多，寒湿内留，水谷不分，上吐下泻，肢冷脉伏者，宜大顺散（45）。

自注：暑月过于贪凉，寒湿外袭者，有香薷饮；寒湿内侵者，有大顺散。夫吐泻肢冷脉伏，是脾胃之阳为寒湿所蒙，不得升越，故宜温热之剂调脾胃，利气散寒。然广皮、茯苓似不可少，此即仲景治阴邪内侵之霍乱，而用理中汤之旨乎。

【提要】寒湿内侵，损伤脾胃之阳而致吐利证治。

【释评】"暑月饮冷过多，寒湿内留"，损伤脾胃之阳，运化失常，升降失常，则水谷不分，清浊混杂而致上吐下泻。本条见吐利，比上条（44条）寒湿为甚，阳气损伤也重，以致阳气不能通达四肢，故见四肢逆冷，脉沉伏。治用大顺散（干姜、肉桂、杏仁、甘草）温阳散寒化湿。但从大顺散用药来看，温阳散寒的作用较显著，而化湿之功用则微弱，故自注中又提及加入广皮、茯苓等理气渗湿之品，以增强化湿之功，更为贴切。

王孟英认为："此条明言暑月饮冷过多，寒湿内留，水谷不分之吐利，宜大顺散治之，是治暑月之寒湿病，非治暑也。"其说甚是，并指出"若肢冷脉伏，而有苔黄烦渴，溲赤便秽之兼证，即为暑热致病，误投此剂，祸不旋踵。"说明若为暑湿、湿热致病夏月吐利则不能投此剂，否则祸不旋踵。

【原文】36.腹痛不利，胸痞，烦躁，口渴，脉数大，按之豁然空者，宜冷香饮子。（46）

自注：此不特湿邪伤脾，抑且寒邪伤肾。烦躁热渴，极似阳邪为病，唯数大之脉按之豁然而空，知其躁渴等症，为虚阳外越，而非热邪内扰。故以此方冷服，俾下咽之后，冷气既消，热性乃发，庶药气与病气无扞格[1]之虞也。

【词解】 [1] 扞格：扞，同捍。扞格指抵触不合之意。

【提要】寒湿内伤脾肾，虚阳外越证治。

【释评】本症见腹痛不利，胸痞是由于脾肾被寒湿所伤而致，又见烦躁，口渴，脉数大之证极似邪热内盛之象，但"脉数大，按之豁然空者"（数大而芤之脉），可知乃寒湿内伤脾肾之阳，阴寒内盛，逼迫虚阳外越所致，为真寒假热之象，而非阳热之征。临床尚可见到舌苔白腻而滑，小便清长等证。治宜用冷香饮子温补脾肾，回阳散寒。药用附子补阳益火，回阳散寒，草果燥湿、温中散寒，广皮健脾利湿，生姜、甘草安脾和中。自注中薛氏云："此方冷服，俾下咽之后，冷气既消，热性乃发，庶药气与病气无扞格之虞也。"强调冷香饮子冷服法，是因本证为阴阳格柜，虚阳外越，投以热药恐被虚阳格拒而发生呕吐，故采用热药冷服法。

王孟英云："此证亦当详审，如果虚阳外越，则其渴也必不嗜饮，其舌色必淡白，或红润而无干黄黑燥之苔，其便溺必溏白而非秽赤，苟不细察，贻误必多。"进一步指出本证在辩证时当详细审查，以防贻误。

（三）下利

【原文】37.湿热证，十余日后，左关弦数，腹时痛，时圊血，肛门热痛，血液内燥，热邪传入厥阴之证，宜仿白头翁法。（23）

自注：热入厥阴而下利，即不圊血，亦当宗仲景治热利法。若竟逼入营阴，安得不用白头翁汤凉血而散邪乎。设热入阳明而下利，即不圊血[1]，又宜师仲景治下利谵语用小承气汤之法矣。

【词解】 [1] 圊血：指大便下血。圊，指厕所。

【提要】湿热内迫，损伤肠络而下利证治。

【释评】湿热日久，"左关弦数，腹时痛"为湿热内迫肠道，"热邪传入厥阴肝经"，气机阻滞所致；肛门热痛为湿热下迫肠道所致；便下脓血为邪入营血，损伤血络，传导失司所致，即"血液内燥"。 薛氏认为："用白头翁汤凉血而散邪"。 以白头翁入大肠与肝经，清热解毒，凉血止痢；黄连、黄柏清热燥湿；秦皮清热燥湿，解毒凉肝。

自注中薛氏分别论及热入厥阴而下利、热入营血而便血、阳明热结旁流之下利等热利类型在辩证要点及治疗各异，具有参考价值。

【原文】38.湿热证，十余日后，尺脉数，下利，或咽痛，口渴心烦，下泉不足[1]，热邪直犯少阴之证，宜仿猪肤汤凉润法。（24）

自注：同一下利有厥少之分，则药有寒凉之异。然少阴有便脓之候，不可不细审也。

【词解】 [1] 下泉不足：指肾阴不足。下泉，指肾阴。

【提要】湿热化燥，劫灼肾阴，虚火上炎而致下利、咽痛证治。

【释评】湿热日久化燥化火，劫灼肾阴，阴虚不能制阳，导致虚火上炎，故呈现咽痛、口渴、心烦等虚热之象；尺脉候肾，邪热灼伤肾阴，故尺脉数；邪热在下，肾阴被劫，阴津外泄，故见下利。治宜"仿猪肤汤凉润法"，药用猪肤以滋肾养阴；白蜜甘寒润肺，可清在上之虚火；白粉（徐灵胎谓即米粉）健脾止利。

自注薛氏提出："同一下利有厥少之分"，说明本条猪肤汤证与（23）条白头翁汤证之下利有热邪传入厥阴与热邪直犯少阴之分，临证时当详加辨析。

【原文】39.湿热内滞太阴，郁久而为滞下，其证胸痞腹痛，下坠窘迫，脓血稠黏，里急后重，脉软数者，宜厚朴、黄芩、神曲、广皮、木香、槟榔、柴胡、煨葛根、银花炭、荆芥炭等味。（41）

自注：古之所谓滞下，即今所谓痢疾也。由湿热之邪内伏太阴，阻遏气机，以致太阴失健运，少阳失疏达。热郁湿蒸，传导失其常度，蒸为败浊脓血，下注肛门，故后重。气壅不化，乃数至圊而不能便。伤气则下白，伤血则下赤，气血并伤，赤白兼下，湿热盛极，痢成五色。故用厚朴除湿而行滞气，槟榔下逆而破结气，黄芩清庚金之热，木香、神曲疏中气之滞，葛根升下陷之胃气，柴胡升土中之木气，热侵血分而便血，以银花、荆芥入营清热，若热盛于里，当用黄连以清热，大实而痛，宜增大黄以逐邪。昔张洁古制芍药物以治血痢，方用归、芍、芩、连、大黄、木香、槟榔、甘草、桂心等味，而以芍药名汤者，盖谓下血必调藏血之脏，故用之为君，不特欲其土中泻木，抑亦赖以敛肝和阴也。然芍药味酸性敛，终非湿热内蕴者所宜服。倘遇痢久中虚，而宜用芍药、甘草之化土者，恐难任芩、连、大黄之苦寒，木香、槟榔之破气。若其下痢初作，湿热正盛者，白芍酸敛滞邪，断不可投。此虽昔人已试之成方，不敢引为后学之楷式也。

【提要】湿热痢疾证治。

【释评】“湿热内滞太阴”，脾运失常，气机阻遏，则胸痞腹痛；湿热内蕴肠道，“热郁湿蒸”，损伤肠络，传导失其常，气机壅滞，故便下脓血，下坠窘迫，里急后重；脉软数为痢疾之脉，软乃脾气伤，数为内有热。治宜清热除湿，调气和血以止痢。药用黄芩清热燥湿；厚朴、木香、槟榔、广皮行气导滞化湿；葛根、柴胡升举脾胃清阳之气；银花炭、荆芥炭入营清热和血；神曲消食导滞。“若热盛于里，当用黄连以清热，大实而痛，宜增大黄以逐邪。”

自注中薛氏对本条湿热痢疾产生的机理和用药作了详细的阐述，具有指导意义。同时对张洁古所制芍药汤进行了评论，认为：“芍药味酸性敛，终非湿热内蕴者所宜服”，“若其下痢初作，湿热正盛者，白芍酸敛滞邪，断不可投”。但许多医家则认为芍药为治痢要药，屡见其效。杨照藜云：“芍药汤治湿热下利，屡有奇效，其功全在芍药，但桂心亦须除去为妥”。汪曰桢云：“白芍、甘草乃治痢疾腹痛之圣剂，与湿热毫无所碍，不必疑虑。白芍开结佐以甘草和中。必不有碍胃气。乃治痢必用之品。”故可不必因“白芍味酸敛滞邪”之说而有疑虑，用时合理配伍使用则有养血和营，缓急止痛之功，而无酸敛邪之弊。

【原文】40.痢久伤阳，脉虚滑脱者，真人养脏汤加甘草、当归、白芍。（42）

自注：脾阳虚者，当补而兼温。然方中用木香，必其腹痛未止，故兼疏滞气。用归芍，必其阴分亏残，故兼和营阴。但利虽脾疾，久必传肾，以肾为胃关。司下焦而开窍于二阴也。况火为土母，欲温土中之阳，必补命门之火，若虚寒甚而滑脱者，当加附子以补阳，不得杂入阴药矣。

【提要】痢久伤脾阳证治。

【释评】湿热郁蒸肠道引起痢疾疾患，迁延不愈，损伤脾阳，脾虚则中气下陷，故见大便滑脱不禁、脉虚；阳虚生内寒，故除上述症状外，可伴有痢下白冻，腹痛喜温喜按，畏寒肢冷，舌淡苔白润等症。治“当补而兼温”，即温补脾阳，涩肠止泻。方用真人养脏汤。其中粟壳、诃子涩肠止泻；肉桂、肉豆蔻温补脾阳以止泻；人参、白术、甘草益气补中；当归、白芍养血和血，缓急止痛；木香行气止痛，共治痢久伤阳，虚寒滑脱之证。

自注中薛氏云：“利虽脾疾，久必传肾……若虚寒甚而滑脱者，当加附子以补阳”，即脾主运化，须赖肾阳之温煦，脾阳久虚必致肾阳不足，故虚汗甚而滑脱者，当加附子温补肾阳，因“温土中之阳，必补命门之火”。

【原文】41.痢久伤阴，虚坐努责者，宜用熟地炭、炒当归、炒白芍、炙甘草、广皮之属。（43）

自注：里结[1]欲便，坐久而仍不得便者，谓之虚坐努责。凡里结属火居多，火性传送至速，郁于大肠，窘迫欲便，而便仍不舒。故痢疾门中，每用黄芩清火，甚者用大黄逐热。若痢久血虚，血不足则生热，亦急迫欲便，但久坐而不得便耳，此热由血虚所生，故治以补血为主。里结与后重不同，里结者急迫欲便，后重者肛门重坠。里结有虚实之分，实为火邪有余，虚为营阴不足，后重有虚实之异，实为邪实下壅，虚由气虚下陷。是以治里结者，有清热养阴之异，治后重者，有行气升补之殊。虚实之辨，不可不明。

【词解】 [1] 里结：指形容大便在腹内窘迫急痛，欲解下为爽。

【提要】痢久伤阴证治。

【释评】虚坐努责为“里结欲便，坐久而仍不得便者”，是指里急窘迫欲便，但久坐久蹲，或虽用力而仍不得便下或无便的症状。由上条（42）和本条综合可知湿热痢日久不愈，不仅可损伤阳气，更易耗伤阴液。痢久伤阴血，血不足则内生虚热，则虚坐努责，急迫欲便但又不得解出，可伴有潮热，口干而渴，舌红少苔，脉细数等阴虚症状。治“以补血为主”，药用四物汤去川芎滋阴补血和血，加甘草、广皮和中理气，使补而不滞。诸药合用，共奏滋阴养血，和中理气之功。

薛氏自注指出里结与后重不同，里结有虚实之分，后重有虚实之异，治法也均不同，当细心体会，临证时方不致有误。

六、后期调理

【原文】42.湿热证，数日后脘中微闷，知饥不食，湿邪蒙绕三焦。宜藿香叶、薄荷叶、鲜荷叶、枇杷叶、佩兰叶、芦尖、冬瓜仁等味。（9）

自注：此湿热已解，余邪蒙蔽清阳，胃气不舒。宜用极轻清之品，以宣上焦阳气。若投味重之剂，是与病情不相涉矣。

【提要】余邪蒙蔽清阳，胃气不舒证治。

【释评】湿热病后期，邪气已衰，余邪未净，蒙蔽清阳，胃气不舒，脾气未醒，故脘中微闷，知饥不食。所谓“蒙绕三焦”，实际偏重于中、上二焦。治“宜用极轻清之品”，以轻清芳化，祛除余邪。藿香叶、佩兰叶、鲜荷叶芳香化湿，醒脾舒胃；薄荷叶、枇杷叶清透余热；芦尖、冬瓜仁清除余湿热。

【原文】43.湿热证，十余日，大势已退，唯口渴，汗出，骨节痛，余邪留滞经络，宜元米汤泡于术，隔一宿，去术煎饮。（19）

自注：病后湿邪未尽，阴液先伤，故口渴身痛。此时救液则助湿，治湿则劫阴。宗仲景麻沸汤之法，取气不取味，走阳不走阴，佐以元米汤养阴逐湿，两擅其长。

【提要】余邪留滞经络，阴液亏损证治。

【释评】湿热证后期。邪势已减，余湿未净，留滞经络，则见骨节痛；阴液受伤，故汗出，口渴。此时“救液则助湿，治湿则劫阴”，故治疗须祛湿养阴并举。用元米（现称糯米）补脾养阴，滋养强壮，养阴而不碍湿；于术健脾化湿，化湿而不伤阴。

在本方煎服方法上，薛氏用元米汤泡于术，隔一宿，去术煎饮，此法效仿张仲景泻心汤用麻沸汤浸泡之法，目的在于“取气不取味”即取其香气入经络祛留滞之湿邪，同时又避其温燥之性伤阴之弊。

【原文】44.湿热证，按法治之，数日后，或吐下一时并至者，中气亏损。升降悖逆，宜生谷芽、莲心、扁豆、米仁、半夏、甘草、茯苓等味，甚则用理中法。（22）

自注：升降悖逆，法当和中，犹之霍乱之用六和汤也。若太阴惫甚，中气不支，非理中不可。

【提要】中气亏损，升降悖逆证治。

【释评】“吐下一时并至”是指突然既吐且泻，吐泻并作，是由于湿热证后期，中气亏损，脾不升运，胃失和降，升降逆乱所致。治宜健脾渗湿，和胃降逆，即“法当和中”。药用生谷芽、扁豆健脾和中化湿，薏仁、茯苓健脾渗湿止泻，佐莲心清心祛热，半夏降逆和胃，甘草益气和中。若中焦虚寒甚者，可选用理中汤温中祛寒。

【原文】45.湿热证，按法治之，诸证皆退，唯目瞑[1]则惊悸梦惕[2]，余邪内留，胆气未舒，宜酒浸郁李仁、姜汁炒枣仁、猪胆皮等味。(27)

自注："滑可去着"，郁李仁性最滑脱，古人治惊后肝系滞而不下，始终目不瞑者，用之以下肝系而去滞。此证借用，良由湿热之邪留于胆中，胆为清虚之府，藏而不泻，是以病去而内留之邪不去，寐则阳气行于阴，胆热内扰，肝魂不安，用郁李仁以泄邪而以酒行之，酒气独归胆也。枣仁之酸，入肝安神，而以姜汁制，安神而又兼散邪也。

【词解】

[1] 目瞑：瞑，闭眼。目瞑指眼闭不想睁开的病症。

[2] 惊悸梦惕：惊，惊恐；悸，心跳；梦惕，多梦惊恐。惊悸梦惕指自觉易惊善恐的心悸。

【提要】湿热证余邪留滞肝胆证治。

【释评】湿热证经治疗后，诸证皆退，但出现闭目则惊悸，入睡则多梦惊恐的症状，此为湿热余邪留滞肝胆，胆热内扰，肝魂不安，上扰于心所致。用酒浸郁李仁，性润滑以泄邪下行，酒浸取酒行药势，"酒气独归胆"，引药入胆，祛肝胆之邪；姜汁炒酸枣仁养肝安神，"姜汁制，安神而又兼散邪也"，取其能散邪的作用；猪胆皮清泻肝胆之余邪。

【原文】46.湿热证，曾开泄下夺[1]，恶候皆平，独神思不清，倦语不思食，溺数，唇齿干。胃气不输，肺气不布，元神大亏。宜人参、麦冬、石斛、木瓜、生甘草、生谷芽、鲜莲子等味。(28)

自注：开泄下夺，恶候皆平，正亦大伤。故见症多气虚之象。理合清补元气，若用腻滞阴药，去生便远。

【词解】 [1] 开泄下夺：祛湿攻下法。开泄，用轻苦微辛之品开宣气机，泄化痰湿；下夺，即攻下。

【提要】肺胃气阴两虚证治。

【释评】本证"曾开泄下夺，恶候皆平"，然邪气虽去，正气已伤，形成气虚阴亏之证。病后元气大伤，正气未复，故出现神不清爽，倦怠不欲言语的一种精神委靡不振的症状。胃之气阴两伤，则不思饮食。肺阴不足，肺气不得通畅，则溺数。胃津不足，不得上承唇，则唇齿干。治宜补气养阴。药用人参大补元气，补诸脏气之虚；麦冬、石斛滋养肺胃之阴、木瓜酸甘化阴，生津止渴；甘草益气和中；鲜莲子、生谷芽补脾开胃。

薛氏认为本证属肺胃气阴两虚之证，治宜清补，同时强调"若用腻滞阴药，去生便远"，即不可投滋腻之品，以碍脾胃，不利病后元气恢复。

第十三章　吴鞠通《温病条辨》选

第一节　吴鞠通与《温病条辨》

吴鞠通，名瑭，字佩珩，号鞠通。生于清乾隆二十三年（1758 年），卒于清道光十六年（1836 年）。为江苏淮阴人。吴瑭年少时以习儒学，但后来其父、侄因病身亡，吴氏愧恨难名而慨然弃举子业，发愤习医，胸怀救世之心，力求医理务精，终至一代医学巨匠，愈人无数，并著书惠民。吴氏的著作主要有《温病条辨》、《医医病书》、《吴鞠通医案》等。

《温病条辨》是吴氏的代表作，这是一部温病学巨著，它是作者汇集历代医家精华的体现，尤其是张仲景和叶天士的学说，并结合自己的临床经验历经六年于 1798 年（清嘉庆三年）著成的。全书共 6 卷，并卷首 1 卷，计 265 条，附方 208 首。该书以三焦为纲，病名为目，贯穿卫气营血内容。分别论述了风温、温热、温疫、温毒、冬温、暑温、伏暑、湿温、秋燥等上中下三焦的证候及辨治方法；除此之外，附有疟、痢、疸、痹等病证之证治及"解产难"和"解儿难"等杂说，以对三焦分证加以补充。在体裁上采用"自条自辨"的写作方法，逐条叙证，简明扼要，易记易诵，并在每一条后自加注释以阐述其未尽之义。

《温病条辨》创立了温病三焦辨治纲领，并将三焦辨证与卫气营血辨证一炉而冶，相辅而行，完善了温病的辨证论治体系，丰富了温病的证治内容，详备了温病病证的理、法、方、药，具有很高的理论水平和实用价值。

《温病条辨》于 1813 年由问心堂初刻付梓刊行，后流传甚广，版本甚多，翻印、增批评注者近百家。一直被奉为学习温病学必读之书，备受后世医家推崇，被誉为"治温之津梁"，并有将该书与《黄帝内经》、《伤寒论》、《金匮要略》合称为"四大经典"者。

本教材节节选了《温病条辨》部分重要条文共 56 条，并将条文及自辨内容合并作原文，以体现吴氏论述的完整性。按温病大纲，上、中、下三焦，温病治则，温病治禁的顺序进行类编（上、中焦病均又分为温热与湿热二大类），以供参考。

第二节　《温病条辨》原文类编选析

一、温病大纲

【原文】1.温病者：有风温、有温热、有温疫、有温毒、有暑温、有湿温、有秋燥、有冬温、有温疟。（上焦篇 1）

自注：此九条，见于王叔和《伤寒例》中居多，叔和又牵引《难经》之文以其神说。按时推病，实有是证，叔和治病时，亦实遇是证。但叔和不能别立治法，而叙于《伤寒例》中，实属蒙混，以《伤寒论》为治外感之妙法。遂将一切外感悉收入《伤寒例》中，而悉以治伤寒之法治之。后人亦不能打破此关，因仍苟简，千余年来，贻患无穷，皆叔和之作俑[1]，无怪见驳于方有执、喻嘉言诸公也。然诸公虽驳叔和，亦未曾另立方法，喻氏虽立治法，仍不能脱却伤寒圈子，弊与叔和无二，以致后人无所遵依。本论详加考核，准古酌今，细立治法，除伤寒宗仲景法外，俾四时杂感，朗若列眉[2]；未始非叔和有以肇其端，东垣、河间、安道、又可、嘉言、天士宏其议，而瑭得以善其后也。

风温者，初春阳气始开，厥阴行令，风夹温也。温热者，春末夏初，阳气驰张，温盛为热也。温疫者，厉气流行，多兼秽浊，家家如是，若役使然也。温毒者，诸温夹毒，秽浊太甚也。暑温者，正夏之时，暑病之偏于热者也。湿温者，长夏初秋，湿中生热，即暑病之偏于湿者也。秋燥者，秋金燥烈之气也。冬温者，冬应寒而反温，阳不潜藏，民病温也。温疟者，阴气先伤，又因于暑，阳气独发也。

按：诸家论温，有顾此失彼之病，故是编首揭诸温之大纲，而名其书曰《温病条辨》。

【词解】

[1] 作俑：指创始，但具贬义。

[2] 朗若列眉：所见真切，如人的眉毛那样明白显见。

【释义】本条列出了温病的范围及说明了其病因。吴氏根据病因和发病季节，将温病分为九种。主要阐述了初春阳气初升，厥阴风木行令之时，容易感受风热之邪，此类多为风温病；春末夏初时，阳热之气盛，其人若感温热之邪，以里热证为主者，称为温热（实指春温）；温疫是一种由异疠之气导致的，其性多兼秽浊，且互相传染，引起流行的温病；温毒则是由热毒引起，除温病一般见症外，尚有局部肿毒特征的温病；暑温是在盛夏发生，感暑热之邪而病；湿温是因长夏初秋湿热之气较盛，易发生的湿热性温病，故称湿温；秋燥是秋季感受燥热病邪而致的温病；冬温为冬季感受温热之气而致的温病；温疟是阴气先伤，夏伤于暑，阴伤而阳热亢盛的一种疟疾。

【选注】王孟英：“《条辨》首列曰：温病者，有风温、有温热、有温疫、有温毒、有暑温、有湿温、有秋燥、有冬温、有温疟。凡九项，似无遗义，而不自知其题旨未清也”。

【点评】吴氏在首文中确立了四时温病的名称，明确了四时温病的病因，因此比较全面地介绍了温病范围，对后世临床有指导意义，其功不可没。然从自注看，吴鞠通试图说明温病的概念及其与伤寒的区别，但未能确切地明晰其含义。

【原文】2.凡病温者，始于上焦，在手太阴。（上焦篇 2）

自注：伤寒由毛窍而入，自下而上，始足太阳。足太阳膀胱属水，寒即水之气，同类相从，故病始于此。古来但言膀胱主表，殆未尽其义。肺者，皮毛之合也，独不主表乎！（按人身一脏一腑，主表之理，人皆习焉不察。以三才大道言之：天为万物之大表，天属金，人之肺亦属金，肺主皮毛，经曰皮应天，天一生水；地支始于子，而亥为天门，乃贞元之会；人之膀胱为寒水之腑；故俱同天气，而俱主表也）。治法必以仲景六经次传为祖法。温病由口鼻而入，自上而下，鼻通于肺，始手太阴。太阴金也，温者火之气，风者火之母，火未有不克金者，故病始于此，必从河间三焦定论。再寒为阴邪。虽《伤寒论》中亦言中风，此风从西北方来，乃觱发[1]之寒风也，最善收引，阴盛必伤阳，故首郁遏太阳经中之阳气。而为头痛、身热等证。太阳阳腑也，伤寒阴邪也，阴盛伤人之阳也。温为阳邪，此论中亦言伤风，此风从东方来，乃解冻之温风也，最善发泄，阳盛必伤阴，故首郁遏太阴经中之阴气，而为咳嗽、自汗、口渴、头痛、身热、尺热等症。太阴阴脏也，温热阳邪也，阳盛伤人之阴也。阴阳两大法门之辨，可了然于心目间矣。

夫大明生于东，月生于西，举凡万物，莫不由此少阳、少阴之气以为生成，故万物皆可名之曰东西。人乃万物之统领也，得东西之气最全，乃与天地东西之气相应。其病也，亦不能不与天地东西之气相应。东西者，阴阳之道路也。由东而往，为木、为风、为湿、为火、为热，湿土居中，与火交而成暑，火也者，南也。由西而往，为金、为燥、为水、为寒，水也者，北也。水火者，阴阳之征兆也；南北者，阴阳之极致也。天地运行此阴阳以化生万物，故曰天之无恩而大恩生。天地运行之阴阳和平，人生之阴阳亦和平，安有所谓病也哉！天地与人之阴阳，一有所偏，即为病也。偏之浅者病浅，偏之深者病深；偏于火者病温、病热、偏于水者病清、病寒，此水火两大法门之辨，医者不可不知。烛[2]其为水之病也，而温之、热之；烛其为火之病也，而凉之、寒之，各救其偏，以抵于平和而已。非如鉴[3]之空，一尘不染，如衡之平，毫无倚着，不能暗合道妙，岂可各立门户，专主于寒热温凉一家之论而已哉！瑭因辨寒病之原于水，温病之原于火也，而并及之。

【注解】

[1] 觱（bì）发：指寒冷的风。

[2] 烛：照亮。此处指辨明。

[3] 鉴：镜子。

【释义】本条论述温病发病的部位及受邪途径。温病的病因是温邪，温邪侵犯人体一般是从口鼻而入，而鼻气通于肺、肺合皮毛，因而温病发病多始于肺卫，即吴氏所言“始于上焦，在手太阴”。

【选注】王孟英云：“凡病温者，始于上焦，在手太阴。嘻!……伏气自内而发，则病起于下者有之；胃为藏垢纳污之所，湿温、疫毒病起于中者有之；暑邪夹湿者，亦犯中焦；又暑属火而心为火脏，同气相求，邪极易犯，虽始上焦，亦不能必其手太阴一经也”。

【点评】吴氏提出了伤寒由毛窍而入，始于足太阳，按六经传变，易伤人身之阳气；温病由口鼻而入，始于手太阴，按三焦传变，易伤人之阴液。提出了表证，除了太阳膀胱经，还有手太阴肺经，两者外感初起的临床表现不同。温病初起以表热证为主，伤寒初起以表寒证为主，故有太阴太阳之异。

温病的起病部位较为复杂，不限于手太阴一途，如王孟英所言，温病起病部位较多，手太阴较常见而已。

二、上焦篇

（一）温热类

【原文】3.太阴之为病，脉不缓不紧[1]而动数[2]，或两寸独大，尺肤[3]热，头痛，微恶风寒，身热自汗，口渴，或不渴，而咳，午后热甚者，名曰温病。（上焦篇 3）

自注：不缓，则非太阳中风矣；不紧，则非太阳伤寒矣；动数者，风火相煽之象，经谓之躁；两寸独大，火克金也。尺肤热，尺部肌肤热甚，火反克水也。头痛、恶风寒、身热自汗，与太阳中风无异，此处最足以相混，于何辨之？于脉动数，不缓不紧，证有或渴、或咳、尺热，午后热甚辨之。太阳头痛，风寒之邪，循太阳经上至头与项，两项强头痛也。太阴之头痛，肺主天气，天气郁，则头亦痛也，且春气在头，又火炎上也。吴又可谓浮泛太阳经者，臆说也。伤寒之恶寒，太阳属实水而主表，故恶风寒；温病之恶寒，肺合皮毛而亦主表，故亦恶风寒也。太阳病则周身之阳气郁，故身热；肺主化气，肺病不能化气，气郁则身亦热也。太阳自汗，风疏卫也；太阴自汗，皮毛开也，肺亦主卫。渴，火克金也。咳，肺气郁也。午后热甚，浊邪归下，又火旺时也，又阴受火克之象也。

【注解】

[1] 脉不缓不紧：脉象不浮缓，不浮紧。

[2] 动数：躁动快速之脉象。

[3] 尺肤：由“寸口”的尺部脉起，到肘关节“尺泽穴”处止的一段皮肤。为古代“切诊”法内容之一，名“尺肤诊”。

【释义】本条文为手太阴病脉证，主要症见：脉象不缓，不紧（以别于太阳中风和太阳伤寒），而是躁动快速、脉体偏大，或两手的寸部脉比关、尺部明显大而有力，尺肤部发热，多伴有头痛，微恶风寒，发热，出汗，口渴，或不渴而咳，发热在午后较明显等症。

上述表现，乃因温邪首犯卫表，肺卫失宣，开合失常所致。然此处论脉不可拘泥，动数者，突出风火相煽之象，两寸独大，为火克金也。余证吴氏自注有详细说明可参。

【选注】叶子雨曰：“以缓、紧及动数两寸独大，辨风寒风热是矣。若该九种温病于此种脉证中。我不谓然。余姑且勿论，即伏气温热，亦不若是，况瘟疫湿温。难以脉证拘定。”

【点评】本条文概括了“太阴温病”的初起临床表现，作为“上焦证（病）提纲”，可结合吴氏有关条文理解。温病的病因是温邪，病变过程中以发热为主症，病机是热象偏重，易于化燥伤阴，是一类急性外感热病的总称。

【原文】4.太阴风温、温热、温疫、冬温、初起恶风寒者，桂枝汤主之；但热不恶寒而渴者，辛凉平剂银翘散主之。温毒、暑温、湿温、温疟，不在此例。（上焦篇 4）

自注：按仲景《伤寒论》原文，太阳病（谓如太阳证，即上文头痛、身热、恶风、自汗也），但恶热不恶寒而渴者，名曰温病，桂枝汤主之。盖温病忌汗，最喜解肌。桂枝本为解肌，且桂枝芳香化浊，芍药收阴敛液，甘草败毒和中，姜、枣调和营卫，温病初起，原可用之。此处却变易前法，恶风寒者主以桂枝，不恶风寒主以辛凉者，非敢擅违古训也。仲景所云不恶风寒者，非全不恶风寒也，其先亦恶风寒，迨既热之后，乃不恶风寒耳，古文简、质，且对太阳中风热时亦恶风寒言之，故不暇详耳。盖寒水之病，冬气也，非辛温春夏之气不足以解之，虽曰温病，既恶风寒，明是温自内发，风寒从外搏，成内热外寒之证，故仍旧用桂枝辛温解肌法，俾得微汗，而寒热之邪皆解矣。温热之邪，春夏气也，不恶风寒，则不兼寒风可知，此非辛凉秋金之气不足以解之，桂枝辛温，以之治温，是以火济火也，故改从《内经》“风淫于内，治以辛凉，佐以苦甘”法。

桂枝汤方

桂枝六钱　芍药（炒）三钱　炙甘草二钱　生姜一片　大枣（去核）二枚

煎法服法，必如《伤寒论》原文而后可，不然，不唯失桂枝汤之妙，反生他变，病必不除。

辛凉平剂银翘散方

连翘一两　银花一两　苦桔梗六钱　薄荷六钱　竹叶四钱　生甘草五钱　芥穗四钱　淡豆豉五钱　牛蒡子六钱

上杵为散，每服六钱，鲜苇根汤煎，香气大出，即取服，勿过煮。肺药取轻清，过煮则味厚而入中焦矣。病重者，约二时一服，日三服，夜一服；轻者三时一服，日二服，夜一服；病不解者，作再服。盖肺位最高，药过重则过病所，少用又有病重药轻之患，故从普济消毒饮时时轻扬法。今人亦间有用辛凉法者，多不见效，盖病大药轻之故，一不见效，随改弦易辙，转去转远，即不更张，缓缓延至数日后，必成中下焦证矣。胸膈闷者加藿香三钱、郁金三钱，护膻中；渴甚者，加花粉；项肿咽痛者，加马勃、元参；衄者，去芥穗、豆豉，加白茅根三钱、侧柏炭三钱、栀子炭三钱；咳者，加杏仁利肺气；二、三日病犹在肺，热渐入里，加细生地、麦冬保津液；再不解，或小便短者，加知母、黄芩、栀子之苦寒，与麦、地之甘寒，合化阴气，而治热淫所胜。

[方论]按温病忌汗，汗之不唯不解，反生他患。盖病在手经。徒伤足太阳无益；病自口鼻吸受而生，徒发其表亦无益也。且汗为心液，心阳受伤，必有神明内乱、谵语癫狂、内闭外脱之变。再，误汗虽曰伤阳，汗乃五液之一，未始不伤阴也。《伤寒论》曰：“尺脉微者为里虚，禁汗，”其义可见。其曰伤阳者，特举其伤之重者而言之耳。温病最善伤阴，用药又复伤阴，岂非为贼立帜乎？此古来用伤寒法治温病之大错也。至若吴又可开首立一达原饮，其意以为直透膜原，使邪速溃，其方施于藜藿壮实人之温疫病，容有愈者，芳香辟秽之功也；若施于膏粱[1]纨绔[2]，及不甚壮实人，未

有不败者。盖其方中首用槟榔、草果、厚朴为君。夫槟榔，子之坚者也，诸子皆降，槟榔苦辛而温，体重而坚，由中走下，直达肛门，中下焦药也；草果亦子也，其气臭烈大热，其味苦，太阴脾经之劫药也；厚朴苦温，亦中焦药也，岂有上焦温病，首用中下焦苦温雄烈劫夺之品，先动少阴津液之理！知母、黄芩，亦皆中焦苦燥里药，岂可用乎？况又有温邪游溢三阳之说，而有三阳经之羌活、葛根、柴胡加法，是仍以伤寒之法杂之，全不知温病治法，后人止谓其不分三焦，犹浅说也，其三消饮加入大黄、芒硝，唯邪入阳明，气体稍壮者，幸得以下而解，或战汗而解，然往往成弱证，虚甚者则死矣。况邪有在卫者、在胸中者、在营者、入血者、妄用下法，其害可胜言耶？岂视人与铁石一般，并非气血生成者哉？究其始意，原以矫世医以伤寒治病温之弊，颇能正陶氏之失，奈学未精纯，未足为法。至喻氏、张氏多以伤寒三阴经法治温病，其说亦非，以世医从之者少，而宗又可者多，故不深辩耳。本方谨遵《内经》"风淫于内，治以辛凉，佐以苦甘；热淫于内，治以咸寒，佐以甘苦"之训（王安道《溯洄集》亦有温暑当用辛凉不当用辛温之论，谓仲景之书，为即病之伤寒而设，并未尝为不即病之温暑而设。张凤逵集治暑方，亦有暑病首用辛凉，继用甘寒，再用酸泄酸敛，不必用下之论。皆先得我心者）。又宗喻嘉言芳香逐秽之说，用东垣清心凉膈散，辛凉苦甘。病初起，且去入里之黄芩，勿犯中焦；加银花辛凉，芥穗芳香，散热解毒；牛蒡子辛平润肺，解热散结，除风利咽；皆手太阴药也。合而论之，经谓"冬不藏精，春必温病"，又谓"藏于精者，春不病温"，又谓"病温虚甚死"，可见病温者，精气先虚。此方之妙，预护其虚，纯然清肃上焦，不犯中下，无开门揖盗之弊，有轻以去实之能，用之得法，自然奏效，此叶氏立法，所以迥出诸家也。

【注解】

[1] 膏粱：指肥美的饮食。

[2] 纨绔：此处指有钱人家的子弟。

【释义】本条论述风温、温热、温疫、冬温等 4 种温病，邪在卫分的证治及治忌。吴氏以"恶风寒"和"当热不恶寒"作为药用辛温和辛凉的依据，但临证时尚应结合其他表现互参。恶寒较轻而热重者，用银翘散之辛凉以疏解之。银翘散的煎服方法（参吴氏自注）甚为讲究，临床加减灵活有度，应细心体会。至于暑温等病，因初起邪犯部位不一，而治法自异，故曰："不在此例"。

【选注】叶子雨："用桂枝治温，本出喻嘉言之荒谬，鞠通沿袭其讹。"

王孟英："太阴风温、温热、温疫、冬温。初起恶风寒者，桂枝汤主之。夫鞠通既宗叶氏，当详考叶氏论案以立言。如指南温热门第三案云，温邪上受，内入乎肺，肺主周身之气，气窒不化，外寒似战栗，其温邪内郁，必从热化。风温门第五案云，风温入肺，气不肯降，形寒内热，乃膹郁之象用药皆是辛凉轻剂。……在泾先生云，温病伏寒变热，少阴之精已被劫夺，虽有新旧合邪，不可更用桂枝汤助热而绝其本也，岂吴氏皆未之闻乎。"

【点评】叶氏等医家（叶子雨，王孟英、朱武曹等，此处不赘）对温病初期用桂枝汤颇有疑议，然温病初起亦颇有使用者，关键在于全面地辨证，鞠通只不过提出了一个最常见的辨证要点而已。如恶风寒较著系表邪偏盛，可借辛温之剂暂解其表，但投麻、桂之类辛温峻汗之剂需谨慎，更不可过用、再用，以免助热化燥成为坏病。

吴氏对温病忌汗的论述最为精辟，所谓"忌汗"是指麻桂等辛温发汗之药当慎用而言，至于桑叶、薄荷等辛凉透邪之品，则不在忌例。辛凉平剂银翘散是温病初起，邪在卫分的代表方，是治疗温病上焦证的首方，从其药物组成来看，是辛凉为主，而稍佐辛温、芳香之品，药性平正不偏，共成辛凉平和之剂。自银翘散问世以来，常用不衰，其效甚佳，极具生命力。

【原文】5.太阴风温，但咳，身不甚热，微渴者，辛凉轻剂桑菊饮主之。（上焦篇 6）

自注：咳，热伤肺络也。身不甚热，病不重也。渴而微，热不甚也。恐病轻药重，故另立轻剂方。

辛凉轻剂桑菊饮方

杏仁二钱　连翘一钱五分　薄荷八分　桑叶二钱五分　菊花一钱　苦梗二钱　甘草八分　苇根二钱

水二杯，煮取一杯，日二服。二、三日不解，气粗似喘，燥在气分者，加石膏、知母；舌绛暮热，甚燥，邪初入营，加元参二钱、犀角一钱；在血分者，去薄荷、苇根，加麦冬、细生地、玉竹、丹皮各二钱；肺热甚加黄芩；渴者加花粉。

[方论]此辛甘化风、辛凉微苦之方也。盖肺为清虚之脏，微苦则降，辛凉则平，立此方所以避辛温也。今世佥[1]用杏苏散通治四时咳嗽，不知杏苏散辛温，只宜风寒，不宜风温，且有不分表里之弊。此方独取桑叶、菊花者，桑得箕星[2]之精，箕好风，风气通于肝，故桑叶善平肝风；春乃肝令而主风，木旺金衰之候，故抑其有余。桑叶芳香有细毛，横纹最多，故亦走肺络而宣肺气。菊花晚成，芳香味甘，能补金水二脏，故用之以补其不足。风温咳嗽，虽系小病，常见误用辛温重剂销铄[3]肺液，致久嗽成劳者不一而足。圣人不忽于细，必谨于微，医者于此等处，尤当加意也。

【注解】

[1] 佥（qiān）：全，都。

[2] 箕星：星名，二十八宿之一，青龙七宿的末一宿。

[3] 销铄：原意为熔化，此处为消耗之意。

【释义】本条论述风热犯肺以但咳、身不甚热、微渴为主之证治。“但咳”强调咳嗽是主症，不甚热而口微渴，可见邪热较轻，津伤不重。此证由风热犯肺，肺失宣畅所致，病情较轻，故用桑菊饮，以宣肺清热止咳。桑菊饮中桑、菊，甘凉轻宣。且菊华于金秋，味芳香，能宣上清肺，更是入厥阴肝经之品，有疏风解表之功。桑叶其应东方之箕星，吸受其精华，能疏风清热，其纹如络，故入肺络而宣肺。二药合用疏散上焦风热，是为君药。辅以薄荷疏风解表，连翘清热解表，杏仁、桔梗开宣肺气，苇根入肺生津止渴，甘草调和诸药，共奏疏风清热，宣肺止咳之效。

【选注】叶子雨：既云但咳身不甚热，微渴，则表重里轻，方中之苇根、甘草当去。宜加前胡、牛膝。然不若叶氏之葱豉汤加蒡、薄为稳当。

【点评】吴氏创此方，受益后世，乃驱风清热之良剂，剂型较轻，气味微辛凉，故谓辛凉轻剂，其宣透表热的作用较辛凉平剂银翘散为轻，下文（上焦篇 7）把白虎汤称为辛凉重剂也是按其寒凉清热的作用而言。

【原文】6.太阴温病，脉浮洪，舌黄，渴甚，大汗，面赤恶热者，辛凉重剂白虎汤主之。（上焦篇 7）

自注：脉浮洪，邪在肺经气分也。舌黄，热已深。渴甚，津已伤也。大汗，热逼津液也。面赤，火炎上也。恶热，邪欲出而未遂也。辛凉平剂焉能胜任，非虎啸风生，金飚[1]退热，而又能保津液不可，前贤多用之。

辛凉重剂白虎汤方。

生石膏（研）一两　知母五钱　生甘草三钱　白粳米一合

水八杯，煮取三杯，分温三服，病退，减后服，不知，再作服。

[方论]义见法下，不再立论，下仿此。

【注解】 [1] 飚（biāo）：即秋天的狂风。飚，狂风。

【释义】本条乃述热入肺经气分，肺热证治。脉洪数有力，是邪在气分表现。口渴因伤津故，苔黄提示邪热盛，为里证；热盛迫津外泄，故大汗出；热郁可上炎，故面色潮红，时时厌热。因邪热炽盛，非桑菊饮、银翘散轻、平之剂所能胜任，故用辛凉重剂白虎汤辛透退热、甘寒保津。

【选注】郑雪堂：恶热二字宜著眼，若恶寒便用不着，此方须兼表药，如麻杏石甘汤，盖恶寒阳气发郁在表也，白虎汤只能退热，未能疏表，若非先疏其表，使阳气得伸，恐骤用寒凉，愈遏其热不出耳。

【点评】白虎汤用生石膏辛寒，辛能透热解肌，寒能清热降火；知母辛、苦、寒，清热保津；甘草、粳米甘平养胃、滋阴生津。药虽四味，确有清热、除烦、止渴的功效。白虎汤为辛凉重剂，为辛寒清气，保护津液之名方。临床用于温病气分热盛证，确有良好之疗效。

【原文】7.太阴温病，血从上溢者，犀角地黄汤合银翘散主之。有中焦病者，以中焦法治之。若吐粉红血水者，死不治；血从上溢，脉七、八至以上，面反黑者，死不治；可用清络育阴法。（上焦篇 11）

自注：血从上溢，温邪逼迫血液上走清道[1]，循清窍而出，故以银翘散败温毒，以犀角地黄清血分之伏热，而救水即所以救金也。至粉红水非血非液，实血与液交迫而出。有燎原之势，化源速绝。血从上溢，而脉至七、八至，面反黑，火极而似水，反兼胜已之化[2]也，亦燎原之势莫制，下焦津液亏极，不能上济君火，君火反与温热之邪合德，肺金其何以堪，故皆主死。化源绝，乃温病第一死法也。仲子[3]曰：敢问死？孔子曰：未知生，焉知死。瑭以为医者不知死，焉能救生。细按温病死状百端，大纲不越五条。在上焦有二：一曰肺之化源绝者死；二曰心神内闭，内闭外脱者死。在中焦亦有二：一曰阳明太实，土克水者死；二曰脾郁发黄，黄极则诸窍为闭，秽浊塞窍者死。在下焦则无非热邪深入，消烁津液，涸尽而死也。

犀角地黄汤方（见下焦篇）

银翘散（方见前）

已用过表药者，去豆豉、芥穗、薄荷。

【注解】

[1] 清道：此处指头面口鼻诸窍（此处指气道，与浊道即食道相对而言）。

[2] 胜已之化：上言“火极似水”，即水胜火，火过亢盛，反有似水的表现。

[3] 仲子：即仲弓，孔子的学生之一，春秋时鲁国人。

【释义】本条论述手太阴温病血分证证治。血从上溢出清窍，乃邪在血分，迫血妄行所致。病在上焦，肺络受伤，乃温邪较盛表现，故以银翘散清之。热迫血行，故以犀角地黄汤凉血散血。如果出现吐粉红色血水，或血从上溢，脉七八至以上，面反黑这两种情况，均为不治之死证。吴氏认为“粉红血水非血非液，实血与液交迫而出，有燎原之势，化源速绝”故死不治。至于血从上溢，口鼻出血，脉七、八至以上，颜面反呈现晦暗无泽的气色，吴氏谓“火极而似水”，即下焦阴液亏极，不能上济心火，心火与热相合，形成燎原之势，上灼肺阴，化源告竭，病情十分险恶。虽为死不治之证，吴氏仍提出“可用清络育阴法”，即凉血安络，甘寒养阴的法则，可考虑选用犀角地黄汤合黄连阿胶汤加减。

【选注】叶子雨：温邪衄血吐血，犀角地黄汤原属常用之方，然既曰太阴温病，而载诸上焦篇中，又不言舌绛脉数，营热形证，自是风温暑热，气分中怫郁，而迫血上溢，行清道则衄，行浊道则吐，治衄宜辛凉清润，治吐宜甘凉肃降，何得以清心凉营之法。

【点评】首先叶子雨对吴氏的注论不无道理，但仍然不影响该法治疗太阴温病之血分证，吴氏在自注中分析了引起温病死亡的主要原因，即“死状百端，大纲不越五条”，这五个方面确属温病中之最为危重者，应了然于心，充分重视。

【原文】8.太阴温病，寸脉大，舌绛而干，法当渴，今反不渴者，热在营中也，清营汤去黄连主之。（上焦篇 15）

自注：渴乃温之本病，今反不渴，滋人疑惑；而舌绛且干，两寸脉大，的系温病。盖邪热入营蒸腾，营气上升，故不渴，不可疑不渴非温病也。故以清营汤清营分之热，去黄连者，不欲其深入也。

清营汤（见暑温门中）

【释义】本条论述太阴温病营分证治，寸脉大，为上焦证，舌干燥，色绛可知不单伤津，还伤了营阴，知病邪已入营分。"口反不渴"是温邪蒸腾营阴所致，当与卫分证、气分证之口渴相鉴别。病在营分，当以清营泄热为主，方用清营汤。

【点评】本条乃太阴温病营分证之证治。明晰温病邪入营分，反不见口渴之疑惑。"去黄连者，不欲其深入"于今观之，黄连可清心火，现症不见心烦，身热夜甚等情况，可不用，以免过于苦寒伤气。

【原文】9.邪入心包，舌謇[1]肢厥，牛黄丸主之，紫雪丹亦主之。（上焦篇 17）

自注：厥者，尽也。阴阳极造其偏，皆能致厥。伤寒之厥，足厥阴病也。温病之厥，手厥阴病也。舌卷囊缩，虽同系厥阴现证，要之，舌属手，囊属足也。盖舌为心窍，包络代心用事，肾囊前后，皆肝经所过，断不可以阴阳二厥混而为一。若陶节庵所云："冷过肘膝，便为阴寒"，恣用大热。再热厥之中亦有三等：有邪在络居多，而阳明证少者，则从芳香，本条所云是也；有邪搏阳明，阳明太实，上冲心包，神迷肢厥，甚至通体皆厥，当从下法，本论载入中焦篇；有日久邪杀阴亏而厥者，则从育阴潜阳法，本论载入下焦篇。

【注解】 [1] 舌謇（jiǎn)：指舌体转动不灵，语言謇涩之症。

【释义】本条论述邪入心包证治及厥证产生的机理治法。邪入心包，窍机阻闭，则舌体转动不灵，神昏谵语；气血运行郁滞，肢体失于温煦，则四肢厥冷。故急用牛黄丸、紫雪丹清心化痰开窍。

厥证虽均表现为手足厥冷，但其性质有寒热之分，病位有手足厥阴之异。寒厥多见于伤寒，乃因阳气大衰，阴寒内盛所致，可见囊缩，因肾囊前后，为厥阴肝经循行之地。热厥多见于温病，乃因邪热内闭，阳气不能外达所致，可见舌卷，因舌为心窍，手厥阴包络代心用事。但上述之区分是相对而言的，伤寒中也有邪热内郁而致热厥者，温病中也不乏阳气外脱而致寒厥者，临证时应予详细区别。

吴氏认为热厥可分为三类：上焦病见热厥以邪在心包络居多，当以芳香开窍为法，可取安宫牛黄丸或紫雪丹或至宝丹。而中焦则因阳明太实，上冲心包，当急下存阴，可取承气汤。下焦热厥，多阴虚风动，当育阴潜阳，可用三甲复脉汤或大定风珠。吴氏对热厥内容的具体和完善，在临床上颇具指导意义。

【选注】叶子雨：知热厥从手厥阴治，极是。但热邪炽盛，三焦相火相煽，热深厥深，此时心神为热邪蒸围，非闭塞也。有形无形，治法大异，恐牛黄丸、紫雪丹未能奏效，急磨紫金锭服之。

曹炳章：所谓热深厥亦深，无论手厥阴、足厥阴，皆脏腑至深之处，故寒厥之症，十不得一。盖寒气伤阳，始终并未化热，必伤寒延至多日，又系虚寒之体，乃见寒厥。

【点评】热厥寒厥之变，当须切实掌握，因此时邪势急重，一经误治，变在俄顷。曹氏提出寒厥较少见，系有得之见；但其所说"伤寒延至多日，又系虚寒之体，乃见寒厥"则又未尽然，因温病中也可出现寒厥，为阳气衰亡而致。

【原文】10.脉虚夜寐不安，烦渴舌赤，时有谵语，目常开不闭，或喜闭不开，暑入手厥阴也。手厥阴暑温，清营汤主之。舌白滑者，不可与也。（上焦篇 30）

自注：夜寐不安，心神虚而阳不得入于阴也。烦渴舌赤，心用恣而心体亏也。时有谵语，神明欲乱也。目常开不闭，目为火户，火性急，常欲开以泄其火，且阳不下交于阴也；或喜闭不开者，阴为亢阳所损，阴损则恶见阳光也。故以清营汤急清营中之热，而保离[1]中之虚也。若舌白滑，不唯热重，湿亦重矣。湿重忌柔润药，当于湿温例中求之，故曰不可与清营汤也。

清营汤方（咸寒苦甘法）

犀角三钱　生地五钱　元参三钱　竹叶心一钱　麦冬三钱　丹参二钱　黄连一钱五分　银花三钱　连翘（连心用）二钱

水八杯，煮取三杯，日三服。

【注解】[1] 离：八卦之一，象征火，这里代表心。

【释义】本条论及暑温病营分证治。暑性酷热，因同气相召，易深入手厥阴心包，扰乱心神，出现夜寐不安，心中烦乱，时有谵语神志症状。舌赤口渴应是热盛伤津之象。"目常开不闭"者，吴氏认为"目为火户"，窗户打开而使火热得以外泄。又"喜闭不开"者，乃暑热耗伤阴液，阴伤则怕见阳光，故闭而不开。开与不开，皆暑热或阴伤所致，这与营分证热灼营阴，心神被扰的病机是一致的。清营汤是营分证之主方，方中犀角、黄连清营热，生地、玄参、麦冬养营阴，丹参引诸药入心包以清心安神，银花、连翘、竹叶宣通气机，合奏清心凉营之效。若舌苔白腻而滑，湿邪较盛，当忌用滋阴清热等阴柔药物，清营汤不可与也。

【选注】叶子雨：邪入心营，此方可用，如舌苔白滑而腻，不可服，乃湿邪遏热也。

【点评】吴氏在文中补充说明："若舌白滑，不唯热重，湿亦重矣"、"当于湿温例中求之"，故临证时，此类是不可服用清营汤的。清营汤证以"夜寐不安，时有谵语"等神志症状，以及"舌赤"（舌质绛）等为辨证要点，治以清营汤以"透热转气"，其证与安宫、紫雪等有别。

【原文】11.小儿暑温，身热，卒然痉厥，名曰暑痫，清营汤主之，亦可少与紫雪丹。（上焦篇 33）

自注：小儿之阴，更虚于大人，况暑月乎！一得暑温，不移时有过卫入营者，盖小儿之脏腑薄也。血络受火邪逼迫，火极而内风生，俗名急惊，混与发散消导，死不旋踵。唯以清营汤清营分之热而保津液，使液充阳和，自然汗出而解，断断不可发汗也。可少与紫雪者，清包络之热而开内窍也。

【释义】本条论小儿暑痫证治。小儿脏腑娇嫩，稚阴稚阳，肝常有余，若感受酷烈之暑邪，极易过卫入营，深入厥阴，热陷心包，引动肝风，出现身热、神昏、发痉等症，称为暑痫。治疗用清营汤以清营泄热生津为法，或并用紫雪丹开窍息风止痉。

【选注】叶子雨：暑温已属不经，暑痫亦非是。盖痫证醒时，口吐涎沫，否则痉瘛厥耳。小儿热极风生，卒然痉厥，此方宜减生地，加羚羊角、钩藤。

【点评】叶氏提出本证治疗应在清营汤的基础上有所加减，甚是。从临床角度而言，小儿暑痫并非都属营分证，卫分、气分、血分阶段都可见到，治疗时应根据病情立法选方。

【原文】12.大人暑痫，亦同上法。热初入营，肝风内动，手足瘛疭[1]，可于清营汤中，加勾藤，丹皮、羚羊角。（上焦 34 条）

清营汤、紫雪丹（方剂用法并见前）

【注解】[1] 瘛（chì）疭（zòng）：与抽搐同义，俗名抽风。筋急引缩为瘛，筋缓纵伸为疭。手足四肢时缩时伸，抽动不止者谓之瘛疭。

【释义】本条论述成人暑痫证治。成人患暑痫，也可用清营法。如热邪初入营分，肝风内动，手足抽搐，可以在清营汤中，加钩藤、丹皮、羚羊角。

【选注】叶子雨：治法尚平妥。

【点评】暑痫，无论大人、小孩，都是暑热病邪深入营分，内闭心包，动风所致。其治疗都是用清营汤，或加紫雪丹，清热开窍、镇痉，或加钩藤、丹皮、羚羊角凉肝息风。

【原文】13.燥伤肺胃阴分，或热或咳者，沙参麦冬汤主之。（上焦篇 56）

此条较上二条，则病深一层矣，故以甘寒救其津液。

沙参麦冬汤（甘寒法）

沙参三钱　玉竹二钱　生甘草一钱　冬桑叶一钱五分　麦冬三钱　生扁豆一钱五分　花粉一钱五分

水五杯，煮取二杯，日再服。久热久咳者，加地骨皮三钱。

【释义】本条论秋燥肺胃阴伤证治。原文只提到“或热或咳”二症，应可见到咽干鼻燥，口干渴，舌干红少苔，脉细数等伤阴之症，发热多为低热，咳多为干咳，此皆燥热耗伤肺胃津液所致。沙参麦冬汤是治疗温病肺胃阴伤的代表方，方中多为甘寒生津，滋养肺胃之品，同时具有轻清宣透，宣散肺热之功。

【选注】曹炳章：此条较上二条病为深，故用药多取救液。叶氏谓肺为水主，则养肺阴亦当属救液。

【点评】沙参麦冬汤不仅可用于秋燥之燥伤肺胃证，各种温病所引起的肺胃阴伤证皆可使用。

【原文】14.燥气化火，清窍不利者，翘荷汤主之。（上焦篇 57）

自注：清窍不利，如耳鸣目赤，龈胀咽痛之类。翘荷汤者，亦清上焦气分之燥热也。

翘荷汤（辛凉法）

薄荷一钱五分　连翘一钱五分　生甘草一钱　黑栀皮一钱五分　桔梗二钱　绿豆衣二钱

水二杯，煮取一杯，顿服之。日服二剂，甚者日三。

耳鸣者，加羚羊角、苦丁茶；目赤者，加鲜菊叶、苦丁茶、夏枯草；咽痛者，加牛蒡子、黄芩。

【释义】本条论燥干清窍证治。所谓清窍不利，吴氏认为“如耳鸣目赤，龈肿咽痛”之类，治疗用翘荷汤清火润燥。方中连翘、黑栀皮、绿豆皮，清解燥火，薄荷辛凉清利头目，桔梗、甘草利咽而消龈肿。

【点评】吴氏投用翘荷汤是很有见地的。本方在连翘、黑栀皮、绿豆衣等清降药里，又加一味清扬上升的薄荷，以达到降中有升，蠲除耳鸣的目的。方中黑栀皮，仍清上焦燥热之妙药。

（二）湿热类

【原文】15.手太阴暑温，如上条证，但汗不出者，新加香薷饮主之。（上焦篇 24）

自注：证如上条，指形似伤寒[1]，右脉洪大，左手反小，面赤口渴而言。但以汗不能自出，表实为异，故用香薷饮发暑邪之表也。按香薷辛温芳香，能由肺之经而达其络。鲜扁豆花，凡花皆散，取其芳香而散，且保肺液，以花易豆者，恶其呆滞也，夏日所生之物，多能解暑，唯扁豆花为最，如无花时，用鲜扁豆皮，若再无此，用生扁豆皮。厚朴苦温，能泄实满。厚朴，皮也，虽走中焦，究竟肺主皮毛，以皮从皮，不为治上犯中。若黄连、甘草，纯然里药，暑病初起，且不必用，恐引邪深入，故易以连翘、银花，取其辛凉达肺经之表，纯从外走，不必走中也。

温病最忌辛温，暑病不忌者，以暑必兼湿，湿为阴邪，非温不解，故此方香薷、厚朴用辛温，而余则佐以辛凉云，下文湿温论中，不唯不忌辛温，且用辛热也。

新加香薷饮方（辛温复辛凉法）

香薷二钱　银花三钱　鲜扁豆花三钱　厚朴二钱　连翘二钱

水五杯，煮取二杯。先服一杯，得汗止后服；不汗再服；服尽不汗，再作。

【注解】[1]形似伤寒：即暑温初起出现的头痛，高热恶寒、汗不出等类似伤寒的症状。

【释义】本条所述乃是暑、湿、寒三气交感之新加香薷饮证。与上条（指上焦篇 22 条）“汗大出”相比，本证特点是“汗不出”，说明本证属暑湿内蕴，寒束于表的表实证。治当疏表散寒，涤暑化湿，方选新加香薷饮。方中香薷解表散寒，厚朴燥湿和中，银花、连翘、鲜扁豆花清热涤暑。

吴氏提出暑每易夹湿，而湿邪非温不化，故需用温。但本证与一般湿邪为病又有不同，属暑热夹湿为患，所以又当用辛凉涤暑之品。新加香薷饮即为辛温与辛凉并用之方。

【点评】 暑病为热证，可通过汗出以宣泄热邪。《内经》云：“暑当与汗皆出，勿止”，故暑病的治疗原则是有汗者勿止汗，无汗者当取汗。暑温为里热蒸腾，一般多有汗出。因气候炎热，食凉露宿，外感风寒等而出现发热、恶寒、汗不出者，亦不少见，故用辛温以微汗透热。新加香薷饮具有祛暑解表，清热化湿的作用，正是《内经》“体若燔炭，汗出而散”的具体运用。

【原文】 16.手太阴暑温，或已经发汗，或未发汗，而汗不止，烦渴而喘，洪大有力者，白虎汤主之；脉洪大而芤[1]者，白虎加人参汤主之；身重者，湿也，白虎加苍术汤主之；汗多脉散大，喘喝欲脱者，生脉散主之。（上焦篇 26）

自注：此条与上文少异者，只已经发汗一句。

白虎加苍术汤方

即于白虎汤内加苍术三钱。

汗多而脉散大，其为阳气发泄太甚，内虚不司留恋可知。生脉散酸甘化阴，守阴所以留阳，阳留，汗自止也。以人参为君，所以补肺中元气也。

生脉散方（酸甘化阴法）

人参三钱　麦冬（不去心）二钱　五味子一钱

水三杯，煮取八分二杯，分二次服，渣再煎服。脉不敛，再作服，以脉敛为度。

【注解】 [1] 芤（kōu）：此指芤脉，浮大而软，按之中空如捻葱管。芤，葱的别名。

【释义】 本条为暑温病气分证治，由暑入阳明发展为暑伤津气，最后发展到津气欲脱，反映了暑温病气分阶段由实致虚的发展规律。

本条虽冠以“手太阴暑温”然其病位不局限于肺，肺胃经脉相连，生理病理密切相关，故白虎汤和白虎加人参汤所主治者每为肺胃热盛。无论是否用过发汗之法，病人表现为汗出不止，心烦口渴，呼吸粗大而喘，脉象洪大有力者，即为肺胃热盛，当用白虎汤治疗。如出现洪大而中空无力的芤脉，乃是热盛津伤之证，用白虎加人参汤治疗。

若兼见身体困重等症，属阳明热盛兼太阴脾湿，方选白虎加苍术汤，用白虎汤清阳明之热，加苍术兼燥太阴脾湿。若身热虽退而汗出不止，脉象散大，呼吸急促如喘等，乃因阳泄太过，阴伤严重，阳失依附而不能收敛，致津气外脱。生脉散酸甘化阴，固守阴液而使阳气得以内留，阳留则固摄阴液而汗自止，故以君药人参补益元气，配以麦冬、五味子滋阴敛阴。

【点评】 白虎加苍术汤，虽只有苍术一味祛太阴脾湿，但有独当一面之功。吴鞠通所提出的治疗暑温数方，是临床常用之方，临床若能根据实际情况灵活加减，则其效更佳。

【原文】（按：暑温、伏暑，名虽异而病实同，治法须前后互参，故中下焦篇不别立一门。）

17.暑兼湿热，偏于暑之热者为暑温，多手太阴证而宜清，偏于暑之湿为湿温，多足太阴证而宜温；湿热平等者两解之，各宜分晓，不可混也。（上焦篇 35）

自注：此承上起下之文。按暑温，湿温，古来方法最多精妙，不比前条温病毫无尺度，本论原可不必再议，特以《内经》有先夏至为病温、后夏至为病暑之明文，是暑与温，流虽异而源则同，不得言温而遗暑，言暑而遗湿。又以历代名家，悉有蒙混之弊，盖夏日三气杂感，本难条分缕晰。唯叶氏心灵手巧，精思过人，案中治法，丝丝入扣，可谓汇众善以为长者，惜时人不能知其一、二；然其法散见于案中，章程未定，浅学者读之，有望洋之叹，无怪乎后人之无阶而升也。故本论摭拾其大概，粗定规模，俾学者有路可寻。精妙甚多，不及备录，学者仍当参考名家，细绎叶案，而后可以深造。再按：张洁古[1]云“静而得之为中暑，动而得之为中热；中暑者阴证，中热者阳证”。呜呼！洁古笔下如是不了了，后人奉以为规矩准绳，此医道之所以难言也。试思中暑，竟无动而得之者乎？中热，竟无静而得之者乎？似难以动静二字分暑热。又云“中暑者阴证”，暑字从日，日岂阴物乎？暑中有火，火岂阴邪乎？暑中有阴耳，湿是也，非纯阴邪也。“中热者阳证”，斯语诚然，要知热中亦兼秽浊，秽浊亦阴类也，是中热非纯无阴也。盖洁古所指之中暑，即本论后文之湿温也；其所指之中热，即本论前条之温热也。张景岳又细分阴暑、阳暑；所谓阴暑者，即暑之偏于湿，而成足太阴之里证也；阳暑者，即暑之偏于热，而成手太阴之表证也。学者非目无全牛[2]，不能批隙中[3]，宋元以来之名医，多自以为是，而不求之自然之法象，无怪乎道之常不明，而时人之随手杀人也，可胜慨域！

【注解】

[1] 张洁古：名元素，金代著名医家，著有《珍珠囊药性赋》等。

[2] 目无全牛：熟练的宰牛者，在杀牛时所看到的好似已经分解好的牛。比喻技艺已到了极其纯熟、得心应手的地步。

[3] 批隙中：比喻处理问题能从关键入手。

【释义】本条论述暑温与湿温异同，暑温、湿温、伏暑三者均兼具湿与热的双重性质，在治疗上可互参。暑温与湿温的区别在于：暑兼湿热，偏于暑热者为暑温，多表现为手太阴肺经热盛的病证，治疗以清为主；偏于湿者为者湿温，多表现为足太阴脾经湿盛的病证，治疗以温燥祛湿为主。如感受的病邪湿与热并重，则是清热祛湿。上述病证应通晓其不同之处，不能互相混淆。

【选注】曹炳章：汪论偏湿偏热，伤手伤足，挈领提纲，可谓不易之论，学者从此认清，自不患动手便错矣。又按洁古所谓动者，指奔走劳役之人，触冒天地之热气而病者也，所以静者，指富贵安逸之人，纳凉于高堂大厦，以避热气而病者也，然动者亦有时中湿，静者亦有时中热，未可拘泥。

【点评】吴氏在自注中就温、暑、湿三者的关系从源到流，引用了一些医家的认识，提出了自己的见解，多有独到过人之处。

【原文】18.太阴伏暑，舌白口渴，无汗者，银翘散去牛蒡、元参加杏仁、滑石主之。（上焦篇38）

自注：此邪在气分而表实之证也。

【释义】太阴伏暑是发于秋冬的暑湿病，初起即表里同病。出现口渴，舌白等气分里热和里湿见证，又有无汗等表实见证，即邪在气分兼表实。治疗当表里同治，用银翘散加杏仁、滑石等宣肺利湿之品，以解表祛湿，方中去牛蒡、玄参者，乃因二药具阴腻之性，有碍于湿。

【点评】本条所云伏暑乃暑湿为患，感邪过时而于秋冬发，然亦有暑热为患者，临证当细察病邪之性质。

【原文】19.太阴伏暑，舌赤口渴，无汗者，银翘散加生地、丹皮、赤芍、麦冬主之。（上焦篇39）

自注：此邪在血分而表实之证也。

【释义】此条乃暑湿在血分而表实之证。伏暑初起表里同病，主要是表实兼气或兼血而言。本条则为血分兼表实证。发病之初既有口渴，舌赤等血分见证，又有无汗等表实见证，故用银翘散辛凉解表以治其表实，加生地、丹皮、赤芍、麦冬凉血滋阴以培其汗源而治其血热。

【选注】曹炳章：分别血分气分用药之法，与银翘散桑菊饮各方所注加减法参看足以通其意。

【点评】本条足见兼湿不明显，故可加用滋阴凉血之品，吴鞠通云此邪在血分而表实，从症状及治法上看，应兼有营分。

【原文】20.头痛恶寒，身重疼痛，舌白不渴，脉弦细而濡，面色淡黄，胸闷不饥，午后身热，状若阴虚，病难速已，名曰湿温，汗之则神昏耳聋，甚则目瞑不欲言，下之则洞泄[1]，润之则病深不解，长夏深秋冬日同法，三仁汤主之。（上焦篇 43）

自注：头痛恶寒，身重疼痛，有似伤寒，脉弦濡，则非伤寒矣。舌白不渴，面色淡黄，则非伤暑之偏于火者矣。胸闷不饥，湿闭清阳道路也。午后身热，状若阴虚者，湿为阴邪，阴邪自旺于阴分，故与阴虚同一午后身热也。湿为阴邪，自长夏而来，其来有渐，且其性氤氲[2]黏腻，非若寒邪之一汗即解，温热之一凉即退，故难速已。世医不知其为湿温，见其头痛恶寒身重疼痛也，以为伤寒而汗之，汗伤心阳，湿随辛温发表之药蒸腾上逆，内蒙心窍则神昏，上蒙清窍则耳聋目瞑不言。见其中满不饥，以为停滞而大下之，误下伤阴，而重抑脾阳之升，脾气转陷，湿邪乘势内渍，故洞泄。见其午后身热，以为阴虚而用柔药润之，湿为胶滞阴邪，再加柔润阴药，二阴相合，同气相求，遂有锢结而不可解之势。唯以三仁汤轻开上焦肺气，盖肺主一身之气，气化则湿亦化也。湿气弥漫，本无形质，以重浊滋味之药治之，愈治愈坏。伏暑湿温，吾乡俗名秋呆子，悉发陶氏《六书》[3]法治之，不知从何处学来，医者呆，反名病呆，不亦诬乎！再按：湿温较诸温，病势虽缓而实重，上焦最少，病势不甚显张，中焦病最多，详见中焦篇，以湿为阴邪故也。当于中焦求之。

三仁汤方

杏仁五钱　飞滑石六钱　白通草二钱　白蔻仁二钱　竹叶二钱　厚朴二钱　生薏仁六钱　半夏五钱

甘澜水八碗，煮取三碗，每服一碗，日三服。

【注解】

[1] 洞泄：原指食后即腹泻，泻下物完谷不化。这里指泻下无度。

[2] 氤（yīn）氲（yūn）：形容烟气弥漫的样子。

[3] 陶氏《六书》：指陶节庵的《伤寒六书》。

【释义】本条乃吴鞠通论述湿温初起的证治及治禁。湿温起病较缓，病程长、传变慢、病情缠绵等特性。湿温初起，既有表湿又有里证湿热，症见头痛恶寒，身重疼痛，面色淡黄，胸闷不饥，午后身热，舌白不渴，脉弦细而濡等。

吴氏提出湿温初起的三大禁忌证。一则禁汗：若见恶寒头痛，身重疼痛，类似伤寒，而误用辛温发汗，则会耗伤心阳，湿热熏蒸而上蒙清窍，可致神昏、耳聋、目闭等症。二则禁下：如湿热阻滞中焦之胸闷不饥，误以为食滞而妄用苦寒攻下，则脾阳容易受损，脾气下陷，湿邪下趋而为洞泄。三则禁润：如午后身热而误为阴虚证，妄用滋腻阴柔之药，势必滋腻碍邪，锢结难解，病情加重而难以治愈。

【选注】叶子雨曰：湿温之因有三，阳脉濡而弱，阴脉小而急，此先受暑，后中湿，乃暑邪蒸湿者是也。症见两胫冷，腹满，又胸头目痛，妄言，治在足太阴，不可发汗。由先伤于脾，因而中，湿热相搏者是也。脉濡弱，舌苔白或绛底，呕逆口干，不能汤饮，胸满闷，身潮热，汗出稍凉，少顷又热，此春分后，秋分前，少阴君火，少阳相火，太阴湿土，三气合行，加以天气热下降，地气湿上腾，由口鼻吸受，着于脾胃者是也。误治变证，非一端所能尽。夫湿自外来，上焦气分受之，潮热，自汗，表之不解，清之不应，宜宣通气分。若冒雨雾，湿留太阴，肌表发热，自汗，不渴，不饮，舌苔灰白，黏腻，身虽热，不欲去衣被者，宜解肌和表。

【点评】三仁汤是治疗湿温初起，邪遏卫气的名方，具有芳香宣气化湿之功，具有宣肺、畅中、渗下妙法，但宣表之功较弱，对利湿较好，临床上酌情增减。吴鞠通示人以芳香宣化之大法，应懂得变通，根据病情进行加减。有医家认为此方淡渗有余，芳化不足，应用时当加入藿香、佩兰、青蒿、豆卷等芳化透表之药，可参。

三、中焦篇

（一）温热类

【原文】21.面目俱赤，语声重浊，呼吸俱粗，大便闭，小便涩，舌苔老黄，甚则黑有芒刺，但恶热，不恶寒，日晡益甚者，传至中焦，阳明温病也。脉浮洪躁甚者，白虎汤主之；脉沉数有力，甚则脉体反小而实者，大承气汤主之。暑温、湿温、温疟，不在此例。（中焦篇 1）

自注：阳明之脉荣于面，《伤寒论》谓阳明病面缘缘正赤[1]，火盛必克金，故目白睛亦赤也。语声重浊，金受火刑而音不清也。呼吸俱粗，谓鼻息来去俱粗，其粗也平等，方是实证；若来粗去不粗，去粗来不粗，或竟不粗，则非阳明实证，当细辨之，粗则喘之渐也。大便闭，阳明实也。小便涩，火腑不通，而阴气不化也。口燥渴，火烁津也。舌苔老黄，肺受胃浊，气不化津也（按《灵枢》论诸脏温病，独肺温病有舌苔之明文，余则无有。可见舌苔乃胃中浊气，熏蒸肺脏，肺气不化而然）。甚则黑者，黑，水色也，火极而似水也，又水胜火，大凡五行之极盛，必兼胜己之形。芒刺，苔久不化，热极而起坚硬之刺也；倘刺软者，非实证也。不恶寒，但恶热者，传至中焦，已无肺证，阳明者，两阳合明也，温邪之热，与阳明之热相搏，故但恶热也。或用白虎，或用承气者，证同而脉异也。浮洪躁甚，邪气近表，脉浮者不可下，凡逐邪者，随其所在，就近而逐之，脉浮则出表为顺，故以白虎之金飚以退烦热。若沉小有力，病纯在里，则非下夺不可矣，故主以大承气。按吴又可《温疫论》中云：舌苔边白但见中微黄者，即加大黄，甚不可从。虽云伤寒重在误下，温病重在误汗，即误下不似伤寒之逆之甚，究竟承气非可轻尝之品，故云舌苔老黄，甚则黑有芒刺，脉体沉实，的系燥结痞满，方可用之。

或问：子言温病以手经主治，力辟用足经药之非，今亦云阳明证者何？阳明特非足经乎？曰：阳明如市，胃为十二经之海，土者万物之所归也，诸病未有不过此者。前人云伤寒传足不传手，误也，一人不能分为两截。总之伤寒由毛窍而谿[2]，谿肉之分理之小者；由谿而谷[3]，谷，肉之分理之大者；由谷而孙络[4]，孙络，络之至细者；由孙络而大络，由大络而经，此经即太阳经也。始太阳，终厥阴，伤寒以足经为主，未始不关手经也。温病由口鼻而入，鼻气通于肺，口气通于胃。肺病逆传则为心包，上焦病不治，则传中焦，胃与脾也，中焦病不治，即传下焦，肝与肾也。始上焦，终下焦，温病以手经为主，未始不关足经也。但初受之时，断不可以辛温发其阳耳。盖伤寒伤人身之阳，故喜辛温甘温苦热，以救其阳，温病伤人身之阴，故喜辛凉甘寒甘咸，以救其阴。彼此对勘，自可了然于心目中矣。

白虎汤（方见上焦篇）

大承气汤方

大黄六钱　芒硝三钱　厚朴三钱　枳实三钱

水八杯，先煮枳、朴，后纳大黄、芒硝，煮取三杯。先服一杯，约二时许，得利止后服，不知，再服一杯，再不知，再服。

[方论]此苦辛通降咸以入阴法。承气者，承胃气也。盖胃之为腑，体阳而用阴，若在无病时，本系自然下降，今为邪气盘踞于中，阻其下降之气，胃虽自欲下降而不能，非药力助之不可，故承气汤通胃结，救胃阴，仍系承胃腑本来下降之气，非有一毫私智穿凿于其间也，故汤名承气。学者若真能透彻此义，则施用承气，自无弊窦[5]。大黄荡涤热结，芒硝入阴软坚，枳实开幽之不通，厚朴泻中宫之实满（厚朴分量不似《伤寒论》中重用者，治温与治寒不同，畏其燥也）。曰大承气者，

合四药而观之，可谓无坚不破，无微不入，故曰大也。非真正实热蔽痼[6]，气血俱结乾，不可用也。若去入阴之芒硝，则云小矣；去枳、朴之攻气结，加甘草以和中，则云调胃矣。

【注解】

[1] 缘缘正赤：整个部位俱为红色。

[2] 谿（xī）：指机体肌肉之间的细小缝隙。

[3] 谷：指机体肌肉之间的较大缝隙。

[4] 孙络：人体络脉中最细的部分。

[5] 弊窦：指不良后果。

[6] 弊痼：指内伏郁结。

【释义】本条文论述了阳明温病主要证治。临床常见：面目俱赤，语声重浊，呼吸俱粗，大便闭，小便涩，舌苔老黄，甚则黑有芒刺，但恶热不恶寒，日晡益甚者。如脉浮洪躁甚者，乃阳明经证，方用白虎汤；若脉沉数有力，甚则脉体反小而实者，乃阳明腑实证，方用大承气汤。除脉象的区别外，吴氏在自注中又提出了舌象的不同，老黄苔、甚则黑有芒刺为腑实证。临床上区别经腑证，还可参考腹诊和大便状况，如腹软无压痛，大便不秘者，多属经证，如腹部胀满疼痛，便秘或热结旁流，则属腑证。

【选注】叶子雨：论阳明当下证，亦颇精确，辨呼吸来去，其粗平等尤觉仔细，然须腹满耕痛，方可用承气也。

【点评】吴氏在自注中："凡逐邪者，随其所在，就近而逐之"的临床思维甚妙，辨清在经在腑，随法治之。另外，吴氏对承气汤的适应证，强调"舌苔老黄，甚则黑有芒刺，脉体沉实，的系燥结痞满，方可用之"。叶子雨云，须腹满耕痛。曹炳章云：此亦不尽然，若待舌苔老黄，黑有芒刺，则病势亟矣！此等舌若见最好，用之无误，若如叶子雨所说，须腹满耕痛则不尽然，临床上可防微杜渐，已病防变的临床思维还是要有的。此中小脉，指小而实，非虚脉。

【原文】22.阳明温病，诸证[1]悉有而微，脉不浮者，小承气汤微和之。（中焦篇 3）

自注：以阳明温病发端者，指首条所列阳明证而言也，后凡言阳明温病者仿此。诸证悉有，以非下不可，微则未至十分亢害，但以小承气通和胃气则愈，无庸芒硝之软坚也。

【注解】 [1] 诸证：中焦篇第一条所列出的阳明病证的症状。

【释义】此条为中焦证第一条文的补充，阳明温病，若脉不浮，证明邪在里，又不似阳明经证而脉洪大，因诸症轻，故用小承气汤。

【选注】曹炳章：病尽归于阳明则施用承气自无弊窦，观各条自知特此条无大实证，故但有调胃承气耳，至于温下、寒下，症各不同，亦犹温病、伤寒治各不同，此本两大法门。

【点评】

吴氏用攻下时比较谨慎，虽阳明温病诸症有而微，但还需结合脉象，脉不浮，证明为可下之里证，小承气汤可用，除此，小承气可用于在热性病中身体虚弱，正虚邪实，不耐峻攻者。

【原文】23.阳明温病，无汗，小便不利，谵语者，先与牛黄丸；不大便，再与调胃承气汤。（中焦篇 5）

自注：无汗而小便不利，则大便未定成硬，谵语之不因燥屎可知。不因燥屎而谵语者，犹系心包络证也，故先与牛黄丸，以开内窍，服牛黄丸，内窍开，大便当下，盖牛黄丸亦有下大便之功能。其仍然不下者，无汗则外不通；大小便俱闭则内不通，邪之深结于阴可知，故取芒硝之咸寒，大黄、甘草之甘苦寒，不取枳、朴之辛燥也。伤寒之谵语，舍燥屎无他证，一则寒邪不兼秽浊，二则由太阳而阳明；温病谵语，有因燥屎，有因邪陷心包，一则温多兼秽，二则自上焦心肺而来，学者常须察识，不可歧路亡羊[1]也。

【注解】[1]歧路亡羊：比喻事理复杂多变，没有正确的方向，因而找不到真理。此处指医者临证时必须认真辨析识别，不可因辨察不清而失治误治。歧路：岔道。亡：丢失。

【释义】本条论阳明温病出现谵语、无汗而小便不利的治疗，一是本条所说的阳明温病，如大便不燥结，是邪热入心包，所以当用牛黄丸清心开窍，窍开则谵语止而大便下。若仍不下，则内外皆不同，当是热结于阴，再与调胃承气汤，如二方合并应用，在通下热结的同时，清泄心包之邪热，这就是后文将要提到的牛黄承气法。

【选注】叶子雨：谵语一证有虚实之分，非可仅恃承气，经曰，邪气盛则实，精气夺则虚，实则谵语，虚则郑声者是也，伤寒谵语，水涸屎燥者固多，然有火劫取汗而谵语者，有亡阳而谵语者，有下利清谷，不渴而谵语者，有下血而谵语者，岂皆承气可治。

【点评】在阳明腑实证中，可出现谵语，而本条谵语与无汗，小便不利同时并见，开窍而不得下亦可取攻下。叶子雨评注只针对谵语一症进行臆测，不得吴氏之阳明温病本意。

【原文】24.阳明温病，无上焦证，数日不大便，当下之，若其人阴素虚，不可行承气者，增液汤主之。服增液汤已，周十二时[1]观之，若大便不下者，合调胃承气汤微和之。（中焦篇11）

自注：此方所以代吴又可承气养荣汤法也。妙在寓泻于补，以补药之体，作泻药之用，既可攻实，又可防虚。余治体虚之温病，与前医误伤津液、不大便、半虚半实之证，专以此法救之，无不应手而效。

增液汤方（咸寒苦甘法）

元参一两　麦冬（连心）八钱　细生地八钱

水八杯，煮取三杯，口干则与饮，令尽，不便，再作服。

［方论］温病之不大便，不出热结液干二者之外。其偏于阳邪炽甚，热结之实证，则从承气法矣；其偏于阴亏液涸之半虚半实证，则不可混施承气，故以此法代之。独取元参为君者，元参味苦咸微寒，壮水制火，通二便，启肾水上潮于天，其能治液干，固不待言，本经[2]称其主治腹中寒热积聚，其并能解热结可知。麦冬主治心腹结气，伤中伤饱，胃络脉绝，羸瘦短气，亦系能补能润能通之品，故以为之佐。生地亦主寒热积聚，逐血痹，用细者，取其补而不腻，兼能走络也。三者合用，作增水行舟之计，故汤名增液，但非重用不为功。

本论于阳明下证，峙立三法：热结液干之大实证，则用大承气；偏于热结而液不干者，旁流是也，则用调胃承气；偏于液干多而热结少者，则用增液，所以 护其虚，务存津液之心法也。

按吴又可纯恃承气以为攻病之具，用之得当则效，用之不当，其弊有三；一则邪在心包、阳明两处，不先开心包，徒攻阳明，下后仍然昏惑谵语，亦将如之何哉？吾知其必不救矣。二则体亏液涸之人，下后作战汗，或随战汗而脱，或不蒸汗徒战而脱。三者下后虽能战汗，以阴气大伤，转成上嗽下泄，夜热早凉之怯证，补阳不可，救阴不可，有延至数月而死者，有延至岁余而死者，其死均也。在又可当日，温疫盛行之际，非寻常温病可比，又初创温病治法，自有矫枉过正不暇详审之处，断不可概施于今日也。本论分别可与不可与、可补不可补之处，以俟明眼裁定，而又为此按语于后，奉商天下之欲救是证者。至若张氏[3]、喻氏[4]，有以甘温辛热立法者，湿温有可用之处，然须兼以苦泄淡渗，盖治外邪，宜通不宜守也，若风温、温热、温疫、温毒，断不可从。

【注解】

[1]周十二时：满十二个时辰，即一昼夜。

[2]本经：《神农本草经》。

[3] 张氏：张景岳。

[4] 喻氏：喻嘉言。

【释义】本条为阳明热结阴亏证治。吴氏指出阳明温病，如无上焦证，数日不大便者，应使用攻下法治疗。阴虚之人，不可滥投承气，予增液汤润肠通便。药后一昼夜，如大便仍然不通，可配合调胃承气汤轻下，以防阴液更伤。

吴氏指出："液干多与热结少"用增液汤，方中玄参壮水润肠，麦冬能润能通，生地滋液不腻，三者合用，寓泻于补，增液行舟，以补寓通，攻实防虚，两擅其用。

吴氏自注中所论阳明用下三法，旨在通下之时不要耗伤津液，所谓"务存津液之心法也"。

【选注】叶子雨：温邪以存津液为第一要着，若阳明病虽不大便，而脉不沉实，腹不硬痛，审系胃腑液干之秘，此方颇精当。

曹炳章：风温、温热证每见热结液干，湿温证每见热结旁流。若湿温而见液干，必湿气全行化热，或过服温燥、淡渗之药而致液干。既已液干，亦宜增液以济其偏也。

【点评】吴鞠通对增液汤治疗阴亏液干之便秘的观点受后世医家的一致认同。

【原文】25.阳明温病，下之不通，其证有五：应下失下[1]，正虚不能运药[2]，不运药者死，新加黄龙汤主之。喘促不宁，痰涎壅滞，右寸实大，肺气不降者，宣白承气汤主之。左尺牢坚[3]，小便赤痛，时烦渴甚，导赤承气汤主之。邪闭心包，神昏舌短，内窍不通，饮不解渴者，牛黄承气汤主之。津液不足，无水舟停者，间服增液，再不下者，增液承气汤主之。(中焦篇17)

自注：经谓下不通者死，盖下而至于不通，其为危险可知，不忍因其危险难治而遂弃之。兹按温病中下之不通者共有五因：其因正虚不运药者，正气既虚，邪气复实，勉拟黄龙法，以人参补正，以大黄逐邪，以冬、地增液，邪退正存一线，即可以大队补阴而生，此邪正合治法也。其因肺气不降，而里证又实者，必喘促寸实，则以杏仁、石膏宣肺气之弊，以大黄逐肠胃之结，此脏腑合治法也。其因火腑不通，左尺必现牢坚之脉(左尺，小肠脉也，俗候于左寸者非，细考《内经》自知)，小肠热盛，下注膀胱，小便必涓滴赤且痛也，则以导赤去淡通之阳药，加连、柏之苦通火腑，大黄、芒硝承胃气而通大肠，此二肠同治法也。其因邪闭心包，内窍不通者，前第五条已有先与牛黄丸，再与承气之法，此条系已下而不通，舌短神昏，闭已甚矣，饮不解渴，消亦甚矣，较前条仅仅谵语，则更急而又急，立刻有闭脱之虞，阳明大实不通，有消亡肾液之虞，其势不可少缓须臾，则以牛黄丸开手少阴之闭，以承气急泻阳明，救足少阴之消，此两少阴合治法也。再此条亦系三焦俱急，当与前第九条用承气、陷胸合法者参看。其因阳明太热，津液枯燥，水不足以行舟，而结粪不下者，非增液不可。服增液两剂，法当自下，其或脏燥太甚之人，竟有不下者，则以增液合调胃承气汤，缓缓与服，约二时服半怀沃之，此一腑中气血合治法也。

新加黄龙汤(苦甘咸法)

细生地五钱　生甘草二钱　人参一钱五分(另煎)　生大黄三钱　芒硝一钱　元参五钱　麦冬(连心)五钱　当归一钱五分　海参(洗)二条　姜汁六匙水八杯，煮取三杯。先用一杯，冲参汁五分、姜汁二匙，顿服之，如腹中有响声，或转矢气者，为欲便也；候一、二时不便，再如前法服一杯；候二十四刻[4]不便，再服第三杯；如服一杯，即得便，止后服，酌服益胃汤一剂(益胃汤方见前)，余参或可加入。

[方论]此处方于无可处之地，勉尽人力，不肯稍有遗憾之法也。旧方用大承气加参、地、当归，须知正气久耗，而大便不下者，阴阳俱备，尤重阴液消亡，不得再用枳、朴伤气而耗液，故改用调胃承气，取甘草之缓急，合人参补正，微点姜汁，宣通胃气，代枳、朴之用，合人参最宣胃气，加麦、地、元参，保津液之难保，而又去血结之积聚，姜汁为宣气分之用，当归为宣血中气分之用，再加海参者，海参咸能化坚，甘能补正，按海参之液，数倍于其身，其能补液可知，且蠕动之物，

能走络中血分，病久者必入络，故以之为使也。

宣白承气汤方（苦辛淡法）

生石膏五钱　生大黄三钱　杏仁粉二钱　栝蒌皮一钱五分

水五杯，煮取二杯，先服一杯，不知再服。

导赤承气汤

赤芍三钱　细生地五钱　生大黄三钱　黄连三钱　黄柏二钱　芒硝一钱

水五杯，煮取二杯，先服一杯，不下再服。

牛黄承气汤

即用前安宫牛黄丸二丸，化开，调生大黄末三钱，先服一半，不知再服。

增液承气汤

即于增液汤内，加大黄三钱，芒硝一钱五分。

水八杯，煮取三杯，先服一杯，不知再服。

【注解】

[1] 应下失下：应当使用攻下法治疗的病证，但没能及时攻下。

[2] 正虚不能运药：人体正气严重虚损，影响了药物的吸收和运化，使其治疗作用不能正常发挥。

[3] 左尺牢坚：左手尺部的脉象实大弦长而硬。

[4] 二十四刻：一小时为四刻，二十四刻为六小时。

【释义】本条论述了五种下法。"下之不通，其证有五"，应理解为使用攻下法未能取效，或不能单纯使用攻下法的五种证候。因除了阳明腑实外，尚有病情虚实不一的情况，单用承气法攻下疗效欠佳。其具体情况有五种：

一曰邪正合治法：适用于腑实应下失下，邪气留连，正气内虚，不能运药。当采用扶正逐邪，邪正合治。用新加黄龙汤，方中以增液承气滋阴攻下，海参补液，人参补气，姜汁宣通气分，当归宣通血分，甘草调和诸药，共奏补益气阴，攻下腑实之效。

二曰脏腑合治法：适用于痰热阻肺，腑有热结者。此时不能徒恃通下所能取效，须一面宣肺气之痹，一面逐肠胃之结。方用宣白承气汤，药用杏仁、蒌皮宣肺，石膏清肺热，大黄逐热结。

三曰二肠同治法：用于阳明腑实，小肠热盛证。此时治法，一以通大便之秘，一以泻小肠之热，选用导赤承气汤，方中大黄、芒硝攻大肠腑实，黄连、黄柏泻小肠之热，生地、赤芍滋膀胱之液。故属大小肠合治之法。

四曰两少阴合治法：用于热入心包，阳明腑实。此时徒攻阳明无益，须同时开少阴心窍方可。方选牛黄承气汤，一以牛黄丸清心开窍，一以大黄攻下泄热，以急消肾液亡失之虞。

五曰一腑中气血合治法：由于阴液亏耗，大便不通，有如江河无水，船舶不能行驶一样，治用"增水行舟"的增液汤，以滋阴通便。服二剂后大便仍不下者，乃因邪入阳明，阴液损伤太重，可用养阴荡结的增液承气汤，此为一腑之中，进行"气血合治"的方法。

【选注】朱武曹：五证精细详核。此论反复详尽，无一字非的义。诚得《内经》、《金匮》之精。

【点评】朱氏对吴氏的评注可以说是中肯的。吴氏此五方证，将温病泻下法发展到了一个新的顶峰，临床应用甚广，大凡现代医学之呼吸、泌尿、神经、消化等系统的病变兼有腹实证者，皆可斟酌使用。

【原文】26.阳明温病，下后汗出，当复其阴，益胃汤主之。（中焦篇 12）

自注：温热本伤阴之病，下后邪解汗出，汗亦津液之化，阴液受伤，不待言矣，故云当复其阴。此阴指胃阴而言，盖十二经皆禀气于胃，胃阴复而气降得食，则十二经之阴皆可复矣。欲复其阴，非甘凉不可。汤名益胃者，胃体阳而用阴，取益胃用之义也。下后急议复阴者，恐将来液亏燥起，而成干咳身热之怯证[1]也。

益胃汤方（甘凉法）

沙参三钱　麦冬五钱　冰糖一钱　细生地五钱　玉竹（炒香）一钱五分

水五杯，煮取二杯，分二次服，渣再煮一杯服。

【注解】[1] 怯证：一般指虚劳证，此处指以虚损为主的病证。

【释义】本条论攻下后汗出伤阴证治。温邪本伤阴，下后伤阴，汗出又复伤阴，故“当复其阴”，法用甘凉，方用益胃汤。复阴，是指复其胃阴而言。十二经脉皆禀气于胃，胃阴得复胃气得降则能食，而全身的阴液就可得以恢复。益胃汤中沙参、麦冬、冰糖滋养胃阴，细生地、玉竹生津养液，滋而不腻，为益胃养阴之良方。

【选注】叶子雨：病退胃阴未复，此方亦精当。

【点评】吴鞠通此法对温病后期伤阴起了典范作用，阳明温病常常是热结阴亏的病变，攻下固然是重要的，但养阴生津亦不可或缺。

【原文】27.阳明温病，干呕口苦而渴，尚未可下者，黄连黄芩汤主之。不渴而舌滑者属湿温。（中焦篇 19）

自注：温热，燥病也，其呕由于邪热夹秽，扰乱中宫而然，故以黄连、黄芩彻其热，以芳香蒸变化其浊也。

黄连黄芩汤方（苦寒微辛法）

黄连二钱　黄芩二钱　郁金一钱五分　香豆豉二钱

水五杯，煮取二杯，分二次服。

【释义】本条论阳明温病干呕无吐、口中发苦而渴，乃阳明胃热郁结，邪热兼夹秽浊，导致脾胃（中宫）升降失常，胃气上逆。若未到可攻之证，宜用黄连黄芩汤治疗。如口不渴而舌滑，属于湿温病，不在此例。

【选注】柳宝诒：寒邪潜伏少阴，得阳气鼓动而化热，苟肾气不至虚馁，则邪不能容而外达，其最顺者，邪不留恋於阴，而迳出于三阳，则见三阳经证，太阳则恶寒发热，头项疼，腰脊强，治宜豉芩合阳旦汤，阳明则壮热鼻乾，不得卧，治宜豉芩合葛根、知毋等味，少阳则寒热往来，口苦胁痛，治宜芩豉合柴胡山栀等味。

【点评】吴氏针对本条胃热郁结挟秽上逆之病机，治以黄连黄芩汤，确为中的之方。方中既有芳香化浊，又有苦寒去热，故郁开热祛秽清，诸症皆平。本方与柳宝诒治疗热发阳明、少阳法有相似之处。

【原文】28.阳明温病，舌黄燥，肉色绛[1]，不渴者，邪在血分，清营汤主之。若滑者，不可与也，当于湿温中求之。（中焦篇 20）

自注：温病传里，理当渴甚，今反不渴者，以邪气深入血分，格阴于外，上潮于口，故反不渴也。曾过气分，故苔黄而燥。邪居血分，故舌之肉色绛也。若舌苔白滑、灰滑、淡黄而滑，不渴者，乃湿气蒸腾之象，不得用清营柔以济柔[2]也。

清营汤方（见上焦篇）

【注解】

[1] 舌黄燥，肉色绛：舌苔黄燥，舌质绛。

[2] 柔以济柔：清营汤由清营凉血滋阴药物组成，用清营汤治湿病就是以柔润之品治疗湿润的

病，只能助邪，不利于治病。柔，柔润、湿润。

【释义】此条为邪入营分证治，阳明温病出现苔黄燥、舌质绛说明邪热已经由气分而深入营分。吴氏所谓“邪在血分”，应是“邪在营分”之意。苔黄燥，一般为邪热在气之象，但病人口不渴，是因邪入营分，蒸腾营阴上潮于口，故口不渴，如果舌苔白滑、灰滑或淡黄，口不渴，应是湿气蒸腾之象，清营汤不可用，当按湿温论治。

【述评】叶子雨：舌绛苔黄，燥而不渴，虽不滑，须防扶湿，更恐气分之邪未尽。

曹炳章：分别处最易留神，苔滑不渴属湿温。

【点评】吴氏在阳明温病中告诫医家，若见舌绛红，虽热甚，却不口渴，这是热邪入营分，热灼营阴上潮于口而出现口渴，可用清营汤，如湿温导致的口渴，不能清营法，以免碍湿。

【原文】29.阳明温病，无汗，实证未剧[1]，不可下。小便不利者，甘苦合化[2]，冬地三黄汤主之。（中焦篇 29）

自注：大凡小便不通，有责之膀胱不开者，有责之上游结热者，有责之肺气不化者。温热之小便不通，无膀胱不开证，皆上游（指小肠而言）热结，与肺气不化而然也。小肠火腑，故以三黄苦药通之；热结则液干，故以甘寒润之；金受火刑，化气维艰，故倍用麦冬以化之。

冬地三黄汤方（甘苦合化阴气法）

麦冬八钱　黄连一钱　苇根汁半酒杯（冲）　元参四钱　黄柏一钱　银花露半酒杯（冲）　细生地四钱　黄芩一钱　生甘草三钱

水八杯，煮取三杯，分三次服，以小便得利为度。

【注解】

[1] 实证未剧：阳明腑实证尚未形成。

[2] 甘苦合化：甘能和能缓、补益滋养，苦能燥湿清热，合而滋润清热。

【释义】本条论阳明无汗禁下及小便不利证治。阳明温病，没有汗出，则非阳明无形热盛证，此与吴氏另处所言：“汗不出者，不可与也”，正可相互佐证。实证未剧，则言里实症状并不显著，下证并不俱备，因而不可下。温病出现小便不利，有小肠热结，清浊失司的，也有肺受热灼，不能肃降的。治疗当用甘苦合化的冬地三黄汤。

【选注】叶子雨：小便不利而渴者，热在上焦，法当淡渗；小便不利而不渴者，热在下焦，法当苦寒；若屡经汗下，小便不利者，阴竭也，法当育阴，则渗利苦燥又非所宜矣，不可误也。

【点评】吴氏利用苦寒清热，甘寒育阴同时合用，主要是以黄连、黄芩、黄柏这三味苦寒药物清泄小肠热结，合以甘寒的麦冬、生地等来滋阴润燥。由于肺金受到火刑，运输津气失常，故方中倍用麦冬以补肺养阴。如此，则源流俱畅，内热下行，小便自然得利。

（二）湿热类

【原文】30.暑温蔓延三焦，舌滑微黄，邪在气分者，三石汤主之；邪气久留，舌绛苔少，热搏血分者，加味清宫汤主之；神识不清，热闭内窍者，先与紫雪丹，再与清宫汤。（中焦篇 41）

自注：蔓延三焦，则邪不在一经一脏矣，故以急清三焦为主。然虽云三焦，以手太阴一经为要领。盖肺主一身之气，气化则暑湿俱化，且肺脏受生于阳明，肺之脏象属金色白，阳明之气运亦属金色白，故肺经之药多兼走阳明，阳明之药多兼走肺也。再肺经通调水道，下达膀胱，肺痹开则膀胱亦开，是虽以肺为要领，而胃与膀胱皆在治中，则三焦俱备矣。是邪在气分而主以三石汤之奥义也。若邪气久羁，必归血络，心主血脉，故以加味清宫汤主之。内窍欲闭，则热邪盛矣，紫雪丹开内窍而清热最速者也。

三石汤方

飞滑石三钱　生石膏五钱　寒水石三钱　杏仁三钱　竹茹（炒）二钱　银花三钱（花露更妙）　金汁一酒杯（冲）　白通草二钱

水五杯，煮成二杯，分二次温服。

［方论］此微苦辛寒兼芳香法也。盖肺病治法，微苦则降，过苦反过病所，辛凉所以清热，芳香所以败毒而化浊也。按三石，紫雪丹中之君药，取其得庚金[1]之气，清热退暑利窍，兼走肺胃者也；杏仁、通草为宣气分之用，且通草直达膀胱，杏仁直达大肠；竹茹以竹之脉络，而通人之脉络；金汁、银花，败暑中之热毒。

加味清宫汤方

即于前清宫汤中加知母三钱、银花二钱，竹沥五茶匙冲入。

【注解】[1] 庚金：天干与五行相配，庚辛属金，庚为阳金，辛为阴金。古人认为庚金乃天上之太白，“庚金带煞，刚健为最”。此处指方中“三石”色白属金而入肺，有庚金之性，“清热退暑利窍，兼走肺胃者也”。

【释义】本条论述暑温蔓延三焦证治、久留可入血、闭窍等危证。暑温蔓延三焦，是指暑湿弥漫，上中下三焦俱病，可出现身热、面赤足冷、脘部痞满、小便短涩、大便黄色稀水而肛门灼热等症状，治以三石汤。方中杏仁、竹茹等开上焦，石膏清上、中二焦，滑石、寒水石等渗利下焦。合奏清暑化湿，宣通三焦之效。

至于本节所说的热入血分，仅举出舌绛一症，而用加味清宫汤，显然，是邪入心营之象，并非真正的血分证。实际上对营分证更为适用，如果确实以神昏为主，可用清宫汤配合紫雪丹之类以清心营而开窍。

【点评】吴氏言“蔓延三焦”乃指暑热湿邪并不局限于某一脏腑，而是涉及上中下三焦，三焦俱病，仍属气分范围。故治以三石汤清宣三焦气分之暑湿。如暑湿邪久留气分，可传入心营，甚者闭窍。

【原文】31.吸受秽湿[1]，三焦分布，热蒸头胀，身痛呕逆，小便不通，神识昏迷，舌白，渴不多饮，先宜芳香通神利窍，安宫牛黄丸；继用淡渗分消浊湿，茯苓皮汤。（中焦篇 56）

自注：按此证表里经络脏腑三焦，俱为湿热所困，最畏内闭外脱。故急以牛黄丸宣窍清热而护神明；但牛黄丸不能利湿分消，故继以茯苓皮汤。

安宫牛黄丸（方法见前）

茯苓皮汤（淡渗兼微辛微凉法）

茯苓皮五钱　生薏仁五钱　猪苓三钱　大腹皮三钱　白通草三钱　淡竹叶二钱

水八怀，煮取三杯，分三次服。

【注解】[1] 秽湿：即秽浊湿邪，义同秽浊。

【释义】本条论述湿热之邪困郁表里经络脏腑三焦，湿热蒙窍证治。湿热蒙闭于上，心包清窍失灵则见热蒸头胀，神识昏迷。郁滞于中，升降失司则见呕恶，渴不多饮。湿热下注，阻于膀胱，则小便不通。吴氏主张先以开窍醒神，安宫牛黄丸主之，再用茯苓皮汤淡渗利尿以祛湿。

【选注】曹炳章：此条言邪既不能还表，又不能随从里去，三焦分布兼症既多，变证亦不定，全在临症者时时消息，此不过示人以门径。

【述评】本条吴氏点出湿热困郁表里内外，既不能解表又不能攻里，法当开窍祛湿。病机重点在于湿阻下焦而见小便不通，湿蒙清窍而见神识昏迷。吴氏治疗时有“先宜”“继用”之序。然湿温之神昏与小便不通并见，其原因也多由湿邪闭阻于下，郁闭于上，蒙蔽心窍所致，故开窍与利尿也可同时进行，不必分先后。另开窍之法也可用苏合香丸以芳香苏神，本条所述舌白，渴不多饮，符合湿浊较盛的表现。故用何开窍之剂，应据临床情形而定，不可拘泥。

【原文】32.三焦湿郁，升降失司，脘连腹胀，大便不爽，一加减正气散主之。(中焦篇 58)

自注：再按此条与上第五十六条同为三焦受邪，彼以分消开窍为急务，此以升降中焦为定法，各因见证之不同也。

一加减正气散方

藿香梗二钱　厚朴二钱　杏仁二钱　茯苓皮二钱　广皮一钱　神曲一钱五分　麦芽一钱五分　绵茵陈二钱　大腹皮一钱

水五杯，煮二杯，再服。

[方论]正气散本苦辛温兼甘法，今加减之，乃苦辛微寒法也。去原方之紫苏、白芷，无须发表也。去甘橘，此证以中焦为扼要，不必提上焦也。只以藿香化浊，厚朴、广皮、茯苓、大腹泻湿满，加杏仁利肺与大肠之气，神曲、麦芽升降脾胃之气，茵陈宣湿郁而动生发之气，藿香但用梗，取其走中不走外也。茯苓但用皮，以诸皮皆凉，泻湿热独胜也。

【释义】从条文上看，此乃湿重于热，困阻中焦、旁及上下焦的证治。吴氏提出“三焦湿郁”，从“脘连腹胀，大便不爽”来看，病位偏重于中焦，湿阻胃肠所致。以苦辛微寒法，方用一加减正气散。

【选注】曹炳章注：升降失司治中焦之确论，能由此而会通之妙谛环生矣。

【点评】吴氏此条与上述第 56 条同为三焦受邪，上条以分消开窍为急务，此条以升降中焦为定法，且湿偏重于热。

【原文】33.湿郁三焦，脘闷，便溏，身痛，舌白，脉象模糊，二加减正气散主之。(中焦篇 59)

自注：上条中焦病重，故以升降中焦为要。此条脘闷便溏，中焦证也，身痛舌白，脉象模糊，则经络证矣，故加防己急走经络中湿郁；以便溏不比大便不爽，故加通草、薏仁、利小便所以实大便也；大豆黄卷从湿热蒸变而成，能化蕴酿之湿热，而蒸变脾胃之气也。

二加减正气散(苦辛淡法)

藿香梗三钱　广皮二钱　厚朴二钱　茯苓皮三钱　木防己三钱　大豆黄卷二钱　川通草一钱五分　薏苡仁三钱

水八杯，煮三杯，三次服。

【释义】本条亦论述湿热内阻三焦，且外滞经络证治。条中“身痛，脉象模糊”，乃湿热病邪阻滞经络之象。脘闷为气机阻滞，苔白、便溏为湿胜于脾，治以宣湿渗湿，理脾通络，方用二加减正气散。

【选注】曹炳章言：前言神识昏迷，故以开窍为急务。此条无之，故以升降中焦为定法。具此手段可谓点石成金。前言由经络而脏腑，此言其治法用药法。

【点评】本证与上证（58 条）相比，病机重点不同，上条重在中焦升降失司，本证病机偏于湿阻气机，外滞经络，且本条湿象重于前条。此方较之一加正气散，有利湿通络之功。

【原文】34.秽湿着里，舌黄脘闷，气机不宣，久则酿热，三加减正气散主之。(中焦篇 60)

自注：前两法，一以升降为主，一以急宣经隧为主。此则以舌黄之故，预知其内已伏热。久必化热，而身亦热矣，故加杏仁利肺气，气化则湿热俱化，滑石辛淡而凉，清湿中之热，合藿香所以宣气机之不宣也。

三加减正气散方（苦辛寒法）

藿香（连梗叶）三钱　茯苓皮三钱　厚朴二钱　广皮一钱五分　杏仁三钱　滑石五钱

水五杯，煮二杯，再服。

【释义】本条论述湿浊内郁伏热证治。本条与58条病机相类，亦为湿郁中阻，气机失畅为主。“脘闷”，乃湿遏气机，“舌黄”为伏热之象，“久则酿热”，治以化湿清热，方用三加减正气散。

【选注】曹炳章：利肺气即所以治湿，书中屡屡言之，皆金针度人处。奈阅者茫不加察焉，著书者其若之何哉!

【点评】吴氏用三加减正气散重视宣通肺气，以通利肺气而达到化湿的目的。选滑石祛湿中之热更是巨匠之心。

【原文】35.秽湿着里，邪阻气分，舌白滑，脉右缓，四加减正气散主之。（中焦篇61）

自注：以右脉见缓之故，知气分之湿阻，故加草果、查肉、神曲，急运坤阳，使足太阴之地气不上蒸手太阴之天气也。

四加减正气散方（苦辛温法）

藿香梗三钱　厚朴二钱　茯苓三钱　广皮一钱五分　草果一钱　查肉（炒）五钱　神曲二钱

水五杯，煮二杯，渣再煮一杯，三次服。

【释义】本条论述湿热阻滞中焦，脾阳不运证治。“秽湿着里”，阻滞气机，苔白滑，脉右缓，知湿重无热。本条详于苔脉而症状从略。治以苦辛温法，以温运化湿为主，用四加减正气散治疗。

【选注】曹炳章言：但湿不热，故用辛温，茯苓也不用皮。

【点评】此条湿热阻滞中焦，湿重无热，阻滞中焦气分，脾阳不运，故重温运，以运化脾胃气机。

【原文】36.秽湿着里，脘闷便泄[1]，五加减正气散主之。（中焦篇62）

自注：秽湿而致脘闷，故用正气散之香开[2]；便泄而知脾胃俱伤，故加大腹运脾气、谷芽升胃气也。以上二条，应入前寒湿类中，以同为加减正气散法，欲观者知化裁古方之妙，故列于此。

五加减正气散（苦辛温法）

藿香梗二钱　广皮一钱五分　茯苓块三钱　厚朴二钱　大腹皮一钱五分　谷芽一钱　苍术二钱

水五杯，煮二杯，日再服。

按今人以藿香正气散统治四时感冒，试问四时止一气行令乎？抑各司一气，且有兼气乎？况受病之身躯脏腑，又各有不等乎？历观前五法，均用正气散，而加法各有不同，亦可知用药非丝丝入扣，不能中病。彼泛论四时不正之气，与统治一切诸病之方，皆未望见轩岐之堂室者也，乌可云医乎？

【注解】

[1] 便泄：大便泻泄。

[2] 香开：芳香醒脾。

【释义】本条与上条（61条）实为寒湿证治，湿重无热。脘闷、大便溏泄，可知脾虚湿困。治疗仍应温运化湿，用五加减正气散。

临证时如若将舌、脉、症结合起来，将“脘闷便泄”，“舌白滑，脉右缓”结合着看。这样更全面地认识病情，进而准确地遣方用药。

【选注】如其人饮食不节。脾家有湿。脾主肌肉四肢。则外感肌躯之湿。亦渐次入于脏腑矣。亦有外不受湿。而但湿从内生者……今观先生治法。若湿阻上焦者。用开肺气。佐淡渗。通膀胱。是即启上闸。开支河。导水势下行之理也。若脾阳不运。湿滞中焦者。用术朴姜半之属。以温运之。以苓泽腹皮滑石等渗泄之。亦犹低 湿处。必得烈日晒之。或以刚燥之土培之。或开沟渠以泄之耳。

【点评】以上五条，病机均以秽湿着里，阻滞气机，脾胃升降失调为重点，故其均具有"脘闷"之主症。但其病变程度和兼见症状略有差异。首条湿阻脾胃，以脘连腹胀为重点，次条湿滞经络，以身痛较显要，第三条湿渐化热，以舌苔色黄为特色，第四、五条湿浊内盛，以舌白滑，脉右缓、脘闷便泄为主症。

五加减正气散均属宣气化湿，调畅气机为主的方剂，均以藿香、广皮、厚朴、茯苓四味为基本药物，以芳香化浊，理气化湿。余则随证加减。一、二、三、加减正气散均为治疗湿重于热的方剂。但首方尚有神曲，麦芽苏醒脾胃之气。次方有防己、苡仁、通草、豆卷等疏通经络之湿，再方重用滑石取其渗利湿热，四方有草果以温运脾阳，五方赖苍术以燥脾湿，后二方作用基本相同。吴氏从湿邪入里的证候变化进行分析，抓住湿阻气滞的共同一面，又列出化热与寒化之不同，极尽变化，随证而异，其辨证用药之细微可见一斑。

【原文】37.脉缓身痛，舌淡黄而滑，渴不多饮，或竟不渴，汗出热解，继而复热。内不能运水谷之湿，外复感时令之湿，发表攻里，两不可施，误认伤寒，必转坏证。徒清热则湿不退，徒祛湿则热愈炽，黄芩滑石汤主之。（中焦篇 63）

自注：脉缓身痛，有似中风[1]，但不浮，舌滑不渴饮，则非中风矣。若系中风，汗出则身痛解而热不作矣；今继而复热者，乃湿热相蒸之汗，湿属阴邪，其气留连，不能因汗而退，故继而复热。内不能运水谷之湿，脾胃困于湿也；外复受时令之湿，经络亦困于湿矣。倘以伤寒发表攻里之法施之，发表则诛伐无过之表，阳伤而成痉，攻里则脾胃之阳伤，而洞泄寒中，故必转坏证也。湿热两伤，不可偏治，故以黄芩、滑石、茯苓皮清湿中之热，蔻仁、猪苓宣湿邪之正，再加腹皮、通草，共成宣气利小便之功，气化则湿化，小便利则火腑[2]通而热自清矣。

黄芩滑石汤（苦辛寒法）

黄芩三钱　滑石三钱　茯苓皮三钱　大腹皮二钱　白蔻仁一钱　通草一钱　猪苓三钱

水六杯，煮取二杯，渣再煮一杯，分温三服。

【注解】

[1] 中风：此指《伤寒论》中的太阳病中风。

[2] 火腑：指小肠。

【释义】本条论述湿热蕴阻中焦气分证治及治禁。指出湿热病的症状特点，是湿热蕴阻中焦气分的主要证候。强调"内不以运水谷之湿，外复感时令之湿"，与薛生白"太阴内伤，湿饮停聚，客邪再至，内外相引，故病湿热"相似。提出化湿清热的治则，"湿热两伤，不可偏治"，即不可用一般的发表攻里之法，也不可徒清热或徒祛湿。自注中提出了本证与《伤寒论》中的太阳病中风的区别及误用解表攻里的后果。本证选用黄芩滑石汤治疗，既可祛湿，又能清热。

【选注】曹炳章：发表攻里两不可施，则治法必宜治中，可知治中则不外宣气化湿，如兼热者多，则凉多温少，如兼寒者多，则温多凉少，用药在乎活法。

【点评】曹氏对吴氏此条经文起了点睛作用，黄芩滑石汤中既有祛湿之品，又有清热之药，仍是治疗湿热病的代表方之一。

四、下焦篇

【原文】38.风温、温热、温疫、温毒、冬温，邪在阳明久羁，或已下，或未下，身热面赤，口干舌燥，甚则齿黑唇裂，脉沉实者，仍可下之；脉虚大，手足心热甚于手足背者，加减复脉汤主之。（下焦篇 1）

自注：温邪久羁中焦，阳明阳土[1]，未有不克少阴癸水者，或已下而阴伤，或未下而阴竭。若实证居多，正气未至溃败，脉来沉实有力，尚可假手于一下，即《伤寒论》中急下以存津液之谓。若中无结粪，邪热少而虚热多，其人脉必虚，手足心主里，其热必甚于手足背之主表也。若再下其热，是竭其津而速之死也。故以复脉汤复其津液，阴复则阳留，庶可不至于死也。去参、桂、姜、枣之补阳，加白芍收三阴之阴，故云加减复脉汤。在仲景当日，治伤于寒者之结代，自有取于参、桂、姜、枣，复脉中之阳；今治伤于温者之阳亢阴竭，不得再补其阳也。用古法而不拘古方，医者之化裁也。

【注解】[1] 明阳土：此处指阳明胃腑邪热炽盛。

【释义】本条论述温病后期真阴耗伤证治。吴氏所云："阳明久羁"和"阳明阳土"，乃是指阳明邪热炽盛，留连过久，这是伤及少阴，而致真阴欲竭的原因。本条治法，当详审其脉证。一是脉沉实，并见身热面赤，口干舌燥，甚则齿黑唇裂者，仍属阳明腑实，仍用攻下之法。二是脉虚大，手足心热甚于手足背，邪热少而虚热多，中无结粪，则属肾阴大伤，当用加减复脉汤以滋养肾阴。

【选注】凡温病在上焦业已虑其伤阴，况传至下焦乎？故用药纯取重镇厚味之品，若寒湿未化热，则系伤下焦之阳，虽传至下焦不在此列，一则速下存液，一则但复其液。

【点评】本条论述阳明邪热久留耗伤肾阴证治，加减复脉汤是从仲景复脉汤（炙甘草汤）中衍化而来，为治疗温病邪入下焦，真阴耗伤之主方。吴氏自注对该方之组方意义及与复脉汤的区别，均有交代，简明扼要，一目了然。除邪热久留阳明导致肾阴耗伤外，如邪入营血，内陷厥阴，均可耗及肾阴。除本条文脉症外，当需参考其他症状，应全面分析。

【原文】39.下焦温病，但大便溏者，即与一甲复脉汤。（下焦篇 10）

自注：温病深入下焦劫阴，必以救阴为急务。然救阴之药多滑润，但见大便溏，不必待日三、四行，即以一甲复脉法，复阴之中，预防泄阴之弊。

【释义】本条论述温病后期，下焦阴亏便溏证治。热邪深入下焦，损伤阴液，必以救阴为急务。但是救阴之品多滋腻润滑，有滑肠之弊，故下焦温病出现大便溏时，不问大便的次数多少，可用一甲复脉汤治疗。该方是加减复脉汤去麻仁，加牡蛎一两，既可救阴，又可涩泄。

【点评】本条为下焦阴伤而便溏，重在阴伤，治当以救阴为主，止涩为辅，故直接选用一甲复脉汤治疗。

【原文】40.少阴温病，真阴欲竭，壮火复炽，心中烦，不得卧者，黄连阿胶汤主之。（下焦篇 11）

自注：按前复脉法为邪少虚多之治。其有阴既亏而实邪正盛，甘草即不合拍。心中烦，阳邪挟心阳独亢于上，心体之阴，无容留之地，故繁杂无奈；不得卧，阳亢不入于阴，阴虚不受阳纳，虽欲卧得乎！此证阴阳各自为道，不相交互，去死不远，故以黄芩从黄连，外泻壮火而内坚真阴；以芍药从阿胶，内护真阴而外扞亢阳。名黄连阿胶汤者，取一刚以御外侮，一柔以护内主之义也。其交关变化、神明不测之妙，全在一鸡子黄。前人训鸡子黄，佥谓鸡为巽[1]木，得心之母气，色赤入心，虚则补母而已，理虽至当，殆未尽其妙。盖鸡子黄有地球之象，为血肉有情，生生不已，乃奠安中焦之圣品，有甘草之功能，而灵于甘草；其正中有孔，故能上通心气，下达肾气，居中已达两头，有莲子之妙用；其性和平，能使亢者不争，弱者得振；其气焦臭，故上补心；其味甘咸，故下补肾；再释家[2]有地水风火之喻，此证大风一起，荡然无余，鸡子黄镇定中焦，通彻上下，合阿胶能预息内风之震动也。然不知人身阴阳相抱之义，必未能识仲景用鸡子黄之妙，谨将人身阴阳生死寤寐图形，开列于后，以便学者入道有阶也。

黄连阿胶汤方（苦甘咸寒法）

黄连四钱　黄芩一钱　阿胶三钱　白芍一钱　鸡子黄二枚

水八杯，先煮三物，取三杯，去滓，内胶烊尽，再内鸡子黄，搅令相得，日三服。

【注解】

[1] 巽（xùn，音逊）：八卦之一，属风木。《易·说卦》："巽为木、为风"，故巽木并称。

[2] 释家：释为佛教的创始人释迦牟尼的简称。释家，泛指从事佛教的和尚。

【释义】本条为阴亏火旺证治。温病后期，肾阴已亏，不能上济心火，心火独亢，不能下温肾水，水火失济，心肾不交，故心烦不得卧。治当育阴清热，方用黄连阿胶汤。以黄连、黄芩苦寒清泻心火，又能兼清相火，以阿胶、白芍滋补而养真阴，以鸡子黄交通心肾，合为清心火滋肾水之剂。

【选注】曹炳章：专治心肾二经，此方有坎离交济之妙。

【点评】黄连阿胶汤是心肾不交的代表方，在温病渐入下焦，耗竭真阴，故虚多邪少多见，但也有虚实夹杂病证，如此条即是。所以治疗应育阴降火并举。吴鞠通用黄连阿胶汤甚是精确！至于自注云本证"去死不远"，则似与病情不符，本证虽为少阴下焦病变，但正气未衰至极，病机为火旺阴伤，心肾不交，与死证相去甚远。

【原文】41.夜热早凉，热退无汗，热自阴来者，青蒿鳖甲汤主之。（下焦篇12）

自注：夜行阴分而热，日行阳分而凉，邪气深伏阴分可知；热退无汗，邪不出表而仍归阴分，更可知矣，故曰热自阴分而来，非上中焦之阳热也。邪气深伏阴分，混处气血之中，不能纯用养阴，又非壮火，更不得任用苦燥。故以鳖甲蠕动之物，入肝经至阴之分，既能养阴，又能入络搜邪；以青蒿芳香透络，从少阳领邪外出；细生地清阴络之热；丹皮泻血中之伏火；知母者，知病之母也，佐鳖甲、青蒿而成搜剔之功焉。再此方有先入后出[1]之妙，青蒿不能直入阴分，有鳖甲领之入也；鳖甲不能独出阳分，有青蒿领之出也。

青蒿鳖甲汤方（辛凉合甘寒法）

青蒿二钱　鳖甲五钱　细生地四钱　知母二钱　丹皮三钱

水五杯，煮取二杯，日再服。

【注解】[1] 先入后出：是指青蒿鳖甲相配，鳖甲引青蒿深入阴分谓先入，青蒿引鳖甲外出阳分谓后出。

【释义】本条为温邪入阴分证治。夜热早凉见于温病后期，临证尚有能食形瘦，舌红苔少，脉沉细数等症状。吴氏认为余邪留伏阴分，往往病情迁延，经久不解，治以滋阴透热，方选青蒿鳖甲汤，方义仍参吴氏自注。

【点评】青蒿鳖甲汤是邪入阴分名方，其中青蒿与鳖甲相伍巧妙，鳖甲引青蒿入引透邪，达到搜邪透络作用。

【原文】42.热邪深入下焦，脉沉数，舌干齿黑，手指但觉蠕动，急防痉厥，二甲复脉汤主之。（下焦篇13）

自注：此示人痉厥之渐也。温病七、八日以后，热深不解，口中津液干涸，但觉手指掣动，即当防其痉厥，不必俟其已厥而后治也。故以复脉育阴，加入介属潜阳，使阴阳交纽[1]，庶厥不可作也。

二甲复脉汤方（咸寒甘润法）

即于加减复脉汤内，加生牡蛎五钱、生鳖甲八钱。

【注解】[1] 阴阳交纽：指阴阳相互依存，相互交结，阳生阴长的正常生理状态。

【释义】此条为阴亏痉厥的防治。在温病后期，肾阴耗伤，无津上承，症见舌干齿黑，脉沉数是下焦阴虚伏热，阴虚则阳亢动风，故见手指微微抽动，吴氏认为此症便是痉厥之先兆，须立即育阴潜阳，方选二甲复脉汤，以防痉厥之发生。

【选注】曹炳章：热甚则内风将动，故后即继以定风珠。

【点评】温邪深入下焦伤阴，应注意痉厥发生的早期表现并及时预防，不可等到痉厥发生后才治疗。手指但觉蠕动即用咸寒甘润法，如痉厥已经发生，用本方亦应有效。

【原文】43.下焦温病，热深厥甚，脉细促，心中憺憺大动[1]，甚则心中痛者，三甲复脉汤主之。（下焦篇14）

自注：前二甲复脉，防痉厥之渐；即痉厥已作，亦可以二甲复脉止厥。兹又加龟板三甲者，以心中大动，甚则痛而然也。心中动者，火以水为体，肝风鸱张[2]，立刻有吸尽西江之势，肾水本虚，不能济肝而后发痉，既痉而水难猝补，心之本体欲失，故憺憺然大动也。甚则痛者，"阴维为病主心痛"，此证热久伤阴，八脉丽于肝肾，肝肾虚而累及阴维故心痛，非如寒气客于心胸之心痛可用温通。矿以镇肾气、补任脉、通阴维之龟板止心痛，合入肝搜邪之二甲，相济成功也。

三甲复脉汤方（同二甲汤法）

即于二甲复脉汤内，加生龟板一两。

【注解】

[1] 心中憺憺（dàn）大动：心跳快速，若游鱼失水而腾跃，且有恐虚之感。憺，畏惮，震动。

[2] 肝风鸱（chī）张：喻肝风鼓动剧烈之势。鸱，古书上指鹞鹰。

【释义】本条为虚风内动证治。与上条仅见手指微动比，痉厥已作，上条"脉沉数"，本条脉已细促；上条心脏未有明显悸动，本条已是心中悸动不安，甚至心中痛，此病情重于上条。本条治法以二甲复脉汤之滋阴潜阳加上龟板"镇肾气，通阴维"交通心肾，合为三甲复脉汤，以息内动之虚风。

【选注】朱武曹言：此心动与水停心下者相反。心为君火，所恶者客水，而所喜者真水，故心与肾并主少阴也。一则水气上凌心，若薪炭之见水而爆沸也；一则水不济火，若游鱼之失水而腾跃也。一则通阳利水。一则潜阳补水，当于脉证辨之。

【点评】真阴不足，虚风内动者，当重用三甲，滋阴息风。

【原文】44.即厥且哕（俗名呃忒），脉细而劲，小定风珠主之。（下焦篇15）

自注：温邪久踞下焦，烁肝液为厥，扰冲脉为哕，脉阴阳俱减则细，肝木横强侧劲，故以鸡子黄实土而定内风；龟板补任（谓任脉）而镇冲脉；阿胶沉降，补液而息肝风；淡菜生于咸水之中而能淡，外偶内奇，有坎卦之象，能补阴中之真阳，其形翕阖[1]，故又能潜真阳之上动；童便以浊液仍归浊道，用以为使也。名定风珠者，以鸡子黄宛如珠形，得巽木之精。而能息肝风，肝为巽木，巽为风也。龟亦有珠，具真武之德[2]而镇震木。震为雷，在人为胆，雷动未有无风者，雷静而风亦静矣。亢阳直上巅顶，龙上于天也，制龙者，龟也。古者豢龙御龙[3]之法，失传已久，其大要不出乎此。

小定风珠方（甘寒咸法）

鸡子黄（生用）一枚　真阿胶二钱　生龟板六钱　童便一杯　淡菜三钱

水五杯，先煮龟板、淡菜得二杯，去滓，入阿胶，上火烊化，纳鸡子黄，搅令相得，再冲童便，顿服之。

【注解】

[1] 翕（xī）阖（hé）：翕，收敛。阖，关闭。

[2] 真武之德：真武即玄武，乃北方之神。此处喻滋阴之性。

[3] 豢（huàn）龙御龙：此处喻指滋阴涵木的治疗方法。

【释义】本条为下焦真阴耗伤致厥哕并见证治，"脉细而劲"是阴亏而龙雷之火上冲之象。厥逆，乃热郁肝肾，阴亏液耗，气血营运艰涩，不能通达四末所致。呃逆和"热厥"并见，因阴经竭则任脉空，热邪扰动冲脉动膈，其呃逆特点为声低而短频。脉细是阴亏液耗的征象，“劲”是肝阳横逆的象征。故全条病机是肾阴耗竭，肝阳横逆。治当滋阴息风，方选小定风珠。方中鸡子黄实土定风，配合阿胶滋水涵木，平息内风，龟板养胃阴，补任脉，降冲逆，淡菜潜真阳，童便降虚火，全方共奏养阴潜阳息风平冲之效。

【点评】小定风珠具有养阴潜阳、息风平冲的作用，但方中多为血肉有情之品，其性滋腻，且气味腥浊，对胃气虚弱之人慎用。

【原文】45.热邪久羁，吸烁真阴，或因误表，或因亡攻，神倦瘛疭，脉气虚弱，舌绛苔少，时时欲脱者，大定风珠主之。(下焦篇 16)

自注：此邪气已去八、九，真阴仅存一、二之治也。观脉虚苔少可知，故以大堆浓浊填阴塞隙，介属潜阳镇定。以鸡子黄一味，从足太阴，下安足三阴，上济手三阴，使上下交合，阴得安其位，斯阳可立根基，俾阴阳有眷属一家之义，庶可不致绝脱与欠！

大定风珠方(酸甘咸法)

生白芍六钱　阿胶三钱　生龟板四钱　干地黄六钱　麻仁二钱　五味子二钱　生牡蛎四钱　麦冬(连心)六钱　炙甘草四钱　鸡子黄(生)二枚　鳖甲(生)四钱

水八杯，煮取三杯，去滓，再入鸡子黄，搅令相得，分三次服。喘加人参，自汗者加龙骨、人参、小麦，悸者加茯神、人参、小麦。

【释义】本条论述病久伤阴或误治伤阴，虚风动欲脱之证治。热邪久羁不退，本已吸灼真阴，又误用汗下之药，更劫夺肝肾阴液，因而神倦脉弱，舌绛苔少，时时欲脱，病多危急，方用大定风珠。方中加减复脉汤填补真阴，三甲潜阳，五味子、白芍、甘草酸甘化阴，鸡子黄养阴息风。本方为虚多邪少，虚风内动，风动欲脱的救急之方。

【选注】王士雄：定风珠一派腥浊浓腻，无病人胃弱者，亦难下咽，如果厥哕欲脱而进此药，是速其危矣。

【点评】此时真阴已耗，或已误汗、攻下，更伤阴液，累及阴虚动风欲脱，此时非育阴潜阳固脱之大定风珠，无以达复阴恋阳之目的，但较滋腻，用时审详，如王孟英所说，胃弱者当慎用。

【原文】46.痉厥神昏，舌短，烦躁，手少阴证未罢者，先与牛黄、紫雪辈，开窍搜邪，再与复脉汤存阴，三甲潜阳。临证细参，勿致倒乱。(下焦篇 18)

自注：痉厥神昏，舌謇烦躁，统而言之为厥阴证。然有手经足经之分。在上焦以清邪为主，清邪之后，必继以存阴；在下焦以存阴为主，存阴之先，若邪尚有余，必先以搜邪。手少阴证未罢，如寸脉大，口气重，颧赤，白睛赤，热壮之类。

【释义】本条论下焦阴虚，但仍有厥阴证者先清上焦，后再育阴。厥阴有手、足经之别。神昏、舌謇、烦躁为手厥阴证，痉厥则为足厥阴证。若患者手足厥阴同时受累，其治疗当先治手厥阴，后治足厥阴，先祛邪，后扶正。故先用牛黄丸、紫雪丹之类以清热开窍搜邪。然后再用复脉汤养阴，三甲潜阳。此治疗之先后顺序，临证时应认真审别，不可颠倒混乱。

【选注】曹炳章：此包络亦有病，故治之当分先后。

【点评】本证多见于温病后期，阴虚动风同时合并心包络病者，当先治包络。

【原文】47.暑邪深入少阴消渴[1]者，连梅汤主之；入厥阴麻痹者，连梅汤主之；心热烦躁神迷甚者，先与紫雪丹，再与连梅汤。(下焦篇 36)

自注：肾主五液而恶燥，暑先入心，助心火独亢于上，肾液不供，故消渴也。再心与肾均为少阴，主火，暑为火邪，以火从火，二火相搏，水难为济，不消渴得乎！以黄连泻壮火，使不烁津，以乌梅之酸以生津，合黄连酸苦为阴；以色黑沉降之阿胶救肾水，麦冬、生地合乌梅酸甘化阴，庶消渴可止也。肝主筋而受液于肾，热邪伤阴，筋经无所秉受，故麻痹也。再包络与肝均为厥阴，主风木，暑先入心，包络代受，风火相搏，不麻痹得乎！以黄连泻克水之火，以乌梅得木气之先，补肝之正，阿胶增液而息肝风，冬、地补水以柔木，庶麻痹可止也。心热烦躁神迷甚，先与紫雪丹者，开暑邪之出路，俾梅、连有入路也。

连梅汤方（酸甘化阴酸苦泄热法）

云连二钱　乌梅（去核）三钱　麦冬（连心）三钱　生地三钱　阿胶二钱

水五杯，煮取二杯，分二次服。脉虚大而芤者，加人参。

【注解】[1] 消渴：此处非指消渴病，而仅指渴而多饮、饮不解渴的症状。

【释义】本条论少阴厥阴同病证治。暑邪深入少阴，肾阴消灼引饮自救，故消渴。暑邪深入足厥阴，因肾阴亏而使筋脉失却濡养，故见肌肤麻痹。吴氏主张酸甘化阴酸苦泄热法，连梅汤中乌梅生津止渴，配黄连酸苦泄热，配生地、麦冬酸甘化阴以补肾阴，阿胶色黑沉降专救肾阴，合为滋肾养肝清火之剂。肾阴复则肝阴亦复，筋脉得养，消渴、麻痹自除。如有心热烦躁神迷者，为暑入心包，可先与紫雪丹清包络，再以连梅汤直入病所。

【点评】此症乃由于肾阴耗伤较重所致，因而必有肾阴耗伤之它症，临证应予详察。再该方与黄连阿胶汤相比，本方以肝肾阴伤，心火独亢，主症消渴、麻痹；黄连阿胶汤为水火不济，主症身热、心烦不得卧。

【原文】48.温病愈后，或一月，至一年，面微赤，脉数，暮热，常思饮不欲食者，五汁饮主之，牛乳饮亦主之。病后肌肤枯燥，小便溺管[1]痛，或微燥咳，或不思食，皆胃阴虚也，与益胃、五汁辈。（下焦篇 35）

自注：前复脉等汤，复下焦之阴。此由中焦胃用之阴不降，胃体之阳独亢，故以甘润法救胃用，配胃体，则自然欲食，断不可与俗套开胃健食之辛燥药，致令燥咳成痨也。

五汁饮、牛乳饮方（并见前秋燥门）

益胃汤（见中焦篇）

按：吴又可云："病后与其调理不善，莫若静以待动"，是不知要领之言也。夫病后调理，较易于治病，岂有能治病，反不能调理之理乎！但病后调理，不轻于治病，若其治病之初，未曾犯逆，处处得法，轻者三、五日而解，重才七、八日而解，解后无余邪，病者未受大伤，原可不必以药调理，但以饮食调理足矣，经所谓食养尽之是也。若病之始受既重，医者又有误表、误攻、误燥、误凉之弊，遗殃于病者之气血，将见外感变而为内伤矣。全赖医者善补其过（谓未犯他医之逆；或其人阳素虚，阴素亏；或前因邪气太盛，故剂不得不重；或本虚邪不能张，须随清随补之类），而补人之过（谓已犯前医之治逆），退杀气（谓已犯前医之治逆），退杀气（谓余邪或药伤），迎生气（或养胃阴，或护胃阳，或填肾阴，或兼固肾阳，以迎其先后天之生气），活人于万全，岂得听之而已哉！万一变生不测，推诿于病者之家，能不愧于心乎！至调理大要，温病后一以养阴为主。饮食之坚硬浓厚者，不可骤进。间有阳气素虚之体质，热病一退，即露旧亏，又不可固执养阴之说，而灭其阳火。故本论中焦篇列益胃、增液、清燥等汤，下焦篇列复脉、三甲、五汁等复阴之法，乃热病调理之常理也；下焦篇又列建中、半夏、桂枝数法，以为阳气素虚，或误伤凉药之用，乃其变也。经所谓："有者求之，无者求之，微者责之，盛者责之"，全赖司其任者，心诚求之也。

【注解】[1] 溺管：即尿道。

【释义】本条论述温病愈后，胃阴未复证治。温病后，常多肾阴枯涸，但亦可见胃阴耗伤太过的，症见暮热，面微亦，口干，常想喝水，不思食等症。此乃胃阴未复，胃阳偏亢之征，因之用五汁饮，或牛乳饮生津润燥，以复胃阴。五汁饮取梨汁，荸荠汁，鲜苇根汁，麦冬汁和藕汁等五种汁液，大队甘润之品以填胃阴。牛乳饮即用牛乳一杯，重汤燉热服之。牛乳是精血化生之液体，滋润胃肠，润燥生津，用于病后津伤甚佳。

若胃阴耗伤过度，则津难外荣，肌肤枯燥，不能上输润肺，则微燥咳。无液下渗膀胱，则小便时自感尿道疼痛，故亦可用益胃汤益胃生津。益胃汤有沙参、麦冬、冰糖、细生地、玉竹五味药组成，有养胃生津，益阴润燥的作用，为调养胃阴之良方。

【点评】温病愈后胃津未复者法当甘润。治疗以五汁、益胃等复胃阴为主，反映了吴氏重视病后的调理，有助机体功能恢复。

五、 温病治则

【原文】49.治外感如将（兵贵神速，机圆法活，去邪务尽，善后务细，盖早平一日，则人少受一日害）；治内伤如相（坐镇从容，神机默运，无功可言，无德可见，而人登寿域）。治上焦如羽[1]（非轻不举）；治中焦如衡[2]（非平不安）；治下焦如权[3]（非重不沉）。（卷四、杂说）

【注解】

[1] 羽：鸟类的羽毛。

[2] 衡：杆秤的秤杆。

[3] 权：杆秤的秤砣。

【释义】本条为吴鞠通的“治病法论”，论述外感内伤及三焦病证的治疗大法。治疗外感疾病如同用兵一样，兵贵神速，机动灵活，务求彻底祛邪，善后调理亦需细致周到，病能早日治愈，人就能少受一日的伤害。而治疗内伤杂病就如同宰相治理国家一样，要从容安定，善于策划运筹，虽然短期内看不到明显效果，但能使病人得以长寿。

治疗上焦病证之药物要轻，如同羽毛般，因为非轻浮上升之品就不能达到在上的病位。而治中焦病证要如同秤杆那样保持平衡，不平衡就不能平安。治疗下焦病证则如同秤砣一样，如果不用性质沉重的药物就不能直达在下之病所。即治疗上焦病证要用轻清升浮的药物，用药剂量也要轻，煎煮时间也要少，不要过用苦寒沉降之品。治中焦病要讲究平衡，以调和中焦为法，如治中焦湿热证，应予分消湿热，调和脾胃升降。治下焦病，要用重镇滋潜味厚之品，使之直达于下，如滋补肾阴，潜阳息风之药就都具有重沉的特点。

【点评】吴氏用比拟的方法论述了外感、内伤、三焦治法的区别，具有指导意义，但临证时应当详加分析。

六、温病治禁

【原文】50.白虎本为达热出表，若其人脉浮弦而细者，不可与也；脉沉者，不可与也；不渴者，不可与也；汗不出者，不可与也；常须识此，勿令误也。（上焦篇 9）

自注：此白虎之禁也。按白虎慓悍[1]，邪重非其力不举，用之得当，原有立竿见影之妙，若用之不当，祸不旋踵[2]。懦者多不敢用，未免坐误事机；孟浪者，不问其脉证之若何，一概用之。甚至石膏用斤余之多，应手而效者固多，应手而毙者亦复不少。皆未真知确见其所以然之故，故手下无准的也。

【注解】

[1] 慓（piào）悍：勇武凶猛。

[2] 祸不旋踵：喻立即出现严重后果。踵，脚后跟。

【释义】本条即“白虎汤四禁”。白虎汤为辛凉重剂，是热炽气分的代表方。若使用不当则伤人，故应用时应详察脉证，以免“用之不当，祸不旋踵”。若脉浮为病在表，脉弦为病在少阳，脉细为阴虚，脉沉为热结肠腑或阳气虚弱；不渴为津液未伤；汗不出为表气郁闭或无作汗之源。这些情况均非白虎汤适应证。

【选注】知白虎为达热出表，则知石膏所以可与桂枝并用，可与麻黄并用，前人立方君臣配合各有深意，非若后人既不知药又不知病，随手拈合便成一方，浮弦细不汗不渴，皆禁用白虎。

【点评】临床上见大热、脉洪大而口渴不甚或汗不出者，有可能因输液而伤阴不明显的，故需综合考虑，有是证用是药。

【原文】51.太阴温病，不可发汗，发汗而汗不出者，必发斑疹；汗出过多者，必神昏谵语。发斑者，化斑汤主之；发疹者，银翘散去豆豉，加细生地、丹皮、大青叶、倍元参主之。禁升麻、柴胡、当归、防风、羌活、白芷、葛根、三春柳。神昏谵语者，清宫汤主之，牛黄丸、紫雪丹、局方至宝丹亦主之。（上焦篇 16）

自注：温病忌汗者，病由口鼻而入，邪不在足太阳之表，故不得伤太阳经也。时医不知而误发之，若其人热甚血燥，不能蒸汗，温邪郁于肌表血分，故必发斑疹也。若其人表疏，一发而汗出不止，汗为心液，误汗亡阳，心阳伤而神明乱，中无所主，故神昏。心液伤而心血虚，心以阴为体，心阴不能济阳，则心阳独亢，心主言，故谵语不休也。且手经[1]逆传，世罕知之。手太阴病不解，本有必传手厥阴心包之理，况有伤其气血乎！

【注解】[1] 手经：此指手太阴肺经。

【释义】本条中吴鞠通提出了温病忌汗，并附有误汗后引起的斑疹，谵语等变证的治疗。手太阴温病不可采用辛温发汗的方法，若误用辛温发散助热之品，则易耗伤阴液，热迫动血，外出血络而发为斑疹。因斑为阳明热毒从肌肉外溢所致，故用化斑汤以清胃泄热，凉血化斑。疹为太阴风热内窜营分而外达于肌肤，故用银翘散去豆豉，加细生地、丹皮、大青叶、倍玄参以宣肺达邪，清营透疹。无论斑或疹，均禁用或慎用升麻、柴胡、羌活、白芷等辛散温燥之品。

太阴温病，卫表疏松。若误用辛温发汗，导致热闭心包，痰热闭窍，出现神昏谵语等症。此时可用清宫汤清心开窍，也可用牛黄丸、紫雪丹等方。

【选注】曹炳章：温病宜清凉解肌，既云解肌，亦有得微汗而解者。盖肺主皮毛，亦可微汗，但服清凉解肌药则汗出而温亦去，断不伤阴；若服羌、独、桂枝，则必伤太阳经，所谓诛伐无过，温病未去，而阴已伤矣！

【点评】温病初起禁汗，是指禁辛温发汗法，是狭义的汗法，广义的汗法，包括辛凉解表、辛凉透表、益胃战汗等法。

【原文】52.斑疹，用升提则衄，或厥[1]，或呛咳[2]，或昏痉，用壅补则瞀乱[3]。（中焦篇 23）

自注：此治斑疹之禁也。斑疹之邪在血络，只喜轻宣凉解。若用柴胡、升麻辛温之品，直升少阳，使热血上循清道则衄；过升则下竭，下竭者必上厥；肺为华盖，受热毒之熏蒸则呛咳；心位正阳，受升提之摧迫则昏痉。至若壅补，使邪无出路，络道比经道最细，诸疮痛痒，皆属于心，既不得外出，其势必返而归之于心，不瞀乱得乎？

【注解】

[1] 厥：指阴阳不相顺接而出现的四肢逆冷。

[2] 呛咳：如同食物或痰浊误入喉及气管内而引起的剧烈咳嗽。

[3] 瞀乱：指心中闷乱，头目昏眩。

【释义】此条为斑疹治禁。故治斑应清胃泻热，凉血化斑；治疹应宣肺达邪，清营透疹。如果用具有辛温升散之品，则内热逼迫，斑疹就会加重，甚至其他出血现象，或导致肢体厥冷，或发生呛咳，有的甚至会造成神昏痉厥。如果用滋补壅滞之品，则闭门留寇，邪不能外透，只能往里攻，导致神志昏乱。

【选注】陆子贤云："斑为阳明热毒，疹为太阴风热"。

【点评】若正虚导致斑疹内陷之逆证，出现大汗淋漓，体温骤降，斑疹甫出即隐等，当用补气以托斑疹外透之法，不属禁忌之例。

【原文】53.斑疹阳明证悉具，外出不快，内壅特甚者，调胃承气汤微和之，得通则已，不可令大泄，大泄则内陷。(中焦篇 24)

自注：此斑疹下法，微有不同也。斑疹虽宜宣泄，但不可太过，令其内陷。斑疹虽忌升提，亦畏内陷，方用调胃承气者，避枳、朴之温燥，取芒硝之入阴，甘草败毒缓中也。

调胃承气汤方(方见前)

【释义】本条论斑疹下法宜忌。如斑疹透发不畅快，见邪热内壅较盛者，如无汗、大便不通等，可用调胃承气汤缓下热结，避免用厚朴、枳实苦温劫阴之品或用药过重，使腑气得降，使邪热有所出路，则斑疹也可随之透发。除了只用缓下之剂外，得下后又不可再下，以免发生内陷之变。

【点评】斑出于胃、疹出于肺，故斑宜清化，疹宜透发。忌辛温、忌升提、忌壅补、忌大泄等禁忌。

【原文】54.温病小便不利者，淡渗不可与也，忌五苓、八正辈。(中焦篇 30)

自注：此用淡渗之禁也。热病有余于火，不足于水，唯以滋水泻火为急务，岂可再以淡渗动阳[1]而燥津乎？奈何吴又可于小便条下，特立猪苓汤，乃去仲景原方之阿胶，反加木通、车前，渗而又渗乎？其治小便血分之桃仁汤中，仍用滑石，不识何解！

【注解】[1] 动阳：淡渗伤阴，阴不制阳，而致阳气浮动。

【释义】此条论阴伤小便不利，当禁淡渗之法。忌用五苓散、八正散之类淡渗利湿的方剂。因为温病中出现小便不利，大多由于阴液亏耗，故治当养阴清热为大法，不可滥用淡渗利尿之剂，误用则阴液更伤，甚至动阳。

【选注】叶子雨：此言阴竭之小便不利，故不可淡渗。若属热结，自当清利。非凡温病小便不利，皆不可淡渗也。

【点评】此条吴氏、叶氏论述已详备，不必赘述，应结合舌脉等综合辨别。

【原文】55.温病燥热，欲解燥者，先滋其干，不可纯用苦寒也，服之反燥甚。(中焦篇 31)

自注：此用苦寒之禁也。温病有余于火，不用淡渗犹易明，并苦寒亦设禁条，则未易明也。举世皆以苦能降火，寒能泻热，坦然用之而无疑，不知苦先入心，其化以燥，服之不应，愈化愈燥。宋人以目为火户，设立三黄汤，久服竟至于瞎，非化燥之明征乎？吾见温病而恣用苦寒，津液干涸不救者甚多，盖化气[1]比本气[2]更烈。故前条冬地三黄汤，甘寒之十之八九，苦寒仅十之一二耳。至茵陈蒿汤之纯苦，止有一用，或者再用，亦无屡用之理。吴又可屡诋用黄连之非，而又恣用大黄，惜乎其未通甘寒一法也。

【注解】

[1] 化气：此处指滥用苦寒药物所产生的继发病因，可导致津液干涸之严重病变。

[2] 本气：此处指导致温病燥热的原本病邪。

【释义】本条论述燥伤不可纯用苦寒。温病患者有燥热之象，欲解时，须先滋润津液，法甘寒，不可纯用苦寒。若纯用之，则燥热不除，反而燥甚，因苦寒之品能化燥而更伤其阴。

对温病燥热的治疗，一般采用甘苦合化之法，即清热与养阴并施。自注中所云冬地三黄汤（见中焦篇 29 条），“甘寒之十之八九，苦寒仅十之一二耳”，是以甘寒为主之方矣!

【选注】叶子雨：冬不藏精之温病，苦燥宜禁，自是确论。即非精亏热炽而苦寒服之不应，亦不当屡用致讥。

【点评】吴氏自注中所云冬地三黄汤，虽适用于燥热阴伤之证，然临证时尚应权衡热盛伤阴之侧重程度而灵活运用。

【原文】56.壮火尚盛者，不得用定风珠、复脉。邪少虚多者，不得用黄连阿胶汤。阴虚欲痉者，不得用青蒿鳖甲汤。(下焦篇 17)

自注：此诸方之禁也。前数方虽皆为存阴退热而设，其中有以补阴之品，为退热之用者；有一面补阴，一面搜邪者；有一面填阴，一面护阳者。各宜心领神会，不可混也。

【释义】本条论及定风珠、复脉、黄连阿胶汤、青蒿鳖甲汤的禁忌证，上述诸方为下焦温病所用主要方剂，此类方均有滋养肾阴之攻，对于病邪亢盛，非下焦证者均不适宜。大小定风珠、加减复脉汤属填补真阴之剂，适用于邪少虚多或纯虚无邪者，故壮火尚盛者禁用。黄连阿胶汤证属阴伤而邪火仍盛之证，治当育阴清热，攻补兼施，故对邪少虚多者禁用。青蒿鳖甲汤证亦属邪少虚多，但其邪虽少，而深伏混处于气血之中，故用之滋阴透邪，对水不涵木之虚风内动者并非所宜。

【选注】曹炳章：壮火尚盛，不宜过用滋腻；邪少虚多，不得过用苦燥；阴虚太过，不得再搜少阳。

【点评】吴鞠通在自注中，对诸方主治范围可谓要言不烦，提纲挈领。临床上使用广泛而有效。

附录　方剂汇编

一　画

一甲复脉汤（《温病条辨》）

炙甘草（六钱）　干地黄（六钱）　生白芍（六钱）　麦冬（五钱，不去心）　阿胶（三钱）牡蛎（一两）

一加减正气散（《温病条辨》）

藿香梗（二钱）　厚朴（二钱）　杏仁（二钱）　茯苓皮（二钱）　广皮（一钱）　神曲（一钱五分）　麦芽（一钱五分）　绵茵陈（二钱）　大腹皮（一钱）

水五杯，煮二杯，再服。

二　画

二甘散（《洞天奥旨》）

黄连（二钱）　胆草（三钱）　葳蕤（二钱）　白芍（五钱）　天麻（二钱）　荆芥（二钱）　甘菊花（三钱）　甘草（三钱）　忍冬（一两）

二甲复脉汤（《温病条辨》）

炙甘草（六钱）　干地黄（六钱）　生白芍（六钱）　麦冬（五钱，不去心）　阿胶（三钱）　麻仁（三钱）　生牡蛎（五钱）　生鳖甲（八钱）

水八杯，煮取八分三杯，分三次服。剧者加甘草至一两，地黄、白芍各八钱，麦冬七钱，日三服，夜一服。

七鲜育阴汤（《通俗伤寒论》）

鲜生地（五钱）　鲜石斛（四钱）　鲜茅根（五钱）　鲜稻穗（二支）　鲜雅梨汁、鲜蔗汁（各二瓢，冲）　鲜枇杷叶（去毛，炒香；三钱）

八珍汤（《正体类要》）

当归（一钱，酒拌）　川芎（一钱）　白芍药（二钱）　熟地黄（一钱，酒拌）　人参（一钱）白术（一钱，炒）　茯苓（一钱）　甘草（五分，炙）

清水二盅，加生姜三片，大枣二枚，煎至八分，食前服。

二加减正气散（《温病条辨》）

藿香梗（三钱）　广皮（二钱）　厚朴（二钱）　茯苓皮（三钱）　木防己（三钱）　大豆黄卷（二钱）　川通草（一钱五分）　薏苡仁（三钱）

水八杯，煮三杯，三次服。

人参竹叶汤（《三因极一病证方论》）

竹叶（二把）　人参（二两）　甘草（炙，二两）　半夏（二两半）　石膏（五两）　麦门冬（五两）

上为锉散。每服四大钱，水一盏半，姜五片，粳米一撮，煎米熟，去滓，食前服。

三　画

三甲散（《温疫论》）

鳖甲、龟甲（并用酥炙黄为末，如无酥，各以醋炙代之）（各一钱）　穿山甲（土炒黄，为末）五分　蝉蜕（洗净，炙干；五分） 僵蚕（白硬者切断，生用；五分） 牡蛎（煅为末，咽燥者斟酌用；五分） 䗪虫（三个；干者劈碎，鲜者捣烂，和酒少许，取汁入汤药同服，其渣入诸药同煎） 白芍药（酒炒，七分） 当归（五分） 甘草（三分）

水二钟，煎八分，滤渣温服……服后病减半勿服，当尽调理法。

三才汤（《温病条辨》）

人参（三钱） 天冬（二钱） 干地黄（五钱）

水五杯，浓煎两杯，分二次温服。

三石汤（《温病条辨》）

飞滑石（三钱） 生石膏（五钱） 寒水石（三钱） 杏仁（三钱） 竹茹（二钱，炒） 银花（三钱，花露更妙） 金汁（一酒杯，冲） 白通草（二钱）

水五杯，煮成二杯，分二次温服。

三仁汤（《温病条辨》）

杏仁（五钱） 飞滑石（六钱） 白通草（二钱） 白蔻仁（二钱） 竹叶（二钱） 厚朴（二钱） 生薏仁（六钱） 半夏（五钱） 甘澜水（八碗）

注：古方中凡用犀角、虎骨者，现均用代用品，如犀角以水牛角代，但需加大用量。煮取三碗，每服一碗，日三服。

三香汤（《温病条辨》）

栝楼皮（三钱） 桔梗（三钱） 黑山栀（二钱） 枳壳（二钱） 郁金（二钱） 香豉（二钱） 降香末（三钱）

水五杯，煮取二杯，分二次温服。

三甲复脉汤（《温病条辨》）

炙甘草（六钱） 干地黄（六钱） 生白芍（六钱） 麦冬（不去心，五钱） 阿胶（三钱） 麻仁（三钱） 生牡蛎（五钱） 生鳖甲（八钱） 生龟板（一两）

水八杯，煮取八分三杯，分三次服。

三黄二香散（《温病条辨》）

黄连（一两） 黄柏（一两） 生大黄（一两） 乳香（五钱） 没药（五钱）

上为极细末，初用细茶汁调敷，干则易之，继则用香油调敷。

三黄凉膈散（《喉痧全科紫珍集》）

黄连（四分） 甘草（五分） 川芎（七分） 黄柏（一钱） 黄芩（一钱） 栀子（一钱）赤芍（一钱） 薄荷（一钱） 青皮（八分） 陈皮（一钱） 花粉（一钱） 射干（一钱） 银花（一钱五分） 当归（一钱五分） 元参（二钱）

上药加灯心二十寸，淡竹叶十片为引，水煎服。

三加减正气散（《温病条辨》）

藿香（连梗叶，三钱） 茯苓皮（三钱） 厚朴（二钱） 广皮（一钱五分） 杏仁（三钱）滑石（五钱）

水五杯，煮二杯，再服。

大柴胡汤（《伤寒论》）

柴胡（半斤） 黄芩（三两） 芍药（三两） 半夏（半斤，洗） 生姜（五两，切） 枳实（四枚，炙） 大枣（十二枚，擘） 大黄（二两）

上八味，以水一斗二升，煮取六升，去滓，再煎，温服一升，日三服。

大承气汤（《伤寒论》）

大黄（四两，酒洗） 厚朴（半斤；炙，去皮） 枳实（五枚，炙） 芒硝（三合）

右四味，以水一斗，先煮二物，取五升，去滓，内大黄，煮取二升，去滓，内芒硝，更上微火一两沸，分温再服。得下，余勿服。

大定风珠（《温病条辨》）

生白芍（六钱） 阿胶（三钱） 生龟板（四钱） 干地黄（六钱） 麻仁（二钱） 五味子（二钱） 生牡蛎（四钱） 麦冬（连心，六钱） 炙甘草（四钱） 鸡子黄（生，二枚） 鳖甲（生，四钱）

水八杯，煮取三杯，去滓，再入鸡子黄，搅令相得，分三次服。

小柴胡汤（《伤寒论》）

柴胡（半斤） 黄芩（三两） 人参（三两） 甘草（三两，炙） 半夏（半升，洗） 生姜（三两，切） 大枣（十三枚，擘）

上七味，以水一斗二升，煮取六升，去滓，再煎，取三升，温服一升，日三服。

小金丹（《黄帝内经素问》）

辰砂（二两） 水磨雄黄（一两） 叶子雌黄（一两） 紫金（半两）

同入盒中，外固了，地一尺筑地实，不用炉，不需药制，用火二十斤煅之也，七日终，候冷七日取，次日出盒子，埋药地中七日，取出顺日之研三日，炼白沙蜜为丸，如梧桐子大，每日望东吸日华气一口，冰水下一丸，和气咽之，服十粒，无疫干也。

小陷胸汤（《伤寒论》）

黄连（一两） 半夏（半升，洗） 栝楼实大者（一个）

上三味，以水六升，先煮栝楼根去三升，去滓，内诸药，煮取二升，去滓，分温三服。

小陷胸加枳实汤（《温病条辨》）

黄连（二钱） 瓜蒌（三钱） 枳实（二钱） 半夏（三钱）

急流水五杯，煮取二杯，分二次服。

卫分宣湿饮（《暑病证治要略》）

西香薷（一钱） 全青蒿（钱半） 滑石（四钱） 浙茯苓（三钱） 通草（一钱） 苦杏仁（钱半） 淡竹叶（三十片） 鲜冬瓜皮（一两） 鲜荷叶（一角）

四　画

升降散（《伤暑全书》）

白僵蚕（酒炒，二钱） 全蝉蜕（去土，一钱） 川大黄（生，四钱） 广姜黄（去皮，不用片姜黄；三分）

上为细末，合研匀。病轻者分四次服，每服重一钱八分二厘五毫，用冷黄酒一杯，蜂蜜五钱，调匀冷服，中病即止。病重者与三次服，每服重二钱四分三厘三毫，黄酒一杯半。蜜七钱五分，调匀冷服。最重者分二次服，每服重三钱六分五厘，黄酒二杯，蜜一两，调匀冷服。如一、二帖未愈，可再服之，热退即止。

化斑汤（《温病条辨》）

石膏（一两） 知母（四钱） 生甘草（三钱） 元参（三钱） 犀角（二两） 白粳米（一合）

水八杯，煮取三杯，日三服，渣再煮一钟，夜一服。

止痉散（《方剂学》上海中医学院）

全蝎、蜈蚣（各等分）

上研细末，每服1～1.5g，温开水送服。

六一散（《宣明论方》）

白滑石（六两） 甘草（一两）

上为末，每服三钱，蜜少许，温水调下，无蜜亦得，日三服；欲冷饮者，新汲水调下；解利伤寒发汗，煎葱白、豆豉汤调下四钱，每服水一盏，葱白五寸，豆豉五十粒，煮取汁一盏调下，并三服，效为度。

双解散（《宣明论方》）

益元散（七两） 防风通圣散（七两）

上二药，一处相和，名为双解散。益元散在痢门，通圣散方在风门，各七两，搅匀，每服三钱，水一盏半，入葱白五寸、盐豉五十粒、生姜三片，煎至一盏，温服。

王氏连朴饮（《霍乱论》）

制厚朴（二钱） 川连（姜汁炒）、石菖蒲、制半夏（各一钱） 香豉（炒）、焦栀（各三钱） 芦根（二两）

水煎温服。

王氏清暑益气汤（《温热经纬》）

西洋 参石 斛麦 冬黄连 竹叶 荷梗 知母 甘草 粳米 西瓜翠衣

五仁橘皮汤（《通俗伤寒论》）

甜杏仁（三钱，研细） 松子仁（三钱） 郁李仁（四钱，杵） 桃仁（二钱，杵） 柏子仁（二钱，杵） 橘皮（一钱半，蜜炙）

太乙流金散（《备急千金要方》）

雄黄（三两） 雌黄（二两） 矾石、鬼箭羽（各一两半） 羊角（二两）

烧上五味，治下筛，三角绛袋盛一两，带心前并挂门户上。若逢大疫之年，以月旦青布裹一刀圭，中庭之烧，温病人亦烧熏之。

牛黄承气汤（《温病条辨》）

用安宫牛黄丸二丸，化开，调生大黄末三钱，先服一半，不知再服。

六味回阳饮（《景岳全书》）

人参（一二两，或数钱） 制附子（二三钱） 炮干姜（二三钱） 炙甘草（一钱） 熟地（五钱或一两） 当归身（三钱，如泄泻者或血动者以冬术易之多多益善）

水二盅，武火煎，七八分温服。

五　画

玉枢丹（《百一选方》）（又名太乙紫金锭，《百一选方》名"神仙解毒万病丸"）。

文蛤（三两；淡红黄色者，捶烂，洗净） 红芽大戟（一两半，洗净） 山慈姑（二两，洗） 续随子（二两；去壳秤，研细，纸裹压出油，再研如白霜） 麝香（三分，研）

上将前三味焙干，为细末，入麝香、续随子研令匀，以糯米粥为丸，每料分作四十丸（于端午、七夕、重阳日合，如欲急用，辰日亦得）。痈疽、发背未破之时，用冰水磨涂痛处，并磨服，良久觉痒，立消；阴阳二毒、伤寒心闷、狂言乱语、胸膈壅滞、邪毒为发，及瘟疫、山岚瘴气、缠喉风，入薄荷一小叶，以冷水同研下；急中及癫邪，喝叫乱走、鬼胎鬼气，并用暖无灰酒送下；自缢、落水死，头暖者，及惊死、鬼迷死，为隔宿者，冷、水磨灌下；蛇犬、蜈蚣伤，冷水磨涂伤处；诸般疟疾，不问新久，临发时煎桃柳汤灌下；小儿急慢惊风，五疳五痢，与薄荷小叶用蜜水同磨下；牙关紧急，磨涂一丸，分作三服，如丸小，分作二服，量大小与之；牙痛，酒磨涂及含药少许吞下；汤火伤，以东流水磨涂伤处；打扑伤损，炒松节无灰酒送下；年深日近太阳头疼，用酒入薄荷杂磨，纸花贴太阳穴上；诸般痫疾，口面斜，唇眼掣眨，夜多睡涎，言语謇涩，卒中风口噤，牙关紧急，筋脉挛缩，骨节风肿，手脚疼痛，行止艰辛，应是风气疼痛，并用酒磨下。

玉钥匙（《三因极一病证方论》）

焰硝（一两） 半鹏砂（半两） 脑子（一字） 白僵蚕（一分）

上为末，研匀，以竹管吹半钱许入喉中，立愈。

半夏泻心汤去人参、干姜、大枣、甘草加枳实、杏仁方（《温病条辨》）

半夏（一两）　黄连（二钱）　黄芩（三钱）　枳实（二钱）　杏仁（三钱）

半夏泻心汤去干姜、甘草加枳实、杏仁方（《温病条辨》）

半夏（一两）　黄连（二钱）　黄芩（三钱）　枳实（二钱）　杏仁（三钱）

水八杯，煮取三杯，分三次服。虚者复纳人参三钱，大枣三枚。

四物汤（《太平惠民和剂局方》）

当归（去芦，酒浸炒）、川芎、白芍、熟干地黄（各等分）

上为粗末，每服三钱，水一盏半，煎至八分，去渣热服，空心食前。若妊娠胎动不安，下血不止者，加艾十叶，阿胶一片，同煎如前法。或血脏虚冷，崩漏，去血过多，亦加胶、艾煎。

四逆散（《伤寒论》）

甘草（炙）　枳实（破，水渍炙干）　柴胡　芍药

上四味，各十分，捣筛，白饮和，服方寸匕，日三服。

四逆汤（《伤寒论》）

甘草（二两，炙）　干姜（一两半）　附子（一枚；生用，去皮，破八片）

上三味，以水三升，煮取一升二合，去滓，分温再服。强人可大附子一枚，干姜三两。

四逆加人参汤（《伤寒论》）

甘草（二两，炙）　干姜（一两半）　附子（一枚；生用，去皮，破八片）　人参（一两，另煎兑入）

四味香薷饮（《医方集解》）

香薷（一两）　厚朴（五钱，姜汁炒）　扁豆（五钱，炒）　黄连（三钱，姜炒）

水煎，冷服。

右归丸（《景岳全书》）

大怀熟（八两）　山药（炒，四两）　山茱萸（微炒，三两）　枸杞（微炒，四两）　鹿角胶（炒珠，四两）　菟丝子（制，四两）　杜仲（姜汤炒，四两）　当归（三两，便溏勿用）　肉桂（二两，渐可加至四两）　制附子（自二两渐可加至五六两）

上为细末，先将熟地蒸烂，杵膏，加炼蜜丸，桐子大，或丸如弹子大，每嚼服二三丸，以滚白汤送下，其效尤速。

右归饮（《景岳全书》）

熟地（三四钱或加至一二两）　山药（二钱，炒）　杜仲（二钱，姜制）　枸杞（二钱）　甘草（一二钱，炙）　肉桂（一二钱）　制附子（一二三钱）　萸肉（一钱）

水二盅，煎七分，食远温服。

生脉散（《温病条辨》）

人参（三钱）　麦冬（不去心，二钱）　五味子（一钱）

水三杯，煮取八分二杯，分二次服，渣再煎服，脉不敛，再作服，以脉敛为度。

白虎承气汤（《重订通俗伤寒论》）

生石膏（八钱，细研）　生锦纹（三钱）　生甘草（八分）　白知母（四钱）　元明粉（二钱）　陈仓米（三钱，荷叶包）

甘露消毒丹（引《温热经纬》）

飞滑石（十五两）　绵茵陈（十一两）　淡黄芩（十两）　石菖蒲（六两）　川贝母、木通（各五两）　藿香、射干、连翘、薄荷、白豆蔻（各四两）

各药晒燥，生研细末（见火则药性变热）。每服三钱，开水调服，日二次。或以神曲糊丸，如弹子大，开水化服亦可。

加减玉女煎（《温病条辨》）（即玉女煎去熟地加细生地、玄参方）

生石膏（一两）　知母（四钱）　玄参（四钱）　细生地（六钱）　麦冬（六钱）

水八杯，煮取三杯，分二次服，渣再煮一钟服。

加减复脉汤（《温病条辨》）

炙甘草（六钱）　干地黄（六钱）　生白芍（六钱）　麦冬（五钱，不去心）　阿胶（三钱）麻仁（三钱）

水八杯，煮取八分三杯，分三次服。剧者加甘草至一两，地黄、白芍各八钱，麦冬七钱，日三服，夜一服。

加味清营汤（《中医方剂大辞典》引《镐京直指》）

鲜生地（六钱）　鲜石斛（五钱）　元参心（五钱）　原麦冬（四钱）　连翘（三钱）　银花（三钱）　天花粉（三钱）　鲜竹叶（一钱）　生石膏（五钱）　川黄连（一钱）　丹参（三钱）

加味凉膈散（《伤寒温疫条辨》）

白僵蚕（酒炒，三钱）　蝉蜕（全，十二枚）　广姜黄（七分）　黄连（二钱）　黄芩（二钱）栀子（二钱）连翘（去心）、薄荷、大黄、芒硝（各三钱）　甘草（一钱）　竹叶（三十片）

水煎去渣，冲芒硝，入蜜、酒冷服

加味栀豉汤（《重订广温热论》）

焦山栀（三钱）　淡香豉（三钱）　生甘草（六分）　桔梗（一钱）　生枳壳（一钱）　苏薄荷（一钱）　枇杷叶（三钱）　葱白（两枚）

加减桃仁承气汤（《温病条辨》）

大黄（三钱，制）　桃仁（三钱，炒）　细生地（六钱）　丹皮（四钱）　泽兰（二钱）　人中白（二钱）

水八杯，煮取三杯，先服一杯。候六时，得下黑血，下后神清渴减，止后服。不知渐进。

代天宣化丸（《片玉痘疹》）

人中黄（属土，甲巳年为君）　黄芩（属金，乙庚年为君）　黄柏（属水，丙辛年为君）　栀子仁（属木，丁壬年为君）　黄连（属火，戊癸年为君）　苦参（为佐）　荆芥穗（为佐）　防风（去芦，为佐）　连翘（酒洗，去心，为佐）　山豆根（为佐）　牛蒡子（酒淘，炒，为佐）　紫苏叶（为佐）

冬至之日修合为末，取雪水煮升麻，加竹沥，调神曲为丸，用辰砂、雄黄为衣。每服用竹叶煎汤送下。

加味清毒化斑汤（《医学摘粹》）

犀角（研细末冲，三钱）　薄荷（二钱）　生石膏（四钱）　知母（三钱）　大青叶（三钱）　生甘草（二钱）　生地（三钱）　丹皮（三钱）　金银花（三钱）　连翘（三钱）　粳米（三钱）

水煎大半杯，温服。小儿减半服。

冬地三黄汤（《温病条辨》）

麦冬（八钱）　黄连（一钱）　苇根汁（半酒杯，冲）　玄参（四钱）　黄柏（一钱）　银花露（半酒杯，冲）　细生地（四钱）　黄芩（一钱）　生甘草（三钱）

水八杯，煮取三杯，分三次服，以小便得利为度。

白虎汤（《伤寒论》）

知母（六两）　石膏（一斤，碎）　甘草（二两）　粳米（六合）

上四味，以水一斗，煮米熟，汤成，去滓，温服一升，日三服。

白通汤（《伤寒论》）

葱白（四茎）　干姜（一两）　附子（一枚；生，去皮，破八片）

上三味，以水三升，煮取一升，去滓，分温再服。

白虎加苍术汤（《类证活人书》）

知母（六两） 甘草（炙，二两） 石膏（一斤） 苍术（三两） 粳米（三两）

如麻豆大，每服五钱，水一盏半，煎至八九分，去滓，取六分清汁，温服。

白虎加生地汤（《温热经纬》）

石膏 知母 粳米 甘草 生地

白虎加人参汤（《伤寒论》）

知母（六两） 石膏（一斤；碎，绵裹） 甘草（二两，炙） 粳米（六合） 人参（三两）

上五味，以水一斗，煮米熟，汤成去滓，温服一升，日三服。

东垣清暑益气汤（引《温病条辨》）

黄芪（一钱） 黄柏（一钱） 麦冬（二钱） 青皮（一钱） 白术（一钱五分） 升麻（三分） 当归（七分） 炙草（一钱） 神曲（一钱） 人参（一钱） 泽泻（一钱） 五味子（八分） 陈皮（一钱） 苍术（一钱五分） 葛根（三分） 生姜（二片） 大枣（二枚）

水五杯，煮取二杯，渣再煎一杯，分温三服。虚者得宜，实者禁用，汗不出而但热者禁用。

六 画

达原饮（《温疫论》）

槟榔（二钱） 厚朴（一钱） 草果仁（五分） 知母（一钱） 芍药（一钱） 黄芩（一钱） 甘草（五分）

用水一钟，煎八分，午后温服。

至宝丹（《温病条辨·局方至宝丹》）

犀角（镑，一两） 朱砂（飞，一两） 琥珀（研，一两） 玳瑁（镑，一两） 牛黄（五钱） 麝香（五钱）

以安息香重汤化，和诸药为丸一百丸，蜡护。

行军散（《重订霍乱论》）

西牛黄、当门子、真珠、梅冰、蓬砂（各一钱）、明雄黄（飞净，八钱）、火硝（三分） 飞金（二十页）

八味各研极细如粉，再合研匀，瓷罐密收，以蜡封之，每三五分，凉开水调下。

导赤散（《小儿药证直诀》）

生地黄、木通、生甘、草梢（各等分）

上药为末，每服三钱，水一盏，入竹叶同煎至五分，食后温服。

杀鬼烧药（《备急千金要方》）

雄黄、丹砂、雌黄（各一斤） 羚羊角、芜荑、虎骨、鬼臼、鬼箭羽、野丈人石长生、猪屎马悬蹄（各三两） 青羊脂、菖蒲、白术（各八两） 蜜蜡（八斤）

上为末，以蜜蜡和为丸，如弹许大。朝暮及夜中，户前微火烧之。

桔梗散（《素问病机气宜保命集》）

薄荷、黄芩、甘草、山栀子（各一钱） 桔梗（半两） 连翘（二钱）

锉，每服五钱或七钱。加淡竹叶，水煎服。

回阳救急汤（《伤寒六书》）

熟附子 干姜 肉桂 人参 白术炒 茯苓 陈皮 甘草 五味子 半夏制

水二盅，姜三片，煎之，临服入麝香三厘调服。中病以手足温和即止，不得多服。

竹叶石膏汤（《伤寒论》）

竹叶（二把） 石膏（一斤） 半夏（半升，洗） 人参（三两） 甘草（二两，炙） 粳米（半升）

竹叶玉女煎（《温病条辨》）

生石膏（六钱） 干地黄（四钱） 麦冬（四钱） 知母（二钱） 牛膝（二钱） 竹叶（三钱）

水八杯，先煮石膏、地黄得五杯，再入余四味，煮成二杯。先服一杯，候六时覆之。病解停后服，不解再服。

安宫牛黄丸（《温病条辨》）

牛黄（一两） 郁金（一两） 犀角（一两） 黄连（一两） 朱砂（一两） 梅片（二钱五分） 麝香（二钱五分） 真珠（五钱） 山栀（一两） 雄黄（一两） 金箔衣黄芩（一两）

上为极细末，炼老蜜为丸，每丸一钱，金箔为衣，蜡护。脉虚者人参汤下，脉实者银花薄荷汤下，每服一丸。兼治飞尸卒厥，五痫中恶，大人小儿痉厥之因于热者。大人病重，体实者日再服，甚至日三服；小儿服半丸，不知再服半丸。

导赤清心汤（《通俗伤寒论》）

鲜生地（六钱） 辰茯神（二钱） 细木通（五分） 原麦冬（一钱，辰砂染） 粉丹皮（二钱） 益元散（三钱，包煎） 淡竹叶（钱半） 莲子心（卅支，冲） 辰砂染灯心（廿支） 莹白童便（一杯，冲）

导赤承气汤（《温病条辨》）

赤芍（三钱） 细生地（五钱） 大黄（三钱） 黄连（二钱） 黄柏（二钱） 芒硝（一钱）

水五杯，煮取二杯，先服一杯，不下再服。

防风通圣散（《宣明论方》）

防风、川芎、当归、芍药、大黄、薄荷、叶麻、黄连、连翘、芒硝（各半两） 石膏、黄芩、桔梗（各一两） 滑石（三两） 甘草（二两） 荆芥、白术、栀子（各一分）

上为末，每服二钱，水一大盏、生姜三片，煎至六分，温服。

七　画

苇茎汤（《备急千金要方》）

苇茎（切，二升，以水二斗，煮取五升，去滓） 薏苡仁（半升） 冬瓜子（半升） 桃仁（三十枚）（㕮咀）

内苇汁中，煮取二升，服一升，再服，当吐如脓。

杏仁汤（《温病条辨》）

杏仁（三钱） 黄芩（一钱五分） 连翘（一钱五分） 滑石（三钱） 桑叶（一钱五分） 茯苓块（三钱） 白蔻皮（八分） 梨皮（二钱）

水三杯，煮取二杯，日再服。

杏仁滑石汤（《温病条辨》）

杏仁（三钱） 滑石（三钱） 黄芩（二钱） 橘红（一钱五分） 黄连（一钱） 郁金（二钱） 通草（一钱） 厚朴（二钱） 半夏（三钱）

水八杯，煮取三杯，分三次服。

连梅汤（《温病条辨》）

云连（二钱） 乌梅（去核，三钱） 麦冬（连心，三钱） 生地（三钱） 阿胶（二钱）

水五杯，煮取三杯，分二次服。

苏合香丸（《太平惠民和剂局方》）

白术、青木香、乌犀屑、香附子（炒，去毛）、朱砂（研，水飞）、诃黎勒（煨，去皮）、白檀香、安息香（别为末，用无灰酒一升熬膏）、沉香麝香（研）、丁香、荜茇（各二两） 龙脑、苏合香油（各二两；入安息香膏内，各一两） 熏陆香（乳香）（别研，一两）

为细末，入研药内，用安息香膏并炼白蜜和剂，每服旋丸如梧桐子大，早服取井华水，温冷任意，化服四丸，老人、小儿可服一丸，温酒化服亦得，并空心服之。

沙参麦冬汤（《温病条辨》）

沙参（三钱） 玉竹（二钱） 生甘草（一钱） 冬桑叶（一钱五分） 麦冬（三钱） 生扁豆（一钱五分） 花粉（一钱五分）

水五杯，煮取二杯，日再服。

补中益气汤（《脾胃论》）

黄芪（病甚，劳役热甚者：一钱） 甘草（炙，各五分） 人参（去芦，三分） 当归身（酒焙干或晒干，二分） 橘皮（不去白，三分） 升麻（二分或三分） 柴胡（三分） 白术（三分）

上药㕮咀，都作一服。水二盏，煎至一盏，量气弱气盛，临床斟酌水盏大小，去渣，食远，稍热服。

阿胶鸡子黄汤（《通俗伤寒论》）

陈阿胶（烊冲，二钱） 生白芍（三钱） 石决明（杵，五钱） 双钩藤（二钱） 大生地（四钱） 清炙草（六分） 生牡蛎（杵，四钱） 络石藤（三钱） 茯神木（四钱） 鸡子黄（二枚，先煎代水）

余氏清心凉膈散（《疫疹一得》）

连翘（二钱） 生栀子（一钱五分） 黄芩（一钱五分） 薄荷（一钱五分） 桔梗（一钱） 竹叶（一钱） 生石膏（三钱） 甘草（八分）

苍苓白虎汤（《时病论》）

苍术 茯苓 石膏 知母 生甘草

加粳米，煎服。

却暑调元法（《时病论》）

石膏（四钱，煨） 滑石（三钱，飞） 白茯苓（三钱） 制半夏（一钱） 东洋人参（二钱，或用西洋人参） 麦门冬（二钱，去心） 粉甘草（六分）

加粳米一撮为引。

附子理中汤（引《奇效良方》）

人参、白术、干姜（炮）、附子（炮，去皮脐）（各二钱） 炙甘草（一钱）

上作一服，水二盅，生姜五片，煎至一盅，食前服。如血少加当归一钱同煎服。

八　画

金黄散（《医宗金鉴》）（又名如意金黄散）

南星、陈皮、苍术（各二斤） 黄柏（五斤） 姜黄（五斤） 甘草（二斤） 白芷（五斤） 天花粉（十斤） 厚朴（二斤） 大黄（五斤）

上十味共为㕮咀片，晒干磨三次，用细绢罗筛，贮磁罐，勿泄气。凡遇红赤肿痛，发热未成脓者，及夏月时，俱用茶清同蜜调敷；如欲作脓者，用葱汤同蜜调敷；如漫肿无头，皮色不变，湿痰流毒、附骨痈疽、鹤膝风等证，俱用葱酒煎调敷；如风热所生，皮肤亢热，色亮游走不定，俱用蜜水调敷；如天泡、火丹、赤游丹、黄水漆疮、恶血攻注等证，俱用大蓝根叶捣汁调敷，加蜜亦可；汤泼火烧，皮肤破烂，麻油调敷。以上诸引调法，乃别寒热温凉之治法也。

金牙散（《千金翼方》）

金牙（一分，研） 蜈蚣（炙）、蜥蜴（石上者，炙）、附子（炮）（各一枚） 人参（四分）蜣螂（七枚，炙） 徐长卿、芫青（炙） 斑蝥（去翅足，熬）（各十四枚） 雄黄（一分，研）桂心（四分） 鬼臼（二分） 野葛（一分，炙） 毒公（三分） 川芎（二分） 石长生椒（去汗目）、大黄、甘草（炙）、蛇蜕皮（炙）、露蜂房（炙）、曾青（无，蓝青代，别研）、真珠（别研）、丹砂（各二分）、鬼督邮、乌头（炮）、狼毒（各二分） 石膏（五分，研） 芎茹（一分） 芫荑、鬼箭、藜芦（炙）、鹳骨（炙）、雷丸、干漆（熬）、龟甲（炙）（各二分） 狼牙

（四分） 亭长（七枚，炙） 贝母（二分） 凝水石（五分） 牛黄（别研）、胡燕屎（各四分） 桔梗（三分） 铁精（一分，研） 消石（二分，研）

上为散。每服一刀圭，食前酒调下，一日二次，不知稍增之。有虫随大小便出。

青蒿鳖甲汤（《温病条辨》）

青蒿（二钱） 鳖甲（五钱） 细生地（四钱） 知母（二钱） 丹皮（三钱）

水五杯，煮取二杯，日再服。

虎头杀鬼方（《备急千金要方》）

虎头（五两） 朱砂、雄黄、雌黄（各一两半） 鬼臼、皂荚、芜荑（各一两）

一方有菖蒲、藜芦，无虎头、鬼臼、皂荚。上为末，蜡蜜为丸，如弹丸大，绛囊裹之。男左女右系于臂上，并悬屋四角，月朔望夜半中庭烧一丸。

和血败毒汤（《中医临床处方手册》引《揣摩有得集》）

泽兰叶（三钱） 当归（二钱） 赤芍、青皮、降香、秦艽、地骨皮、紫草茸、连翘、甘草（各一钱）、人中黄、炒僵蚕、蝉蜕（各一钱半）、白芷（五分）

加三春柳一撮为引。

抵挡汤（《温病条辨》）

大黄（五钱） 虻虫（二十枚，炙干为末） 桃仁（五钱） 水蛭（五分，炙干为末）

水八杯，煮取三杯，先服一杯，得下止后服，不知再服。

参附汤（《妇人良方》）

人参（一两） 附子（炮，五分）

作一服。姜枣水煎，徐徐服。

肾气丸（《金匮要略》）

干地黄（八两） 薯蓣（四两） 山茱萸（四两） 泽泻（三两） 茯苓（二两） 牡丹皮（三两） 桂枝（一两） 附子（一两，炮）

上为末，炼蜜和丸，梧子大，酒下十五丸，加至二十五丸，日再服。

参附龙牡汤（《方剂学》全国高等中医药院校规划教材第五版）

熟附子（三钱） 人参（四钱） 龙骨、牡蛎（各一两） 白芍（五钱） 炙甘草（五钱）

参苓白术散（《太平惠民和剂局方》）

莲子肉（去皮，一斤） 薏苡仁（一斤） 缩砂仁（一斤） 桔梗（炒令深黄色，一斤） 白扁豆（姜汁浸，去皮，微炒；一斤） 半白茯苓（二斤） 人参（去芦，二斤） 甘草（炒，二斤） 白术（二斤） 山药（二斤）

为细末，每服二钱，枣汤调下，小儿量岁数加减。

拔萃犀角地黄汤（《温毒病论》）

白犀角（一钱） 鲜生地（两半） 生锦纹（三钱） 川连（一钱） 青子芩（二钱）

陈氏凉解表邪方（《外感温病篇》）

薄荷 前胡 杏仁 桔梗 桑叶 川贝

陈氏凉泄里热方（《外感温病篇》）

川贝 牛蒡 桑皮 连翘 橘皮 竹叶

陈氏息风清热方（《外感温病篇》）

羚羊角 川贝 青蒿 连翘 知母 麦冬 钩藤

陆氏辛凉汗解方（《六因条辨》）

薄荷 大力 荆芥 连翘 桑叶 淡豉 蒌皮 杏仁 葛根 枇杷叶

陆氏清肺化邪方（《六因条辨》）

沙参　甜杏　花粉　连翘　桑皮　黑栀　郁金　枇杷叶

陆氏清肺泄热方（《六因条辨》）

沙参　花粉　地骨皮　知母　甜杏　玉竹　元参　甘草　连翘　枇杷叶　西瓜翠衣

陆氏辛凉透泄方（《六因条辨》）

薄荷　连翘　羚羊角　桑叶　大力　鲜石斛　沙参　杏仁　桔梗　甘草

陆氏苦辛清解方（《六因条辨》）

薄荷　牛蒡　连翘　黑栀　杏仁　射干　马勃　桔梗　甘草　玄参

九　画

胃苓汤（《太平惠民和剂局方》）

苍术（泔浸，八钱）　陈皮、厚朴（姜制）（各五钱）　甘草（蜜炙，三钱）　泽泻（二钱五分）　猪苓赤茯苓（去皮）、白术（各一钱半）　肉桂（一钱）

上为粗末，每服一两，以水二钟，加生姜三片，大枣二枚，炒盐一捻，煎八分，食前温服。

保和丸（《丹溪心法》）

山楂（六两）　神曲（二两）　半夏、茯苓（各三两）　陈皮、连翘、萝卜子（各一两）

上为末，炊饼丸如梧桐子大，每服七八十丸，食远白汤下。

独参汤（《正体类要》）

人参（二两）　枣（十枚）

水煎服。

神犀丹（《温热经纬》）

乌犀角尖（磨汁）、石菖蒲、黄芩（各六两）　真怀生地（冷水洗净，浸透，捣绞汁）、银花（如有鲜者，捣汁用尤良）（各一斤）　粪清、连翘（各十两）　板蓝根（九两，无则用飞净青黛代之）香豉（八两）　元参（七两）　花粉、紫草（各四两，各生晒研细，忌用火炒）

以犀角、地黄汁、粪清和捣为丸（切勿加蜜，如难丸，可将香豉煮烂），每重三钱。凉开水化服，日二次，小儿减半。如无粪清，可加人中黄四两研入。

茵陈蒿汤（《伤寒论》）

茵陈蒿（六两）　栀子（十四枚）　大黄（二两）

上三味，以水一斗二升，先煮茵陈，减六升，内二味，煮取三升，去滓，分三服。

栀子豉汤（《伤寒论》）

栀子（十四枚，擘）　香豉（四合，绵裹）

上二味，以水四升，先煮栀子，得二升半，内豉，煮取一升半，去滓，分为二服，温进一服，得涂者，止后服。

茯苓皮汤（《温病条辨》）

茯苓皮（三钱）　生薏仁（五钱）　猪苓（三钱）　大腹皮（三钱）　白通草（三钱）　淡竹叶（二钱）

水八杯，煮取三杯，分三次服。

茯苓白术汤（《三因极一病证方论》）

茯苓、干姜（炮）、甘草（炙）、白术、桂心（各一两）

上为末，每服四钱，水一盏，煎七分，去滓，食前服。

玳瑁郁金汤（《重订通俗伤寒论》）

生玳瑁（一钱，研碎）　生山栀（三钱）　细木通（一钱）　淡竹沥（两瓢冲）　广郁金（二钱，生打）　青连翘（二钱，带心） 粉丹皮（二钱） 生姜汁（两滴，冲） 鲜石菖蒲汁（两小匙，冲） 紫金片（三分，开水烊冲） 野菰根（二两） 鲜卷心竹叶（四十支） 灯心（两小帚，约重五六分）

用水六碗。煎成四碗。取清汤分作二次煎药。

枳实导滞丸（《内外伤辨惑论》）

大黄（一两） 枳实（麸炒，去穰）、神曲（炒）（各五钱） 茯苓（去皮）、黄芩（去腐）、黄连（拣净）、白术（各三钱） 泽泻（二钱）

上件为细末，汤浸蒸饼为丸，如梧桐子大，每服五十丸至七十丸，温水送下，食远，量虚实加减服之。

枳实导滞汤（《通俗伤寒论》）

小枳实（二钱） 生锦纹（钱半，酒洗） 净楂肉（三钱） 尖槟榔（钱半） 薄川朴（钱半） 小川连（六分） 六和曲（三钱） 青连翘（钱半） 龙紫草（三钱） 细木通（八分） 生甘草（五分）

枳实栀子汤（《备急千金要方》）

枳实（三枚） 栀子（十四枚） 豆豉（一升，绵裹）

上三味，㕮咀，以酢浆七升，先煎减三升，次内枳实、栀子，煮取二升；次内豉，煮五六沸，去滓。分再服，覆取汗。

香砂枳术丸（《医方集解》）

白术 枳实 制半夏 陈皮 木香 砂仁

荷叶包陈米饭为丸服。

宣白承气汤（《温病条辨》）

生石膏（五钱） 生大黄（三钱） 杏仁粉（二钱） 瓜蒌皮（一钱五分）

水五杯，煮取二杯，先服一杯，不知再服。

宣清导浊汤（《温病条辨》）

猪苓（五钱） 茯苓（五钱） 寒水石（六钱） 晚蚕砂（四钱） 皂荚子（三钱，去皮）

水五杯，煮成两杯，分二次服，以大便通为快。

除湿达原饮（《松蜂说疫》）

槟榔（二钱） 草果仁（五分，研） 厚朴（一钱，姜汁炒） 白芍（一钱） 甘草（一钱）栀子（五分，研） 黄柏（五分，酒炒） 茯苓（三钱）

十　画

珠黄散（《太平惠民和剂局方》）

珍珠（豆腐制，三钱） 西牛黄（一钱）

上为极细末，无声为度，密贮勿泄气。每用少许吹入患处。

神解散（《伤寒温疫条辨》）

白僵蚕（酒炒，一钱） 蝉蜕（五个） 神曲（三钱） 金银花（二钱） 生地（二钱） 木通、车前子（炒研）、黄芩（酒炒）、黄连、黄柏（盐水炒）、桔梗（各一钱）

水煎去渣，入冷黄酒半小杯，蜜三匙，和匀冷服。

蚕矢汤（《霍乱论》）

晚蚕砂（五钱） 生苡仁、大豆黄卷（各四钱） 陈木瓜（三钱） 川连（姜汁炒，二钱） 制半夏、黄芩（酒炒）、通草（各一钱）、焦山栀（一钱五分） 陈吴萸（泡淡，三分）

地浆或阴阳水煎，稍凉徐服。

桂枝汤（《伤寒论》）

桂枝（三两，去皮）　芍药（三两）　甘草（二两，炙）　生姜（三两，切）　大枣（十二枚，擘）

上五味，㕮咀，以水七升，微火煮取三升，去滓，适寒温，服一升。服以须臾，啜热稀粥一升余，以助药力，温复令一时许，遍身，微似有汗者益佳，不可令如水流漓，病必不除。若一服汗出病瘥，停后服，不必尽剂；若不汗，更服，依前法；又不汗，后服小促　其间，半日许，令三服尽；若病重者，一日一夜服，周时观之。服一剂尽，病证犹在者，更作服；若汗不出者，乃服至二三剂。禁生冷、黏滑、肉面、五辛、酒酪、臭恶等物。

桔梗汤（《伤寒论》）

桔梗（一两）　甘草（二两）

上二味，以水三升，煮取一升，去滓，分温再服。

真武汤（《伤寒论》）

茯苓（三两）　生姜（三两，切）　白术（二两）　附子（一枚；炮，去皮，破八片）

上五味，以水八升，煮取三升，去滓，温服七合，日三服。

益胃汤（《温病条辨》）

沙参（三钱）　麦冬（五钱）　冰糖（一钱）　细生地（五钱）　玉竹（炒香，一钱五分）

水五杯，煮取二杯，分二次服，渣再煮一杯服。

凉膈散（《太平惠民和剂局方》）

川大黄、朴硝、甘草（各二十两）　山栀子仁、薄荷（去梗）、黄芩（各十两）　连翘（二斤半）

上药为粗末，每服二钱，水一盏，入竹叶七片，蜜少许，煎至七分，去滓，食后温服。小儿可服半钱，更随岁数加减服之。得利下，住服。

凉营清气汤（《丁甘仁医案》）

犀角尖（磨冲，五分）　鲜石斛（八钱）　黑山栀（二钱）　牡丹皮（二钱）　鲜生地（八钱）　薄荷叶（八分）　川雅连（五分）　京赤芍（二钱）　京玄参（三钱）　生石膏（八钱）　生甘草（八分）　连翘壳（三钱）　鲜竹叶（三十张）　茅根、芦根（去心、节）（各一两）　金汁（冲服，一两）

如痰多加竹沥一两冲服，珠黄散每日服二分。

润肠丸（《脾胃论》）

大黄（去皮）、当归梢、羌活（各五钱）　桃仁汤（浸去皮尖，一两）　麻仁（去皮取仁，一两二钱五分）

除桃仁、麻仁另研如泥外，捣罗为细末，炼蜜为丸，如梧桐子大，每服五十丸，空心用，白汤送下。

通关散《丹溪心法附余》

细辛（洗去土叶）、猪牙皂角（去子）（各一钱）

一方有半夏一两。上为末。每用少许搐鼻，候喷嚏服药。

桑菊饮（《温病条辨》）

杏仁（二钱）　连翘（一钱五分）　薄荷（八分）　桑叶（二钱五分）　菊花（一钱）　苦梗（二钱）　甘草（八分）　苇根（二钱）

水二杯，煮取一杯，日二服。

桑杏汤（《温病条辨》）

桑叶（一钱）　杏仁（一钱五分）　沙参（二钱）　象贝（一钱）　豆豉（一钱）　栀皮（一钱五分）　梨皮（一钱）

凉膈攻毒饮（《医宗金鉴。痘疹心法要诀》）

栀子（生）　黄连（生）　石膏（生）　荆芥　紫花地丁　枳壳（麸炒）　桔梗　元参　生地　牛蒡子（炒、研）　大黄　赤芍　甘草（生）薄荷　木通引加灯心、竹叶，水煎服。

麻杏石甘汤（《伤寒论》）

麻黄（四两，去节） 杏仁（五十个，去皮尖） 甘草（二两，炙） 石膏（半斤；碎，绵裹）

上四味，以水七升，煮麻黄，减二升，去上沫，煮取二升，去滓。温服一升。

桃仁承气汤（《温病条辨》）

大黄（五钱） 芒硝（二钱） 桃仁（三钱） 当归（三钱） 芍药（三钱） 丹皮（三钱）

水八杯，煮取三杯，先服一杯，得下止后服，不知再服。

消毒保婴丹（《痘疹心法》）

缠豆藤（或黄豆、绿豆根上缠绕细红丝者，于八月福生生日采之，阴干听用；一两五钱） 黑大豆（三十粒） 赤小豆（七十粒） 新升麻（七钱半） 山楂肉（一两） 荆芥（连穗，五钱） 防风（去芦，五钱） 生地黄（酒浸，焙；一两） 川独活（五钱） 生甘草（五钱） 当归（酒洗，五钱） 赤芍药（七钱） 半黄连（去桔梗，五钱） 桔梗（五钱） 辰砂（另研，水飞；一两） 牛蒡子（炒，一两） 老丝瓜（隔年经霜者，取连藤蒂五寸，烧存性；二个）

上为细末，用净砂糖拌丸，如李核大。每服一粒，浓煎甘草汤化下。

调胃承气汤（《伤寒论》）

大黄（四两；去皮，清酒浸） 甘草（二两，炙） 芒硝（半斤）

上三味㕮咀，以水三升，煮取一升，去滓，内芒硝更上火微煮，令沸，少少温服。

调中益气汤（《东垣试效方》）

黄芪（一钱） 人参（去芦，半钱） 甘草（炙，半钱） 陈皮（二分） 五味子（七粒） 芍药（三分） 白术（五分） 当归（五分） 升麻（二分） 柴胡（二分）

水二盏，煎至一盏，去滓，食前温服。

通脉四逆汤（《伤寒论》）

甘草（二两，炙） 附子（大者一枚；生用，去皮，破八片） 干姜（三两，强人可四两）

上三味，以水三升，煮取一升二合，去滓，分温再服，其脉即出者愈。

通圣消毒饮（《证治准绳》）

防风、川芎、白芷、银花、连翘、牛蒡子、焦山栀、滑石（各四钱） 芒硝、酒炒生大黄、苦桔梗、生甘草（各二钱） 犀角（一钱） 大青叶、薄荷（各一钱） 鲜葱白（三根） 淡香豉（四钱）

以活水芦笋、鲜紫背浮萍煎汤代水煎药，重则日服二剂，夜服一剂。

荆防解毒汤（《痧疹一得》）

荆芥 防风 牛蒡 僵蚕 连翘 苦参 生地 丹皮 金银花 黄柏 甘草 灯心

秦艽鳖甲散（《卫生宝鉴》）

地骨皮、柴胡、鳖甲（去裙，酥炙，用九肋者）（各一两） 秦艽、知母、当归（各半两）

上药益粗末，每服五钱，水一盏，青蒿五叶，乌梅一个，煎至七分，去滓温服，空心临卧各一服。

十 一 画

黄土汤（《金匮要略》）

甘草、干地黄、白术、附子（炮）、阿胶、黄芩（各三两） 灶中黄土（半斤）

上七味，以水八升，煮取三升，分温二服。

黄芩汤（《伤寒论》）

黄芩（三两） 甘草（二两，炙） 芍药（二两） 大枣（十二枚，擘）

上四味，以水一斗，煮取三升，去滓，温服一升，日再夜一服。

黄连黄芩汤（《温病条辨》）

黄连（二两）　黄芩（二钱）　郁金（一钱五分）　香豆豉（二钱）

水五杯，煮取二杯，分二次服。

黄连香薷饮（《丹溪心法》）

香薷（一斤）　厚朴（半斤，制）　黄连（四两）

水煎服。

黄连解毒汤（《外台秘要》）

黄连（三两）　黄芩、黄柏（各二两）　栀子（十四枚，擘）

上四味切，以水六升，煮取二升，分二服，一服目明，再服进粥，于此渐差。

黄芩汤加豆豉、玄参方（《温热逢源》）

黄芩（三钱）　芍药（三钱）　甘草（炙，一钱）　大枣（擘，三枚）　淡豆豉（四钱）　玄参（三钱）

水五杯，煮取八分，三杯。温服一杯，日再服，夜一服。

黄连阿胶汤（《伤寒论》）

黄连（四两）　黄芩（一两）　芍药（二两）　鸡子黄（二枚）　阿胶（三两）

上五味，以水五升，先煮三物，取二升，去滓，内胶烊尽，小冷，内鸡子黄，搅令相得，温服七合，日三服。

葳蕤汤（《备急千金要方》）

葳蕤、白薇、麻黄、独活、杏仁、川芎、甘草、青木香（各二两）　石膏（三两）

上九味，㕮咀，以水八升，煮取三升，去滓，分三服，取汗。

救逆汤（《温病条辨》）

炙甘草（六钱）　干地黄（六钱）　生白芍（六钱）　麦冬（五钱，不去心）　阿胶（三钱）　生牡蛎（八钱）　生龙骨（四钱）

煎如复脉汤法。

菖蒲郁金汤（《温病全书》）

鲜石菖蒲（三钱）　广郁金（一钱）　炒山栀（三钱）　青连翘（二钱）　灯心（二钱）　鲜竹叶（三钱）　丹皮（二钱）　淡竹沥（三钱，冲）　细木通（钱半）　玉枢丹（五分，冲服）

水煎服。

清咽汤（《杂病源流犀烛》）

升麻　元参　射干　连翘　山栀　黄芩　石膏　归尾　麦冬　生地　薄荷　大黄　金银花　甘草节

清营汤（《温病条辨》）

犀角（三钱）　生地（五钱）　玄参（三钱）　竹叶心（一钱）　麦冬（三钱）　丹参（二钱）　黄连（一钱五分）　银花（三钱）　连翘（二钱，连心用）

水八杯，煮取三杯，日三服。

清宫汤（《温病条辨》）

玄参心（三钱）　莲子心（五分）　竹叶卷心（二钱）　连翘心（二钱）　犀角尖（二钱，磨冲）　连心麦冬（三钱）

清络饮（《温病条辨》）

鲜荷叶边（二钱）　鲜银花（二钱）　西瓜翠衣（二钱）　鲜扁豆花（一枚）　丝瓜皮（二钱）　鲜竹叶心（二钱）

水二杯，煎取一杯，日二服。

清络饮加甘桔甜杏仁麦冬知母方（《温病条辨》）

即于清络饮内，加甘草一钱、桔梗二钱、甜杏仁二钱、麦冬三钱、知母二钱。

水煎服。

清化汤（《伤寒温疫条辨》）

白僵蚕（酒炒，三钱） 蝉蜕（十个） 金银花（二钱） 泽兰叶（二钱） 广皮（八分） 黄芩（二钱） 黄连、炒栀子、连翘（去心）、龙胆草（酒炒）、元参、桔梗（各一钱） 白附子（炮）、甘草（各五分）

水煎去渣，入蜜，酒冷服。

清咽栀豉汤（《疫喉浅论》）

生山栀（三钱） 香豆豉三钱 香银花（三钱） 苏薄荷（一钱） 牛蒡子（三钱） 粉甘草（一钱） 蝉衣（八分） 白僵蚕（二钱） 乌犀角（八分，磨汁） 连翘壳（三钱） 苦桔梗（一钱五分） 马勃（一钱五分） 芦根（一两） 灯心（二十支） 竹叶（一钱）

水二钟，煎八分服。

清咽养营汤（《疫喉浅论》）

洋参（三钱） 大生地（三钱） 抱木茯神（三钱） 大麦冬（三钱） 大白芍（二钱） 嘉定花粉（四钱） 天冬（二钱） 拣玄参（四钱） 肥知母（三钱） 炙甘草（一钱）

水四钟，煎六分，兑蔗浆一钟温服。

清咽凉膈散（《中医临床处方手册》引《疫喉浅论》）

天花粉 栀子 玄参 浙贝母 薄荷 黄芩 黄连 金银花 大黄 风化硝 犀角 连翘

加竹叶二十片，水煎，入蜜一匙和匀服（或加人中黄）。

清咽白虎汤（《中医临床处方手册》引《疫喉浅论》）

玄参 羚羊角 马勃 麦门冬 石膏 知母 生地 犀角 甘草 竹叶 粳米

清咽甘露饮（《中医临床处方手册》引《疫喉浅论》）

生地 茵陈 黄芩 石斛 犀角 石膏 枳壳 麦冬 人中黄 马勃 枇杷叶

加鲜枇杷叶（蜜炙，绢包），水煎服。

清咽复脉汤（《中医临床处方手册》引《疫喉浅论》）

西洋参 牡蛎 炙鳖甲 龟板 生地 炙甘草 白芍药 火麻仁 阿胶 玄参麦门冬 天门冬 鸡子黄 童便

水煎去渣，入阿胶烊化，再入鸡子黄搅和，最后冲童便一大盅服。

清咽利膈丸（《全国中药成药处方集》青岛方）

连翘、黄芩、栀子、薄荷、防风、玄参、牛蒡子、天花粉、射干、荆芥穗（各二斤） 桔梗（四斤） 大黄（半斤）

上为细末，水泛为丸，绿豆大，每服二钱，日二次。

清瘟败毒饮（《疫疹一得》）

生石膏（大剂六至八两，中剂二至四钱，小剂八钱至一两二钱） 生地黄（大剂六钱至一两，中剂三至五钱，小剂二至四钱） 犀角（大剂六至八钱，中剂三至五钱，小剂一至一钱半；磨冲） 真川连（大剂四至六钱，中剂二至四钱，小剂一至一钱半） 山栀、桔梗、黄芩、知母、赤芍、玄参、连翘、甘草、丹皮、鲜竹叶（各取一般常用量）

水煎服，先煮石膏，后下诸药，犀角磨汁和服。

清燥救肺汤（《医门法律》）

煅石膏（二钱五分） 冬桑叶（二钱） 甘草（一钱） 人参（七分） 胡麻仁（一钱，炒研） 真阿胶（八分） 麦冬（一钱二分，去心） 杏仁（七分；去皮，麸炒） 枇杷叶（一片；去毛，蜜炙）

水一碗，煮六分，频频二、三次温服。

清心凉膈散（《温热经纬》）

连翘（四两）　甘草（二两）　黄芩（酒炒）、薄荷、栀子（各一两）　生石膏　桔梗（为粗末，每服三五钱）

加竹叶七片，水一碗半，煎一碗去滓。

清心莲子饮（《太平惠民和剂局方》）

黄芩、麦门冬（去心）、地骨皮、车前子、甘草（炙）（各半两）　石莲肉（去心）、白茯苓

上锉散。每三钱，麦门冬十粒，水一盏半，煎取八分，去滓，水中沉冷，空心，食前服。

清络饮加甘桔甜杏仁麦冬汤方（《温病条辨》）

鲜荷叶边（二钱）　鲜银花（二钱）　西瓜翠衣（二钱）　鲜扁豆花（一枝）　丝瓜皮（二钱）　鲜竹叶心（二钱）　甘草（一钱）　桔梗（二钱）　甜杏仁（二钱）　麦冬（三钱）

水二杯，煮取一杯，日二服。

羚角钩藤汤（《通俗伤寒论》）

羚角片（先煎，钱半）　霜桑叶（十二钱）　京贝母（去心，四钱）　鲜生地（五钱）　双钩藤（后入，三钱）　滁菊花（三钱）　茯神木（三钱）　生白芍（三钱）　生甘草（八分）　淡竹茹（鲜制，与羚羊角先煎代水，五钱）

麻杏石甘汤（《伤寒论》）

麻黄（四两，去节）　杏仁（五十个，去皮尖）　甘草（二两，炙）　石膏（半斤；碎，绵裹）

上四味，以水七升，先煮麻黄，减二升，去上沫，内诸药，煮去二升，去滓，温服一升。

银翘散（《温病条辨》）

连翘（一两）　银花（一两）　苦桔梗（一两）　薄荷（六钱）　竹叶（四钱）　生甘草（五钱）　荆芥穗（四钱）　淡豆豉（五钱）　牛蒡子（六钱）

上杵为散，每服六钱，鲜苇根汤煎，香气大出，即取服，勿过煎。肺药取轻清，过煎则味厚而入中焦矣。病重者，约二时一服，日三服，夜一服；轻者三时一服，日二服；夜一服；病不解者，作再服。

银翘散去牛蒡子元参加杏仁滑石方（《温病条辨》）

即于银翘散内去牛蒡子、元参，加杏仁六两、飞滑石一两，服如银翘散法。

银翘散去豆豉，加细生地、丹皮、大青叶，倍玄参方（《温病条辨》）

连翘（一两）　银花（一两）　苦桔梗（六钱）　薄荷（六钱）　竹叶（四钱）　生甘草（五钱）　芥穗（四钱）　牛蒡子（六钱）　细生地（四钱）　大青叶（三钱）　丹皮（三钱）　元参（加至一两）

屠苏酒（《小品方》）

赤木桂心（七钱五分）　防风（一两）　菝葜（五钱）　蜀椒、桔梗、大黄（各五钱七分）　乌头（二钱五分）　赤小豆（十四枚）

以三角绛囊盛之，除夜悬井底，元旦取出置酒中，煎数沸，举家东向，从少至长次第饮之，药滓还投井中，岁饮此水，一世无病。

桂苓甘露饮（《宣明论方》）

茯苓、泽泻（各一两）　炙甘草、官桂、石膏、寒水石（各二两）　白术、猪苓（各半两）　滑石（四两）

上为末，每服三钱，小儿每服一钱，温水或生姜煎汤调下。

桂苓甘露饮（《儒门事亲》）

官桂、人参、藿香（各五钱）　茯苓、白术、甘草、葛根、泽泻、石膏、寒水石（各一两）　滑石（二两）、木香（一分）

十　二　画

黑膏方（《肘后备急方》）

生地黄（半斤，切碎）　好豉猪脂（二斤）

合煎五六沸，令至三分减一，绞去滓，为末，雄黄、麝香如大豆者，纳中搅和。尽服之。毒从皮中出即愈。

葳蕤汤（《千金翼方》）

葳蕤、黄芩、干姜、生姜（各二两） 豆豉（三钱） 芍药、升麻、黄连、柴胡（各二两） 栀子（七枚） 擘石膏（八两） 碎芒硝（四两）

上一十二味，吹咀，以水一斗五升，先煮石膏，减一升，次下诸药，煮取二升八合，去滓，下芒硝，搅令散，分温三服，每服相去如人走十里，进之，利五六行，当自止。

雄黄丸（《备急千金要方》）

雄黄、雌黄、曾青、鬼臼、真珠、丹砂、虎头骨、桔梗、白术、女青、川芎、白芷、鬼督邮、芜荑、鬼箭羽、藜芦、菖蒲、皂荚（各一两）

上为细末，炼蜜为丸，如弹子大。绢袋盛，男左女右带之。卒中恶及时疫，吞如梧桐子一丸，烧一弹丸于户内。

翘荷汤（《温病条辨》）

薄荷（一钱五分） 连翘（一钱五分） 生甘草（一钱） 黑栀皮（一钱五分） 桔梗（二钱） 绿豆皮（二钱）

水二杯，煮取一杯，顿服之。日服二剂，甚者日三。

紫雪丹（《温病条辨》）

滑石（一斤） 石膏（一斤） 寒水石、磁石（水煮二斤，捣，煎，去渣，入后药） 羚羊角（五两） 木香（五两） 犀角（五两） 沉香（五两） 丁香（一两） 升麻（一斤） 元参（一斤） 炙甘草（半斤）

以上八味，并捣，入前药汁中，微火煎，不住手将柳木搅，候汁欲凝，再加入后二味。辰砂（研细）三两，麝香（研细）一两二钱，入煎药拌匀，合成退火气，冷水调服一二钱。

集灵膏（《温热经纬》）

人参、枸杞（各一斤） 天冬、麦冬、生熟地（各二十八两） 淮牛膝（酒蒸，四两）

甜水砂锅熬膏，将成；加白蜜六两，滚数沸收之，白汤或酒调服。

猴枣散（《上海市中药成药制剂规范》，方名见《古今名方》）

猴枣（12g） 羚羊角、月石、沉香、青礞石（各3g） 川贝母、天竺黄（各6g） 麝香（1～2g）

上为末，混匀。每服0.3～0.6g，开水送下。

温胆汤（《备急千金要方》）

半夏、竹茹、枳实（各二两） 橘皮（三两） 甘草（一两，炙）

上六味，吹咀，以水八升，煮取二升，分三服。

温胆汤（《三因极一病证方论》）

半夏、竹茹、枳实（各二两） 橘皮三两 甘草（一两，炙） 茯苓（一两半）

共为粗末，每服四大钱，加生姜五片，大枣一枚，水煎服。

葱豉荷米煎（《重订通俗伤寒论》）

鲜葱白（一枚，切碎） 淡香豉（二钱） 苏薄荷（四分，冲） 生粳米（三十粒）

葛根芩连汤（《伤寒论》）

葛根（半斤） 甘草（二两，炙） 黄芩（二两） 黄连（三两）

上四味，以水八升，先煮葛根，减二升，内诸药，煮取二升，去滓，分温再服。

葱豉桔梗汤（《通俗伤寒论》）

鲜葱白（三枚至五枚） 苦桔梗（一钱至钱半） 焦山栀（二钱至三钱） 淡豆豉（三钱至五钱） 苏薄荷（一钱至钱半） 青连翘（钱半至二钱） 生甘草（六分至八分） 鲜淡竹叶（三十片）

普济消毒饮（《东垣十书·东垣试效方》）

黄芩、黄连（各半两） 玄参（三钱） 橘红（去白）、玄参、生甘草（各二钱） 连翘、黍黏子、板蓝根、马勃（各一钱） 白僵蚕（炒，七分） 升麻（七分） 柴胡（二钱） 桔梗（二钱）

上件为细末，半用汤调，时时服之；半蜜为丸，噙化之，服尽良愈；或加防风、薄荷、川芎、当归身，㕮咀如麻豆大，每服秤五钱，水二盏，煎至一盏，去滓，稍热，时时服之食远。

犀地清络饮（《通俗伤寒论》）

犀角汁（四匙，冲） 粉丹皮（二钱） 青连翘（钱半，带心） 淡竹沥（二瓢，和匀） 鲜生地（八钱） 生赤芍（钱半） 原桃仁（九粒，去皮） 生姜汁（二滴，同冲）

先用鲜茅根一两，灯心五分，煎汤代水，鲜石菖蒲汁两匙冲。

犀角地黄汤（《备急千金要方》）

犀角（一两） 生地黄（八两） 芍药（三两） 牡丹皮（二两）

上药㕮咀，以水九升，煮取三升，分三次服。

犀角大青汤（《伤寒温病条辨》）

犀角屑（二钱，为末，或磨汁对汤服） 大青（或以青黛代之）、元参（各三钱） 升麻、黄连、黄芩、黄柏、栀子（各一钱） 甘草（五分）

水煎去渣，入犀角汁、童便、冷服。一方加白僵蚕（酒炒）三钱，蝉蜕（全）十个更妙。

犀珀至宝丹（《重订广温热论》）

白犀角（五钱） 羚羊角（五钱） 广郁金（三钱） 琥珀（三钱） 炒川甲（二钱） 连翘心（三钱） 石菖蒲（三钱） 蟾酥（五分） 飞辰砂（五钱） 真玳瑁（五钱） 当门子（一钱） 血竭（三钱） 藏红花（五钱） 桂枝尖（二钱） 粉丹皮（三钱）

上药研细，猪心血为丸，金箔为衣，每丸计重五分，大人每服一丸，小儿每服半丸，婴孩每服半丸之半。

十 三 画

槐花散（《本事方》）

槐花（炒）、侧柏叶、荆芥穗、枳壳（麸炒）（各等分）

上为细末，用清米饮调下二钱，空心食前服。

锡类散（《金匮翼》）

西牛黄（五厘） 冰片（三厘） 真珠（三分） 人指甲（五厘；男病用女，女病用男） 象牙屑（三分，焙） 青黛（六分；去灰脚，净） 壁钱（二十个；焙，土壁砖上者可用，木板上者不可用）

上为极细末，密装瓷瓶内，勿使泄气，每用少许吹于咽喉患处。

滚痰丸（录自《丹溪心法附余》引王隐君方）

大黄（酒蒸）、黄芩（酒洗净）（各八两） 礞石（一两；捶碎用焰消一两，放入小砂罐内盖之，铁线缚定，盐泥固济，晒干，火煅红，候冷取出） 沉香（五钱）

上为细末，水泛丸，如梧子大，每服四五十丸，量虚实加减，临卧，食后，清茶或温水送下。

蒿芩清胆汤（《通俗伤寒论》）

青蒿脑（钱半至二钱） 淡竹茹（三钱） 仙半夏（钱半） 赤茯苓（三钱） 青子芩（钱半至三钱） 生枳壳（钱半） 陈广皮（钱半） 碧玉散（包，三钱）

犀羚白虎汤（《重订通俗伤寒论》）

白犀角（一钱） 羚角片（钱半） 生石膏（八钱） 知母（四钱） 生甘草（八分） 陈仓米（三钱）

上药先将犀羚二味，用水四碗，煎成二碗，代水煎药。

雷氏芳香化浊法（《时病论》）

藿香叶（一钱） 佩兰叶（一钱） 陈广皮（一钱五分） 制半夏（一钱五分） 大腹皮（一钱，酒洗） 厚朴（八分，姜汁炒）

加鲜荷叶三钱为引。

雷氏清宣金脏法（《时病论》）

牛蒡子（一钱五分） 川贝母（二钱，去心） 马兜铃（一钱） 杏仁（二钱；去皮尖，研）陈瓜蒌壳（三钱） 桔梗（一钱五分） 冬桑叶（三钱）

加枇杷叶三钱去毛蜜炙为引。

雷氏清宣温化法（《时病论》）

连翘（三钱，去心） 杏仁（二钱；去皮尖，研） 瓜蒌壳（三钱） 陈皮（一钱五分） 茯苓（三钱） 制半夏（一钱） 甘草（五分） 佩兰叶（一钱）

加荷叶二钱为引。

雷氏宣透膜原法（《时病论》）

厚朴（一钱，姜制） 槟榔（一钱五分） 草果仁（八分，煨） 黄芩（一钱，酒炒） 粉甘草（五分） 藿香叶（一钱） 半夏（一钱五分，姜制）

加生姜三片为引。

雷氏宣疏表湿法（《时病论》）

苍术（一钱，土炒） 防风（一钱五分） 秦艽（一钱五分） 藿香（一钱） 陈皮（一钱五分） 砂壳（八分） 生甘草（五分）

加生姜三片，煎服。

雷氏辛凉解表法（《时病论》）

薄荷（一钱五分） 蝉蜕（一钱，去足翅） 前胡（一钱五分） 淡豆豉（四钱） 瓜蒌壳（二钱） 牛蒡子（一钱五分）

通利州都法去苍术加黄连方（《时病论》）

白茯苓（三钱） 泽泻（一钱五分） 黄连、车前子（二钱） 通草（一钱） 滑石（三钱，飞） 苦桔梗（一钱）

河水煎服。

雷氏清离定巽法（《时病论》）

连翘（三钱，去心） 竹叶（一钱五分） 细生地（四钱） 元参（三钱） 甘菊花（一钱）冬桑叶（三钱） 钩藤（四钱） 宣木瓜（一钱）

井华水煎服。

雷氏清金宁络法（《时病论》）

麦冬（三钱，去心） 肥玉竹（二钱） 北沙参（三钱） 元参（一钱五分） 细生地（三钱） 旱莲草（三钱） 冬桑叶（三钱）

加枇杷叶三钱去毛蜜炙为引。

新加黄龙汤（《温病条辨》）

细生地（五钱） 生甘草（二钱） 人参（一钱五分，另煎） 生大黄（三钱） 芒硝（一钱） 元参（五钱） 麦冬（连心，五钱） 当归（一钱五分） 海参（洗，二条） 姜汁（六匙）

水八杯，煮取三杯。先用一杯，冲参汁五分、姜汁一匙，顿服之，如腹中有响声，或转矢气者，为欲便也；候一二时不便，再如前法服一杯；候二十四刻，不便，再服第三杯；如服一杯，即得便，止后服，酌服益胃汤一剂，余参或可加入。

新加香薷饮（《温病条辨》）

香薷（二钱） 银花（三钱） 鲜扁豆花（三钱） 厚朴（二钱） 连翘（二钱）

水五杯，煮取二杯，先服一杯，得汗止后服，不汗再服。服尽不汗，再作服。

十 四 画

缩泉丸（《妇人良方》）

乌药 益智仁（等分）

上为末，酒煎，山药末为糊丸，桐子大。每服七十丸，盐、酒或米饮下。

十 五 画

增液汤（《温病条辨》）

元参（一两） 麦冬（连心，八钱） 细生地（八钱）

水八杯，煮取三杯，口干则与饮，令尽，不便，再作服。

增损双解散（《伤寒瘟疫条辨》）

白僵蚕（酒炒，三钱） 全蝉蜕（十二枚） 广姜黄（七分） 防风（一钱） 薄荷叶（一钱） 荆芥穗（三钱） 当归（一钱） 白芍（一钱） 黄连（一钱） 栀子（一钱） 芒硝（二钱）

水煎去渣，冲芒硝，入蜜三匙，黄酒半酒杯，和匀冷服。

增损大柴胡汤（《伤寒瘟疫条辨》）

柴胡（四钱） 薄荷（二钱） 陈皮（一钱） 黄芩（二钱） 黄连（一钱） 黄柏（一钱） 栀子（一钱） 白芍（一钱） 枳实（一钱） 大黄（二钱） 广姜黄（七分） 白僵蚕（酒炒，三钱） 全蝉蜕（十个）

如呕加生姜二钱，水煎去渣，入冷黄酒一两，蜜五钱，和匀冷服。

增液承气汤（《温病条辨》）

元参（一两） 麦冬（连心，八钱） 细生地（八钱） 大黄（三钱） 芒硝（一钱五分）

水八杯，煮取三杯，先服一杯，不知再服。

镇逆白虎汤（《医学衷中参西录》）

生石膏（捣细，三两） 知母（两半） 清半夏（八钱） 竹茹粉（六钱）

用水五盅，煎汁三盅，先温服一盅。病已愈者，停后再服。若未全愈者，过两点钟，再温服一盅。

十 六 画

燃照汤（《重订霍乱论》）

飞滑石（四钱） 香豉（炒，三钱） 焦栀（二钱） 黄芩（酒炒）、省头草（各一钱五分） 制厚朴、制半夏（各一钱）

水煎去滓，研入白蔻仁八分，温服。苔腻而厚浊者，去白蔻加草果仁一钱。

薛氏五叶芦根汤（《温热经纬》）

藿香叶 薄荷叶 鲜荷叶 枇杷叶 佩兰叶 芦根 冬瓜仁

薛氏扶阳逐湿汤（引《温热经纬》）

人参 白术 附子 茯苓 益智仁

薛氏参麦汤（《温热经纬》）

人参 麦冬 石斛 木瓜 生甘草 生谷芽 鲜莲子

薛氏三甲散（《湿热病篇》）

醉地鳖虫 醋炒鳖甲 土炒穿山甲 生僵蚕 柴胡 桃仁泥

薛氏仿吴又可达原饮（《湿热病篇》）

柴胡　厚朴　槟榔　草果　藿香　六一散　苍术　半夏　干菖蒲

十 七 画

藿朴夏苓汤（《医原》）

藿香、姜半夏（一钱半）　赤苓（三钱）　杏仁（三钱）　生薏仁（四钱）　蔻仁（六分）　猪苓（一钱半）　泽泻（一钱半）　淡豆豉（三钱）　厚朴（一钱）

藿香左金汤（《重订广温热论》引《霍乱论》）

杜藿香（三钱）　吴茱萸（二分）　小川连（六分）　广皮（二钱）　姜半夏（钱半）　枳壳（钱半，炒）　车前（钱半，炒）　赤茯苓（三钱）　六一散（四钱）　细木通（一钱）　建泽泻（二钱）　猪苓（钱半）

先用鲜淡竹茹五钱，炒香鲜枇杷叶一两，并井、河水各一碗，煎至一碗，分两次服。